언약의
청출어람

웨스트민스터 표준문서 해설

문정식 지음

**웨스트민스터
표준문서 해설**

발행일　2025년 11월 10일

지은이　문정식
펴낸이　김기영
펴낸곳　도서출판 영음사
주 소　서울특별시 강남구 광평로 56길 8-13, 1406호
전 화　02-3412-0901
팩 스　02-3412-1409
이메일　biblecomen@daum.net
등 록　2008년 4월 21일 제2021-000311호

978-89-7304-202-9(03230)

※ 신저작권법에 의하여 보호받는 저작물이므로 무단 전재와 무단 복제를 금합니다.
※ 책값은 뒷표지에 있습니다.
※ 잘못된 책은 구입처에서 교환하여 드립니다.

웨스트민스터 표준문서 해설

언약의 청출어람 ②

예배모범
교회정치
신앙고백서
대요리문답
소요리문답
1645-1647년 초판 해설

문정식 지음

Westminster Standards

도서출판 **영음사**

웨스트민스터 표준문서 해설

목차

추천사　　　　　　　　　　　　　　　　　　　　009
저자 서문　　　　　　　　　　　　　　　　　　　025
서론　　　　　　　　　　　　　　　　　　　　　　028

제1장. 웨스트민스터 총회원(Westminster Divines)　　037

  1. 웨스트민스터 총회 의장　　　　　　　　　　038
     - 윌리엄 트위스(William Twisse, 1578-1646)

  2. 예배모범 작성위원장　　　　　　　　　　　　040
     - 스티븐 마샬(Steven Marshall, 1594-1655)

  3. 대요리문답 작성위원장　　　　　　　　　　　042
     - 안소니 터크니(Anthony Tuckney, 1599-1670)

  4. 소요리문답 작성위원장　　　　　　　　　　　044
     - 허버트 팔머(Herbert Palmer, 1601-1647)

  5. 스코틀랜드교회 총회 의장　　　　　　　　　047
     - 알렉산더 헨더슨(Alexander Henderson, 1583-1646)

제2장. "웨스트민스터 표준문서"(Westminster Standards) 061
    1. 예배모범(Directory of Public Worship, 1645) 063
    2. 교회정치(Church Government, 1645) 064
    3. 신앙고백서(Confession of Faith, 1647) 065
    4. 대요리문답(Larger catechism, 1647) 066
    5. 소요리문답(Shorter catechism, 1647) 067

제3장. 웨스트민스터 예배모범(Directory of Public Worship, 1645) 073
    1. 예배모범의 작성 배경과 내용 075
    2. 예배모범의 예배 요소 086
    3. 예배모범의 신학 주제 103

제4장. 웨스트민스터 교회정치(Propositions concerning church government, 1645) 142
    1. 교회정치의 작성 배경과 내용 144
    2. 교회정치의 핵심 주제 151
        - 교회 직원, 치리회, 권징, 임직

제5장. 웨스트민스터 신앙고백서(Confession of Faith, 1647) 200
    1. 웨스트민스터 신앙고백서 작성 배경 201
    2. 웨스트민스터 신앙고백서 주요 내용 207
    3. 웨스트민스터 신앙고백서 신학 주제 211
    4. 웨스트민스터 신앙고백서의 신학 특징 236

제6장. 웨스트민스터 대요리문답(Larger catechism, 1647)   267
    1. 대요리문답과 소요리문답의 비교   268
    2. 대요리문답의 신학 주제   279

제7장. 웨스트민스터 소요리문답(Shorter catechism, 1647)   315
    1. 소요리문답의 구조와 강조   317
    2. 소요리문답의 신학 주제   325

제8장. 결론   347

참고문헌   354

부록 1: 웨스트민스터 표준문서 국내출판물 서지자료   365
부록 2: 웨스트민스터 신앙고백서(2024년 개정번역판)의 가치와 중요성   368

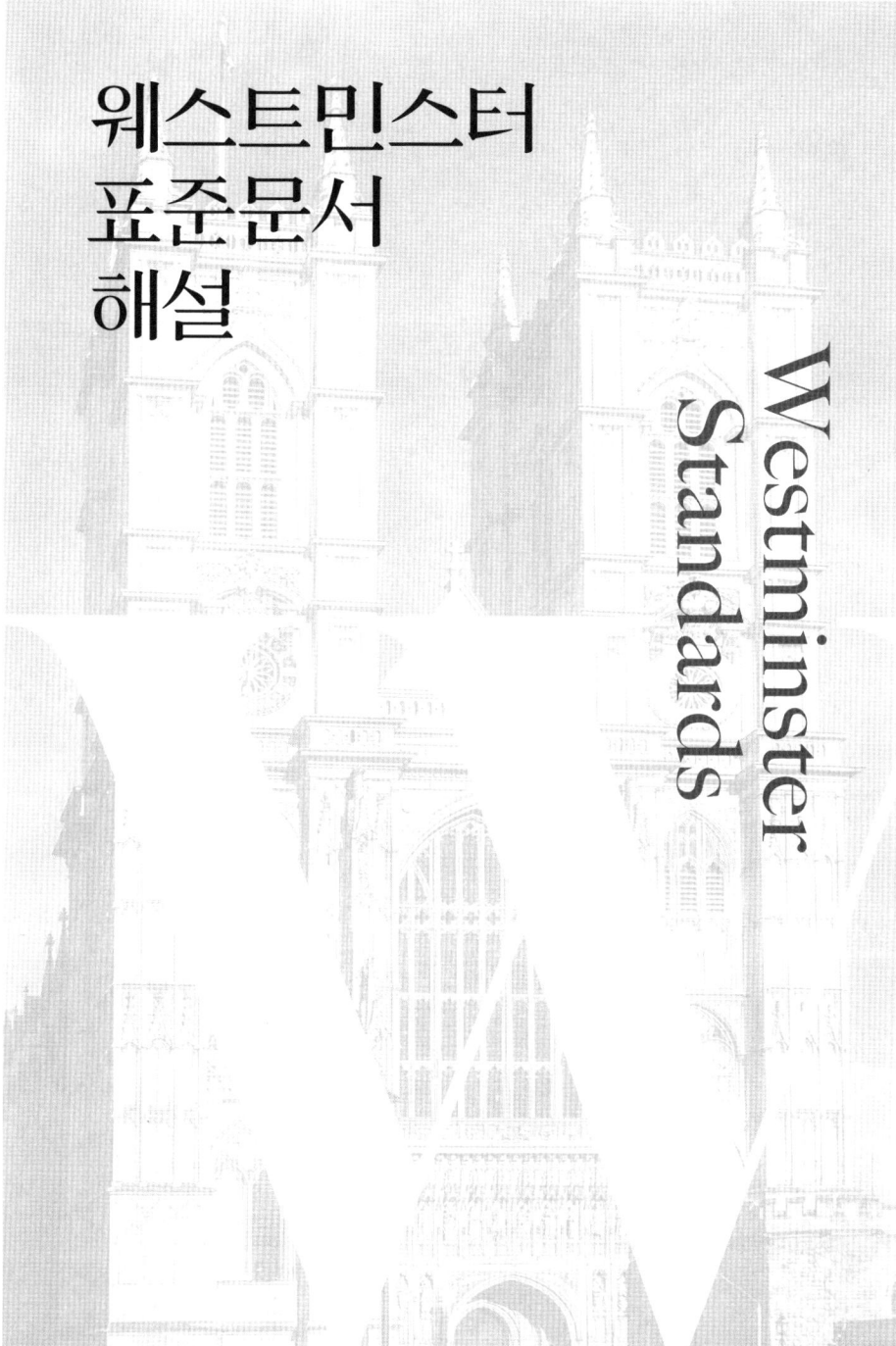

웨스트민스터
표준문서
해설

Westminster
Standards

추천사

안상혁 총장 (합동신학대학원대학교, 역사신학)

문정식 박사님의 『웨스트민스터 표준문서 해설』 출간을 진심으로 환영합니다. 개혁교회는 오직 성경에 기초하여 신앙의 표준을 세우고 이를 교회 전반에 적용하기 위해 역사 속에서 수많은 노력을 기울여 왔습니다. 그 정점에서 1643년부터 1653년까지 이어진 웨스트민스터 총회는 다섯 개의 표준문서—웨스트민스터 신앙고백서, 대요리문답, 소요리문답, 예배모범, 교회정치—를 작성했습니다. 다섯 문서는 성경에 기초한 바른 신앙고백, 신앙교육서, 합당한 예배, 장로교회의 정치 원리를 집대성한 결정체입니다.

이 책 『웨스트민스터 표준문서 해설』은 커다란 장점 세 가지를 가지고 있습니다.

첫째, 본서는 특히 역사적 정확성에 있어서 탁월합니다. 예컨대 웨스트민스터 총회가 가장 먼저 완성한 문서가 '예배모범'이었다는 사실을 분명히 밝힙니다. 총회는 교회정치를 우선 다루려 했으나 총회 내 이견이 많아 그 순서를 변경하였고, 그 결과 예배모범이 1645년에 먼저 채택되었다는 역사적 사실을 본서는 회의록과 문헌 근거를 통해 입증합니다.

둘째, 이 책은 조직신학과 역사신학의 균형 있는 접근을 보여줍니다. 웨스트민스터 표준문서의 신학적 핵심을 명확히 제시하면서, 그것이 형성된 역사적 배경과 인물들의 기여를 치밀하게 고찰합니다. 저자는 윌리엄 트위스, 스티븐 마샬, 안소니 터크니, 허버트 팔머, 알렉산더 헨더슨 등 핵심 인물들의 생애와 역할을 상세히 소개하며, 이들이 어떻게 각 문서의 신학적 방향을 형성했는지를 보여줍니다. 이를 통해 독자는 표준문서가 단순한 교리집이 아니라, 17세기 청교도 신학과 장로교회 제도의 탁월한 열매임을 입체적으로 이해하게 됩니다.

셋째, 본서는 다섯 문서 전체를 통합적으로 고찰한 드문 입문서입니다. 신앙고백서와 소요리문답에 대한 저술은 비교적 많지만, 예배모범과 교회정치 그리고 대요리문답까지 포함해 다섯 문서를 작성 순서에 따라 통전적으로 해설한 책은 거의 없습니다. 저자는 각 문서의 작성 배경, 구조, 신학적 주제를 명료하게 제시하고, 특히 대요리문답의 풍성함과 예배모범, 교회정치의 실제적 가치에 대해 깊이 있는 통찰을 제공합니다.

이 책 『웨스트민스터 표준문서 해설』의 활용에 대해 세 가지로 나누어 말씀드립니다.

첫째, 본서를 개혁주의 신앙을 배우는 입문서로 활용할 것을 추천합니다. 웨스트민스터 표준문서는 "개혁주의 신학의 압축판"이라 할 수 있으며, 본서는 이를 명료하게 해설합니다. 둘째, 본서는 성경과 교리를 가르치는 목사님들과 선생님들에게 요긴한 참고서로 활용될 수 있습니다. 표준문서는 단지 17세기 교회의 필요에 봉사하기 위해서 작성된 역사적 산물이 아닙니다. 표준문서 안에 담긴 내용은 오늘날 성경 해석과 설교, 교회 질서의 기초를 제공하는 여전히 살아있는 표준입니다. 셋째, 모든 신자가 본서를 신앙생활의 실질적인 안내서로 활용할 수 있습니다. 저자의 친절한 안내를 받아 독자들은 우리가 믿는 도리와 예배, 그리고 교회에 대한 성경의 가르침을 보다 명확히 이해하고 삶에 적용할 수 있습니다.

따라서 『웨스트민스터 표준문서 해설』은 장로교회는 물론 국내의 모든 교회가 웨스트민스터 표준문서를 더욱 깊이 이해하도록 도울 것입니다. 문정식 박사님의 학문적 엄밀함과 목회적 통찰은 표준문서가 단지 역사적 사료에 그치지 않고 오늘의 교회와 성도에게 여전히 살아 있는 신앙의 표준임을 일깨워 줍니다. 한국교회가 성경 말씀과 바른 교리 위에 굳게 서는 데 본서가 귀하게 쓰임 받기를 기대합니다. 끝으로 한국교회를 위해 꼭 필요한 작업을 해 주신 문정식 박사님의 귀한 노고에 진심으로 감사드립니다.

김기영 목사 (영음사 대표, 화성교회 원로목사)

저자는 전(前) 총회 신학연구위원장으로 위원들과 여러분들의 협력을 통해 『웨스트민스터 표준문서』 개정번역판(영음사, 2024년) 출판을 주관했습니다. 그 결실로 이번에는 그 설명서 『웨스트민스터 표준문서 해설』을 출간합니다. 본서에는 "웨스트민스터 표준문서"(Westminster Standards)가 작성되던 5년 동안의 방대한 사역에 참여한 신앙의 인물들과 그들의 믿음과 삶의 배경이 충실히 담겨 있습니다. 또한 예배모범, 교회정치, 신앙고백서, 대·소요리문답의 내용을 상호 비교하며, 독자가 쉽게 이해할 수 있도록 체계적이고 명료하게 해설하였습니다.

"웨스트민스터 표준문서"는 예배모범, 교회정치, 신앙고백서, 대요리문답, 소요리문답의 다섯 문서로 구성됩니다. 그 가운데 예배모범이 가장 먼저 작성된 이유를 알게 되었을 때, 깊은 감동과 깨달음을 얻었습니다. 즉 종교개혁자들은 예배를 신앙의 중심에 두었기에, 개혁의 결실이 가장 먼저 예배모범 속에 드러난 것이었습니다. 실로 종교개혁의 핵심은 "오직 성경"이었는데, 웨스트민스터 총회 이전의 의식 중심 예배는 성경 설교를 온전히 담아낼 수 없었습니다.

오늘날 개혁교회의 예배가 설교 중심의 형태를 띠게 된 것도 바로 이러한 역사적 배경에 뿌리를 두고 있습니다. 반면 로마 가톨릭은 여전히 의식 중심 예배의 틀을 벗어나지 못하고 있으며, 이는 우리 개혁교회의 예배와 뚜렷한 대조를 이룹니다.

"웨스트민스터 표준문서"는 한국장로교회 초기부터 신앙의 표준문서로 오늘날까지 내려왔습니다. 한국 장로교회가 왜 이 문서를 신앙의 표준문서로 채택하고 목사안수와 교회 직원 임직 때 신앙서약의 기준으로 삼았는지, 또 미국 장로교회가 오래전부터 신앙의 토대로 삼아왔는지 이해할 수 있습니다. 우리 손에 들린 신앙고백은 단기간에 이루어진 것이 아닙니다. 초대교회부터 쌓아온 신앙의 유산과 종교개혁 당시 작성된 여러 개의 신앙고백이 토대가 되어, 잉글랜드와 스코틀랜드에서 1643-1649년에 이루어진 신앙의 결정체입니다.

따라서 이 책 『웨스트민스터 표준문서 해설』은 오늘날 혼탁해지는 기독교계에 영적 능력을 회복시켜 주리라 믿습니다. 종교개혁 500년이 지나면서 인본주의와 자유주의 신학이 나타나 어떤 신학교에서는 학교에서 배운 신학으로는 목회에 결실이 없어 성경만 설교한다고 하면서, 각자 나름대로 신비주의적 설교와 인문학적 설교로 흘러가는 안타까운 교회 강단을 바라봅니다. 그렇게 교리와 성경을 분리해서 생각하면 결코 생명력이 없습니다. 하지만 종교개혁자들은 성경을 연구하고 또 연구하여 성경에 충실한 교리를 이미 체계화하였습니다. 교리는 성경에서 나온 것이며 성경은 영혼을 소성시키기에(시 19:7), 가르치는 자나 배우는 자 모두 교리야말로 영혼을 살리는 능력이라고 믿고 이를 가르치며 배워서 영적 유익을 얻어야 합니다. 오늘날 우리 역시 종교개혁자들과 청교도들의 신앙을 본받아, 오직 "성경으로"(Sola Scriptura)의 신앙을 굳게 붙들고, 교리를 통해 영혼이 새로워지는 성령의 역사가 있기를 간절히 기대합니다.

최칠용 목사 (시은교회 원로목사, 전 총회 의장)

종교개혁의 빛나는 역사가 성립된 이후 프로테스탄트 신학의 집대성으로 평가되는 동시에 개혁주의 장로교회를 대표하는 신앙고백인 "웨스트민스터 신앙고백서"를 작성할 때, 신학자와 성직자들은 하나님의 말씀에 가장 부합되게 하고자 하는 목표와 취지를 따라 그릇된 주장과 오류에 맞서 정통 교회의 교리와 원리를 변호하고자 최선을 다하였습니다. 이러한 "웨스트민스터 신앙고백서"와 그것을 가르치는 "대·소요리문답" 그리고 이를 예배와 교회를 통해 드러내고자 한 "예배모범"과 "교회정치"가 모아진 책이 "웨스트민스터 표준문서"(Westminster Standards)입니다.

개혁주의 장로교회의 교리와 예배 그리고 정치에 대해 정확하게 그리고 공적으로 제시하고자 한 결과, "웨스트민스터 표준문서"는 최종적으로 의회의 비준을 통과하고 스코틀랜드 장로교회의 총회에서 받아들여져 전 세계에 전할 전무후무한 "표준문서"가 되었습니다. 따라서 하나님께서는 이를 개혁주의 장로교회가 가진 진리의 부요함과 함께 성경 중심의 교리적 실제적 지침이 되게 하셨고, 그 이후로 뛰어난 기독교의 유산이 되는 영광을 가졌습니다. 이를 잘 아는 문정식 목사님께서 개혁주의 장로교회를 향한 깊은 관심과 사랑에서 비롯된 부단한 연구 끝에 출간한 『웨스트민스터 표준문서 해설』을 본인은 참으로 반갑고 기쁘게 생각하며, 목회자들과 교회 지분자들 그리고 한국교회의 미래인 신학생들에게 적극 추천합니다.

변세권 목사 (온유한교회 담임목사, 전 총회 의장)

오래전 영국에서 제정된 "웨스트민스터 표준문서"를 우리 합신 총회가 2024년에 공적으로 개정·번역하게 된 일은, 교회와 성도 모두에게 참으로 크고 깊은 기쁨이라 할 것입니다. 만 1년이 지난 이때, 당시 책임자로서 중대한 역할을 맡아 헌신하신 문정식 박사님께서 해설서인 『웨스트민스터 표준문서 해설』을 집필하셨습니다. 그 수고에 깊이 감사드리며, 경의를 표합니다.

바라기는, 개혁교회가 오랜 세월 동안 귀하게 보전해 온 신앙고백서와 대·소요리문답, 그리고 교회정치와 예배모범이 오늘날 강단과 교육의 현장에서 널리 선용되어 세대를 이어가는 바른 신앙의 기초가 되기를 소망합니다. 성도들이 이 영생의 양식을 편식 없이 고르게 섭취한다면, 먼저 구원의 도리를 바로 깨닫게 될 것이고, 성도로서 마땅히 살아야 할 삶의 길을 올바로 배우게 될 것이며, 믿음과 인격에 있어 더욱 성숙한 하나님의 사람으로 자라갈 것입니다. 더 나아가, 이 표준문서에 따른 진리가 마음 깊이 뿌리내릴 때, 성도들은 어떠한 이단이나 사설의 미혹에도 흔들리지 않을 것입니다. 그리하여 개혁교회의 신자로서 확고한 정체성과 확신 위에 서서, 교회를 더욱 든든히 세워갈 것입니다.

다시 한번 이 책 『웨스트민스터 표준문서 해설』을 통하여 구원의 공동체인 교회가 예수 그리스도의 몸답게 굳게 세워져 가는 일에 크고 귀한 도움이 있기를 진심으로 기원합니다.

정성엽 목사 (남은교회 담임목사, 총회 총무)

저는 목사로서 첫걸음을 내딛던 날, 웨스트민스터 신앙고백서와 대·소요리문답을 신종(信從)할 것을 엄숙히 서약하며 안수를 받았습니다. 이번에 출간된 이 책

『웨스트민스터 표준문서 해설』을 통해 저의 지난 여정을 새삼 확인하고, 장로교 목사로서 그 약속을 끝까지 견고하고 명예롭게 지킬 것을 다짐하게 되기를 소원합니다.

삼위일체 하나님께서는 진리의 지식이 흐트러지고 혼탁해진 시대마다 교회를 바른길로 인도해 오셨습니다. 하나님의 때에 하나님의 사람들과 교회 회의를 사용하셔서 말입니다. 그 결실이 바로 "웨스트민스터 표준문서"(Westminster Standards)입니다. 이 문서는 단지 그 시대만을 위한 것이 아닙니다. 그 이후 전 세계 장로교회가 신앙의 기초로 삼아온 귀한 유산이 되었습니다. 오늘날에도 이 문서는 역사 속에서 얻어진 신앙의 결론이자, 변함없는 진리의 길잡이입니다. 한국교회는 진리의 표준을 분명히 붙들고 복음의 본질을 수호해야 할 시점에 서 있습니다. 목회 현장에서도, 신학의 강단에서도, 성도의 삶 속에서도 "웨스트민스터 표준문서"의 신앙과 정신이 다시 울려 퍼져야 합니다. 이 책『웨스트민스터 표준문서 해설』은 과거와 현재와 미래를 잇는 개혁 신앙의 가교가 될 것을 믿어 의심치 않습니다.

저는『웨스트민스터 표준문서 해설』이 출간되자마자 구하여 곁에 두고, 언제든 펼쳐 보며 그 정신과 내용을 공부하고 묵상할 것입니다. 이 책을 사랑하는 친구들과 가족들에게 기꺼이 선물하겠습니다. "웨스트민스터 표준문서"를 신뢰할 만한 번역으로 읽고 이 해설서를 통해 구체적인 안내를 받는다면, 자신의 신앙고백을 분명히 하고 신자의 삶을 풍성하고 아름답게 만드는 데 유익을 주리라고 믿기 때문입니다. 사랑하는 문정식 목사님의 오랜 연구가 이번 출판을 통해 귀한 결실을 맺게 된 것을 기쁘게 생각합니다. 재판은 그 내용이 더욱 풍성해지기를 응원합니다. 전자책도 기대합니다. 더 많은 역사적 맥락과 신학적 통찰, 그리고 실천적 지혜가 담긴 이 책을 통해 한국교회가 다시금 신앙의 표준을 바로 세우는 일에 크게 쓰임 받기를 기도합니다.

이재훈 목사 (온누리교회 위임목사, 한동대학교 이사장)

문정식 박사의 『웨스트민스터 표준문서 해설』은 반드시 널리 읽혀야 할 귀중한 저작입니다. 그 이유는 다음과 같습니다.

첫째, "웨스트민스터 표준문서"(Westminster Standards)는 개혁신학에 기초한 성경적 신앙의 기준으로서, 1647년 웨스트민스터 총회를 통해 예배모범, 교회정치, 신앙고백서, 대·소요리문답이 제정된 이후, 380여 년에 이르도록 전 세계 장로교회의 교리, 정치, 예배의 표준으로 자리매김해 왔습니다. 둘째, 이처럼 중대한 의의를 지닌 문서임에도 불구하고, 오늘날에는 그 내용이 널리 알려지지 않았을 뿐 아니라, 시대에 뒤처진 문서로 오해되어 회피되는 안타까운 현실이 존재합니다. 그러나 참된 신앙의 표준은 시대의 흐름에 따라 쉽게 변할 수 있는 것이 아니며, 오히려 급변하는 시대일수록 더욱 절실히 요청되는 이정표라 할 것입니다. 셋째, 이러한 표준문서의 역사적 배경과 신학적 내용을 바르게 해설하여, 장로교회의 임직자들과 직분자들이 그 의미와 기준을 명확히 이해할 수 있도록 돕는 안내서의 필요성은 아무리 강조해도 지나치지 않습니다. 본서는 그 필요를 충실히 채워주는 탁월한 저술이라 확신합니다.

합신에서 함께 공부한 30년 지기 문정식 박사의 『웨스트민스터 표준문서 해설』은 깊이 있는 신학적 통찰과 목회적 책임감을 바탕으로 집필된 신뢰할 만한 책입니다. 귀한 사역을 감당하신 저자께 깊은 존경과 감사를 표하며, 본서를 통해 교회마다 하나님의 뜻에 합당한 표준이 더욱 견고히 세워지기를 기도하는 마음으로 진심 어린 추천을 드립니다.

김성욱 교수 (웨스트민스터신학대학원대학교, 역사신학)

『웨스트민스터 표준문서 해설』은 장로교의 신학과 신앙의 가장 중요한 내용인 "웨스트민스터 표준문서"를 친절하게 소개하는 일에 마음과 몸을 드린 멋진 작품이라, 이를 위해 수고한 목사님께 아낌없는 찬사를 보냅니다.

따라서 이 책『웨스트민스터 표준문서 해설』을 전체적으로 정독하는 것도 중요하지만, 혹 관심 있는 주제의 한 부분을 읽어도 놀라운 은혜와 책의 진정한 가치를 발견하게 될 것입니다. 왜냐하면 모든 장로교 직분자가 임직할 때 "장로회 신조와 웨스트민스터 신앙고백서 및 대·소요리문답은 신구약 성경에 교훈한 교리들을 총괄한 것으로 알고 성실한 마음으로 받아 신종할 것을 선서합니다"라고 고백하기 때문에, 그 고백의 내용과 자세를 점검하는 기회를 가지게 되기 때문입니다.

역사신학 교수로서『웨스트민스터 표준문서 해설』을 대하며, 자세하고 풍성한 소개와 미주 그리고 원문 번역 등 모든 면에서 교회와 성도를 사랑하며 특히 하나님 앞에서 시대적 사명을 잘 감당하는 저자 문정식 박사님에게 주님의 놀라운 은혜와 위로가 부어지기를 온 마음으로 축하하며 응원하고 기도합니다.

이남규 교수 (합동신학대학원대학교, 조직신학)

『웨스트민스터 표준문서 해설』은 종교개혁의 위대한 유산인 "웨스트민스터 표준문서"(Westminster Standards)를 다룬 역작입니다.

이 책은 목회 현장에 있으면서도 학문적 연구를 꾸준히 이어 오신 문정식 목사님의 깊은 연구와 성실한 헌신의 결실로, 그 내용과 구성에서 학문적 깊이와 목회적 실제가 잘 어우러져 있습니다. 저는 저자와 함께 총회 신학연구위원회에서 수년간 웨스트민스터 표준문서 전체를 공동 번역하는 사역에 참여한 바 있습니다. 그 과정에서 교수님들과 목사님들의 활발한 토론과 연구는 제게도 큰 유익이 되었고, 특히 저자가 보여준 표준문서에 대한 깊은 이해, 신학적 분별력, 그리고 무엇보다도 교회의 현실과 다음 세대에 대한 진지한 관심을 가까이서 지켜볼 수 있었습니다.

이 책은 단순한 역사적 사실의 나열을 넘어서, 웨스트민스터 총회의 주요 인물들을 시작으로 예배모범, 교회정치, 신앙고백서, 대요리문답과 소요리문답에 이르기까지 모든 문서를 심도 있게 해설하고 있습니다. 각 문서의 작성 배경과 신학적 주제를 명확하게 정리하고 있으며, 신앙고백서의 내용을 삼위일체, 죄와 구속, 종말론 등으로 주제별로 분석하여 현대 독자의 이해를 돕고 있습니다. 특히 대요리문답과 소요리문답을 비교 분석한 부분은 두 문서의 고유한 목적과 신학적 의의를 분명하게 드러냅니다.

이 책 『웨스트민스터 표준문서 해설』은 신학생과 목회자는 물론, 교회의 교육 현장에서 표준문서를 바르게 이해하고 활용하고자 하는 모든 이들에게 훌륭한 길잡이가 될 것입니다. 표준문서에 담긴 풍성한 복음의 진리를 다시금 깊이 붙들고, 신앙의 토대를 더욱 견고히 세우고자 하는 모든 분께 이 책을 추천합니다.

이상웅 교수 (총신대학교 신학대학원, 조직신학)

저자인 문정식 목사님을 처음 알게 된 것은 2015년에 첫 출간한 『개혁주의 언약사상』(2025년 개정)을 통해서입니다. 열린교회에서 오랫동안 목회하고 있고, 스코틀랜드 에딘버러에서 공부했던 문 목사님은 그간에 동료 목회자들과 더불어 『웨스트민스터 표준문서』 개정번역(2024)을 준비·출간하는 일에도 크게 기여했습니다. 그런 문 목사님이 자신의 연구물로서 『웨스트민스터 표준문서 해설』을 이번에 출간하게 되신 것을 기쁘게 생각하고 축하의 말씀을 드립니다.

한국장로교회가 일찍이 "웨스트민스터 표준문서"의 중요성을 알고 번역도 하고 총회적으로 수용도 했지만, 실상 현장에서는 이름뿐인 경우가 허다했습니다. 성경이 규정짓는 규범이라면, 신앙고백은 교단 교회들과 신자들을 돕기 위한 규정 지어진 규범(norma normata)입니다. 그리고 목사 장로 임직 때 서약하면서도 중요성에 대한 강조나 실제 교육 혹은 강독은 미비한 것이 교회들의 현실입니다. 다만 21세기 들어 개혁주의 신앙고백 문서에 대한 관심이 전국적으로 부쩍 신장하게 된 것은 고무적인 일이라고 생각합니다.

이제 우리 한국 장로교회는 더욱더 "웨스트민스터 표준문서"에 대한 관심을 기울여야 하고, 실제로 목회자들이 잘 연구하여 교인들에게 잘 가르쳐 주어야 하고 신앙고백, 예배모범, 교회 정치 등을 실제 목회 현장에서 힘써 적용해야 할 때라고 생각합니다. 각자 소견에 옳은 대로 행하던 사사시대를 방불하게 하는 포스트모던 시대에 이러한 표준문서의 중요성은 강조되어야 마땅합니다. 이러한 시점에 문정식 목사님의 표준문서 안내서인 『웨스트민스터 표준문서 해설』은 학술적으로 근거 있는 좋은 길잡이가 되어줄 것이라 확신합니다. 목회자들과 신학도들뿐 아니라 교회 내 직분자들과 신자들이 열독할 것을 권면합니다.

이성호 교수 (고려신학대학원, 교회사)

『웨스트민스터 표준문서 해설』이 문정식 목사님에 의해서 출간하게 된 것을 기쁘게 생각합니다. 성경이 교회의 기초라고 한다면, "웨스트민스터 표준문서"(Westminster Standards)인 신앙고백서, 대·소요리문답, 예배모범, 교회정치는 교회를 이루는 4개의 기둥입니다. 교회는 기초만 가지고 세워질 수 없습니다. 확고한 기초 위에 튼튼한 기둥이 있어야 건강하고 아름다운 교회가 세워질 수 있습니다.

결국 교회는 그곳에 모이는 성도의 숫자나 열심이 아니라 무엇을 고백하는가, 무엇을 가르치는가, 어떻게 예배하는가, 어떻게 다스려지는가에 따라 그 자태가 드러납니다.

아쉽게도 한국 장로교회는 4개 중 어느 하나라도 제대로 실천하는 교회를 찾아보기 어렵습니다. 신앙고백서나 교리문답은 강조하더라도 예배모범이나 교회정치는 거의 무시되는 경우가 많습니다. 그렇게 되면 교회는 지성주의에 쉽게 빠지게 되고, 가르치는 교리가 사람들에게 설득력을 가지기 어렵습니다.

이와 같은 상황 속에서 『웨스트민스터 표준문서 해설』은 이 땅에 장로교회를 잘 세우기를 소망하는 이들에게 훌륭한 안내서가 되리라 생각합니다.

이종전 교수 (대신총회신학원, 역사신학)

기독교회사, 특별히 장로교회사에 있어서 웨스트민스터 총회가 낳은 "표준문서"(Westminster Standards)는 역사적 기독교회의 정통신앙을 확인하는 것이었고, 그 신앙을 지키고 계승시키는 기준이 되었습니다. 신자를 양육하고, 그리스도의 몸으로서 하나의 교회를 형성시키는 기준이며, 교회와 신앙의 질서를 보전하는 역할을 하는 것이기 때문에 장로교회 회원이라면 모두 고백해야 하고, 순종함으로써 지켜야 하는 문서입니다. 그러한 의미에서 이 문서들은 반드시 가르치고, 기억해야 하며, 공교회적으로 고백함으로써 유형교회의 질서와 신앙의 일치를 위해서 활용되어야 합니다.

그럼에도 한국장로교회의 목회 현장에서의 적용은 매우 아쉬운 실정입니다. 선교사들이 내한한 지 140년이 지나는 시점이지만, 실제로 이 표준문서의 중요성을 알고, 공교회 차원에서 총회가 총회의 표준문서로 채택하고, 공적으로 번역하는 것은 상대적으로 오래되지 않았다는 사실이 너무나 아쉽습니다. 하지만 이번에 합신 총회 신학위원장이셨던 문정식 목사님께서 웨스트민스터 표준문서 전체에 대한 역사신학적인 해설을 출판하게 된 것은 한 개인의 일이 아니라 한국교회, 특별히 한국 장로교회를 위한 귀한 공헌이라고 생각합니다. 이에 감사한 마음과 기쁨을 담아 한국교회에 추천하는 바입니다.

이 책 『웨스트민스터 표준문서 해설』에 담긴 역사적 기독교회의 정통 신앙이 한국교회를 바르고 건강하게 만들며, 그 신앙을 다음 세대에까지 계승시키는 도구로 사용되기를 간절히 바라는 마음입니다.

김훈 장로 (서울열린교회 사무장로)

이십 대의 중반 개혁신학을 처음 접하며 마치 새롭게 거듭난 것과 같은 신앙의 전환점을 맞이했던 때가 기억납니다. 하지만 당시엔 "웨스트민스터 표준문서"에 대해서는 부끄럽게도 잘 알지 못했고 마흔이 다 되어 열린교회에 와서야 비로소 이 깊고도 풍성한 진리의 샘물을 맛볼 수 있었습니다. 이후 문정식 목사님의 가르침을 통해 표준문서의 한 문장 한 문장을 묵상하고 공부하면서 그 안에 담긴 진리의 정교함과 깊이에 탄복하며 제 신앙의 뼈대를 단단히 세울 수 있었습니다.

저자는 평생 끊임없이 성경을 연구하고 하나님의 진리를 탐구하며, 그 귀한 진리를 삶으로 살아내고자 애쓰시는 신학자이자 목회자이십니다. 그러한 목사님의 열정은 지난 7년여간 총회 신학연구위원회의 『웨스트민스터 표준문서』 개정번역(2024, 영음사)을 주관한 수고를 통해서도 잘 드러납니다. 이 책 『웨스트민스터 표준문서 해설』은 바로 그 깊은 학문적 이해와 성도를 향한 따뜻한 목자의 마음이 어우러져 맺어진 귀한 열매라고 생각합니다. 이 책을 통해 목사님께서는 일반 성도들에게 딱딱하고 어렵게 느껴질 수 있는 "웨스트민스터 표준문서"의 핵심을 친절하고 명료한 해설로 풀어내어 우리에게 가져다주셨다고 할 수 있습니다.

이 책 『웨스트민스터 표준문서 해설』은 자칫 신학자의 서재에만 머물기 쉬운 "웨스트민스터 표준문서"라는 위대한 지침서를 성도들의 삶 속으로 이끌어 주는 다리가 되어, 독자들이 표준문서가 제시하는 참된 그리스도인의 삶이 무엇인지 생생하게 발견하도록 도울 것입니다.

저는 저명한 학자도 아니고 신앙의 깊이도 아직 일천하지만, 주님의 몸된 교회를 섬기는 장로로서 이 책이 저와 같이 진리에 목마른 수많은 성도에게 귀한 영적 길잡이가 되어 주리라 확신하며 기쁜 마음으로 추천합니다. 부디 이 책을 통해 더 많은 성도가 우리 신앙의 위대한 유산 위에 굳건히 서서, 하나님을 영화롭게 하고 영원토록 그분을 즐거워하는 복된 삶의 여정을 힘차게 걸어가시기를 소망합니다.

김희곤 장로 (역곡동교회 시무장로)

신학교 교수님이나 권위 있는 목사님께서 작성하셔야 할 추천사를 제가 작성하게 되어, 먼저 송구하고 부끄러운 마음을 전합니다. 저는 총회 헌법개정특별위원회에서 함께 위원으로 섬기신 문정식 목사님께서 장로교 신앙의 역사적 기준이자 신앙생활의 지침인 "웨스트민스터 표준문서"(Westminster Standards)를 해설한 『웨스트민스터 표준문서 해설』의 출간을 기쁜 마음으로 축하합니다.

문정식 목사님과 저는 공교롭게도 영국에서 유학과 직장생활을 한 경험이 있습니다. 바로 그 영국 땅에서 종교개혁의 결실로 탄생한 "웨스트민스터 표준문서"는 저에게 친근하며, 깊은 영적 유익을 주는 신앙의 등불과 같습니다. 시편 기자가 "주의 말씀은 내 발에 등이요 내 길에 빛이니이다"(시 119:105)라고 고백한 것처럼, 이 문서는 성도들의 신앙 여정을 밝히 비추는 길잡이입니다.

저는 개인적으로, 저자가 번역에 참여하여 출판한 『웨스트민스터 표준문서』 개정번역(2024)을 저희 교회 성도분들과 함께 매주 공부하면서 큰 은혜와 유익을 경험하고 있습니다. 이러한 경험을 바탕으로, 문 목사님께서 이번에 집필하신 『웨스트민스터 표준문서 해설』은 한국교회, 특히 제가 속한 합신 총회 산하 교회들을 굳게 세우고, 모든 성도로 하여금 신앙의 근본 원리와 장로교회의 아름다운 전통을 깊이 깨닫게 하는 귀한 길잡이가 될 것임을 확신합니다.

이 책 『웨스트민스터 표준문서 해설』은 문정식 목사님께서 오랜 연구 끝에 작성 배경과 내용 그리고 신학 주제들을 충실히 해설하고 체계적으로 설명하여 목회자와 성도 모두가 웨스트민스터 표준문서를 바르게 이해하고 적용할 수 있도록 안내하는 귀한 책입니다. 따라서 이 해설서의 발간은, 교단과 교회, 가정과 개인의 신앙을 견고히 세우는 데 크게 기여할 것이며, 목회자들의 설교, 성도들의 신앙교육 현장에서 널리 활용될 것이라 기대합니다. 이에 저는 『웨스트민스터 표준문서 해설』을 진심으로 추천합니다. 감사합니다.

정주영 장로 (서울열린교회 시무장로)

교회에서 헌법의 예배모범을 성도님들과 나눈 적이 있습니다. 예배의 본질과 정신에 대해 살펴보는 귀한 시간이었는데 그때 참고한 것이 "웨스트민스터 표준문서"(Westminster Standards)였습니다. 이 문서 안에는 교회의 신앙과 질서, 예배의 본질을 성경적으로 정립하고자 했던 신앙 선배들의 지혜가 담겨 있었고 시대를 초월해 오늘날 교회가 나아가야 할 바른 방향을 제시해 주는 유산임을 알 수 있었습니다.

또한 개인적으로 이 문서를 통해 가정예배의 중요성과 필요성을 다시금 깨닫게 되었습니다. 가정예배는 단지 하나의 신앙적 선택이 아니라, 하나님께서 가정에 주신 은혜임을 인식하게 되었고, 그 신학적 근거와 실제적 적용을 배우는 데에도 큰 도움이 되었습니다. 다양한 신앙 서적과 정보가 넘쳐나는 지금이야말로 더욱 성경에 기초한 바른 기준이 필요하며 이를 가정과 교회에서 실현하는 현실적 노력이 필요한 때입니다. 그런 의미에서 『웨스트민스터 표준문서 해설』은 훌륭한 지침이기에 강력하게 추천하는 바입니다.

최진석 장로 (진상동부교회 시무장로)

영화 〈캐치 미 이프 유 캔〉(Catch Me If You Can)은 수백만 달러의 수표를 위조한 희대의 사기꾼 이야기입니다. 주인공은 위조범으로 살다가 결국 경찰에 붙잡혀 형을 마친 후, FBI에서 위조수표 감별사로 일하게 됩니다. 위폐를 감별하는 가장 확실한 방법은 무엇일까요?

전문가들은 '가짜를 많이 보는 것'이 아니라 진짜를 정확히 아는 것이라고 말합니다. 진짜를 바로 알면, 어떤 가짜가 나타나도 쉽게 구별할 수 있기 때문입니다. 오늘날 이단은 그 종류와 형태가 다양할 뿐 아니라 끊임없이 변하고 있습니다. 모든 이단을 일일이 공부하는 것은 끝이 없습니다. 그러나 이단의 함정을 피하는 가장 확실한 길은 정통교리를 바로 아는 것입니다. 그 정통교리를 알기 위해서, 세례나 안수 때 서약하는 "웨스트민스터 표준문서"(Westminster Standards)를 반드시 알아야 합니다.

저희 가정이 '바름과 틀림, 정통과 이단' 사이에서 고민하던 시기에, 저자께서 멀리서 찾아오셔서 참된 교리와 정통의 길을 친절히 가르쳐 주셨습니다. 그 가르침 덕분에 저희는 틀림과 이단의 위험에서 벗어나, 성경이 말하는 바른 하나님의 뜻과 정통 구원의 도리, 그리고 성도의 삶의 길을 분별하게 되었습니다. 바른 신앙과 성경적 진리를 바로 세우고 싶은 모든 성도분께, 이 책 『웨스트민스터 표준문서 해설』을 곁에 두고 가까이하시길 권합니다.

저자 서문

오랫동안 제 서재 한켠에 조용히 머물러 있는 한 권의 책이 있습니다. 1994년, 신학의 첫걸음을 내디뎠던 그때, 신학교 1학년생의 풋풋한 마음으로 지도교수님을 통해 처음 만난 『웨스트민스터 신앙고백서』(영음사, 1989)입니다. 그 곁에는 저를 신학의 길로 인도한 송제근 교수님의 박사논문 『SINAI COVENANT and MOAB COVENANT』(1992)가 함께 자리해, 제 신학 수련의 시작을 담은 추억과 감동을 되살려 줍니다. 이 책들은 제 마음 깊은 곳에 신학의 씨앗을 심고 풍성히 자라게 한 진리의 조언자들이었습니다.

합동신학대학원에 입학하기 전, 저는 박윤선 목사님을 잘 알지 못했습니다. 어릴 적 친구를 따라다녔던 교회 경험 외에는, 깊은 신앙의 기둥을 세우지 못했기 때문이었습니다. 하지만 하나님의 은혜로 인해 군 복무 중 그리스도를 인격적으로 만나고 난 뒤, 복학하여 다닌 탄포리교회에서 막 영국 유학을 마치고 돌아와 청년부를 지도하셨던 송 교수님의 권유와 정근두 담임목사님의 추천으로 신학교에 진학했습니다. 그때의 저는 신학에 문외한이었기에 학교 복도에 걸린 박 목사님의 초상화를 보고 "이분은 누구십니까?"라고 물었던 기억이 아직도 생생합니다. 그러나 신학교 생활을 통해 그분의 삶과 신앙 곧 하나님의 말씀에 대한 뜨거운 열정과 개혁주의 신앙의 굳건함을 배우면서 제 신앙과 신학이 자라났습니다.

동시에 오늘날 많은 교회가 이 귀한 전통에서 멀어지고 있음을 뼈저리게 느꼈습니다. 이 깨달음이 저를 진리의 "옛적 길 곧 선한 길"(렘 6:16)로 이끌었고, 어느덧 30여 년이 훌쩍 넘는 여정이 되었습니다.

만 30년 전 지금의 열린교회에 부임했을 때 고 김간중 장로님을 만났습니다. 그분은 연하의 저를 깊이 존중하며 영적 아비이자 스승으로 대해주셨고, 영국 유학을 앞둔 어느 날 권면하였습니다. "목사님, 박윤선 목사님처럼 성경과 진리를 깊이 연구하여, 한국교회의 좋은 교사가 되시면 좋겠습니다." 그 말은 장로님이 정암의 자서전 『성경과 나의 생애』를 읽고 받은 감동에서 비롯된 격려였습니다. 이제 장로님은 이 땅을 떠나셨지만, 그 권면은 제 마음 깊은 곳에 언약처럼 새겨져서 저로 나아갈 길을 잊지 않게 합니다. 그 약속에 따라 저는 종교개혁자와 영국 청교도들의 언약신학을 연구했고, 계속해서 그들이 남긴 "웨스트민스터 표준문서"의 역사와 신학을 부단히 탐구해 왔습니다. 여전히 그 약속이 제 안에 살아 있기에, 남은 생애 동안 이 귀한 개혁신학의 전통과 유산을 더 깊고 체계적으로 정리하는 일에 힘을 쏟고자 합니다.

이 책 『웨스트민스터 표준문서 해설』을 통해, 앞서 묵묵히 옛적 길 곧 선한 길을 걸어가신 은사 고 박윤선, 고 신복윤, 고 김명혁, 정근두, 오덕교, 조병수, 원종천 그리고 고 도날드 맥클라오드, 고 존 맥킨토시교수님께 깊은 감사를 드립니다. 옛적 길인 『웨스트민스터 표준문서』 개정번역판(2024) 출판을 위해 수고하신 총회 신학연구위원들(김병훈, 김진수, 안상혁, 이남규, 이복우, 이승구 교수님, 김인석, 신혁, 임형택, 전광규, 정영찬 목사님)과 이를 출판한 영음사 관계자들께 깊은 감사를 전합니다. 그리고 지금도 묵묵히 선한 길을 걷고 계신 합동신학대학원 총장님 및 여러 교수님들, 노회 웨민 번역위원들(김영규 교수님, 강승완, 강무학, 김영승 목사님), 출판을 지원해 주신 개혁주의 목회자 모임인 삼정회와 제자교회 정인상 장로님, 진리를 따라 살고자 하는 동료 목회자들과 장로님들과 후배 신학도들에게 감사와 격려를 담아 이 책을 헌정합니다.

주께서 고 박윤선 목사님을 통해 한국 교회에 역사하셨듯, 이 책 역시 많은 신앙의 동역자들을 일으키는 작은 불씨가 되길 간절히 소망합니다. 앞선 '언약의 청출어람1' 『개혁주의 언약신학』에 이어 이 책이 '언약의 청출어람2'라는 이름 아래 신실한 믿음의 계보를 이어가는 도구가 되기를 간절히 기도합니다.

구주 대망 2025년 11월 11일
정암 박윤선 박사 37주기에

문 정 식

서론

장로교회에서 '목사·장로·집사'로 임직할 때, 임직자는 공적인 자리에서 다음과 같이 엄숙히 선서한다.

"본인은 본 장로회 신조와 웨스트민스터 신앙고백서 및 대·소요리문답은 신·구약 성경에 교훈한 교리를 총괄한 것으로 알고 성실한 마음으로 받아 신종할 것을 선서합니다. 본인은 장로회 정치와 권징조례와 예배모범을 정당한 것으로 받아 신종할 것을 선서합니다."[1]

이 서약은 결코 가벼운 의식이 아니다. 이는 장로교회의 모든 임직자가 성경적 교리와 신앙고백, 그리고 그로부터 흘러나온 신앙의 실천 원리에 충성스럽게 순종하겠다는 엄중한 언약이다. 그러나 현실적으로는 서약의 깊은 의미와 구체적 내용을 충분히 이해하지 못한 채, 정해진 문구를 형식적으로 낭독하는 경우가 적지 않다. 그 배경에는 표준문서가 다루는 교리나 규범이 어렵다는 인식에서 오는 거리감과 현대 교회의 진리에 대한 무관심이 자리하고 있다.

---

1) 대한예수교장로회(합신) 『헌법』 (서울: 대한예수교장로회총회, 2021), 279, 290.

그럼에도 장로교회의 모든 임직자가 이 서약을 반드시 하는 이유는 분명하다. 하나님의 섭리 가운데 1643년부터 1649년까지 진행된 웨스트민스터 총회가, 1647년을 전후하여 완성한 "웨스트민스터 표준문서"(Westminster Standards) 곧 웨스트민스터 신앙고백서, 대요리문답, 소요리문답, 예배모범, 교회정치가 성경의 교훈을 체계적으로 집약하고, 정교한 장로교회의 예배와 정치 원리를 제시했기 때문이다. 이 문서들은 단순한 신앙 참고서가 아니라, 교회와 직분자가 신앙과 사역 전반에서 무엇을 믿고 어떻게 행해야 하는지를 규범하는 표준이다. 그러므로 임직 서약은 곧 이 문서들의 진리를 신실히 따르겠다는 장로교회의 직분자가 행하는 공개적 언약이다.

이러한 표준문서의 중요성은 국내외 여러 신학자에 의해 재조명되고 있다. 리폼드 신학교(Reformed Theological Seminary, RTS)의 교회사 교수 채드 반 딕스훈(Dr. Chad Van Dixhoorn)은 자신의 박사학위 논문을 기초로, 방대한 역사 자료를 정리·편집하여 총 5권의 "웨스트민스터 총회의 회의록과 그 전후의 기록들"(The Minutes and Papers of the Westminster Assembly, 1643-1653)을 출간하였다.[2] 이 문헌집은 380여년 전 웨스트민스터 총회에서 벌어진 신학적 토론과 교회 정치 논의, 그리고 예배 규범 제정의 과정을 생생하게 보여주는 귀중한 1차 사료집이다. 나는 이 자료들을 통해 그 현장에 있는 듯한 유익을 얻었다. 딕스훈 박사는 여기서 멈추지 않고, "웨스트민스터 총회 프로젝트"(The Westminster Assembly Project)를 운영하며 관련 자료를 디지털로 공개하고, 전 세계 학자들이 표준문서와 그 역사적 배경을 더 깊이 연구할 수 있도록 힘써 지원하고 있다.[3]

[2] Chad Van Dixhoorn, ed. *The Minutes and Papers of the Westminster Assembly*, 1643-1653. 5 vols. (Oxford: Oxford University Press, 2012)

[3] "The Westminster Assembly Project." Accessed Aug.8.2025. https://westminsterassembly.org. Westminster Theological Seminary에서 방문학자로 초청받아 2019년 가을-2020년 봄. 딕스훈 교수와 함께 했던 크레이그 세미나와 개인적인 연구 교류는 정말 유익했다. 그 작은 열매가 이 책이다.

미국 필라델피아의 웨스트민스터 신학교(Westminster Theological Seminary, WTS)도 2002년 새뮤얼 G. 크레이그와 찰스 H. 크레이그(Samuel G. & Charles H. Craig)의 유산을 기념하여 "크레이그 웨스트민스터 표준문서 연구센터"(The Craig Center for the Study of the Westminster Standards)를 설립하였다. 당시 칼 트루먼(Dr. Carl Trueman)이 주도하여 세워진 이 연구센터는 젊은 학자들을 '연구교수'(Research Fellow)로 위촉하고, 매월 정기적으로 크레이그 세미나(Craig Seminar)를 개최하며, 웨스트민스터 표준문서와 개혁신학 연구의 심화를 도모하고 있다.[4]

안타깝게도 한국교회는 여전히 "웨스트민스터 표준문서" 가운데 가장 기초적인 소요리문답의 교육에 만족하는 경우가 많다. 더 깊고 체계적인 대요리문답은 방대한 분량과 신학적 난이도로 인해, 일반 성도는 물론 목회자들도 낯설고 멀게 느낀다. 웨스트민스터 신앙고백서에 대해서는 일정한 관심을 유지하지만, 교회정치와 예배모범에 대한 이해와 연구는 역시나 부족하다.

히브리서 5장 12절-6장 2절의 교훈처럼, 이제 한국교회는 초보적 단계의 가르침을 넘어 더 높고 깊은 진리와 성숙한 진리의 영역으로 나아가야 한다. 교회론·율법론·종말론 등의 풍성한 내용을 담은 대요리문답, 예정교리와 언약신학의 정수를 담은 웨스트민스터 신앙고백서, 장로교회의 정치 원리를 구체화한 교회정치, 그리고 설교 중심의 예배를 규범한 예배모범을 회복하고 학습하는 일은 오늘날 한국 장로교회가 반드시 붙잡아야 할 과제이다.

이에 본서 『웨스트민스터 표준문서 해설』은 "웨스트민스터 표준문서"(Westminster Standards)의 정신과 교훈을 한국교회 현실에 적용하여, 교회와 성도가 성경 진리의 풍성함을 누리도록 돕는 것을 목적으로 한다. 특히 교회 직분자들이

---

[4] "The Samuel G. & Charles H. Craig Center for the Study of the Westminster Standards." Westminster Theological Seminary. Accessed August 5, 2025. https://craigcenter.wts.edu. 이 사이트에서 웨스트민스터 총회 당시의 논의와 정황에 대하여 연구하여 발표하는 세미나들의 동영상을 볼 수 있다.

자신이 서약한 내용을 바르게 이해하고, 신앙과 실천이 일치하는 삶을 살도록 인도하는 데 초점을 두었다.

이제 면밀히 살펴볼 본서 『웨스트민스터 표준문서 해설』의 구성은 다음과 같다.

제1장에서는 웨스트민스터 총회에 참여한 주요 인물들 다섯 분을 조명한다. 모든 참석자를 일일이 다루기는 어려우므로, 특별히 중요한 역할을 감당한 다섯 인물을 중심으로 소개한다. 곧, 총회 의장이었던 윌리암 트위스(William Twisse), 예배모범 작성위원장이었던 스티븐 마샬(Steven Marshall), 대요리문답 작성위원장이었던 안소니 터크니(Anthony Tuckney), 소요리문답 작성위원장이었던 허버트 팔머(Herbert Palmer), 그리고 스코틀랜드 총회의 특사로 파견된 알렉산더 헨더슨(Alexander Henderson)이다.

제2장에서는 "웨스트민스터 표준문서"(Westminster Standards) 다섯 개의 문서를 작성 순서에 따라 간략히 개관한다. 먼저 예배모범(1645), 이어 교회정치(1645), 다음으로 신앙고백서(1647), 그리고 교육 목적의 대요리문답(1647)과 소요리문답(1647)을 차례로 소개한다.

이어 제3장부터 제7장까지는 "웨스트민스터 표준문서"(Westminster Standards) 다섯 문서의 작성 배경과 신학적 주제를 심층적으로 다룬다. 이 부분이 본서의 핵심을 이룬다. 왜냐하면, 신앙고백서와 소요리문답에 관한 저술은 많지만, 예배모범과 교회정치, 그리고 대요리문답을 포함하여 전체 문서를 통전적으로 조망한 연구서는 좀처럼 찾아보기 어렵기 때문이다.

이에 본서는 작성 순서를 따라 다섯 개의 문서를 다음과 같이 논구한다.

(1) 제3장은 가장 먼저 작성된 예배모범의 편찬 과정과 내용, 예배의 요소와 그 신학적 주제를 다룬다.
(2) 제4장은 이어 완성된 교회정치의 작성 배경과 핵심 내용, 그리고 주요 주제를 살핀다.

예배모범과 교회정치는 비교적 연구가 미진한 문서이므로, 이 장들은 직분자와 후속 연구자들에게 귀중한 참고가 될 것이다. 이를 위해 표준문서 각 권들에 대한 국내에서 출판된 서지자료를 첨부한다.

(3) 제5장은 표준문서의 중심이라 할 웨스트민스터 신앙고백서의 신학적 구조와 핵심 내용, 개혁신학의 특징을 정리하며, 추가 연구를 위하여 국내에 출판된 자료들을 제공한다. 신앙고백서는 표준문서의 백미(白眉)이다.
(4) 제6장은 비유하자면 스코틀랜드 산지에서 자란 아주 건강한 최상위 소의 고기와 같이 육질이 뛰어나면서도 맛과 영양이 훌륭한 대요리문답을 중심으로 소요리문답과 비교·분석하며, 오늘날에 아직 충분히 조명되지 못한 대요리문답의 풍성함을 다섯 가지 주제를 통해 부각시킨다.
(5) 제7장은 부드러우면서도 영양이 풍부한 우유와 같은 소요리문답의 구조와 주제를 분석하여, 간결하면서도 명료한 개혁신학의 정수를 제시한다.

이와 같이 "웨스트민스터 표준문서"(Westminster Standards)에 대한 종합적 소개와 심층 연구를 통하여, 한국교회가 이 문서들과 더욱 친숙해지고 진리에 대한 분명한 이해에 이를 수 있기를 바란다. 특히 장로교회의 모든 직분자가 자신이 서약한 신앙과 교리를 온전히 이해하며, 그에 합당한 삶과 사역을 실천하도록, 본서 『웨스트민스터 표준문서 해설』이 유익하게 쓰이기를 소망한다.

    주께서 이 책을 사용하셔서 한국 장로교회의 모든 직분자들이 말씀과 교리 위에 견고히 세워지고, 모든 사역과 생활에서 그 진리를 따라 살도록 은혜 베푸시기를 간절히 기도한다.

웨스트민스터
표준문서
해설

Westminster
Standards

제1장.
웨스트민스터 총회원

Westminster Divines

역사적인 웨스트민스터 총회(Westminster Assembly)에 모인 전체 인원은 성직자 121명과 상·하원 귀족 30명 총 151명으로 구성되었다. 이들 성직자 121명 가운데에는 총회 기간 참석하지 않은 25명 정도가 있었다. 이를 위해 총회 중에 참석하지 않거나 사망한 이들을 생각하여 21명의 추가 인원을 두었다.[1]

웨스트민스터 총회원 중에는 대부분을 차지했던 '잉글랜드' 출신의 성직자와 귀족들뿐 아니라 '아일랜드'에서 사역하던 교수였던 조슈아 호일(Joshua Hoyle, 1588-1654)과 아일랜드 아르마의 대주교였던 제임스 어셔(James Ussher, 1581-1656)도 총회원으로 임명되었다. 호일은 참석하여 신앙고백서 작성에 직접 참여한 반면에 어셔는 정치적인 이유로 참석하지 않았다.[2] 또한 신학적 조언을 위해 초빙받은 '스코틀랜드'교회의 특사였던 알렉산더 헨더슨(Alexander Henderson, 1583-1646)과 그 동료들였던 사무엘 러더포드(Samuel Rutherford, 1600-1661)와 로버트 베일리(Robert Baillie, 1602-1662) 그리고 조지 길레스피(George Gillespie, 1613-1648) 등도 함께 하였다. 이들이 참으로 귀중한 역할을 하였다.[3]

더하여 주목할 총회원들은 박해를 피해 런던에서 프랑스인 교회를 사역하던 '프랑스' 위그노 사무엘 들라 플라스(Samuel de la Place, 1576-1658),[4] 장 들라 마흐슈(Jean de la Marche, 1585-1651)이었다.[5] 이 책에서는 웨스트민스터 총회에 대한 프랑스 위그노의 영향을 다루지 않지만, 이후의 연구를 기대한다.

1. 웨스트민스터 총회 의장
- 윌리엄 트위스(William Twisse, 1578-1646)

윌리엄 트위스[6]는 1578년경에 뉴버리(Newbury) 인근의 스핀햄랜드(Speenhamland)에서 태어났다. 트위스의 할아버지는 독일인이었고 아버지는 옷감 장사였다. 그가 열두 살에 윈체스터학교를 다닐 때 "나는 저주받았다"는 동급생의 거친 언사에 큰 충격을 받고 신앙적 회심을 하게 되었다. 이후 열여덟 살 때인 1596년에 옥스퍼드의 뉴칼리지에 수습생으로 들어갔고 1598년에 정식으로 받아들여져, 1600년에 B.A.학위를 1604년에 M.A.학위를 받는다. 이를 통해 박식한 학생으로 명성을 갖게 되었다. 1613년 이전에 이미 브레이워딘(Bradwardine)의 『펠라기우스 사상에 대항하는 신적 이유』(De Causa Dei contra Pelagium)를 필사하였고 이를 주석하기까지 하였다. 그러한 트위스의 주석 능력은 학교 채플에서 목요일마다 있었던 문답식 강의에서 드러났다. 또한 세인트 알데이츠에 있는 올리브 파로첼리 교회(St. Aldate's ecclesia parochiali Olivæ)에서 매주일 전해진 그의 명료한 설교들은 대학의 많은 청중에게 전해졌다. 1612년 B.D.학위를 받았고 1614년에 D.D.학위를 받았다.[7]

트위스는 1641년에 『제4계명의 윤리』(Of the morality of the fourth commandement)라는 제4계명에 대한 저서의 출판—이는 트위스 사후에 "The Christian Sabbath defended: against a crying evil in these times of the antisabatarians of our age"(1652)라고 출판됨—을 통해서 많은 주목을 받았고, 1646년

윌리엄 트위스

에는 『존 쿠튼의 예정론에 대한 평가』(A treatise of Mr. Cottons, clearing certaine doubts concerning predestination)라는 저술을 통해 칼빈주의 청교도로서 더욱 주목받았다.[8]

이러한 명성으로 인해 1643년 웨스트민스터 총회가 개최되었을 때, 총회원(Divines)으로 참여하여 웨스트민스터 사원에 모인 상원과 하원의원들에게 요한복음 14:18의 "내가 너희를 고아와 같이 버려두지 아니하고 너희에게로 오리라"는 말씀으로 설교하였으며, 만장일치로 총회 의장(Prolocutor of the Assembly)으로 임명되었다. 총회 의장으로 임명된 이유는 트위스가 개혁주의 신학자로서 국제적인 명성이 있었을 뿐 아니라 신학적 박식함과 더불어 온화한 인격을 지녔기 때문이었다고 하겠다.

그로 인해 웨스트민스터 총회의 원로로서 정치 성향이 다른 여러 총회원에게도 존경받았다. 하지만 연약한 건강의 문제로 총회 시작 때부터 계속 어려움을 겪었고, 그로 인해 총회 기간에 거주하던 홀보른에서 1646년 여름 소천하였으며, 모든 총회원이 참석한 장례식을 마치고 웨스트민스터사원에 안장되었다.[9]

2. 예배모범 작성위원장
– 스티븐 마샬(Steven Marshall, 1594-1655)

스티븐 마샬[10]은 잉글랜드의 헌팅던샤이어(Huntingdonshire)에서 태어난 장로교 목사이자 저명한 청교도 지도자였다. 그는 의회에서 영향력 있는 설교자였으며, 웨스트민스터 총회원이었다.[11]

그는 케임브리지 대학교 임마누엘 칼리지(Emmanuel College, Cambridge)에서 공부한 후(M.A. 1622, B.D. 1629) 1629년에 에섹스(Essex)의 핀칭필드(Finchingfield) 교구목사가 되어 1651년까지 사역하였다. 그 기간중에 1640년에는 웨스트민스터

(Westminster)에 있는 세인트 마가렛(St. Margaret's)의 강사로 사역하기도 하였다. 또한 1642년에는 에섹스 백작의 군대(The Earl of Essex's regiment)에서 군목으로 사역하였다. 이어서 1643년에는 의회를 대표하여 스코틀랜드와 협상하였고 이후에는 웨스트민스터 총회원으로 잉글랜드교회를 장로교 제도를 따라 세우는 교회 원리와 교리를 정립하고자 귀한 공헌을 했다. 그가 런던에서 사역하지 않았음에도, 그는 설교를 통하여 의회가 예배 의식과 교회 개혁을 이루는데, 큰 영향력을 발휘하였다. 스티븐 마샬은 1647년 소요리문답 작성에도 큰 역할을 하였다. 1655년에 주의 부르심을 입어 웨스트민스터 사원에 묻혔다. 하지만 기록에 의하면 이후에 왕정복고가 이루어지고는 스티븐 마샬은 부관참시를 당한다. 그래서 그의 초상화도 남아 있지 않다. 나의 견해로는 죽은 후에 당한 순교같다. 주의 영광을 위해 당한 그의 고난을 주께서 기억하시리라 믿는다. 주께서 남기신 스티븐 마샬의 작품은 다음과 같다.[12]

『존 톰비스의 유아세례에 대한 반박 변호』(*A defence of infant-baptism in answer to two treatises, and an Appendix to them concerning it, lately published by Mr. Jo. Tombes : wherein that controversie is fully discussed*) London : Ric. Cotes for Steven Bowtell, 1646.

『총회원의 겸손한 답변』(*The humble answer of the divines [S. Marshall and others] attending the honourable commissioners of parliament, at the treaty at Newport in the Isle of Wight, to the second paper delivered to them by his majesty, Oct. 6. 1648 about episcopall government*) London, 1660.

『신앙에 관한 일반 통치자의 권한』(*The power of the civil magistrate in matters of religion, vindicated. The extent of his power determined. In a sermon preached before the first Parliament on a monthly fast day, ed. Giles Firmin*) London : Nathaniel Webb and William Grantham, 1657.

『하나님께 드리는 화목제』(A Peace Offering to God. (A sermon on Psalm 124:6-8, preached before the House of Commons to commemorate thanksgiving for the peace between England and Scotland) September 7, 1641.

『역대하 15장 2절 설교』(A Sermon on 2 Chronicles 15:2. (Preached before the House of Commons at their public fast) November 17, 1640.

『모세의 노래』(The song of Moses, the servant of God, and the song of the Lambe: opened in a sermon preached to the Honourable House of Commons, at their late solemne day of thanksgiving, June 15, 1643 : for the discovery of a dangerous, desperate, and bloudy designe, tending to the utter subversion of the …) London : S. Man and S. Gellibrand, 1643.

3. 대요리문답 작성위원장
- 안소니 터크니(Anthony Tuckney, 1599-1670)

안소니 터크니[13]는 링컨샤이어의 보스톤에서 겨우 3마일밖에 안 되는 컬톤(Kirton)의 사역자였던 터크니의 아들로 1599년 9월에 태어났다. 케임브리지의 임마누엘 칼리지에서 M.A.학위를 받고는 링컨 백작의 가정 목사(domestic chaplain)가 되었다. 하지만 대학의 펠로우로 선출되어, 학교로 돌아갔고 B.D.를 시작할 때까지 계속 일했는데 그는 가장 성실하고 신실한 지도교수였다. 나중에 교회와 국가에 정말 도움이 되는 유능한 학생들을 많이 양육했으며 이를 그들은 모두 터크니의 가르침 때문이라고 기억했다.

터크니[14]는 자기 고향 사람들의 부름을 따라 대학을 떠나서, 보스톤 교회의 사역자였던 존 코튼(John Cotton)의 부교역자가 되었다. 터크니의 존 코튼과의 관계는 코튼이 아메리카 대륙으로 떠날 때까지 계속되었고, 1638년 코튼이 뉴잉글랜드

안소니 터크니

로 떠난 후에는 그의 후임으로 보스톤교회의 사역자가 되었다. 그리고 페스트로 인하여 신적 섭리를 따라 아픈 어려움을 만날 때나 교회 재판으로 다소의 어려움이 있을 때도 그는 사역을 계속하였다.

  1643년에 터크니는 의회에 의해 런던에 부름을 받았고, 웨스트민스터 총회에 참석하였는데, 이는 그와 토마스 콜만이 링컨 지역의 대표로 선출되었기 때문이었다. 터크니는 총회 기간 정기적으로 총회에 참석하면서 철저하게 그에 몸담았으며, 여러 사역지의 요청이 있을 때 목회자들을 임명하기 위하여 시험과 인가하는 위원으로 임명되었다. 그는 1645년에 위원회의 일원으로 선출되었으며, 이를 통해 웨스트민스터 신앙고백서와 요리문답 작성을 위해 최선의 수고를 감당했다.[15]

특별히 대요리문답의 상당한 문답들과 특히 십계명에 대한 적절한 해설이 그의 역할이었는데, 이를 위해 참으로 적합한 해설을 감당했다.[16] 런던에서 시간을 보내고 나서 칩사이드 근처의 미카엘 퀴른(Michael-Quern)의 사역지를 맡아 1648년까지 감당했는데, 그간 케임브리지의 임마누엘 칼리지에서 교장이 되었다. 1648년에는 가족과 함께 케임브리지를 떠나 그 해의 부총장직을 맡았다. 1653년에 토마스 힐 박사(Dr. Thomas Hill)가 죽자 애로스미스 박사(Dr. Arrowsmith)가 트리니티 칼리지의 교장으로 선출되었고 터크니는 세인트존스 칼리지(St. Johns College)의 학장이 되었다. 이후에는 애로스미스 박사를 이어 왕립 교수가 되었다.

그는 권력자들이 보낸 반대 세력들에 대해 과감한 용기를 가졌을 뿐 아니라 참으로 겸손한 모습을 가졌다. 그래서 반대 세력들이 극심한 권위를 내세웠어도, 많은 귀족과 목사들이 그들의 자녀를 터크니의 지도 아래서 학습하도록 진학시켰으며, 따라서 학생들은 참으로 그의 귀한 지도로 인한 유익을 얻었다.

터크니는 1670년 2월에 70세로 소천했는데, 뛰어난 경건과 학식 있는 자로 그리고 진전한 동료요 지칠 줄 모르는 학생이요 진정한 논객이요 또한 진리와 선에 대한 열정적인 독려자의 모습으로 기억된다. 임마누엘과 세인트존스 칼리지의 채플에서 그가 행한 설교는 좋은 모범이 되어 오랫동안 많은 이에게 칭찬받는 삶이었다.[17]

4. 소요리문답 작성위원장
- 허버트 팔머(Herbert Palmer, 1601-1647)

허버트 팔머[18]는 토마스 팔머 경(Sir. Thomas Palmer)의 막내아들로 1601년 윙햄(Wingham)에서 태어나 3월 29일에 세례를 받았다. 그의 모친은 서섹스의 허버트 펠함의 장녀였는데, 그는 영어처럼 쉽게 불어를 익혔고 아주 능통했다. 그의 어린 시절은 조숙한 경건함으로 가득했다. 1616년 3월 케임브리지의 세인트존스 칼리지에 입학했고, 1619년 B.A 1622년에 M.A.학위를 받았으며, 1623년에는 퀸즈 칼리지(Queens' College)의 펠로우로 선출되었고, 이듬해에 그 직위를 얻었으며, 1631년에는 B.D.학위도 받았다.

팔머[19]는 1626년 윙햄에 있는 동생인 자작 토마스 팔머(Sir Thomas Palmer)경을 방문했다가 캔터베리 대성당(Canterbury Cathedral)에서 설교하였다. 그의 설교에 대한 명성이 캔터베리 지역에서 프랑스인 교회를 사역하던 델프(Delme)에게 들렸고, 그는 팔머에게 캔터베리의 세인트조지(St. George's)교회에서 설교를 부탁하였으며, 이는 후에 강사로서 그가 자리잡는데 큰 계기가 되었다.

그후 캔터베리의 세인트알파지 교회(St. Alphage's)에서 주일 오후에 강의할 수 있는 권한을 대주교 애봇(Abbot)에게 받았을 뿐 아니라. 펠로우쉽에서 은퇴하는 클라케의 지원을 받게 되었다. 그는 현자(賢者)의 한 사람으로 영적 조언자로서 활동하였을 뿐 아니라 비록 목회적 대가는 없었지만, 많은 영적 심방을 감당했다.

때로는 프랑스인들의 교회에서 설교하였는데, 처음 그들을 위해 강단에 섰을 때 작은 체구의 설교자가 마치 노년의 여성분이 외치는 것같이 놀라게 하기도 했다고 전해진다. 또한 팔머는 당시 라우드 대주교가 주도하던 감독교회의 지배에 대해 저항하였기에, 청교도주의자라고 고발되었으나 기소되지는 않았다. 1630년경, 학장이었던 아이작 발그레이브(Isaac Bargrave)는 그의 강사직을 무시했고, 그의 문답식 강의에 대해 분파저인 사람이라고 몰아붙였다. 하지만 결과적으로 애봇 학장에게 영향을 끼치는 탄원을 통해 강사직이 회복되었다. 1632년 케임브리지에서 대학의 설교자가 되었는데, 신자들이 성경을 읽고 그에 관해 묻고 답하면 상을 주는 방식으로 그들이 설교에 대해 숙달할 수 있도록 했고, 이를 통해 성찬에 참여하도록 하여 자신의 교육법을 정립했다. 이를 인하여 스코틀랜드 특사였던 로버트 베일리는 팔머에 대해 당대 잉글랜드에서 최고의 문답자(the best catechist in England)라고 평가하기까지 했다. 그는 예비적인 질문들을 주어 그에

허버트 팔머

대해 예와 아니오라고 대답하게 하는 핵심 답변을 제시하는 문답법을 창안했다.

하지만 1633년 그는 왕이 제시한 스포츠령을 받기를 거절했고, 1638년에는 감독제 교회정치에 대해 공개적으로 반대했다. 1641년 그는 안소니 터크니와 함께 링컨관구(Lincoln diocese)의 감독 회의 서기로 지명되었고, 1642년 7월 19일 허포드샤이어의 히친에서 화요강좌의 강사로 하원에 의해 임명되었다.

1643년 6월 12일 팔머는 웨스트민스터 총회원(Divines)으로 임명되었으며, 6월 28일에는 하원 앞에서 설교하였는데, 이를 통해 올리버 루크(Oliver Luke)경으로부터 감사를 받았다. 또한 웨스트민스터 사원의 아침 강좌에 7인의 강사 중 한 명이 되어 1644년 4월 11일 케임브리지 퀸스 칼리지의 맨체스터 백작으로부터 이에 대한 임명장을 받았다. 그는 독일과 헝가리에서 온 난민 학생들을 극진히 살

폈으며, 대학도서관에 많은 책을 기증하였다. 1646년 1월부터 9월까지는 웨스트민스터 총회에서 참석자들의 인명부를 작성하는 역할(the assessors pro tempore)을 수행하였고, 목회적 심방에 대해 많은 제안을 하였다.

웨스트민스터 총회에서 팔머의 주된 사역은 소요리문답과 관련되었는데, 이는 그가 당대의 잉글랜드에서 최고의 요리문답 전문가였기 때문이었다.[20] 그의 역할은 질문에 의해 다 충족될 수 없는 핵심 주제에 대한 적합한 답을 제시하는 것이었다.[21] 그러나 안타깝게도 소요리문답이 완성될 때까지 살지 못하고 1647년 9월경에 별세하여 웨스트민스터 사원에 매장되었다.

5. 스코틀랜드교회 총회 의장
- 알렉산더 헨더슨(Alexander Henderson, 1583-1646)

알렉산더 헨더슨[22]은 "제2의 종교개혁자"로 불리는 스코틀랜드 목회자로서 언약도 운동의 개척자이며, 웨스트민스터 총회에서 스코틀랜드 종교개혁의 원리를 조언하여 큰 영향을 끼친 중요한 목회자이다.

헨더슨[23]은 1583년 스코틀랜드 파이프(Fife) 지방에서 태어났다. 1603년에 세인트앤드류스 대학교(St. Andrews University)을 졸업하자마자 철학과 수사학의 교사로, 1611년에는 교수가 되었다. 당시 스코틀랜드교회는 왕이 교회에 대하여 절대 권력을 행사하여 주교에 의하여 목회자들이 교회에 배치되고 있었기에 참 어려운 형편이었다. 헨더슨은 세인트앤드류스대학교의 철학 교수인 상태에서 1614년경 글라드스테인스(Gladstanes) 대주교에 의해 파이프의 루커스교회(Leuchars in Fife) 목회자로 지명되었다.

1618년 퍼스(Perth)에서 열린 스코틀랜드교회의 총회에서 결의된 '왕의 종교적 권한을 강화한 5개 조항'에 대해 반대하는 책자를 발행했는데, 이 출판 비용을 위한 모금을 하였다는 이유로 1619년 8월에 고등 종교법원(Court of High Commission)의 소환을 받았다. 1618년 퍼스에서 모인 스코틀랜드교회의 총회가 결의한 '왕의 종교적 권한을 강화한 5개 조항'은 잉글랜드 제임스 1세가 잉글랜드교회의 의식을 스코틀랜드교회에 강요하고, 장로교를 무효로 하려는 것이었다. 그러나 고등 종교법원과 주교들은 신학적 견해가 분명한 헨더슨을 이길 수가 없어서, 위협만을 하고 방면하였다. 이 사건 이후 1637년까지 헨더슨은 파이프의 루커스교회에서 계속 사역하면서, 독서와 연구에 전념하였다.

1638년에는 에딘버러의 그레이프레이어(Greyfriars)교회에서 헨더슨과 아치볼드 존스톤(Archibald Johnston)이 작성한 "국가언약"(National Covenant)이 낭독되었고, 귀족을 비롯하여 목회자들, 하원의원들, 평민들을 비롯한 수천 명이 그 언약 문서에 서명하였다. 이 "국가언약"(National Covenant)은 인쇄되어 스코틀랜드의 온 전역으로 돌려져 그것에 참여함으로 개혁의 불길은 더욱 타올랐다.

1638년 11월 21일 스코틀랜드교회의 총회가 글라스고(Glasgow)에서 열려서 헨더슨을 총회장으로 선출하였으며, 이 글라스고총회에서 주교들을 면직시키기로 하였다. 따라서 이 1638년 글라스고총회를 "제2의 스코틀랜드 종교개혁"이라 부른다. 또한 1640년 에딘버러의 추밀원은 헨더슨을 대학의 평의원회 의장으로 지명하였고, 그는 수년 동안 대학 일들을 효과적으로 관장하였다. 1643년 8월 2일 에딘버러(Edinburgh)에서 스코틀랜드교회의 총회가 열렸는데, 헨더슨은 다시 총회 의장으로 선출되었고 스코틀랜드교회의 총회는 웨스트민스터 총회에 참석하도록 헨더슨과 길레스피 등을 지명하였다.

1643년 9월 25일에 잉글랜드와 맺은 "엄숙동맹과 언약"(The Solemn league and covenant)이 상원과 하원 그리고 웨스트민스터 총회의 인증을 받자 이에 헨더슨은 엄숙히 서명하였다. 그로 인해 헨더슨은 웨스트민스터 총회 의장인 윌리엄 트위스의 환영을 받았으며, 스코틀랜드교회의 특사로서 참석하였다. 웨스트민스터 총회에서 그는 왕이 강권하는 감독정치에 대해서 "부패한 정치제도는 종교개

알렉산더 헨더슨

혁을 무위로 만들 뿐 아니라 옛 의식으로 돌아가게 한다"라고 교훈하며 최선을 다해 총회를 섬겼다. 헨더슨이 웨스트민스터 총회에서 1643년 11월 15일에 행한 연설이 지금도 남아 있다.

- 여러분은 지금 산 위에 세운 성과 같습니다. 잉글랜드와 스코틀랜드 그리고 아일랜드와 모든 개혁파 교회의 눈들이 여러분을 향해 있습니다. 이 모임에 대해 즐거움과 어떤 갈망과 열화 같은 기대가 있습니다. 또 교황파와 아르미니우스파나 다른 이들의 눈도 여러분은 향해 있습니다. 저들이 이날을 작은 날로 업신여기는 것 같아도 저들은 두려움과 놀람으로 이 총회를 보고 있습니다.[24]

1646년 5월 뉴캐슬에서 감독제도에 대해서 논쟁이 시작되었는데, 찰스 1세의 완고함으로 인하여 헨더슨은 아주 피곤하여졌고 그 결과 건강이 약해졌다. 그로 인해 지치고 병든 몸을 가지고 1646년 8월 11일 에딘버러로 돌아왔는데, 겨우 8일이 지난 1646년 8월 19일 세상을 떠나고 말았다. 얼마나 웨스트민스터 총회와 표준문서 작성을 위해 전심을 쏟았는지를 알 수 있다.

제1장. 웨스트민스터 총회원

1) Chad Van Dixhoorn, ed. *The Minutes and Papers of the Westminster Assembly*, 1643-1653, I. 106-147. "BIOGRAPHICAL DICTINARY" 알파벳순으로 총회에 직접 참석하지 않았으나 영향을 준 John Archer (d. 1639)를 시작으로 총회원 John Arrowsmith (1602-1659)부터 Walter Young (d.1649)와 Thomas Young (1587-1655)까지 모든 총회원들에 대한 간략한 소개가 담겨 있다. 그 내용은 인터넷에서도 볼 수 있다. https://westminsterassembly.org/assembly-member/
2) Chad Van Dixhoorn, ed. *The Minutes and Papers of the Westminster Assembly*, 1643-1653, I. 141. James Ussher, 1581-1656. "appointed assembly member for Oxford University but did not attend."
3) *List of members of the Westminster Assembly*: 웨스트민스터 총회원들의 명단을 제시하면 다음과 같다.

(1) Divines - Members of the Clergy (English and Welsh) 121/141

1. John Arrowsmith. D.D.(1602-1659)	King's Lynn Norfolk Master of St John's College
2. Simeon Ashe (d.1662)	Cardiganshire
3. Theodore Bathurst (c.1587-1651)	Overton Wetsville Huntingdonshire
4. Thomas Baylie B.D. (1581/2-1663)	Manningford Bruce Wiltshire
5. Samuel Bolton (1605/6-1654)	Middlesex
6. John Bond (1612-1676)	Oxford University
7. Oliver Bowles, B.D. (c.1577-1644)	Sutton (near Biggleswade) Bedfordshire
8. William Bridge (1600/01-1671)	Yarmouth Cumberland
9. Ralph Brownrigg, D. D. (1592-1659)	Cambridge University Bishop of Exeter
10. Richard Buckley (c.1608-1653)	Anglesey
11. Anthony Burges (d. 1664)	Sutton Coldfield Warwickshire
12. Cornelius Burges, D.D. (d. 1665)	Watford Hertfordshire
13. Jeremiah Burroughs (bap. 1601?, d. 1646)	Stepney Middlesex
14. Adoniram Byfield (d. 1660)	non-voting scribe
15. Richard Byfield (bap. 1598, d. 1664)	Surrey
16. Edward Calamy, B.D. (1600-1666)	London
17. Richard Capel (1586-1656	Pitchcombe, Gloucestershire
18. John Carter (d. 1645/6)	Yorkshire

19. Thomas Carter (b. c.1585)	Oxford
20. William Carter (1605–1658)	Dynton, Northumberland
21. Joseph Caryl (1602–1673)	London of Lincoln's Inn
22. Thomas Case (bap. 1598, d. 1682)	Cheshire
23. Daniel Cawdrey (1587/8–1664)	Monmouthshire
24. Humphrey Chambers (bap. 1599?, d. 1662)	Claverton, Somerset
25. Francis Cheynell, D.D. (bap. 1608, d. 1665)	Petworth Pembrokeshire
26. Peter Clark (b. c.1606)	Carnaby Yorkshire
27. Richard Clayton (1597–1671)	Shawell Leicestershire
28. Thomas Clendon (d. 1677)	Carmarthenshire
29. Francis Coke (c.1600–1682)	Yoxhall Staffordshire
30. Thomas Coleman (1597/8–1646)	Blyton, Lincolnshire
31. John Conant, D.D. (1608–1694)	Lymington, Somerset
32. Edward Corbet (b. 1590/91)	Westmorland
33. Edward Corbet (1601x3–1658)	Shropshire of Merton College, Oxford
34. Robert Crosse, B.D. (1604/5–1683)	Oxfordshire of Lincoln College
35. Philippé Delmé (d. 1653)	
36. Calybute Downing, D. D. (1606–1644)	Hackney Middlesex
37. William Dunning (b. 1599)	Godalston
38. John Dury (1596–1680)	Middlesex
39. John Earle (1598x1601–1665)	Bishopston, Bristol / Bishop of Worcester in 1662
40. Edward Ellis, B.D. (b. c.1603, d. in or after 1650)	Gilsfield Montgomeryshire
41. Daniel Featley, D.D. (1582–1645)	Surrey of Lambeth
42. Thomas Ford (1598–1674)	Bedfordshire
43. John Foxcraft (1595–1662)	Gotham Nottinghamshire
44. Hannibal Gammon (bap.1582, d.1650/51)	Maugan Cornwall
45. Thomas Gataker, B. D. (1574–1654)	Rotherhithe Carnarvonshire
46. John Gibbon (b. c.1587)	Waltham
47. George Gibbs (c.1590–1654)	Aylestone Leicestershire
48. Samuel Gibson (b. c.1580)	Burley Rutland
49. William Good (b. 1600)	
50. Thomas Goodwin, D.D. (1600–1680)	Cambridgeshire
51. William Gouge, D.D. (1575–1653)	Derbyshire of Blackfriars
52. Stanley Gower (bap. 1600?, d. 1660)	Brampton Bryan Herefordshire
53. John Greene (fl. 1641–1647)	Pencombe Herefordshire
54. William Greenhill (1597/8–1671)	Stepney Durham
55. John Hacket, D.D. (1592–1670)	Radnorshire of St. Andrew's London
56. Henry Hall,[6] B.D. (c.1604–1644)	Norwich Westmorland
57. Henry Hammond, D.D. (1605–1660)	Penshurst, Kent

58. Humphrey Hardwick (b. 1602)
59. John Harris, D.D. (1587/8–1658)   Monmouthshire, Warden of Winchester College
60. Robert Harris, B.D. (1580/81–1658)   Hanwell Oxfordshire
61. Charles Herle (1597/8–1659)   Winwick Lancashire
62. Richard Heyrick (1600–1667)   Manchester, Lancashire
63. Gaspar Hickes (1605–1677)   Lawrick, Cornwall
64. Samuel Hildersham (1594?–1674)   Fetton, Shropshire
65. Thomas Hill, B.D. (d. 1653)   Tickmarsh, Northamptonshire
66. Thomas Hodges (c.1600–1672)   Kensington
67. Richard Holdsworth, D.D.(1590–1649)   of Cambridge
68. Joshua Hoyle, D.D. (bap.1588, d. 1654)   Cumberland of Dublin, Ireland
69. Henry Hutton (d.1671)   Westmorland
70. John Jackson (1600–1648)   Marsac Northumberland
71. Robert Johnston (d. 1670)   Yorkshire
72. John Langley (d. 1657)   West-Tuderly, Hampshire
73. William Launce (c.1588–1666)   Harrow London
74. John Ley (1584–1662)   Budworth, Cheshire
75. John Lightfoot, D.D. (1602–1675)   Ashley, Staffordshire Staffordshire
76. Richard Love, D.D. (1596–1661)   Ekington Derbyshire
77. William Lyford (1597?–1653)   Sherbourne
78. Jean de la Marche (1585–1651)   Guernsey of the French Congregations
79. Stephen Marshall, B.D. (1594/5?–1655)   Finchingfield, Essex
80. John Maynard (1600–1665)   Sussex
81. William Mew, B.D. (1602–1659)   Eastington, Gloucestershire
82. Thomas Micklethwaite (d.1663)   Cherryburton
83. William Moreton (d. 1643)   Newcastle upon Tyne, Durham
84. George Morley, D.D. (1598?–1684)   Monmouthshire of Minden Hall
85. Matthew Newcomen (d.1669)   Dedham Essex
86. William Nicholson, D.D. (1591–1672)   Carmarthenshire afterwards Bishop of Gloucester
87. Henry Nye (1589–1643)   Clapham, Sussex
88. Philip Nye (bap.1595, d.1672)   Kimbolton, Huntingdonshire
89. Henry Painter (c.1583–1644)   Exeter, Devon
90. Herbert Palmer, B.D. (1601–1647)   Ashwell, Bedfordshire
91. Edward Peale (1583–1645)   Compton, Dorsetshire
92. Andrew Perne (c.1595–1654)   Wilby, Northamptonshire
93. John Philips (c.1585–1663)   Wrentham, Suffolk
94. Benjamin Pickering (fl. 1620–1649)   East Hoatly, Sussex
95. Samuel de la Place (1576/7–1658)   Jersey of the French Congregations
96. William Price (d. 1666)   of St. Paul's Covent Garden

97. Nicholas Prophet (c.1599–1669)	Marlborough, Wiltshire
98. John Pyne (bap. 1600, d. 1678)	Bereferrars, Devon
99. William Rathbone (d. 1644)	Monmouthshire
100. William Rayner (c.1595–1666)	Egham Berkshire
101. Edward Reynolds (1599–1676)	Brampton, Northamptonshire
102. Henry Roborough (d.1649)	non-voting scribe
103. Arthur Sallaway (b.1606)	Severn Stoake, Worcestershire
104. Robert Sanderson, D.D.(1587–1663)	Boothby-Pagnell, Lincolnshire
105. Henry Scudder (d.1652)	Colingbourne, Wiltshire
106. Lazarus Seaman, B.D. (d.1675)	London
107. Obadiah Sedgwick, B.D.(1600–1658)	Coggeshall, Essex
108. Josias Shute, B.D. (bap.1588, d.1643)	Lombard Street, London Cardiganshire
109. Sidrach Simpson (c.1600–1655)	Worcestershire or London
110. Peter Smith, D.D. (1586–1653)	Barkway Hertfordshire
111. William Spurstowe, D.D. (d. 1666)	Hampden, Merioneth
112. Edmund Staunton, D.D. (1600–1671)	Kingston, Surrey
113. Peter Sterry (1613–1672)	London
114. Matthias Stiles or Styles (1591–1652)	Eastcheap, Oxford University, London
115. John Strickland (bap. 1601?, d.1670)	Cambridge University
116. William Strong (d.1654)	Dorset
117. Francis Taylor (1589–1656)	Yalding, Kent
118. Thomas Temple B.D. (c.1601–1661)	Battersey, Brecknockshire
119. Thomas Thorowgood (c.1595–1669)	Massingham, Norfolk
120. Christopher Tisdale (1592–1655)	Uphurstbourne, Hampshire
121. Henry Tozer, B.D. (c.1601–1650)	Glamorganshire of Oxford
122. Anthony Tuckney, D.D. (1599–1670)	Boston, Lincolnshire
123. William Twisse, D.D. (1577/8–1646)	Newbury Berkshire-Prolocutor of the Assembly
124. James Ussher (1581–1656)	Oxford University, Archbishop of Armagh
125. Thomas Valentine, B.D. (1586–1665)	Chalfent Giles, Buckinghamshire
126. Richard Vines (1599/1600–1656)	Calcot, Warwickshire
127. George Walker, B.D. (bap.1582?, d.1651)	London
128. John Wallis (1616–1703)	non-voting scribe; also a mathematician
129. John Ward (d.1665)	
130. Samuel Ward, D.D. (1572–1643)	Cambridge University, Master of Sidney Sussex College
131. James Welby (fl. 1643–1649)	Sylatten Denbighshire
132. Thomas Westfield, D.D. (1573–1644)	Bishop of Bristol
133. Francis Whiddon (c.1599–1656/7)	Moretonhampstead, Devon
134. Jeremiah Whitaker (1599–1654)	Stretton Rutland
135. John White (1575–1648)	Dorchester, Dorset

136. Henry Wilkinson the younger,
    B.D. (1610–1675)   Stepney London of St. Dunstan's
137. Henry Wilkinson the elder,
    B.D. (1566–1647)   Waddesden, Buckinghamshire
138. Thomas Wilson (c.1601–1653)   Otham Kent
139. John Wincop, D.D. (c.1602–1647)   Elesworth of St Martin-in-the-Fields
140. Francis Woodcock (1614–1649×51)   Durham
141. Thomas Young (c.1587–1655)   Stowmarket, Suffolk

(2) Lay Assessors
① **Nobles**: Members of the House of Lords who served as Lay Assessors 10/14
1. William Cecil, 2nd Earl of Salisbury (1591–1668)
2. Edward Conway, 2nd Viscount Conway (bap.1594, d.1655)
3. Robert Devereux, 3rd Earl of Essex (1591–1646)
4. Basil Feilding, 2nd Earl of Denbigh (c.1608–1675)
5. William Fiennes, 1st Viscount Saye and Sele (1582–1662)
6. William Grey, 1st Baron Grey of Werke (1593/4–1674)
7. Philip Herbert, 4th Earl of Pembroke (1584–1650)
8. Edward Howard, 1st Baron Howard of Escrick (d. 1675)
9. Edward Montagu, 2nd Earl of Manchester (1602–1671)
10. Algernon Percy, 10th Earl of Northumberland (1602–1668)
11. Henry Rich, 1st Earl of Holland (1591–1668)
12. Robert Rich, 2nd Earl of Warwick (1587–1658)
13. Oliver St John, 1st Earl of Bolingbroke (c.1584–1646)
14. Philip Wharton, 4th Baron Wharton (1613–1696)
② **Commoners**: Members of the House of Commons who served as Lay Assessors 20/30
1. Sir Thomas Barrington (c.1585–1644)
2. John Clotworthy, 1st Viscount Massereene (d.1665)
3. John Cooke (bap. 1608, d. 1660) one of the regicides
4. Sir John Evelyn (1601–1685)
5. Nathaniel Fiennes (1607/8–1669)
6. Sir Gilbert Gerard (1587–1670)
7. Sir John Glynne (1603–1666)
8. Sir Robert Harley (bap. 1579, d. 1656)
9. Arthur Haselrig (1601–1661)
10. William Masham (1615/16–1654/5)
11. Sir John Maynard (1602–1690)
12. William Pierrepont (1607/8–1678)
13. Edmond Prideaux (1601–1659)
14. Sir Robert Pye (bap. 1585, d. 1662)
15. John Pym (1584–1643)

16. Sir Robert Reynolds (1600/01-1678)
17. Francis Rous (1580/81-1659)
18. Sir Benjamin Rudyerd (1572-1658)
19. Oliver St John (c.1598-1673)
20. Humphrey Salwey (c.1575-1652)
21. John Selden (1584-1654)
22. William Strode (bap. 1594, d. 1645)
23. Zouch Tate (1606-1650)
24. Sir Henry Vane the Younger (1613-1662)
25. Sir Henry Vane the Elder (1589-1655)
26. William Wheeler (c.1601-1666)
27. John White (1590-1645)
28. Bulstrode Whitelocke (1605-1675)
29. John Wilde (1590-1669)
30. Walter Yonge (bap. 1579, d. 1649)

(3) Scottish Commissioners
① **Ministers:** Church of Scotland Ministers who served as Commissioners 6
1. Robert Baillie (1602-1662)
2. Robert Blair (1593-1666)
3. Robert Douglas (1594-1674)
4. George Gillespie (1613-1648)
5. Alexander Henderson (c.1583-1646)
6. Samuel Rutherford (c.1600-1661)

② **Elders:** Church of Scotland Elders who served as Commissioners 9
1. Archibald Campbell, 1st Marquess of Argyll (1605x7-1661)
2. John Campbell, 1st Earl of Loudoun (1598-1662)
3. John Elphinstone, 2nd Lord Balmerino (d. 1649)
4. Sir Charles Erskine of Alva (d. 1663)
5. Archibald Johnston, Lord Warriston (bap. 1611, d. 1663)
6. John Kennedy, 6th Earl of Cassilis (1601x7-1668)
7. John Maitland, Viscount Maitland (1616-1682)
8. Robert Meldrum (fl. 1620-1647)
9. George Winram of Liberton, Lord Liberton (d. 1650)

4) 1658년판 『웨스트민스터 신앙고백서 및 대·소요리문답』(*The Confession of Faith, Together with the Larger and Lesser catechismes. composed by the Reverend Assembly of Divines, sitting at Westminster, presented to both houses of Parliament*)의 총회원 명단에서, 존 해킷 박사 Dr.John Hacket(of St. Andrews, Holborne)와 매튜 뉴코맨Mattew Newcomen 사이에 프랑스 이름인 사무엘 들라 플라스Samuel de la Place와 장 들라 마흐슈John de la Marche의 이름을 본 일은 충격이었다(총회원 명단 95번과 78번을 보라). 이들에 대한 간략한 설명이 French congregation이라 되어 있는데 이는 그들이 영국으로 피난 온 프랑스 위그노 난민들의 목회자이었기 때문이다. 사무엘 들라 플라스(Jersey of the

French Congregations)는 1643년 웨스트민스터 총회에 카넬 섬의 총대 두 명 중의 한 명으로 총회원이 되었고, 다른 한 명인 장 들라 마흐슈(Guernse of the French Congregations)와 함께 참석했다. 웨스트민스터 총회는 회의마다 기도로 시작했는데, 영어가 모국어가 아니었던 사무엘 들라 플라스는 그 사역에서 양해되었다. 그는 런던 위그노 교회에서 설교하였으며, 잉글랜드에 있는 프랑스인 교회의 노회에 속하였다. www.westminsterassembly.org/assembly-member/samuel-de-la-place ; www.theislandwiki.org/index.php/Samuel_de_la_Place. 그에 대한 기록에는 대학 강사이자 의사로 남아 있다.

하지만 이들에 대해 더 밝혀지거나 연구 발표가 없기에 『웨스트민스터 표준문서』는 잉글랜드인들이 스코틀랜드인의 조언을 따라 만든 고백서로만 이해되었다. 이들에 대해 「Oxford Dictionary of National Biography」에서 잘 소개하고 있음을 통해 그간 알려졌던 제한적인 이해를 넘어서는 기회를 얻으며 동시에 위그노들이 『웨스트민스터 표준문서』에까지 영향을 미쳤음을 알 수 있다. 이에 관한 많은 연구를 기대한다. www.oxforddnb.com/view/10.1093/ref:odnb/9780198614128.001.0001/odnb-9780198614128-e-92780

5) www.huguenotsociety.org.uk/
The Huguenots were members of the French Protestant Church, many of whom, in the sixteenth, seventeenth and eighteenth centuries, left their homes in France to escape persecution. More than 50,000 of these refugees came to the British Isles and, in 1718, a French Hospital was founded in London. In 1885, the directors of the Hospital created a Society to promote the publication and interchange of knowledge about Huguenot history. The original 'Huguenot Society of London' has since been renamed 'The Huguenot Society of Great Britain and Ireland', and an Irish Section with its own website has been established.

6) Chad Van Dixhoorn, ed. *The Minutes and Papers of the Westminster Assembly*, 1643-1653, I. 140-141. William Twisse, 1577/8-1646.

7) apuritansmind.com/puritan-favorites/william-twisse-1578-1646/

8) 윌리암 트위스의 *A treatise of Mr. Cottons, clearing certaine doubts concerning predestination* 는 『개혁주의 예정론』 배현주 역. (고양: 주교문화사, 2015)으로 출판되었다.

9) 윌리암 트위스의 저서들(WIlliam Twisse's works): *A discovery of D. Jacksons vanitie.* (1631), *A briefe catecheticall exposition of Christian doctrine.* (1632), *Of the morality of the fourth commandement.* (1641), *A treatise of Mr. Cottons, clearing certaine doubts concerning predestination.* (1646), *Vindiciae gratiae, potestatis, ac providentiae Dei.* (1648), *The doubting conscience resolved.* (1652), *The doctrine of the synod of Dort and Arles, reduced to the practise, The Christian Sabbath defended: against a crying evil in these times of the antisabitarians of our age.* (1652), *The riches of Gods love unto the vessells of mercy.* (1653), *The scriptures sufficiency to determine all matters of faith, made good against the Papist.* (1656)

윌리암 트위스에 대한 저술들(Works about WIlliam Twisse): Benjamin Brooks, *The lives of the puritans: containing a biographical account of those divines who distinguished themselves in the cause of religious liberty, from the Reformation under Queen Elizabeth to the Act of Uniformity,* in 1662. (1813), Sarah Hutton, *Thomas Jackson, Oxford Platonist, and William Twisse, Aristotelian.* (1978), Henry M. Knapp, *Jephthah's Daughter in English Post-Reformation Exegesis.*(2018), James Reid, *Memoirs of the Lives and Writings of Those Eminent Divines, Who Convened in the Famous Assembly at Westminster,* in the Seventeenth Century. Vol.1.(1811; Reprint1982), John W. Stagg, *Calvin, Twisse and Edwards on the universal Salvation of those dying in infancy.* (1902), E.C.Vernon, *Twisse, William (1577/8-1646), theologian.* (2004)

10) Chad Van Dixhoorn, ed. *The Minutes and Papers of the Westminster Assembly*, 1643-1653, I. 128. Stephen Marshall, 1594/5-1655.
11) https://www.britannica.com/biography/Stephen-Marshall
12) https://www.prdl.org/author_view.php?a_id=2348, https://digitalpuritan.net/stephen-marshall/
13) Chad Van Dixhoorn, ed. *The Minutes and Papers of the Westminster Assembly*, 1643-1653, I. 140. Anthony Tuckney, 1599-1670.
14) 안소니 터크니의 저서들(Anthony Tuckney's works): *The balme of Gilead, for the wounds of England: applyed in a sermon preached at Westminster.* (1643), *None but Christ, or A sermon upon Acts 4.12* (1654), *Thanatoktasia or, Death Disarmed: and the grave swallowed up in victory.* (1654), *A good day well improved, or Five sermons upon Acts 9.31.* (1656), *Forty sermons upon several occasions by the late reverend and learned Anthony Tuckney, D.D.* (1676), *Prælectiones theologicæ.* (1679) 안소니 터크니에 관한 저술들(Works about Anthony Tuckney): Harrison Perkins, *Anthony Tuckney (1599-1670): Theologian of the Westminster Assembly.* (2018), James Reid, *Memoirs of the Lives and Writings of Those Eminent Divines, Who Convened in the Famous Assembly at Westminster, in the Seventeenth Century, Vol. 2.* (1811; Reprint1982), Patrick Collinson. *Tuckney, Anthony (1599-1670), Church of England clergyman and college head.* (2004), Ryan M. Hurd. *Dei Via Regia: The Westminster Divine Anthony Tuckney on the Necessity of Works for Salvation.* (2019), Rowan Strong. *The Cambridge Platonists: a brief introduction, with eight letters of Dr. Anthony Tuckney and Dr. Benjamin Whichcote.* (2010), W. M. Spellman. *The Cambridge Platonists: a brief introduction, with eight letters of Dr. Anthony Tuckney and Dr. Benjamin Whichcote.* (2006), Youngchun Cho. *Union with Christ in the theology of Anthony Tuckney (1599-1670)* (2015); *Anthony Tuckney (1599-1670): Theologian of the Westminster Assembly.* (2017); *Anthony Tuckney (1599-1670) on Union With Christ.* (2017), William S. Barker. *History of the College of St. John the Evangelist, Cambridge.* (1869)
15) Cho Youngchun, *Anthony Tuckney (1599-1670): Theologian of the Westminster Assembly* (Grand Rapids: Reformation Heritage Books, 2017), 9-33. 안소니 터크니가 웨스트민스터 총회에서 신앙고백서 작성을 위한 7인 위원으로 신앙고백서의 뼈대와 신학 사상을 제시하는 역할을 하였다.
16) W. Robert Godfrey, "An Introduction to the Westminster Larger Catechism" in Johannes G. Vos, *The Westminster Larger Catechism: A Commentary.* (New Jersey:P&R Publishing, 2002). xii. 대요리문답이 가진 특징 중에 십계명에 대한 완전하고 풍성한 주해는 탁월하다. 이에 대한 집필이 터크니의 역할이었고, 그래서 청교도 윤리사상(Puritan ethical thought)이 아주 잘 드러나고 있음이 중요한 강조점이다. 이에 대하여 데이비드 웰스 역시 격찬한다. 참조. David Wells, *No Place for Truth* (Grand Rapids: Eerdmans,1993), 98.
17) apuritansmind.com/puritan-favorites/anthony-tuckney-1599-1670/
18) Chad Van Dixhoorn, ed. *The Minutes and Papers of the Westminster Assembly*, 1643-1653, I. 131. Herbert Palmer, 1601-1647.
19) 허버트 팔머의 저서들(Herbert Palmer's works): *An endeauour of making the principles of Christian religion, namely the Creed, the ten Commandments, the Lords Prayer, and the Sacraments, plain and easie.* (1640), *The necessity and encouragement, of utmost venturing for the churches help.* (1643), *The necessity and encouragement, of utmost venturing for the churches help.* (1643), *The upright Protestant, as he was reformed from the superstitious errours of popery in*

the happy reignes of Edward the 6th. (1643), *Scripture and reason pleaded for defensive armes.* (1643), *Memorials of godlinesse and Christianitie. Part1.*(1644), *The glasse of Gods providence towards his faithfull ones.* (1644), *The soule of fasting: or Affections requisite in a day of solemne fasting and humiliation.* (1644), *A full ansvver to a printed paper.*(1645), *The duty & honour of church-restorers.* (1646), *Memorials of godliness and Christianity. in two parts.* (1651), *Sabbatum Redivivum: or, the Christian sabbath vindicated, in a full discourse concerning the sabbath and the Lord's day.*(1652), *Memorials of godliness & Christianity in three parts.*(1670),

허버트 팔머에 관한 저술들(Work about Herbert Palmer): James Reid. *Memoirs of the Lives and Writings of Those Eminent Divines, Who Convened in the Famous Assembly at Westminster, in the Seventeenth Century, Vol.2.* (1811; Reprint 1982)

20) John R. Bower, *The Larger Catechism: A Critical text and introduction* (Grand Rapids, Michigan : RHB, 2010), 5. 요리문답의 첫 시작은 1643년-1644년 초 허버트 팔머에 의해 시작되었다.

21) www.apuritansmind.com/puritan-favorites/herbert-palmer-1601-1647/
"To him was due the method by which each answer forms a substantive statement, not needing to be helped out by the question."

22) Chad Van Dixhoorn, ed. *The Minutes and Papers of the Westminster Assembly*, 1643-1653, I. 123. Alexander Henderson, 1583-1646. 딕스훈 교수는 헨더슨을 사모하여 자기 연구실에 그의 초상을 걸어놓았다.

23) 알렉산더 헨더슨의 저서들(Alexander Henderson's works): *The answeres of some brethren of the minitserie, to the replyes of the ministers and professours of divinitie in Aberdene.* (1638), *Protestation of the noblemen, barrons, gentlemen, borrowes, ministers, and commons, subscribers of the confession of Faith and Covenant.* (1638), *Generall demands concerning the late covenant.*(1638), *The unlawfullnes and danger of limited prelacie, or Perpetuall presidencie in the Church, briefly discovered.*(1641), *The government and order of the Church of Scotland.* (1641), *A sermon preached to the honourable House of Commons, at their late solemne fast, Wednesday, December 27. 1643.*(1644), *A sermon preachd before the Right Honourable the Lords and Commons assembled in Parliament.*(1644), *Reformation of church -government in Scotland, cleered from some mistakes and prejudices, by the Commissioners.*(1644), *A sermon preached before the Right Honourable House of Lords … Wednesday the 28. of May 1645.* (1645), *The declaration of Mr. Alexander Henderson.* (1648), *A sermon preached by the Reverend Mr Alexander Henderson, before the sitting downe of the General Assembly.* (1682)

알렉산더 헨더슨에 관한 저술들(Works about Alexander Henderson): David Mullan, *Arminianism in the Lord's Assembly: Glasgow 1638.* (1996), Donald Macleod, *Alexander Henderson: Reformed Orthodoxy and Constitutional Crisis in Scotland.* (2015), James Reid, *Memoirs of the Lives and Writings of Those Eminent Divines, Who Convened in the Famous Assembly at Westminster, in the Seventeenth Century*, Vol.2.(1811; Reprint 1982), J.B. Salmond, *Henderson's Benefaction: A Tercentenary Acknowledgment of the University's Debt to Alexander Henderson.* (1942), John Aiton, *The Life and Times of Alexander Henderson: Giving a History of the Second Reformation of the Church of Scotland, and of the Covenanters, During the Reign of Charles I.* (1836), John Coffey, *Henderson, Alexander (c. 1583-1646), Church of Scotland minister and politician.*(2004), Joseph Minton Batten, *Life of Alexander Henderson.*(1917-18), Kenneth J. Stewart, *Riots, Revolutions, and* the Scottish Covenanters: The Work of Alexander Henderson.(2017), L.Charles Jackson, *For Kirk and Kingdom: the public career of Alexander Henderson(1637-1646)*. (2012), L. Charles Jackson, *Riots, Revolutions, and the Scottish Covenanters: The Work of Alexander Henderson*.(2015), Mabel Dean, J.B.Salmond and G. H. Bushnell. *Henderson's Benefaction: A Tercentenary Acknowledgment of the University's Debt to Alexander Henderson*.(1944), Marcus L. Loane, *Makers of Puritan history : biographical studies of Alexander Henderson, Samuel Rutherford, John Bunyan, Richard Baxter*. (2009), *Lives of Alexander Henderson and James Guthrie. With Specimens of their Writings*.(1846), Robert Low Orr, *Alexander Henderson: Churchman and Statesman*. (1919), Thomas McCrie, *The life of Alexander Henderson: Minister of Edinburgh, and one of the commissioners from the Church of Scotland, to the Assembly of Divines at Westminster*. (1840)

24) Letham, Robert. *The Westminster Assembly: Reading Its Theology in Historical Context*. (New Jersey: P&R Publishing, 2009); 『웨스트민스터 총회의 역사』 권태경 역 (서울: 개혁주의신학사, 2014) "웨스트민스터 총회에 대한 축사"

제2장.
웨스트민스터 표준문서

Westminster Standards

웨스트민스터 총회는 1643년 7월 1일에 시작하여 그해 10월에 이르러 초기에 진행하던 잉글랜드 교회의 "39개 조항"(Thirty Nine Articles) 개정을 포기하고 예배모범과 교회정치와 신앙고백서 그리고 요리문답인 "웨스트민스터 표준문서"(Westminster Standards)라는 다섯 문서를 작성하였다.[1]

웨스트민스터 총회 연대표 (논의주제 포함)[2]	
1643년 7월	"39개 신조"에 대한 논쟁과 수정
1643년 9월	"엄숙동맹과 언약"(The Solemn League and Covenant)에 서명
1643년 10월	교회정치(Directory of Church Government)
1644년 1월	당분간의 성직자 임명 규칙 (Directory of Ordaining Ministers pro tempore)
1644년 2월	교회정치(Directory of Church Government)
1644년 5월말	예배모범(Directory of Worship)

웨스트민스터 총회 연대표 (논의주제 포함)	
1644년 7월	크롬웰의 마스턴 무어 전투 승리
1644년 10월	교회정치(Directory of Church Government), 예배모범(Directory of Worship)
1645년 1월	교회정치(Directory of Church Government)
1645년 6월	성찬식의 허락, 크롬웰의 내스비 전투에서의 승리
1645년 7월	교회정치(Directory of Church Government), 신앙고백서(Confession of Faith)
1645년 8월	성찬식의 허락, 성직자에 대한 검사(examining of ministers)
1645년 9월	신앙고백서(Confession of Faith)
1646년 4월	교회정치, 교회정치에 관한 신적 권위(Jus Dividum)에 관한 논쟁
1646년 6월	교회정치, 신적 권위(Jus Dividum), 『신앙고백서』(Confession of Faith)
1646년 7월	교회정치, 신적 권위(Jus Dividum), 『신앙고백서』(Confession of Faith)
1646년 8월	신앙고백서(Confession of Faith)
1646년 9월	신앙고백서(Confession of Faith), 대·소요리문답(Catechisms)
1646년 10월	신앙고백서(Confession of Faith)
1646년 12월	대·소요리문답(Catechisms)
1647년 1월	신앙고백서(Confession of Faith)
1647년 4월	신앙고백서(Confession of Faith), 대·소요리문답(Catechisms)
1647년 5월	대·소요리문답(Catechisms), 성직자들을 검사하는데 며칠을 소비함
1648년 6월	잡다한 업무들, 성직자에 대한 검사(examining of ministers)
1648년 7월	성직자에 대한 검사(examining of ministers)
1652년 3월	업무 종료

1. 예배모범(Directory of Public Worship, 1645)

웨스트민스터 총회는 가장 우선되게 예배모범을 작성하였다.[3] 그 두 가지 이유가 있었는데, 하나는 당시 예식서에 의해 어그러진 교회의 건강한 회복의 절실한 필요 때문이었고, 다른 하나는 총회원들이 교회 정치에 대한 이해가 다양하여 의견 일치가 당장 쉽지 않았기 때문이었다.[4] 따라서 교회 정치에 비해 논란이 없이 그 필요성이 일치된 예배모범을 먼저 작성하기로 했다.[5]

예배모범

예배모범 작성을 위한 소위원회가 1643년 12월 2일에 결성되었고, 위원장 스티븐 마샬(Steven Marshall)과 위원 찰스 헐(Chales Herle), 허버트 팔머(Hebert Palmer), 토마스 영(Thomas Young), 토마스 굳윈(Thomas Goodwin)을 임명하였다. 이에 더하여 알렉산더 헨더슨(Alexander Henderson), 로버트 베일리(Robert Baillie), 조지 길레스피(George Gillespie) 그리고 사무엘 러더포드(Samuel Rutherford) 등의 스코틀랜드 특사 네 명이 이 위원회에 참여하였다.[6] 위원회는 예배모범에서 가장 중요한 부분은 최종적으로 스코틀랜드 특사들이 결정하도록 하였다.[7] 이 결정의 배경에는 1637년에 조지 길레스피가 라우드 예식서(Liturgy, 1637)에 대해 반발하며 "스코틀랜드 교회에 강요된 잉글랜드 국교회의 가톨릭 예식에 대한 반박"(A Dispute Against the English Popish Ceremonies Obtruded Upon the Church of Scotland)이라는 논문을 저술하였고, 로버트 베일리도 1640년과 1641년에 각각 같은 논문을 발표했기 때문이었다.[8]

이 위원들의 집중적인 수고로 1644년 11월 12일부터 그해 12월 30일까지의 논의를 통해 예배모범의 초안이 완성되었는데, 이는 존 칼빈의 예배 모범들을 따르면서 동시에 존 녹스에 의해 작성된 『스코틀랜드 공중예배 예식서』(Scottish Book of Common Order, 1564)와 비슷한 구성을 취하였다.[9]

2. 교회정치(Church Government, 1645)

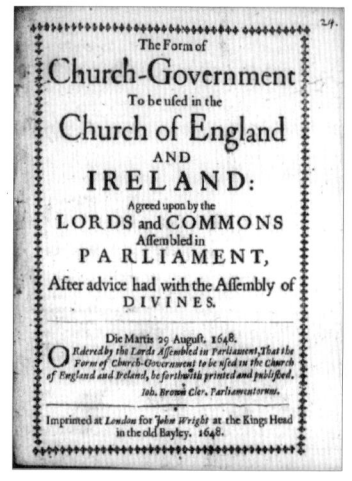

교회정치(런던판)

웨스트민스터 총회는 예배모범을 먼저 작성한 후에 교회정치를 이어서 작성하였는데, 이 작업이 결코 쉽지 않았던 것은 151명의 총회원 가운데 교회정치에 대한 이해가 각양 달라서 네 가지 입장들이 있었기 때문이다.[10] 이 네 가지 입장들은 먼저 감독정치(Episcopalians) 지지파와 장로교 정치(Presbyterian) 지지파와 독립교회(Independents) 지지파 그리고 에라스투스(Erastian-국가주의교회) 지지파였다.[11]

따라서 1644년 3월 25일 작성을 시작하여 교회정치 초안을 작성하되, 타협이 어려웠던 독립교회 지지파의 의견을 배제하고,[12] 총회원의 대다수를 차지하던 장로교 정치(Presbyterian)를 중심으로 1645년 교회정치를 완성하였다.[13] 이듬해인 1645년 2월 6일 초안을 작성하고 먼저 스코틀랜드교회의 총회에 2월 10일 교회정치를 보내어 스코틀랜드교회의 총회는 1645년 2월 10일에 통과시켰다.[14] 그리고 영국 의회에는 3월 5일에 제출하였다.

이에 따라 교회정치는 스코틀랜드 에딘버러에서 1647년에 초판과 개정판이 출판되었고, 잉글랜드와 아일랜드 교회는 1648년 8월 29일에 통과되어 런던에서 제3판이 출판되었다.[15]

3. 웨스트민스터 신앙고백서(Confession of Faith, 1647)

1644년 8월 20일에 신앙고백서 작성 위원들을 지명하고 작성 작업을 진행하여서, 1646년 12월 4일에 신앙고백서의 초안(草案)을 완성하였다. 그 초안에 성경의 인용 구절을 적어서 1647년 4월 5일에 신앙고백서를 완성하였으며 1647년 초판(初版, the 1st Edition)은 "총회원들의 겸손한 제언"(The Humble Advice of the Assembly of Divines)이라고 하였다.[16]

스코틀랜드교회의 총회는 1647년 8월 27일 에딘버러에 모여서 "웨스트민스터 신앙고백서"(Westminster Confession of Faith)

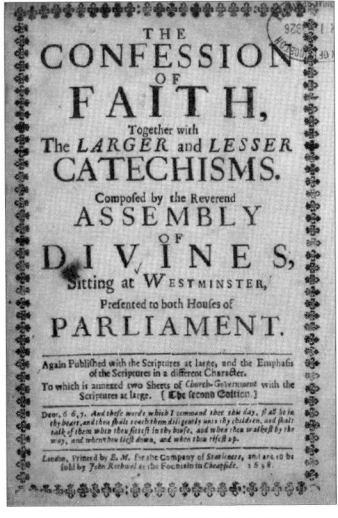

신앙고백서 및 대소요리문답(1658년판)

를 승인하였다. 그러면서, 스코틀랜드교회의 총회는 "이 신앙고백이 하나님의 말씀에 부합하는 가장 정통적인 진리에 근거하고 있다는 합의했고, 이 신앙고백을 세 왕국의 공통된 신앙고백으로 채택해 교회의 합일을 지향하기로 했다. 웨스트민스터 총회는 이렇게 훌륭한 신앙고백을 허락하시어 두 왕국의 기꺼운 합의를 끌어내신 하나님을 찬양하며, 큰 은혜에 감사한다"라고 결의했다.[17]

이후에 1658년에 성경 인용의 구절 내용을 다 넣어서 재판(再版, the 2nd Edition)이 작성되면서 비로소 "웨스트민스터에 있는 의사당에서, 상·하원 의원들이 참석한 가운데, 존경받는 총회원들에 의해 작성된 신앙고백서 및 대·소요리문답"(The Confession of Faith, Together with the Larger and Lesser catechismes. composed by the Reverend Assembly of Divines, sitting at Westminster, presented to both houses of Parliament)이라는 공식적인 이름을 갖게 되었다.[18]

4. 대요리문답(Larger catechism, 1647)

웨스트민스터 신앙고백서 작성과 함께 웨스트민스터 총회는 교리를 바르게 교육할 목적으로 요리문답서를 작성하기로 하였다. 대다수 웨스트민스터 총회원이 요리문답서에 대해 조예가 깊었는데, 그중에 당시 잉글랜드에서 가장 주목받던 요리문답 교육자였던 허버트 팔머(Herbert Palmer)가 요리문답서의 초안을 작성하는 소위원회 위원장으로 선출되었다.[19] 이때는 요리문답서를 하나만 계획하였다.

대요리문답

위원장 허버트 팔머는 에드먼드 스탠톤(Edmund Stanton)과 토마스 영(Thomas Young) 그리고 존 와드(John Ward)와 함께 위원회를 구성하여 1644년 12월부터 요리문답서의 초안 작성을 진행했다.[20] 이후 위원회 조직을 강화하여 제레마이어 휘태커(Jeremiah Whitaker)와 필립 나이(Phillip Nye) 그리고 리차드 바이필드(Richard

Byfield)를 포함해 10명 내외로 확정하였다. 신앙고백서 초안이 완성된 후에는 앤소니 터크니(Anthony Tuckney)와 에드워드 레이놀드(Edward Reynolds)와 매튜 뉴코멘(Matthew Newcomen) 그리고 다니엘 카우리(Daniel Cawdry)까지 합류해서 위원회가 확장되었고, 그후에 스탠리 고워(Stanley Gower)와 에드먼드 칼라미(Edmund Calamy)도 요리문답서 작성위원으로 참여하여 더욱 막강해졌다.[21]

이미 언급한 바 위원회는 처음에는 한 권의 요리문답서를 계획하였는데 이를 진행하던 중에 목사와 부모들과 교사들을 대상으로 하는 대요리문답과 그에 따라 초신자나 어린아이들을 대상으로 하는 소요리문답 두 권으로 변경하게 되었다.[22] 따라서 총회는 위원회의 의견을 존중하여 처음 계획과 달리 대요리문답과 소요리문답이라는 두 개의 요리문답서로 구분하여 작성하도록 허락하였다.[23]

이를 위해 안소니 터크니를 대요리문답 작성위원장으로, 허버트 팔머를 소요리문답 작성위원장으로 선출하였는데, 안타깝게도 팔머가 소요리문답 작성 중 1647년 9월에 갑자기 별세하자 그를 대신해 터크니가 소요리문답 작성위원장까지 맡게 되었다. 이런 과정을 거쳐 1647년 10월 22일 총 196문답의 대요리문답(Larger Catechism) 작성의 소임을 다하자, 웨스트민스터 총회는 1647년 11월 7일에 상원과 하원에 보내었고, 의회로부터 최종원고에 대한 답신이 주어졌다.[24]

5. 소요리문답(Shorter catechism, 1647)

소요리문답 작성 도중에 위원장인 허버트 팔머가 질병으로 별안간 사망하자, 안소니 터크니가 전체적으로 책임지고 대요리문답을 초신자와 어린아이에게 적합하도록 정리하고 축약하여 1647년 11월 25일에 총 107문답의 소요리문답(The Lesser, Shorter & Eassier catechism)의 초안을 완성하였다.[25]

그 이후 1648년 4월 12일에 웨스트민스터 총회는 소요리문답을 하원에 보냈다. 하원의장은 이 요리문답서에 대해 "요리문답서로서 완벽하고 성경의 증거에 적합하다"라고 선언하였으며, 하원로부터 대요리문답과 소요리문답 두 권 모두의 출판이 허락되었다. 하원의 추천에 따라 상원에 보내져서 상원으로부터도 공식적으로 이 두 요리문답서야말로 더 이상의 의회 승인이 필요 없을 정도로 웨스트민스터 총회가 작성한 핵심적인 업적임을 인정받는다.[26]

소요리문답

이렇게 만들어진 두 요리문답서는 스코틀랜드로 보내졌다. 이에 대해 스코틀랜드교회의 총회는 1648년 7월 20일에 대요리문답, 7월 28일에는 소요리문답을 각각 승인하면서, 이 요리문답이야말로 "하나님의 말씀과 일치하며, 공인된 교리와 예배와 권징과 교회정치에 위배된 것이 전혀 없다"라고 선언하였다. 그리고 스코틀랜드 의회에서 1649년 2월 7일에 인준받아 더욱 권장하여 사용하고 가르쳐지도록 하였다. 이런 과정을 거쳐 대요리문답과 소요리문답을 포함한 "웨스트민스터 표준문서"(Westminster Standards)가 마침내 완성되었다.[27]

하지만 10여년 후 1662년에 잉글랜드의 왕정이 복구됨으로 인해 청교도들이 2,000명이나 해외로 추방되고 다시 감독정치로 회귀하였다. 그로 인해 안타깝게 이 역사적이고 성경적인 "웨스트민스터 표준문서"가 그것이 만들어진 잉글랜드 땅에서는 가치를 존중받지 못하였으며, 한참 후 명예혁명(Glorious Revolution)을 통해 1690년에서야 겨우 잉글랜드 의회에서 인준이 이루어졌다.[28] 그런 시기에 잉글랜드보다 장로교 정치체제를 잘 유지하고 있던 스코틀랜드와 종교개혁의 영향이 가득했던 유럽에서는 신앙고백서와 함께 대요리문답과 소요리문답 그리고 교회정치 및 예배모범이 중요한 신앙 유산으로 사용되었다.

이 "웨스트민스터 표준문서"(Westminster Standards)는 신대륙인 뉴잉글랜드로 전해지면서 더욱 확산되었으며, 이후 장로교가 전파되는 곳마다 전해져서 전 세계가 사용하게 되었다. 그리 행하신 하나님의 놀라운 섭리와 역사를 찬양하지 않을 수 없다.

따라서 옛길 곧 선한 길을 걷는 것은 당장에는 열매가 없어보여도 마침내 하나님의 풍성한 결실과 열매를 보게 된다는 확증이 바로 "웨스트민스터 표준문서"(Westminster Standards)이다.

제2장. 웨스트민스터 표준문서

1) https://thewestminsterstandard.org/the-westminster-standards/ The Westminster Standard 사이트에 가면 표준문서와 시편찬송 그리고 엄숙동맹과 언약 본문들을 모두 볼 수 있다. 아주 유용한 사이트이다.
2) Robert Letham, *The Westminster Assembly: Reading Its Theology in Historical Context*. (New Jersey: P&R Publishing, 2009), 42. 『웨스터민스터 총회의 역사』, 85-86.
   "Chronology of the Assembly, Including the Subjects of Debate: July 1643-Debates and revisions to the Thirty-Nine Articles, September 1643-Signing of the Solemn League and Covenant, October 1643-Directory of Church Government, January 1644-Directory of Ordaining Ministers pro tempore, February 1644-Directory of Church Government, end May 1644-Directory of Worship,...October 1644-Directory of Church Government/Directory of Worship, January 1645-Directory of Church Government, June 1645-Admission to the Lord's Supper..,July 1645-Directory of Church Government/Confession of Faith, August 1645-Admission to the Lord's Supper/examining of ministers, September 1645-Confession of Faith, April 1646-Directory of Church Government/debate on *jus divinum* of Church Government, June 1646-Directory of Church Government/*jus divinum*/Confession of Faith, July 1646-Directory of Church Government/*jus divinum*, August 1646-Confession of Faith, September 1646-Confession of Faith/Catechisms, October 1646-Confession of Faith, December 1646-Catechisms, January 1647-Confession of Faith, April 1647-Confession of Faith, Catechisms, May 1647-Catechisms/some days spent examining ministers, June 1648-Miscellaneous business/examining ministers, July 1648- Examining ministers, March 1652-Business ended." Letham도 연대표를 작성하고자 Chad Van Dixhoorn의 *The Minutes and Papers of the Westminster Assembly*, 1643-1653를 이용했다.
3) https://issuu.com/nashotahlibrary/docs/directory_for_publique_worship_1644_complete_opti
4) 김중락, 『스코틀랜드 종교개혁사』 (서울: 흑곰북스, 2017), 268-269. "총회에 초대받은 잉글랜드 목회자들의 성향을 분석하면 주교제 지지파, 장로교파, 독립교회파, 에라투스주의자들로 구분된다." 전체 151명의 총회원 가운데 교회정치에 대한 네 가지 입장인 감독정치와 장로교정치, 독립교회정치 그리고 소수의 에라스투스정치가 그것이다.
5) Alexander. F. Mitchell. *The Westminster Assembly: Its History and Standards*., 213. "The divines, however, were far more at one with respect to the worship than with respect to the government of the Church."
6) Richard A. Muller & Rowland S. Ward. "The Directory for publich worship" *Scripture and Worship: Biblical Interpretation and the Directory for Worship*, 90. 『웨스트민스터 예배모범』『웨스트민스터 총회

의 실천』, 166. "토마스 영Thomas Young이 스코틀랜드 장로교회 목사의 아들로 자랐다(the son of scottish manse)는 점을 고려하면, 웨스트민스터 예배모범의 제정에 미친 스코틀랜드 측의 영향력은 상당했다고 볼 수 있다. 실제로 웨스트민스터 예배 모범은 스코틀랜드 공동 예식서(1564)와 매우 비슷한 구성을 취하게 되었다." 각주 14번에는 다음 책이 거듭 소개된다. Alexander Henderson, The Government and Order of the Church of Scotland (Edinburgh,1641)

7) Thomas Leishman 『웨스트민스터 예배모범』 정장복 역 (서울: 예배와 설교 아카데미, 2002), 14.

8) Rowland S. Ward. "웨스트민스터 예배모범", 164; "The Directory for Public Worship", 89. footnote 10. "Ladesium Autokatakrisi, the Canteburians Self-Conviction (Edinburgh, April 1640), *Note Also A Parallel or Brief Comparison of the Liturgie with the Mass-book*...(London: Thomas Paine, 1641).

9) Rowland S. Ward. "웨스트민스터 예배모범", 166. 다른 자료에 따르면 이 책은 존 낙스의 예배서라고 한다.(The Liturgy of John Knox: Received by the Church of Scotland in 1564- In 1564, The Liturgy of John Knox replaced the Second Book of Edward VI, otherwise known as the 1552 edition of the Book of Common Prayer, as the uniform prayer book for the Reformed Church of Scotland). 참조. Alan C. Clifford, THE WESTMINSTER DIRECTORY OF PUBLIC WORSHIP(1645) Westminster Conference in London, 1989. " These included the various Puritan editions of the BCP and other similar substitutes, together with an abridgment of Calvin's Form of Prayers for the Church and its Knoxian derivative, The Book of Common Order.31 However, the Assembly preferred to issue a work of its own composition."

10) 『스코틀랜드 종교개혁사』, 268-269. "총회에 초대받은 잉글랜드 목회자들의 성향을 분석하면 주교제 지지파, 장로교파, 독립교회파, 에라투스주의자들로 구분된다. 이중에서 주교제도를 지지한 사람은 극소수였다. 그들은 국왕의 반대로 대부분 총회에 처음부터 참석하지 않았다. 가장 큰 그룹은 장로교 지지자들이었으며 그들은 스코틀랜드 특사들의 지원을 받고 있었다. 그러나 장로교 지지자들은 적은 수의 독립파 목회자들의 견제를 받았다. 독립파는 국가교회 제도를 유지하지만 교회의 최종 결정권은 개별 교회에 있어야 한다는 입장을 가지고 있었다. 이들은 총회에서 소수였지만 의회에서 권력을 잡은 올리버 크롬웰의 지지를 받고 있었다는 점이 무시할 수 없는 존재였다. 마지막으로 에라스투스주의자들은 근본적으로는 장로교를 지지하였지만 교회는 의회의 지배 아래 있어야 한다는 입장을 가지고 있었다." 에라스투스주의를 지지하는 총회원은 John Lightfoot, Thomas Coleman, John Selden 세 명이었다.

11) John R.Witt, *Jus Divinum:The Westminster Assembly&the Divine Right of Church Government* (KAMPEN: H.H.KOK N.V.,1969), 24-31."The Episcopalians... Erastian... Independents...Presbyterians."

12) John R.Witt, *Jus Divinum*, 27. 이 독립파 지지자들은 Thomas Goodwin, Phillip Nye, Sidrach Simpson, Jeremiah Burroughs, William Bridge 다섯 명이었다.

13) https://books.google.co.kr/books?id=ERxlAAAAcAAJ&newbks=0&printsec=frontcover&dq=&hl=en&redir_es c=y#v=onepage&q&f=false

14) 『스코틀랜드 종교개혁사』, 273. 당시 잉글랜드 교회는 찰스 1세의 지시를 받아 대주교가 주교들을 임명하여 교회들을 통제하는 감독제 시스템이었기 때문에, 교회의 총회라는 기구가 별도로 없었다. cf. John R. de Witt, *Jus Divinum*, 9. "The constitution of the Church of England was thoroughly Erastian; bishops were appointed at the behest of the crown; the king was the effective head and ruler of the church."

15) 1644년 12월에 작성된 교회정치는 1645년 2월 10일에 스코틀랜드교회의 총회에서 통과되고 1647년에 스코틀랜드 에딘버러에서 출판되었다. 이를 수정해 잉글랜드와 아일랜드 교회가 1648년에 통과시켜 그해에 런던에서 출판되었다. 이렇게 세개의 판본이 존재하는데 (1) 첫 번째는 Propositions concerning church

government 1647년(에든버러1판),(2) 두번째는 A Directory for church-government 1647년(에든버러 2판)으로, 내용이 개정되어 치리회와 임직 사이에 권징(Censures)이 있고, 직원과 치리회를 다룬 후에 목사의 임직 사이에 권징(Censures)을 추가했으며, 치리회도 당회-노회-대회(Synodicall Assemblies)-지방회(Provinciall Assemblies)-국가총회(Nationall Assembly)로 확대했다. (3) 세번째는 The Form of Church Government to be used in the Church and Ireland 1648년(런던판)으로, 잉글랜드-스코틀랜드-아일랜드 세 나라를 대상으로 해서 내용에서도 많은 차이가 있고, 권징이 끝에 있다.

16) https://archive.org/details/humbleadviceofas00west/page/n7/mode/2up
17) 로버트 쇼, 『웨스트민스터 신앙고백』 조계광 역 (서울:생명의말씀사, 2014), "웨스트민스터 신앙고백 승인결의서"
18) https://archive.org/details/confessionoffait1658west/page/n3/mode/2up
19) John R. Bower, *The Larger Catechism: A Critical text and introduction* (Grand Rapids, Michigan : RHB, 2010), 5.
20) Chad Van Dixhoorn, ed. *The Minutes and Papers of the Westminster Assembly*, 1643-1653, III. 470. Sess. 332. Decemb. 2, 1644. Munday morning. "Ordered: Mr. Marshall, Mr. Tuckey, Mr. Newcomen, Mr. Hill be added to Mr. Palmer for hastening the catechisme."
21) John R. Bower, *The Larger Catechism*, 16-17.
22) John R. Bower, *The Larger Catechism*, 5-7. 요리문답을 위한 위원회는 1643/4년에 Herbert Palmer를 중심으로 하여 구성되어 처음에는 한 개의 요리문답을 작성하려고 하였으나, 이후에 계속 Stephan Marshall, Anthony Tuckney, Matthew Newcomen, Thomas Hill, Edward Reynolds, Phillip Delme, Edmund Stanton, Thomas Young, 그리고 John Ward 등의 위원들이 보강되면서 Palmer의 방식에 대해 동의하지 않게 되자 오랜 논의를 거쳐 결국 1647년 1월에 풍성한 내용을 담은 대요리문답과 그것의 기본적인 내용을 요약한 소요리문답 이렇게 두 개의 요리문답으로 거의 작성되었고 초안의 최종 완성은 1647년 10월 22일에 되었다.
23) Cho Youngchun, *Anthony Tuckney(1599-1670)*, 26.
24) John R. Bower, *The Larger Catechism*. 34-37; Mitchell. F Alexander. The Westminster Assembly, 227-229. "The Larger Catechism was completed on 15th October 1647, read over in the Assembly on 20th by Dr. Burgess, and on the 22th was carried up to the two Houses by the Prolocutor and the whole Assembly, when thanks were returned to them "for their great labour and pains in compiling this Long Catechism."
25) Mitchell. F Alexander. *The Westminster Assembly, 231*. "On 21st October the first report from this new committee was brought in by Tuckney, and discussed."
26) John R. Bower, *The Larger Catechism*, 44-46.
27) https://archive.org/details/confessionoffait1658west/page/n3/mode/2up
28) 이를 위해 잉글랜드의 정치에 대한 이해가 있어야 하는데, 핵심적으로 왕권의 변화만 언급하면 1648년에 찰스1세가 왕위에서 실각하고 올리버 크롬웰이 호국경으로 집권하였으나, 1660년에 다시 찰스2세가 왕정복고를 하게 되었다. 그후 1662년에 대추방령(Great Ejection)으로 2,000명 넘는 청교도 목회자들이 추방되었으며 계속 영국국교회 중심의 감독정치가 득세하였다. 심지어 1685년 제임스2세가 즉위하면서는 아예 로마 가톨릭으로 국가종교를 바꾸려 하였으나, 1688년에 오랜지공이 피흘림없이 명예혁명(Glorious Revolution)으로 즉위하면서 권리장전(Bill of Rights)이 작성되고 의회를 중심으로 하는 민주주의가 견고하게 세워지게 되었으며, 이를 통해 신앙의 자유도 드디어 확보되게 되었다. 이로인해 잉글랜드 의회는 1690년에야 비로소 "웨스트민스터 표준문서"(Westminster Standards)를 공식 승인하게 되었다.

제3장.
웨스트민스터 예배모범

Directory of Public Worship, 1645

웨스트민스터 총회는 하나님의 섭리에 따라 1647년에 "웨스트민스터 표준문서"(Westminster Standards)를 작성하였다. 이 표준문서는 신앙고백서와 대요리문답, 소요리문답, 예배모범 그리고 교회정치라는 다섯 개의 문서로 구성되어 있다. 실제로 이 표준문서 다섯 개가 작성된 순서는 신앙고백서부터 기술하는 일반적인 순서와 달리 예배모범-교회정치-신앙고백서-대요리문답 그리고 소요리문답 순이었다. 이는 아래의 연표를 보면 알 수 있다.

"웨스트민스터 표준문서"(Westminster Standards) 작성 일자

문서/작성일	작성 시작	초안 완성	잉글랜드의회 제출	스코틀랜드총회 승인
예배모범	1644년 11월 12일	1644년 12월 30일	1645년 3월 6일	1645년 2월 6일
교회정치	1644년 3월 25일	1645년 2월 6일	1645년 3월 5일	1645년 2월 10일
신앙고백서	1644년 8월 20일	1646년 12월 4일	1647년 4월 5일	1647년 8월 27일
대요리문답	1644년 12월 2일	1647년 10월 22일	1648년 4월 14일	1648년 7월 20일
소요리문답		1647년 11월 25일		1648년 7월 28일

그렇다면 왜 웨스트민스터 총회원들이 예배모범을 "웨스트민스터 표준문서"(Westminster Standards) 다섯 개 중에 가장 먼저 작성했을까? 이에 대한 해답으로 시작하여 그 첫 작품인 예배모범에 대해 살펴보도록 하자.[1]

원래 웨스트민스터 총회는 교회정치를 예배모범보다 우선해서 작성하고자 하였다. 하지만 당시 총회원들 안에 교회정치에 대해 다양한 입장들이 존재하였다.[2]

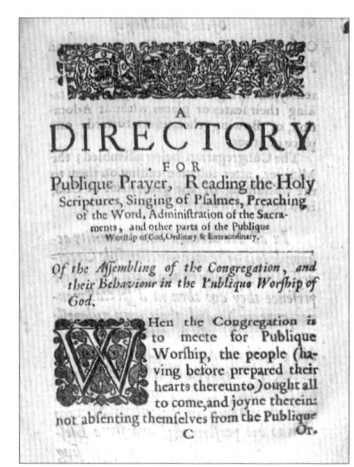

예배모범 첫 페이지

이들은 감독정치파, 장로교정치파, 독립교회파 그리고 에라스투스파라는 교회정치에 대한 네 분파들이었는데 이러한 분열과 갈등으로 인해 총회원들 간에 논쟁이 계속되자 의견이 일치하는 기존의 예식서(Liturgy, 1637)를 전면 개정하여 새롭게 예배모범을 작성하는 일을 우선 하기로 하였다.[3]

그 배경에는 당시 강제되었던 예식서 즉 『공동 기도서』(The Book of Common Prayer, 1637)에 의해 강요되었던 의식 중심의 예배 요소들로 인한 해악이 교회에 지극히 컸기 때문이었다.[4] 따라서 새롭게 작성한 예배모범에 당시 교회정치에 대해 강력하게 자신들의 의견을 제시했던 독립교회파의 요구를 따라 많은 순서와 항목에 있어서, 목회자에게 자유로운 운용을 할 수 있는 재량권을 두었다.[5] 그러면서 웨스트민스터 총회원들은 설교를 중심으로 했던 초대교회의 예배에 따라, 당시 형식에만 치우쳐서 어그러진 예배를 바로 세우는 것이야말로 교회개혁에 있어서 가장 우선적인 일이라고 생각하였다.[6] 그리하여 총회원들은 힘써 예배모범을 새롭게 작성하였다.[7]

예배모범과 관련한 배경을 조금 살펴보면, 당시 찰스 1세의 명령에 따라 교회를 자기의 통제 아래 두기 위해 주교제를 강제로 시행하기 위하여 캔터베리의 대주교였던 윌리암 라우드(William Laud)가 작성했던 예식서가 있다. 성경적이지 않은 예식서에 대한 거부감이 웨스트민스터 총회원들에게 가득했고, 그들이 강요한 예식서로 인한 예배의 폐해가 교회마다 너무도 컸다.[8] 따라서 웨스트민스터 총회원들은 하나님께 참된 예배를 드리기 위해 예식서 대신에 성경적이고 종교개혁의 정신에 합한 예배모범을 작성했다.[9]

이제 웨스트민스터 총회원이 작성한 예배모범에 대해 살펴보자. 먼저 예배모범 작성 과정과 예배를 정한 내용에 대해 다루고, 예배 모범을 작성한 목적과 그 핵심 주제에 대해 다루고자 한다.

1. 예배모범의 작성 배경과 내용

이미 언급한 것과 같이 웨스트민스터 총회는, 잉글랜드 교회의 39개 조항 개정 작업을 바꾸어, 새롭게 예배모범과 교회정치, 신앙고백서 그리고 요리문답 등을 작성하기로 하였다.

(1) 예배모범의 작성 배경

웨스트민스터 총회는 예배모범과 교회정치를 같이 작성하였는데, 이 두 문서 중에 예배모범을 우선 작성하였다. 그 두 가지 이유 중의 하나는 상황적으로 절실한 필요 때문이었고, 다른 하나는 당시 총회원들이 교회 정치에 대한 이해가 다양해서 이에 대한 의견 일치가 힘들 정도로 토론이 격렬했기 때문이었다.[10] 따라서 웨스트민스터 총회는 교회정치에 비해 논란 없이 필요성에 대해 의견이 일치되어 있던 예배모범을 먼저 작성하기로 했다.[11]

예배모범 작성을 위한 소위원회는 1643년 12월 2일에 결성되어, 위원장으로 스티븐 마샬을 임명하였고 위원으로 찰스 헐, 허버트 팔머, 토마스 영, 토마스 굿윈을 임명하였다. 이에 더하여 스코틀랜드 특사 네 명(로버트 베일리, 조지 길레스피, 알렉산더 헨더슨, 사무엘 러더포드)이 이 위원회에 함께 참여하였다.[12]

예배모범 작성위원회는 가장 중요한 부분은 스코틀랜드 특사인 알렉산더 헨더슨과 그 동료들이 최종 결정할 수 있도록 하였는데,[13] 이러한 결정의 배경에는 1637년에 스코틀랜드 특사인 조지 길레스피가 예식서에 대해 반발하여 『스코틀랜드 교회에 강요된 잉글랜드 국교회의 가톨릭 예식에 대한 반박』(*A Dispute Against the English Popish Ceremonies Obtruded Upon the Church of Scotland*)을 저술하였기 때문이며, 다른 특사인 로버트 베일리 역시 1640년과 1641년에 각각 유사한 반박을 발표했기 때문이었다.[14]

이 위원회의 수고로 약 1년 정도의 논의를 통해 1644년 12월 27일에 예배모범(Directory of Public Worship)의 초안이 완성되었다.

(2) 예배모범의 내용

예배모범은 존 칼빈의 예배모범들을 따르면서 동시에 존 녹스에 의해 작성된 『스코틀랜드 공중예배 예식서』(*Scottish Book of Common Order*, 1564)와 비슷한 구성을 취하였다.[15] 내용은 다음과 같다.[16]

1장 회중의 모임과 공예배에서의 태도에서부터 시작하여, 2장 공적 성경 낭독과 3장 설교 전 공적 기도, 4장 말씀의 설교, 그리고 5장 설교 후 기도 등 설교 중심의 예배가 가장 강조되었다. 그에 더하여 6-7장 세례와 성찬을 내용으로 하는 성례, 9장 혼인, 10장 환자 심방, 11장 장례, 12장 공적 금식, 13장 공적 감사일에 덧붙여 14장 시편 찬송. 부록: 공적인 예배에 합당한 날과 장소.

이 내용에는 많은 순서와 항목에 있어서, 목회자에게 자유로운 운용을 할

수 있는 재량권을 두었다.

그에 대한 예는 제2장 공적 성경 낭독의 "성경을 낭독한 목사가 낭독한 어느 부분에 대해 해설 필요가 있다고 판단하면, 한 장 전체나 시편이 끝난 다음에 하도록 하라"라는 내용과[17] 제3장 설교 전 공적 기도에서 "우리는 이것이 일반적인 공적 기도에 적합한 순서라고 판단한다. 그렇지만 목사는 (적절한지를 신중하게 생각하여) 이 기도의 어떤 부분은 설교 후에 하거나, 이후에 언급하는 감사기도의 일부로 설교 전에 하나님께 드릴 수도 있다" 등이다.[18]

이에 총회는 예배모범 작성위원회의 보고사항인 "예배모범에 따라 공중 예배 절차를 지키고 행함으로써 교회의 일치를 더욱 힘서 지킬 것"을 받고 승인했다. 이 보고는 총회가 얼마나 예배와 성찬 그리고 설교에 있어서 보편적인 일치를 염원했는지를 보여준다.[19]

이렇게 해서 완성된 예배모범의 초안은 이듬해인 1645년 1월 3일에 잉글랜드의회와 스코틀랜드교회 총회에 제출되었고, 이에 대해 잉글랜드의회의 하원은 즉시 승인하였고 스코틀랜드교회 총회는 1645년 2월 6일에 예배모범을 통과시켰다. 이에 대해 웨스트민스터 총회에 참여한 스코틀랜드 특사였던 로버트 베일리는 1645년에 스코틀랜드교회 총회에 다음과 같이 보고했다.

- 웨스트민스터 총회와 잉글랜드의회는 우리를 괴롭히던 예식뿐 아니라 로드 예전(註. 라우드의 『예식서 Liturgy』) 전체를 (그들이 표현을 빌리자면) "가증스러운 우상"이자 장난기로 가득한 향로로 규정하여 (그들이 표현을 다시 빌리자면) "만장일치"로 폐지했다. … 잉글랜드 하원의 승인을 이미 받은 대로, 가장 온전하고, 경건하며, 주의 깊게 제정된 예배모범을 따르는 스코틀랜드교회의 예배 절차가 스코틀랜드, 아일랜드, 잉글랜드에서 드려졌던 이전의 예전 절차를 대체해야 한다.[20]

예배모범은 스코틀랜드교회 총회에서 요구한 몇 가지 요구에 따라 개정작업을 거쳐 1645년 3월 18일 런던에서 출간되었다.[21] 따라서 예배모범을 통과시킨 잉글랜드의회는 1645년 4월 17일 조례를 통해 그간 사용하던 예식서인 공동기도서 사용을 금지하고 새롭게 작성된 공예배 지침서인 예배모범을 사용하도록 했다.[22] 이에 대해 예배모범 서문에서 다음과 같이 언급한다.

- 이러한 문제들과 『예식서』 전체에 대해 살펴야 할 많은 중요 사항을 숙고함으로써, 그리고 그 안에 담긴 여러 세부 사항 때문에, 우리는 하나님의 이름을 간절히 계속해서 의지하면서, 혈육과 의논하지 않고 하나님의 거룩한 말씀을 많이 참고하여, 이전의 『예식서』(註. 라우드의 Liturgy, 1637)와 함께 전에 예배 때 사용한 많은 예전과 의식을 버리기로 결의했다. 이러한 결의는 우리가 새로운 것을 대단히 좋아하거나 우리의 초기 종교개혁자들에 대해 나쁘게 말하려는 의도 때문이 결코 아니다(우리는 초기 종교개혁자들이 지금도 살아 있다면 이 일에 우리와 협력했으리라 확신하며, 그들이야말로 하나님께서 그분의 집을 깨끗이 하고 세우는 일을 시작하시려고 일으키셨던 탁월한 도구라고 인정하고, 우리와 우리 자손이 감사하게 존경심을 가지고 영원히 그들을 기억하기를 바란다). 우리가 이렇게 결의한 것은 이때 종교개혁을 더욱 발전시키도록 우리를 부르신 하나님의 은혜로운 섭리에 어느 정도 부응하고, 우리 자신의 양심에 만족하며, 다른 개혁교회의 기대와 우리 가운데 있는 많은 경건한 사람의 소망에 답하고, 그리고 동시에 우리가 '엄숙동맹과 언약'에서 약속한 하나님께 드리는 예배의 통일성을 위한 우리 노력을 공적으로 증언하고자 하기 때문이다. 그리고 평소와 특별한 때에 공예배의 모든 부분을 위해 다음의 이 예배모범을 사용하기로 합의했다.[23]

예배모범의 작성에 참여했던 조지 길레스피는 1647년 스코틀랜드교회의 총회에 이렇게 보고했다. "모든 사람들이 예배모범을 준수해야 하는데 아직까지 그 정도로 시행되지 않고 있음을 시인한다. 그러나 이땅에 사는 수많은 선한 성도들은 이 예배모범을 준수할 것이다."[24] 이러한 바램과 동시에 길레스피는 예배모범이 라우드가 작성했던 예식서와 같이 강제적으로 시행하지 않고 진정으로 하나님께 드리는 예배를 위한 지침이요 모범이 되기를 소망했다. 그런 길레스피의 입장에 대해 로버트 베일리는 이렇게 전한다.

- 그는 예배모범(Directory)을 지나치게 엄격히 강제하는 것에 반대했는데, 그 이유는 그것이 엄격하게 강제될수록 더욱 많은 의구심과 논쟁을 불러일으킬 것이기 때문이며, 이는 지혜로운 사람들이 미연에 방지해야 할 일이라고 보았기 때문이었다. 또한, 본질적으로 중립적인 사안들(비록 모두는 아니지만)을 지나치게 엄격하게 강제함으로써 훌륭한 옛 비국교도들(Nonconformists)의 원칙을 어기지 않도록 더욱 주의해야 한다고 주장했다."[25]

그에 따라 그로부터 3일 후인 1645년 2월 6일에는 스코틀랜드 의회도 역시 같은 조건으로 예배모범을 승인한 법령은 이러하다.

- 공예배 지침서를 승인하고 제정하는, 스코틀랜드 왕국 의회의 법령. 1645년 2월 6일, 에딘버러에서. … 다음과 같은 '최근에 엄숙한 동맹과 언약에 따라 연합된 세 왕국의 공예배 지침서'를 승인하는 '총회의 서명된 법령을 공개적으로 낭독하고 진지하게 심의한 끝에, 상술한 지침서를 승인한 총회의 법령대로 동일한 지침서에 역시 진심으로 기까이 동의한다. 그리고 이 법령을 그 지침서 자체와 더불어 신분제 의회는 반대하는 목소리 없이 그것의 모든 제목과 조항을 확실히 비준하고 승인한다. 그리고 정말로 의회의 권위를 인정하면서 총회의 상술한 법령에 의회의 권위를 더한다.[26]

이러한 과정을 통해 예배모범이 공적으로 인준되어 사용되게 된 것이다. 이를 위한 웨스트민스터 총회원들의 수고가 얼마나 컸는지, 마음 깊은 감사를 보낸다.

(3) 예배모범 작성 이유와 목적

예배모범의 서문은 작성 이유와 그 목적을 이렇게 밝힌다.

- 축복받은 종교개혁의 초기에 우리의 지혜롭고 경건한 선조들은 여러 일을 교정할 목적으로 예배 질서를 제시하려고 수고했다. 이는 그들이 말씀을 통해 하나님께 드리는 공적 예배에서 헛되고, 잘못되며, 미신적이고, 우상 숭배적인 것이 있음을 발견했기 때문이었다. 이런 이유로 경건하고 학식이 있는 많은 사람은 당시 제시된 『공동 기도서』(The Book of Common Prayer)를 매우 기뻐했다.[27] 왜냐하면 미사와 나머지 라틴어 예배가 폐지되고, 우리 모국어로 공적 예배를 드렸기 때문이다. 이전에는 성경이 봉인된 책이었지만, 이제는 많은 일반 백성도 자신들의 언어로 읽어주는 성경을 들음으로 유익을 얻었다.[28]

- 그렇지만 오랜 시간에 걸친 슬픈 경험을 통해 밝혀진 바는 잉글랜드교회에서 사용된 『예식서 Liturgy』는 국내의 많은 경건한 사람에게만 아니라 국외의 개혁교회에게도 거부감을 주었다. 왜냐하면, 모든 기도문을 읽도록 요구하여 기도의 부담을 크게 증가시킨 점은 말할 것도 없고, 『예식서』에 들어 있는 많은 무익하고 부담스러운 의식들은 이것을 따르지 않는 많은 경건한 목사와 성도의 양심을 편치 않게 했을 뿐만 아니라, 이 의식에 복종하거나 동의하지 않으면 하나님의 규례를 누릴 수 없게 이들에게서 하나님의 규례를 빼앗는 많은 해악을 주었기 때문이다. 이 때문에 여러 신실한 그리스도인이 주의 만찬에 참여를 금지당했고, 여러 능력 있고 신실한 목사들이 목회 사역을 금지당했으며(신실한 목사가 부족한 이때 수천 명의 영혼이 위태롭게 될 정도에 이르렀다), 생계를 잃어버

리게 되어 자신들과 가족이 몰락하게 되었다.[29]

이렇게 예배모범의 의미에 대해 말한 후에, 예배모범을 작성한 목적에 대해 분명하게 설명한다.[30]

- 우리는 하나님의 이름을 열심히 자주 부른 다음, 혈육과 의논하지 않고 하나님의 거룩한 말씀을 많이 참고하여, 이전의 『예식서 Liturgy』와 함께 전에 예배 때 사용한 많은 예전과 의식을 버리기로 결의했다. 그리고 평소와 특별한 때에 공예배의 모든 부분에 대한 다음의 이 예배모범을 사용하기로 합의했다. 이 예배모범에서 우리는 모든 규례에 있어서 하나님이 정하신 바들을 제시하려고 주의를 기울였다. 또한 다른 내용도 기독교적 분별의 법칙에 따라 제시하면서 하나님의 말씀에 담긴 일반 법칙에 일치하도록 노력했다. 이렇게 행하는 우리의 단 한 가지 의도는 공적 예배의 전반적인 항목들과 기도의 의미와 범위 그리고 다른 여러 부분을 모든 사람이 알게 하고, 하나님께 드리는 예배와 의식의 본질을 담고 있는 그러한 것들에 모든 교회가 동의하게 하려는 것이다. 또한 이를 통해 목사들이 의식을 집행할 때 교리와 기도의 동일한 건전함을 유지하도록 이끌어주며, 필요할 경우 도움과 자료를 얻게 하려는 것이다. 또한 이를 통해 목사들이 자기들 안에 있는 그리스도의 은사를 불일 듯하게 하는 데 나태하거나 무관심하시 않고, 도리어 각자가 말씀 묵상 및 자신들과 하나님이 맡기신 양무리에 주의를 기울임을 통해 그리고 하나님이 섭리하시는 방식을 지혜롭게 살펴봄으로, 그들의 마음과 언어가 모든 경우에 필요한 기도와 권면의 내용을 더 잘 갖추도록 주의를 기울이게 하려는 것이다.[31]

당시 왕이었던 찰스 1세는 교회를 철저하게 자기 통제 아래에 두려고 캔터베리 대주교인 라우드를 통해서 예식서를 작성하여 교회와 목사들에게 강제하면서 당시 청교도들이 요구했던 교회의 개혁에 대해 반대했다.[32] 그 예식서로 인해 당시 예배가 얼마나 왜곡되었을지를 예배모범 서문이 잘 보여준다.

- 오랜 시간에 걸친 슬픈 경험을 통해 밝혀진 바는 잉글랜드교회에서 사용된 『예식서 Liturgy』(註. Laud's Liturgy)는 (편집한 사람의 온갖 수고와 신앙적 의도에도 불구하고) 국내의 많은 경건한 사람에게만 아니라 국외의 개혁교회에게도 거부감을 주었다. 왜냐하면 모든 기도문을 읽도록 요구하여 기도의 부담을 크게 증가시킨 점은 말할 것도 없고, 『예식서 Liturgy』에 들어 있는 많은 무익하고 부담스러운 의식들은 이것을 따르지 않는 많은 경건한 목사와 성도의 양심을 편치 않게 했을 뿐만 아니라 이 의식에 복종하거나 동의하지 않으면 하나님의 규례를 누릴 수 없게 이들에게서 하나님의 규례를 빼앗는 많은 해악을 주었기 때문이다.[33]

이 예배모범이 작성되기 이전에 강제로 사용해야 했던 잉글랜드와 웨일즈와 스코틀랜드교회의 예식서에는 윌리엄 라우드의 입장이 강력하게 반영되었다.[34] 이 때문에 예식서 즉 『공동 기도서』(The Book of Common Prayer)에 의해 강요된 예식으로 인한 해악이 교회마다 지극히 컸다.[35]

- 고위 성직자들과 이들의 파당은 우리 가운데 하나님을 예배하는 다른 예배나 예배 방식은 없는 것처럼 오직 『예식서 Liturgy』만 높이 평가하려고 애썼다. 그러나 그 『예식서 Liturgy』는 하나님의 말씀을 설교하는 일을 크게 방해했으며 (어떤 곳에서는, 특히 최근에는) 말씀 설교를 불필요한 것으로, 또는 기껏해야 『예식서 Liturgy』를 읽는 것보다 훨씬 열등한 것으로 밀어내 버렸다. 공동 기도서가 많은 무지하고 미신적인 사람들에 의해 우상과 다를 바 없게 되었다. 이들은 예배에 참석하여, 입술의 수고로 예배 활동에 참여하는 것에 스스로 만족했다. 이

로 인하여 구원의 지식이나 참된 경건에 대한 이들의 무지와 무관심은 굳어지고 말았다. … 『예식서 Liturgy』는 교회 안에 끝없는 다툼과 논쟁의 문제가 되었고, 핍박받고 침묵을 강요 받아온 많은 경건하고 신실한 목사만이 아니라 유망한 다른 목사들에게도 올가미가 되었다(『예식서 Liturgy』를 계속 사용한다면, 앞으로도 그럴 것이다).[36]

하지만 찰스 1세의 반대에도 불구하고 잉글랜드 의회의 결정에 따라 웨스트민스터 총회가 개회되어 예배모범을 가장 우선하여 작성했다.

필립 나이(Philip Nye)가 총회에서 행한 설교에 웨스트민스터 총회원들의 예배 개혁에 대한 의지가 드러난다. "웨스트민스터 회의에서 우리 앞에 놓여진 목적은 예배의 정화(Purification)이다. 그것은 국가에서 정해준 모델에 따른 예배가 아니라 하나님의 말씀에서 발견되는 대로 따르는 예배이어야 한다."[37] 그렇다. 웨스트민스터 총회원들은 초대교회 때처럼 하나님의 말씀이 예배의 핵심이 되기를 원했다.

(4) 예배모범의 핵심 주제

예배모범 목차를 순서대로 하면 다음과 같다.[38]

서문
1. 회중의 모임과 공예배에서의 태도
2. 공석 성경 낭독
3. 설교 전 공적 기도
4. 말씀의 설교
5. 설교 후 기도
6. 성례의 집례 ① 세례
7. 성례의 집례 ② 성찬(주의 만찬)
8. 주일을 거룩하게 함
9. 혼인 예식
10. 환자 심방

11. 죽은 사람의 매장
12. 공적 금식
13. 공적 감사일
14. 시편 찬송
※ 부록: 공적인 예배 일자와 장소

　예배모범은 그 기본 정신과 표현에 있어서 제네바 예식서와 그 맥을 같이하면서도 구조와 내용에 있어서는 새롭게 작성되었다. 핵심적으로 예배 요소들이 하나님 말씀인 성경에 대한 설교를 중심으로 배치되어 있다. 즉 예배모범에서 설교와 기도 중심의 예배로 모아진다. 이를 달리 말하면 하나님 중심의 예배 정신에 하나님의 은혜와 그 은혜를 경험한 성도들의 응답이 함께 포함된다고 하겠다.[39] 이는 기존에 찰스 1세와 라우드 대주교에 의해 강제된 예식서가 정해진 기도문의 사용을 강요하고 하나님의 말씀에 대한 설교를 줄이도록 하면서 예배를 기계적으로 만드는 폐해에 대해 바로 잡고자 스코틀랜드의 예배 형태를 따라 제안된 내용이다.

　예배모범의 핵심은 주일의 정기적인 예배 순서가 '하나님 말씀 중심의 예식'(The Liturgy of the Word)이 되는 것과 '주께서 제정하신 성(만)찬예식'(The Liturgy of the Upper-Room)에서도 역시나 말씀이 중심이 되는 "설교 중심의 예배"를 지향한다는 점이다.[40]

　따라서 예배모범은 말씀 중심의 예배와 그후에 넣을 수 있는 성찬을 포함한 예배순서는 다음과 같이 제시한다.

『웨스트민스터 예배모범』(Westminster Directory of Public Worship, 1645)
예배순서 - 설교와 기도 중심
예배에로의 부름(Call to Worship)
예배를 위한 기원 (하나님을 높이고 찬양하며 성령의 임재 & 조명을 기원)[41]
구약의 말씀(한 장)[42]
운율에 맞춘 시편 찬송
신약의 말씀(한 장)
운율에 맞춘 시편 찬송
죄 고백과 중보기도[43]
설교[44]
(구속과 복음과 말씀에 대한 감사의) 기도[45]
주기도[46]
시편 찬송
축복 기도[47]
성찬 예식[48] - 설교 후 시편찬송 및 축도 사이에
성찬상을 준비하는 일
성찬에의 초대
성찬을 위한 감사 기도
성찬 제정의 말씀(고전 11장) 봉독[49]
교훈의 말씀
봉헌 기도
분병과 분잔[50]
참여와 묵상
성찬에 참여한 자다운 생활을 위한 권면
성찬 후의 기도[51]
시편 찬송
축복 기도

이렇게 예배모범에 대해 논의하여 작성할 때 웨스트민스터 총회원들 사이에 의견의 차이가 없었고 철저한 의견의 일치가 있었다는 점에서 예배 개혁을 위한 갈망이 상당했음을 알 수 있다.[52] 이를 달리 말하면, 예배의 정신이나 원리에 대

한 이해가 웨스트민스터 총회원 모두 한마음이었다.[53]

2. 예배모범의 예배 요소

예배모범은 공적 예배가 어떻게 하나님께 드려져야 하는지를 잘 보여주는 전체 개요를 가지고 있다. 이를 통해 고정된 형식의 예배 형식과 목사의 재량에 따른 예배 인도 사이에서 절충안을 제시한다.[54] 이것이 "서문"에 잘 드러난다.

- 이렇게 행하는 우리의 단 한 가지 의도는 공적 예배의 전반적인 항목들과 기도의 의미와 범위 그리고 다른 여러 부분을 모든 사람이 알게 하고, 하나님께 드리는 예배와 의식의 본질을 담고 있는 그러한 것들에 모든 교회가 동의하게 하려는 것이다. … 이를 통해 목사들이 의식을 집행할 때 교리와 기도의 동일한 건전함을 유지하도록 이끌어주며, 필요할 경우 도움과 자료를 얻게 하려는 것이다.[55]

예배모범의 특징은 각 교회에 맞게 목사들이 재량적으로 추가할 수 있는 여지를 두었다는 점에서,[56] 아주 세심하고 배려깊은 작업이었다.[57] 이를 달리 말하면, 예배모범은 강제적이기보다는 예배에 대한 성경적인 풍성함에 충실할 수 있는 모델을 제시해 주었다고 할 수 있다.[58]

예배모범이 지향하는 예배(禮拜)와 요소들을 살펴보면, 두 가지로 나눌 수 있는데 하나는 매 주일 드리는 정규적인 공예배와 다른 하나는 비정규적인 공예식이다. 이는 신앙고백서 제21장 경건한 예배와 안식일 5절에 잘 정리되어 있다.[59] 이것을 표로 작성하면 다음과 같다.[60]

경건한 예배의 정규적인 요소들	비정규적인 예배요소들
- 경외심을 가지고 성경을 읽는 것 - 말씀을 바르게 설교하는 것 - 이해와 믿음과 경외함으로 하나님께 순종하는 가운데 그 말씀을 주의 깊게 듣는 것 - 마음에 은혜를 담아 시편을 노래하는 것 - 그리스도께서 제정하신 성례를 적절하게 시행하고 합당하게 받는 것	- 경건한 맹세 - 서원 - 엄숙한 금식 - 경우에 따라 드리는 감사

(1) 주일의 정규적인 공예배

매 주일 드리는 공예배에 대해서 예배모범은 구체적으로 설명하기에, 이 7가지 중에서 회중의 모임과 공예배에서의 태도, 공적 성경 낭독, 말씀의 설교, 설교 후 기도, 주일을 거룩하게 함이라는 다섯 가지를 살핀다.

1. 회중의 모임과 공예배에서의 태도(Of the Assembling of the Congregation)
2. 공적 성경 낭독(Of Publick Reading of the Holy Scriptures)
3. 설교 전 공적 기도(Of Publick Prayer before the Sermon)
4. 말씀의 설교(Of Preaching of the Word)
5. 설교 후 기도(Of Prayer after Sermon)
6. 성례의 집례 ① 세례(Of the Sacrament of Baptism) & ② 성찬(Of the Sacrament of the Lord's Supper)
7. 주일을 거룩하게 함(Of the Sanctification of the Lord's Day)

1) 회중의 모임과 공예배에서의 태도: 매주일 드리는 정규적인 공예배 중에서 제1장에서 가장 먼저 다루는 "회중의 모임과 공예배에서의 태도"(Of the Assembling of the Congregation, and their Behaviour in the Publick Worship of God)는 다음과 같다.

- 회중이 공예배를 위해 모일 때, 교인은 (사전에 마음의 준비를 하고) 모두 와서 예배에 참여해야 하며, 게을러서든지 사사로운 모임을 핑계로 공적 규례에 빠져서는 안 된다. 모든 성도가 불손하지 않게 진지하고 단정한 자세로 모임에 참석하되, 이곳저곳에 경배하거나 절하지 말고 자기 자리나 장소에 앉아야 한다. 회중이 모이면 목사는 하나님의 크신 이름을 예배하는 엄숙한 부름으로 회중을 초청한 후, 기도로 예배를 시작해야 한다.[61]

- [이때 기도는 다음과 같은 태도로 하여야 한다] 모든 경외하는 마음과 겸손함으로, 주님의 불가해한 위대하심과 엄위로우심을 인정하고(그러므로 회중은 특별한 태도로 하나님 앞에 나아간다), 자신들의 악함과 하나님께 가까이 나갈 수 없는 무가치함을 인정하며, 이 위대한 일을 스스로 행할 수 없는 전적인 무능함을 인정하고, 이어 드리는 예배 내내 죄의 용서와 도움과 용납해 주심을, 또한 낭독되는 주의 말씀에 내려주시는 복을 겸손히 간구하면서, 이 모두를 주 예수 그리스도의 이름과 중보를 의지하여 기도해야 한다.[62]

- 공예배가 시작되면, 교인들은 온전히 예배에 집중하면서 목사가 그때 읽거나 인용하는 것 이외에 다른 것을 읽고자 하는 마음을 참아야 한다. 또한 모든 사사로운 귓속말이나 대화나 인사하는 일, 혹은 참석한 사람에게든지 또는 늦게 들어오는 사람에게 경의를 표하는 일은 더욱 삼가야 한다. 그리고 무언가를 주시하거나 졸거나 다른 예의 없는 행동을 하지 말아야 한다. 이러한 행동들은 목사나 성도들의 주의를 분산시키거나 자기들이나 다른 사람들이 하나님께 예배하는 데 방해를 줄 수 있다.[63]

- 누군가 불가피하게 예배에 처음부터 참석하지 못한 경우, 이들은 회중 가운데 들어왔을 때 개인 기도에 집중해서는 안 되며, 공손하게 마음을 가라앉히고 그

때 거행되는 하나님의 규례에 회중과 함께 참여해야 한다.[64]

2) 공적 성경 낭독: 제2장에서 다루는 "공적 성경 낭독"(Of Publick Reading of the Holy Scriptures)은 다음과 같다.

제2장 공적 성경 낭독

- 회중 가운데서 말씀을 낭독하는 일은 하나님께 드리는 공예배의 일부이며 (이는 우리가 하나님께 의존하고 복종함을 인정하는 것이다), 하나님께서 자기 백성의 신앙을 세우시기 위해 특별히 구별하신 하나의 방편이므로, 목사와 교사에 의해 행해져야 한다. 그렇지만 노회의 허락을 받았다면 목회 사역을 준비 중인 사람이 때때로 회중 가운데서 하나님의 말씀을 낭독하거나 설교하는 그들의 은사를 행할 수 있다. 모든 신구약 정경은 (이것은 보통 외경이라고 부르는 것들이 아니다) 모든 사람이 듣고 이해할 수 있도록 일반적인 언어로 승인된 최상의 번역본으로부터 공적으로 분명하게 읽어야 한다.[65]

- 한 번에 얼마나 많은 분량을 읽을지는 목사의 지혜에 맡겨져 있다. 하지만 모일 때마다 일반적으로 신구약 성경에서 각각 한 장씩 낭독하는 것이 적합하며, 장이 짧거나 내용의 일관성이 요구될 때는 더 많이 읽을 수도 있다. 성도가 성경 전체를 잘 알 수 있도록 성경의 모든 책을 순서대로 읽어야 한다. 일반적으로 어느 주일에 신구약의 낭독이 끝난 자리에서 다음 주일에는 시작해야 한다. 또한 목사가 회중의 신앙을 세우기 위해 가장 좋다고 여기는 성경의 책들, 즉 시편 같은

책들은 더 자주 낭독하기를 권한다.[66]

- 성경을 낭독한 목사가 낭독한 어느 부분에 대해 해설할 필요가 있다고 판단하면, 한 장 전체나 시편이 끝난 다음에 하도록 하라. 그리고 설교나 다른 규례가 제한을 받거나 지루하게 여겨지지 않도록 성경 낭독의 시간을 항상 고려해야 한다. 이 규칙은 다른 모든 공적 의식의 실행에서도 지켜야 한다.[67]

- 성경의 공적 낭독 외에, 글을 읽을 수 있는 모든 사람에게 개인적으로 성경을 읽도록 권해야 하고(글을 읽지 못하는 다른 모든 사람에게는, 나이나 다른 이유로 불가능하지 않다면, 읽기를 배우도록 권해야 한다), 성경을 소유하도록 권해야 한다.[68]

3) 말씀의 설교: 제4장에서 다루는 "말씀의 설교"(Of Preaching of the Word)는 다음과 같다.

제4장 말씀의 설교

- 하나님의 말씀을 설교하는 일은 구원에 이르게 하는 하나님의 능력이자 복음의 사역에 속한 가장 위대하고 훌륭한 사역 중 하나이므로, 그 일꾼은 이를 부끄럽게 여기지 말고 자신과 설교를 듣는 사람들을 구원하도록 행해야 한다.[69]

- (임직을 위한 규칙에 따르면) 그리스도의 목사는 그렇게 중대한 봉사를 위해 상당한 은사가 있어야 하는데, 원어 및 신학에 보조적인 인문학과 과학같은 학문

에 대한 실력이 전제된다. 목사는 신학의 전체 체계에 대한 지식이 있어야 하며, 무엇보다도 성경에 대한 지식을 갖추되 일반 신자보다 더 성경에 마음과 정신을 기울여야 한다. 그리고 성령 하나님의 조명과 덕을 세우는 은사를 (말씀을 읽고 연구하는 것과 함께) 가지고 있어야 하는데, 이를 지속적으로 구해야 하며, 또한 겸손한 마음을 가지고 아직 깨닫지 못한 진리에 대해서는 하나님께서 이것을 알게 하시면 언제든지 인정하고 받아들이기로 결심해야 한다. 준비한 설교를 공예배에서 전달하기에 앞서 개인적인 준비를 할 때, 목사는 이 모든 능력을 사용하여 진보를 이루어야 한다. 보통 목사의 설교 주제는 신앙의 원리나 주요 주제를 제시하는 성경 본문이거나 어떤 긴급한 상황에는 이에 적합한 성경 본문이어야 한다. 또한 적합하다고 생각되는 경우, 성경의 어떤 장이나 시편이나 각 권을 계속해서 설교할 수도 있다.[70]

- 성경 본문에서 교훈을 드러낼 때, 목사가 주의해야 할 점이 있다. 첫째, 그 내용이 하나님의 진리이어야 한다. 둘째, 그 교훈이 본문에 포함되거나 기초한 진리여야 한다. 그래서 하나님께서 어떻게 본문에서 그 교훈을 가르치시는지 청중이 파악할 수 있어야 한다. 셋째, 본문에서 주로 의도하고 청중을 교화하기에 가장 적합한 교훈을 강조해야 한다.[71]

- 목사는 일반적인 교리를 가르치는 일에 안주해서는 안 되고 아무리 많이 설명이 되고 확증되었다 할지라도, 교리를 특별한 용도에 맞추어 청중에게 실제로 적용되도록 해야 한다. 이렇게 하는 것은 목사 자신에게 많은 세심함과 열정과 묵상이 요구되는 아주 힘든 일일 뿐만 아니라, 본성적으로 부패한 인간인 회중에게 매우 불쾌한 일이다. 하지만 이 일을 통해 청중은 하나님의 말씀이 살았고 능력이 있어서 마음의 생각과 뜻을 판단한다고 느끼게 되고, 불신자나 무지한 사람도 자기 마음의 비밀을 드러내시는 하나님께 영광 돌릴 수 있도록 목사는 이러

한 방식으로 이 일을 하려 애써야 한다.[72)]

- 하나님의 교훈에서 나온 결론인 진리에 대한 지식을 가르치거나 설명할 때, 목사는 (적절할 때) 현재 다루는 본문이나 성경의 다른 구절에서 가져오거나 그 진리가 속한 교의신학의 내용으로부터 가져온 몇 가지 확실한 논점으로 그것을 확증할 수 있다.[73)]

- 이 방법은 모든 사람이나 모든 본문에 대해 필수적인 규정은 아니며, 다만 경험에 의할 때 하나님의 복을 매우 크게 누리게 할 뿐 아니라 성도의 이해와 기억에 무척 도움이 되기에 추천하는 것일 뿐이다. 그러나 그리스도의 종은 방법이 어떠하든지 모든 사역을 다음과 같이 수행해야 한다. ① 힘써 수고하며, 주의 일을 게을리하지 말아야 한다. ② 알기 쉽게, 가장 이해력이 적은 사람도 이해할 수 있게 전해야 한다. 그리스도의 십자가가 무익하게 되지 않도록, 사람의 지혜에서 나온 매혹적인 말이 아니라 성령 하나님의 능력이 나타나도록 진리를 전해야 한다. 알 수 없는 방언이나 이상한 문구나 말소리의 억양을 헛되게 사용하기를 삼가야 한다. 고대든지 현대든지, 교계 저자나 그 밖의 인간 저자가 쓴 글은 그것이 아무리 세련된 것이라 할지라도 절제해서 인용하여야 한다. ③ 신실하게, 자신의 이익이나 영광이 아니라 그리스도의 영광 및 성도의 회심과 건덕과 구원을 바라보아야 한다. 이런 거룩한 목적을 장려할 수 있는 것은 무엇이든지 유보하지 말고, 각 사람에게 전할 바를 전하며, 모든 사람을 차별없이 존중하되, 지위가 가장 하찮은 사람이라 하여 무시하거나, 가장 높은 사람이라 하여 그들의 죄에 대해 관대하지 말아야 한다. ④ 가장 잘 설득할 수 있는 방식으로 모든 교훈과 권면과 특히 책망을 지혜롭게 구성해야 한다. 각 사람의 인격과 지위에 합당한 경의를 표하고, 자신의 감정이나 반감을 섞지 말아야 한다. ⑤ 엄숙하게, 하나님의 말씀답게 전해야 한다. 사람들이 자신의 부패성 때문에 목사와 사

역을 경멸하게 될 수 있는 몸짓과 목소리와 표현은 모두 피해야 한다. ⑥ 사랑하는 마음으로, 모든 것이 목사의 경건한 열심과 성도들에게 유익을 주려는 갈망에서 나온 것임을 이들이 알 수 있게 해야 한다. ⑦ 하나님의 가르치심대로, 또한 자기 마음에 확신하는 대로, 목사가 가르치는 모든 내용은 그리스도의 진리여야 한다. 양무리 앞에서 진리에 있어 본이 되게 행해야 한다. 진심으로, 사적으로든지 공적으로든지, 자신의 수고를 하나님의 은혜에 부탁해야 한다. 주의 깊게, 자신과 주께서 그를 감독자로 삼으신 양 무리를 보살펴야 한다. 이렇게 하면 진리의 교리가 부패하지 않고 보존되어, 많은 영혼이 회심하여 든든히 설 것이며, 목사도 그 수고에 대해 현세에서 많은 위로를 받고 내세에서 그를 위해 준비된 영광의 면류관을 받게 될 것이다.[74]

- 한 교회에 한 명 이상의 목사가 있고 서로 다른 은사를 가지고 있으면, 각 목사는 이들의 가장 탁월한 은사와 상호 간의 합의에 따라 교훈이나 권면에 더 특별히 전념할 수 있다.[75]

4) 설교 후 기도: 제5장에서 다루는 "설교 후 기도"(Of Prayer after Sermon)는 다음과 같다.

- 설교가 끝나면, 목사의 기도는 다음과 같아야 한다. "우리에게 하나님이 아들 예수 그리스도를 보내주신 하나님의 위대하신 사랑에 대해, 성령 하나님의 교통하심에 대해 그리고 영광스러운 복음의 빛과 자유를 주심에 대해 감사해야 한다. 또한 복음에 계시된 풍성한 하늘의 복, 즉 선택과 소명과 양자됨과 칭의와 성화와 영광의 소망에 대해 감사해야 한다. 이 땅을 적그리스도의 흑암과 압제에서 구해주신 하나님의 놀라운 선하심과 모든 나라를 구원하심에 대해 감사해야 한다. 종교개혁과 언약과 많은 현세의 복을 감사해야 한다. 복음과 복음

에 속한 모든 규례가 순결과 능력과 자유로움 가운데 계속 지속되기를, 설교의 핵심적이고 가장 유익한 주제들이 성도의 기원이 되기를, 설교가 성도의 마음에 머물러 열매를 맺게 해주시기를 기도해야 한다. 또한 죽음과 심판을 준비하며 우리 주 예수 그리스도의 오심을 위해 깨어있기를 기도해야 한다. 우리의 대제사장이시고 구주이신 예수 그리스도의 공로와 중보로 인해 거룩한 일들에 대한 우리의 부정을 용서하시고 우리의 영적 제사를 받아주시기를 하나님께 간구해야 한다."[76]

- 그리스도께서 제자들에게 가르치신 기도는 기도의 모본일 뿐 아니라 그 자체로 가장 포괄적인 기도이기 때문에, 우리는 이것을 교회의 기도로 사용하도록 권장한다. 이에 반해 성례를 집행할 때나 공적 금식과 공적 감사일에 그리고 이 밖의 특별한 일이 있을 때는 특별한 기원과 감사의 내용으로 기도할 수 있다. 이때 우리의 공적 기도에 일부 내용을 담는 것이 필요한데(예를 들면 현재 웨스트민스터 총회와 해군 및 육군을 축복하시고, 왕과 의회와 왕국을 지켜주시기를 기도하는 것은 우리의 의무이다), 모든 목사는 이런 때에 설교 전후의 기도에서 이를 위해 기도해야 한다. 그러나 방식은, 하나님께서는 목사가 의무를 행할 수 있도록 그의 경건과 지혜를 인도하시고 능력을 주실 것이기에 목사의 재량에 맡겨져 있다. 기도가 끝나고 가능하다면 시편을 찬송한다. 이후에 (그때 회중과 연관되는 그리스도의 다른 규례가 없는 한) 목사는 엄숙한 축복기도를 하고 회중을 해산하게 한다.[77]

5) 주일을 거룩하게 함: 제8장에서 다루는 "주일을 거룩하게 함"(Of the Sanctification of the Lord's Day)은 다음과 같다.

- 주일은 미리 유념하여, 우리가 일상적인 소명에 따라 행하는 모든 세상일을 적

당하게 정리하거나 시기적절하게 제
쳐둠으로 주일이 됐을 때 그날을 거룩
하게 하는 데 방해가 되지 않게 해야
한다.[78]

- 주일은 그리스도인의 안식일로서 공
적으로나 사적으로나 주님을 향해 거
룩하게 구별된 날로 기념해야 한다.
이 목적을 위해 모든 불필요한 노동
을 거룩하게 중지하고 종일 안식해야

제8장 주일을 거룩하게 함

하며, 모든 운동과 오락뿐 아니라 온갖 세상 말과 생각도 금해야 한다.[79]

- 주일에는 음식을 미리 준비하여 일꾼들이 하나님께 공예배를 드리지 못하는 일
이 없도록 불필요하게 붙잡아두지도 말고, 다른 사람들이 이날을 거룩하게 하
는 것을 방해하지도 말아야 한다. 모든 개인과 가족은 개인적으로 주일을 준비
하되, 자신을 위해 기도해야 하며, 목사를 도와주시고 그의 사역에 하나님께서
은혜 주시기를 위해 기도해야 한다. 또한 다른 거룩한 활동들을 통해 하나님의
공적 규례에서 하나님과 더 만족스럽게 교제할 수 있도록 준비해야 한다.[80]

- 모든 성도가 시간을 맞추어 공 예배에 참석하되, 온 회중이 처음부터 참석하고,
공예배의 모든 순서에 한마음으로 엄숙하게 참여하며, 축도가 마칠 때까지 떠
나지 않아야 한다.[81]

- 회중이 공적으로 엄숙하게 모이는 모임들 사이나 모임 이후의 여유 시간은 읽고
묵상하고 설교를 되뇌며 보내야 한다. 특히 가족에게 그들이 들은 것을 설명하

게 하고, 요리문답을 가르치며, 경건한 모임들을 가지며, 공적 규례에 복 주시기를 기도하고, 시편을 찬송하며, 환자를 심방하고, 가난한 자를 구제하되, 그런 경건과 자선과 긍휼의 의무를 행하며, 안식일을 기쁨으로 여겨야 한다.[82]

(2) 주일이 아닌 비정규적 공예식

다음으로 교회에서 진행되는 비정기적인 공예식(禮式)에 대하여 예배모범은 구체적으로 설명하기에, 비정규적 공예식(禮式) 일곱 가지 중에서 환자 심방, 죽은 사람의 매장, 공적 감사일, 주일에도 사용되는 시편 찬송, 공적인 예배 일자와 장소에 대해 다루고자 한다.

---

1. 혼인 예식(Of the Solemnization of Marriage)
2. 환자 심방(Of the Visitation of the Sick)
3. 죽은 사람의 매장(Of the Burial of the Dead)
4. 공적 금식(Of Publick Solemn Fasting)
5. 공적 감사일(Of the Observation of Days of Publick Thanksgiving)
6. 시편 찬송(Of Singing of Psalms)
7. 부록-공적인 예배 일자와 장소(An Appendix. Days and Places of Publick Worship)

---

1) 환자 심방: 비정기적 공예식(禮式) 중 제10장의 "환자 심방"(Of the Visitation of the Sick)은 다음과 같다.

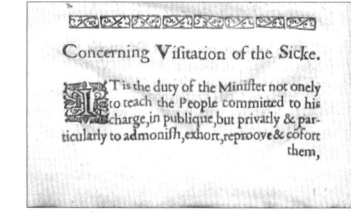

제10장 환자 심방

- 목사는 돌보도록 맡겨진 성도들을 공적으로만 아니라 사적으로도 가르칠 의무가 있다. 특히 목사는 자신의 시간과 힘과 개인적 안전이 허락하는 한 모든 적절한 때에 성도를 훈계하고 권면하며 꾸짖고 위로해야 한다.[83]

- 목사는 성도에게 건강할 때 죽음을 준비하도록 권면해야 한다. 이 목적을 위해, 성도는 목사와 자신의 영혼 상태에 대해 자주 상담해야 한다. 병을 앓는 때라면 이들의 힘과 이해력이 쇠퇴하기 전에, 목사의 조언과 도움을 시기적절하게 요청해야 한다.[84]

- 질병과 고통의 시기는 지친 영혼들에게 상황에 적절한 말씀을 전하도록 하나님께서 목사의 손에 맡겨주신 특별한 기회이다. 왜냐하면 이때 사람의 양심은 자신의 영적 상태가 영원에 적합한 상태인지 생각하도록 더욱 각성하게 되거나 또한 각성해야 하기 때문이고, 사탄도 이때를 이용해 이들에게 더욱 괴롭고 힘든 유혹을 가하기 때문이다. 그러므로 요청을 받아 환자에게 가는 목사는, 모든 부드러움과 사랑으로 환자의 영혼에 영적 유익을 주는 데 전념해야 한다.[85]

- 목사는 현재의 질병 상태를 고려하여 성도에게 성경으로 가르치되, 질병이 우연하게나 단지 육체의 이상으로만 생기는 것이 아니라 질병으로 고통을 받는 모든 개개인을 하나님의 선한 손이 지혜롭고 질서 있게 인도하시는 것이라는 사실을 가르친다. 질병이 죄 때문에 그를 교정하고 징계하기 위해 내려진 진노이든지, 하나님의 은혜에 의한 시련과 연단이든지, 아니면 다른 특별하고 탁월한 목적 때문이든지, 만약 성도가 하나님의 심방을 거룩하게 활용하려고 성실하게 노력하고 하나님의 징계를 멸시하기니 교정하심 때문에 지치지 않는다면, 그의 모든 고난이 변하여 유익이 되고 합력하여 선을 이룰 것이다.[86]

- … 비록 많은 실패와 연약함이 있었더라도, 환자가 거룩한 길로 행하며 하나님을 바르게 섬기려고 노력했다면, 또는 환자의 심령이 죄책감으로 상하였거나 하나님의 은혜를 받지 못했다는 생각으로 낙심해 있다면, 이때는 그에게 하나님의 값없고 풍성한 은혜와 그리스도 안에 있는 의의 충분성을 알려주고, 복음 안

에서 은혜롭게 제공되는 것, 즉 자기의 의를 버리고 그리스도를 통해 베푸시는 하나님의 자비하심을 전심으로 믿고 회개하는 모든 자는 그리스도 안에서 생명과 구원을 얻는다는 것을 알려줌으로 그를 일으켜 세우는 것이 합당하다. 또한 죽음에는 그리스도 안에 있는 사람이 두려워할 어떤 영적 악도 있지 않다는 것을 환자에게 알려주는 것도 유익하다. 왜냐하면 그리스도께서 사망의 쏘는 것인 죄를 제거하셨기 때문이다. 그리스도께서는 죽음의 두려움에 매여 종노릇 하는 데서 모든 자기 백성을 구원하셨고, 무덤을 이기고 우리에게 승리를 주셨으며, 친히 영광 가운데 들어가셔서 자기 백성을 위해 처소를 예비하고 계신다. 따라서 생명이나 사망이 주님의 백성을 그리스도 안에 있는 하나님의 사랑에서 결코 끊을 수 없으며, 그리스도 안에 있는 사람은 비록 지금은 흙에 묻힐 수밖에 없어도 반드시 기쁘고 영광스럽게 부활하여 영생을 얻을 것이다.[87]

- … 목사는 또한 환자에게 (필요할 경우) 집을 정리하도록 권하여 폐를 끼치는 일이 생기지 않게 해야 한다. 그가 빚을 갚게 하고, 잘못한 일에 대해서는 보상하거나 갚게 하며, 불화하던 사람들과는 화해하게 하고, 그가 하나님의 손에서 용서를 바라듯이 그에게 잘못한 모든 사람의 죄를 온전히 용서하도록 권한다.[88]
- 끝으로, 목사는 이 기회를 활용하여 환자 주변 사람들에게 그들 자신의 죽음을 깊이 생각하여 주께로 돌아오고, 주님과 화해하며, 건강할 때 질병과 죽음과 심판에 대비하라고 권한다. 또한 시간이 정해져 있는 이들의 모든 날 동안에 우리의 생명이신 그리스도께서 나타나실 때 이들이 변화하여 그리스도와 함께 영광 가운데 나타날 것을 기다리도록 권한다.[89]

2) **장례식:** 제11장은 비정기적 공예식(禮式)의 하나인 장례식에 대해 "죽은 사람의 매장(Of the Burial of the Dead)"을 설명한다.

- 어떤 사람이 이생을 떠났을 때는, 장례일에 그의 시신을 그의 집에서 공적인 매장지로 지정된 장소로 예의를 갖춰 옮겨가고, 거기서 다른 예식 없이 즉시 매장한다.[90]

- 왜냐하면 시신 옆이나 시신을 향해 무릎을 꿇고 기도하는 관습이나 시신이 놓여 있는 곳에서 매장되기 전에 행하는 여타 관습들은 미신적이기 때문이다. 묘지에 가는 동안이나 묘지에서 기도하거나 성경을 읽거나 찬송을 부르는 것이 극도로 악용되어왔을 뿐만 아니라, 죽은 사람에게도 아무런 유익이 없고, 산 사람에게도 많은 부분에서 해가 된다고 입증되었으므로, 이런 관습들은 모두 버려야 한다.[91]

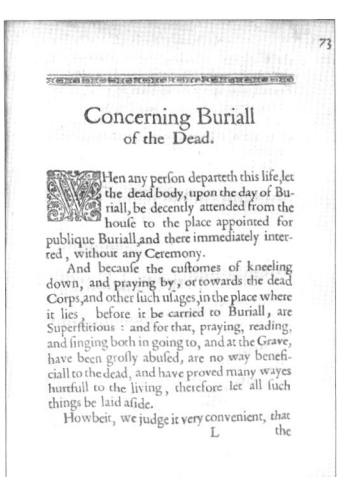

제11장 장례식

- 하지만 공적 매장지로 지정된 장소까지 시신과 함께 가는 그리스도인 친구들이 그 상황에 적합한 묵상과 대화를 하는 것은 매우 바람직하다고 판단한다. 만일 목사가 그곳에 있다면, 다른 경우와 마찬가지로, 이때도 목사는 이들에게 이들의 의무를 상기시킬 수 있다.[92]

- 이는, 장례 때에, 죽은 사람이 살았을 때 가졌던 지위와 신분에 적합한 사회적 존경이나 경의를 표하기를 거부하라는 것으로 확대하지는 말아야 한다.[93]

3) **공적 감사일:** 제13장에서 지금 우리에게는 생소한 "공적 감사일"(Of the Observation of Days of Publick Thanksgiving)에 대해 다룬다.

- 어떤 날을 공적 감사일로 지킬 때는, 백성이 그날을 아주 잘 준비할 수 있도록, 편리한 때에 미리 그날과 관련된 사유를 알려주어야 한다. 그날이 되어 회중이(사적인 준비를 마친 후) 모이면, 목사는 권면의 말씀으로 시작함으로 이들이 모여서 행할 의무에 대해 일깨우고, 이 모임의 특별한 사유대로 (다른 공예배를 위한 모임에서처럼) 하나님이 도우시고 복을 주시기를 간단히 기도한다. 그런 다음 목사는 받은 구원과 얻은 긍휼 그리고 모인 동기에 대해서 모인 회중이 잘 이해하고 마음에 새겨 더욱 감명받도록 간결하게 이야기한다.[94]

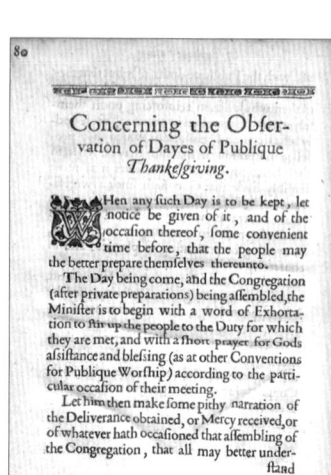

제13장 공적 감사일

- 무엇보다도 시편 찬송이 기쁨과 감사를 표현하기에 가장 적합한 규례이므로, 지금 감사하는 일에 가장 적합한 성경 말씀의 한 부분을 읽기 전이나 후에 그 목적에 적합한 일부 시편이나 시편들을 찬송한다. 그런 다음 설교할 목사는, 설교 전에 특별히 지금 감사하는 일과 관련하여 추가로 권면하고 기도한다. 이어서 그 모임에 적절한 성경 본문에 대해 설교한다. 설교가 끝나면 목사는 다른 때에 설교 후에 하는 것처럼, 교회와 왕과 국가의 필요들을 기억하며 기도할 뿐 아니라 (만약 설교 전에 이 기도들을 빠뜨렸다면) 범위를 넓혀 이전에 받은 긍휼과 구원에 대해 엄숙히 감사드린다. 더욱 특별히, 그들이 현재 함께 감사하게 된 일에 대해 감사를 드린다. 또한 하나님의 한결같은 자비를 필요한 대로 계속 새롭게 베풀어주시기를, 그것을 올바로 사용할 수 있는 은혜를 허락해 주시기를 겸손하게 간구한다. 하나님의 자비에 적합한 다른 시편을 찬송한 다음, 목사는 회

중을 축복하면서 해산함으로, 그들이 식사와 쉼을 위한 편안한 시간을 갖게 한다.[95]

- 하지만 목사는 (회중이 해산하기 전에) 이들에게 폭식이나 폭음이 될 수 있는 모든 지나친 무절제를 조심하도록, 이들이 먹고 쉬면서 이런 더 많은 죄를 짓지 말도록, 그리고 그들의 즐거움과 기쁨이 육적인 것이 아니라 영적인 것이 되도록 주의해야 한다고 엄숙히 권면해야 한다. 이렇게 함으로 하나님을 찬송함이 영광스럽게 되고, 이들 자신은 겸손하고 진지해지며, 또한 이들이 먹는 것과 기뻐함이 자신을 더욱 즐겁게 함으로, 이들이 그날의 남은 시간에 다시 돌아올 때 회중 가운데서 하나님을 찬송함이 계속되고 커지게 해야 한다.[96]

- 회중이 다시 모이면 앞서 아침에 행하도록 정한 대로 기도하고, 성경을 읽으며, 설교하고, 시편 찬송을 하며, 더 많은 찬송과 감사를 드리는 것과 같은 과정을 시간이 허락하는 데까지 반복하기를 계속해야 한다. 그날 한두 번의 공적 모임에서는 가난한 자들을 위해 헌금을 함으로 (공적 애도의 날에 행한 것처럼) 이들이 진심으로 우리를 축복하고 우리와 함께 더 기뻐하게 할 수 있게 해야 한다. 마지막 모임의 끝에, 목사는 백성에게 그날의 남은 시간을 거룩한 의무들을 행하면서 보내고, 서로에게 그리스도인의 사랑과 자비를 베풀며, 주 안에서 더더욱 기뻐하는 것을 나타내 보이며 보내라고 권면해야 한다. 이것이 여호와를 기뻐하는 것을 자기 힘으로 삼는 성도에게 합당하기 때문이다.[97]

4) 시편 찬송: 제14장에서 공적 예배와 공적 예식에 사용되는 "시편 찬송"(Of Singing of Psalms)에 대해 다룬다.

- 공적으로 교회에서 회중이 함께, 또한 사적으로 가정에서 시편 찬송을 통해 하

나님을 찬양하는 것은 그리스도인의 의무이다.[98]

- 시편 찬송을 부를 때, 목소리는 곡조에 맞게 그리고 엄숙하게 내야 한다. 하지만 가장 주의해야 할 점은 내용을 이해하고, 마음에 은혜를 품고 주님께 노래해야 한다.[99]

제14장 시편찬송

- 온 회중이 함께 찬송하되, 글을 읽을 수 있는 모든 사람은 다 시편 찬송가를 갖고 있어야 하고, 나이나 다른 어떤 이유로 인해 불가능하지 않은 경우라면, 읽을 수 없는 사람들에게는 읽는 법을 배우도록 권면해야 한다. 하지만 회중 가운데 많은 사람이 글을 읽지 못하는 지금은, 시편 찬송을 부르기 전에 목사가, 또는 목사와 장로들이 적합하다고 지명한 사람이 시편을 찬송하는 동안 노래에 앞서 시편을 절을 따라가며 읽어주는 것이 좋다.[100]

5) 공적인 예배 일자와 장소: 부록에서는 "공적인 예배 일자와 장소"(Days and Places of Publick Worship)에 대해 다룬다.

- 성경은 복음 아래에서 그리스도인의 안식일인 주일 외에는 어떤 날도 거룩하게 준수하라고 명령하지 않는다. 하나님의 말씀에 근거가 없는, 통상 '거룩한 날'이라고 부르는 축제일들은 지속하면 안 된다. 그렇지만 하나님의 섭리의 여러 현저하고 특별한 경륜이 하나님의 백성에게 이유와 기회를 부여하면, 특별히 긴급한 경우에, 공적 금식이나 감사를 위해 어느 한 날이나 여러 날을 구별하는 것은 합법적이며 필요한 일이다. 어떤 장소도 여하한 봉헌식이나 성별 예식을 통해 거룩하게 될 수 없다. 또한 이와 마찬가지로 과거의 미신적인 사용으로 인하

여 오염된 어떤 장소를 구별하여 사용할 때, 그 장소가 그리스도인들이 하나님을 공적으로 예배하기 위해 모이기에 불법적이거나 부적절한 장소가 되는 것이 아니다. 그러므로 우리는 우리 가운데서 예배를 위한 공적 모임 장소로 사용되던 곳은 그 용도로 계속해서 사용되어야 한다고 주장한다.[101]

3. 예배모범의 신학 주제

이제 예배모범에 나타난 특징적인 신학 주제를 두 가지 살펴보려고 한다. 하나는 성경에 대한 견고한 입장이고 다른 하나는 기도에 대한 강조이다.

(1) 성경 강조

예배모범의 첫 번째 신학적 특징은 제네바 예식서와 비교할 때 기본 정신과 표현에 있어서 같은 입장이면서 동시에 구조와 내용에 있어서 예배 요소 모두가 하나님의 말씀 즉 설교를 중심으로 하여 배치된다는 점이다.[102]

여기서 예배모범이 가진 신학적 특징을 찾을 수 있는데, 하나님의 말씀인 성경을 예배의 기준으로 하는 점이다. 이에 대한 칼빈의 견해와도 일치한다. "웨스트민스터 예배모범은 예배의 정수(精髓)에 대한 이해의 면에서도 칼빈과 관점이 같다. 즉 칼빈과 예배모범 모두 하나님의 말씀과 기도를 강조한다."[103]

이는 예배모범 곳곳에서 강조하는 하나님의 말씀에 대한 언급이 그 증거들이다.

- **2. 공적 성경 낭독** 회중 가운데서 말씀을 낭독하는 일은 하나님께 드리는 공예배의 일부이며(이는 우리가 하나님께 의존하고 복종함을 인정하는 것이다), 하나님께서 자기 백성의 신앙을 세우시기 위해 특별히 구별하신 하나의 방편이

므로, 목사와 교사에 의해 행해져야 한다. 그렇지만 노회의 허락을 받았다면 목회 사역을 준비 중인 사람이 때때로 회중 가운데서 하나님의 말씀을 낭독하거나 설교하는 그들의 은사를 행할 수 있다. 모든 신구약 정경은 (이것은 보통 외경이라고 부르는 것들이 아니다) 모든 사람이 듣고 이해할 수 있도록 일반적인 언어로 승인된 최상의 번역본으로부터 공적으로 분명하게 읽어야 한다. … 성도가 성경 전체를 잘 알 수 있도록 성경의 모든 책을 순서대로 읽어야 한다. 일반적으로 어느 주일에 신구약의 낭독이 끝난 자리에서 다음 주일에는 시작해야 한다.[104]

- **4. 말씀의 설교** 하나님의 말씀을 설교하는 일은 구원에 이르게 하는 하나님의 능력이자 복음의 사역에 속한 가장 위대하고 훌륭한 사역 중 하나이므로, 그 일꾼은 이를 부끄럽게 여기지 말고 자신과 설교를 듣는 사람들을 구원하도록 행해야 한다. … 성경 본문에서 교훈을 드러낼 때, 목사가 주의해야 할 점이 있다. 첫째, 그 내용이 하나님의 진리이어야 한다. 둘째, 그 교훈이 본문에 포함되거나 기초한 진리여야 한다. 그래서 하나님께서 어떻게 본문에서 그 교훈을 가르치시는지 청중이 파악할 수 있어야 한다. 셋째, 본문에서 주로 의도하고 청중을 교화하기에 가장 적합한 교훈을 강조해야 한다. … 목사는 본문에 있는 모든 교훈을 항상 다룰 필요는 없으며, 목회지에서 양무리와 교제하면서 가장 필요하며 적당하다고 여기는 교훈 그리고 이 가운데서도 이들의 영혼을 빛과 거룩함과 위로의 원천인 그리스도께로 가장 잘 인도할 수 있는 교리를 지혜롭게 선택해서 사용해야 한다.[105]

- **9. 혼인 예식** 비록 혼인은 성례가 아니고, 고유하게 하나님의 교회에만 있는 것도 아니지만, 혼인은 인류에게 보편적이며 모든 국가의 공익에 해당한다. 그러나 혼인하는 사람은 주님 안에서 혼인해야 하며, 그런 새로운 상태에 들어가는

때에 하나님의 말씀을 통해 교훈과 지도와 권면을 받고 하나님의 복을 받아야 할 특별한 필요가 있다. 우리는 합법적인 말씀 사역자인 목사가 이들에게 조언하고, 이들 위에 하나님의 복이 임하기를 기도하며, 혼인 예식을 엄숙히 거행하는 것이 마땅하다고 판단한다. 혼인은 오직 한 남자와 한 여자 사이에서 이루어져야 한다. 혼인 당사자들은 하나님의 말씀이 금하는 혈족이나 인척의 촌수에 들지 않아야 하며, 스스로 선택하거나 타당한 이유에 따라 서로 동의하기에 적합한 분별력이 있는 나이여야 한다.[106]

이러한 예배모범의 신학은 이후에 작성된 신앙고백서에 더욱 분명하게 표현된다. 신앙고백서에는 개혁주의 신학이 집약되어 있는데, 그 핵심이 이전에 작성된 다른 신앙고백인 『프랑스 신앙고백서』(1559), 『벨직 신앙고백서』(1561)와 달리 "성경론"이 가장 우선해서 제시된다는 점이다.

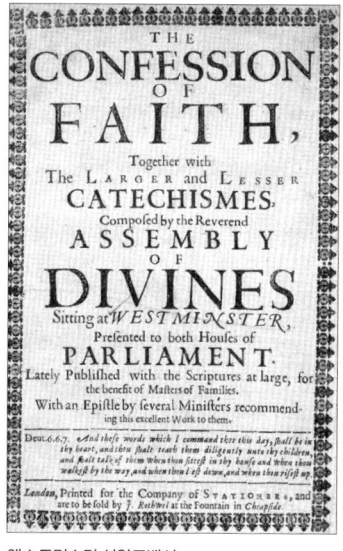

웨스트민스터 신앙고백서

- **제1장 성경** 1. 본성의 빛과 창조와 섭리의 일들은 사람이 핑계할 수 없을 정도로 하나님의 선하심과 지혜와 능력을 너무나도 명백하게 나타내고 있다. 그럼에도 이것들은 하나님과 그분의 뜻에 관하여 구원에 필요한 지식을 줄 정도로 충분하지는 않다. 그래서 주님께서 여러 시대에 여러 모양으로 자신의 교회에 자신을 계시하고 자신의 뜻을 선포하기를 기뻐하셨다. 그리고 후에는 진리를 더 잘 보존하고 전파하며, 육신의 부패 및 사탄과 세상의 악의에 맞서 교회를 더욱 견고하게 세우고 위로하기 위하여 바로 그 모든 것을 기록하기를 기

뻐하셨다. 이로 인하여 성경은 반드시 필요하게 되었다. 그리고 하나님께서 자신의 뜻을 자기 백성에게 계시하시던 이전 방식들은 이제 중지되었다. 2. 성경, 즉 기록된 하나님의 말씀이라는 이름 아래 포함된 것은 현재 구약과 신약의 모든 책이다. … 이 모든 책은 하나님의 영감에 의하여 믿음과 생활의 규범으로 주어졌다.[107]

이전 대부분의 신앙고백서들이 사도신경의 구조를 따라 "신론"으로 시작한 것과 다르게 웨스트민스터 신앙고백서는 하나님께 대한 신앙을 전제로 성경 계시를 먼저 제시하면서 시작한다. 이는 '하나님과 그분에 대한 지식의 원천으로 오직 성경만을 따른다'는 강조이고, 웨스트민스터 신앙고백서조차도 하나님의 말씀인 성경 진리의 아래에 있음을 고백하는 아주 중요한 강조점이다.[108]

이에 대한 정장복의 평가는 아주 적절하다.

- "본 예배모범이 성경으로 돌아가야 한다는 개혁의 기본정신을 이어받아 성경에 나타난 예배에 가장 충실한 모습을 보이고 있다는 점이다. 로마 가톨릭의 예배나 당시의 영국교회의 예배가 구약의 제사를 위주로 했던 성전 예배에 가까운 인상을 주었다고 한다면 이 예배모범은 말씀을 중심으로 한 회당 예배의 성격을 가지고 있을 정도로 말씀과 기도와 시편송이 주종을 이루고 있어서 성경적 예배의 한 모델을 제시해 주고 있다고 하겠다."[109]

그러므로 웨스트민스터 신앙고백서에서 잘 드러나는 예배 원리에 관한 성경적 교훈의 견고함은 예배모범의 신학적 근원이라 하겠다.

- **제1장 성경** 6. 하나님 자신의 영광, 사람의 구원, 믿음, 그리고 생활에 필요한 모든 것과 관련한 하나님의 전체 경륜은 성경에 분명하게 기록되어 있거나, 또

한 적절하고 필연적인 논리적 귀결에 의하여 성경으로부터 추론될 수 있다. 그러나 성령의 새로운 계시에 의해서든지, 사람의 전통에 의해서든지, 어떤 것이라도 어느 때이건 성경에 추가되어서는 안 된다. … 하나님을 예배하는 것과 교회 정치에 관해서는, 사람의 활동이나 사회 공동체들과 공통되는 상황들이 일부 있는데, 이 상황들은 본성의 빛과 기독교적 분별에 의해서 정해야 함을 인정한다. 그런데 이것들은 항상 지켜야 하는 말씀의 일반 규범을 따라야 한다.[110]

- **제21장 경건한 예배와 안식일** 5. 경외심을 가지고 성경을 읽는 것, 말씀을 바르게 설교하는 것, 이해와 믿음과 경외함으로 하나님께 순종하는 가운데 그 말씀을 주의 깊게 듣는 것, 그리고 마음에 은혜를 담아 시편을 노래하는 것은, 또한 그리스도께서 제정하신 성례를 적절하게 시행하고 합당하게 받는 것과 같이, 과연 하나님께 대한 경건한 예배의 정규적인 요소들이다. 그 밖에 경건한 맹세, 서원, 엄숙한 금식, 경우에 따라 드리는 감사와 같은 것은 때와 기회가 있을 때 거룩하고 경건한 방식으로 실행되어야 한다.[111]

예배모범은 이전의 예식서가 예배의식을 강제하면서 실제적으로 예배의 근원인 하나님의 말씀을 무시했던 그릇된 점을[112] 극복하려 하였다. 그리고 목사들이 하나님의 말씀인 성경을 깊이 연구하여 그것에 따라 바르게 예배를 인도하고 성경의 진리를 참되게 설교함을 통해 성경이 예배의 중심에 굳게 설 수 있게 했다는 점에서 그 의의가 크다.[113] 이에 대해 서문이 밝히는 바를 다시금 상기하면 그 의미가 선명하다.

- 이 『예배 모범』에서 우리는 모든 규례에 있어서 하나님이 정하신 바들을 제시하려고 주의를 기울였다. 또한 다른 내용도 기독교적 분별의 법칙에 따라 제시하면서 하나님의 말씀에 담긴 일반 법칙에 일치하도록 노력했다. 이렇게 행하는

우리의 단 한 가지 의도는 공적 예배의 전반적인 항목들과 기도의 의미와 범위 그리고 다른 여러 부분들을 모든 사람이 알게 하고, 하나님께 드리는 예배와 의식의 본질을 담고 있는 그러한 것들에 모든 교회가 동의하게 하려는 것이다. 또한 이를 통해 목사들이 의식을 집행할 때 교리와 기도의 동일한 건전함을 유지하도록 이끌어주며, 필요할 경우 도움과 자료를 얻게 하려는 것이다.[114]

(2) 기도 강조

예배모범의 두 번째 특징은 역시나 칼빈의 견해와 일치하는데 기도에 대한 강조가 그것이다. "칼빈은 성도들에게 기도를 가르치지 않고서는 예배의 개혁은 일어나지 않는다고 보았다. 오늘날 칼빈의 가르침에 귀 기울이는 예배학자가 있다면 예배 예식과 형식을 넘어선 그 이상의 차원을 다룰 각오가 있어야 한다…다른 무엇보다 신령과 진정으로 하나님께 영광 돌리기를 소원하는 마음으로 불타야 한다."[115] 따라서 예배모범은 기도에 대하여 강조하면서 많은 분량을 통해 실제 예들을 제시한다.

- **3. 설교 전 공적 기도**   말씀을 읽은 다음, 설교하는 목사는 자신과 청중이 자신의 죄에 대해 올바르게 느낄 수 있도록 노력해야 한다. 그리하여 이들이 자신의 죄를 자각함으로 하나님 앞에서 매우 애통해하고, 예수 그리스도 안에 있는 하나님의 은혜에 굶주리고 목말라하며, 부끄러움과 거룩한 수치심을 깊이 느끼며 죄를 더욱 온전히 고백하면서 나아가야 한다. 그리고 이런 내용으로 주님께 아뢰어야 한다. "우리의 죄가 크다는 것을 고백해야 한다." … 이 모든 것에도 불구하고 우리는, 주 예수 그리스도 그분 자신과 우리의 아버지 우편에 계시는 그리스도께서 이루신 유일한 희생제물로서의 부요함과 온전한 충족으로 인해 그리고 그분의 만족과 중보로 인해, 우리의 기도가 은혜롭게 응답되리라는 소망으로 우리 자신을 격려하며 은혜의 보좌로 나아가야 한다. 새 언약 안에 있는 자비와

은혜에 대한 지극히 크고 귀중한 약속을 신뢰하면서, 바로 그 언약의 중보자를 통해, 우리가 피하거나 감당할 수 없는 하나님의 엄중한 진노와 저주에서 벗어나기를 구해야 한다. 또한 오직 우리의 유일한 구주이신 예수 그리스도의 쓰라린 고통과 귀중한 공로로, 우리의 모든 죄를 온전하고 완전하게 사하시는 자비를 베풀어 주시기를 겸손하고도 간절하게 간청해야 한다.[116]

- **5. 설교 후 기도**   설교가 끝나면, 목사의 기도는 다음과 같아야 한다. "우리에게 하나님의 아들 예수 그리스도를 보내주신 하나님의 위대하신 사랑에 대해, 성령 하나님의 교통하심에 대해 그리고 영광스러운 복음의 빛과 자유를 주심에 대해 감사해야 한다. 또한 복음에 계시된 풍성한 하늘의 복, 즉 선택과 소명과 양자됨과 칭의와 성화와 영광의 소망에 대해 감사해야 한다. 이 땅을 적그리스도의 흑암과 압제에서 구해주신 하나님의 놀라운 선하심과 모든 나라를 구원하심에 대해 감사해야 한다. 종교개혁과 언약과 많은 현세의 복을 감사해야 한다. 복음과 복음에 속한 모든 규례가 순결과 능력과 자유로움 가운데 계속 지속되기를, 설교의 핵심적이고 가장 유익한 주제들이 성도의 기원이 되기를, 설교가 성도의 마음에 머물러 열매를 맺게 해주시기를 기도해야 한다. 또한 죽음과 심판을 준비하며 우리 주 예수 그리스도의 오심을 위해 깨어있기를 기도해야 한다. 우리의 대제사장이시고 구주이신 예수 그리스도의 공로와 중보로 인해 거룩한 일들에 대한 우리의 부정을 용서하시고 우리의 영적 제사를 받아주시기를 하나님께 간구해야 한다."[117]

그러면서 이렇게 덧붙인다.

- 그리스도께서 제자들에게 가르치신 기도는 기도의 모본일 뿐 아니라 그 자체로 가장 포괄적인 기도이기 때문에, 우리는 이것을 교회의 기도로 사용하도록 권

장한다. 이에 반해 성례를 집행할 때나 공적 금식과 공적 감사일에 그리고 이 밖의 특별한 일이 있을 때는 특별한 기원과 감사의 내용으로 기도할 수 있다. 이때 우리의 공적 기도에 일부 내용을 담는 것이 필요한데(예를 들면 현재 웨스트민스터 총회와 해군 및 육군을 축복하시고, 왕과 의회와 왕국을 지켜주시기를 기도하는 것은 우리의 의무이다), 모든 목사는 이런 때에 설교 전후의 기도에서 이를 위해 기도해야 한다.[118]

이뿐 아니라 세례의 집례 후에도 이렇게 기도하도록 지침을 제시한다.

- **6. 성례의 집례 - 세례**   세례는 불필요하게 지연되어서 안 되며, 어떤 경우든 어떤 개인이 집례해서는 안 되고 하나님의 비밀을 맡은 종으로 불리는 그리스도의 목사가 집례해야 한다. … 이를 행한 후에, 세례 제정의 말씀과 함께 세례에 사용할 물을 영적 용도를 위해 거룩하게 해주시기를 기도해야 한다. 목사는 다음과 같이 기도해야 한다. "우리를 언약의 약속이 없는 외인처럼 버려두지 않으시고 주의 규례에 대한 특권을 누리도록 불러주신 주님이 이 시간에 주의 규례인 세례를 거룩하게 주시고 복 주시기를, 주님께서 물의 외적인 세례와 함께 성령 하나님의 내적인 세례를 베풀어 주시기를, 이 세례가 아이에게 양자 됨과 죄 사함과 중생과 영생 그리고 은혜 언약의 다른 모든 약속에 대한 인치심이 되게 하시기를, 아이가 그리스도의 죽음 및 부활과 같은 모양으로 연합한 자가 되기를 바라오며 또한 죄의 몸이 그 안에서 죽고, 평생을 새 생명 안에서 하나님을 섬기게 하여주시옵소서"라고 기도해야 한다. … 모든 회중이 성찬에 참여한 후, 목사는 몇 마디 말로 "이 성례를 통해 나타난 예수 그리스도 안에 있는 하나님의 은혜"를 이들의 마음에 새기게 하고 "이에 합당하게 행하라"고 권해야 한다. 목사는 하나님께 감사를 드리되, 하나님께서 성찬을 통해 이들에게 베푸신 풍성한 자비와 헤아릴 수 없는 선하심을 감사해야 한다. 또한 전체 예배 가운데 부

족한 부분을 용서해주시기를, 하나님의 선하신 성령님께서 은혜롭게 도우셔서 이들이 구원의 큰 증표들을 받은 자로서 은혜의 능력으로 행할 수 있게 하시기를 간구해야 한다.[119]

혼인 예식 후에도 이렇게 기도하도록 제시한다.

- **9. 혼인 예식**   모든 관계는 말씀과 기도로 거룩하게 되므로, 목사는 다음과 같은 취지로 이들에게 복을 주시기를 기도해야 한다. 우리의 죄로 말미암아 우리가 하나님의 모든 자비 가운데 가장 적은 자비도 받을 수 없으며, 하나님을 노하시게 하여 우리의 모든 위로를 누리지 못하게 되었음을 인정하면서, 그리스도의 이름으로 간절히 기도해야 한다. (주의 임재와 호의는 모든 상황에서 행복을 주고 모든 관계를 감미롭게 하므로) 주께서 이들의 분깃이 되어 주시기를, 이제 하나님의 언약인 고귀한 결혼 관계로 연합한 이들을 그리스도 안에서 소유로 삼으시고 받아주시기를 기도해야 한다. 또한 하나님의 섭리로 이들을 하나로 묶어주셨으므로, 그분의 성령님으로 이들을 거룩하게 하시고 이들에게 새로운 신분에 맞는 새로운 마음가짐을 주시기를, 이들에게 모든 은혜를 풍성하게 베푸셔서 결혼의 의무를 감당하고, 위로를 누리며, 근심을 견뎌내고, 결혼에 따라오는 유혹들을 그리스도인답게 이겨내게 해주시기를 기도해야 한다.[120]

이는 환자 심방 때도 마찬가지이다.

- **10. 환자 심방**   목사는 돌보도록 맡겨진 성도들을 공적으로만 아니라 사적으로도 가르칠 의무가 있다. 특히 목사는 자신의 시간과 힘과 개인적 안전이 허락하는 한 모든 적절한 때에 성도를 훈계하고 권면하며 꾸짖고 위로해야 한다. … 환자가 가장 차분하고 동요가 가장 적을 때, 그와 연관된 다른 필요한 일로 인해

방해를 가장 적게 받을 때, 환자가 원하면, 목사는 그와 함께 그를 위해 다음과 같은 취지로 기도한다. 원죄와 자범죄를 그리고 본질상 진노의 자녀로 태어나 비참한 상태에 있고 저주 아래 있음을 고백하며 슬퍼한다. 모든 질병과 아픔과 죽음 그리고 지옥 자체가 죄로 말미암은 문제이며 결과임을 인정한다. 그리스도의 피를 통해 환자를 위해 하나님의 자비를 간청한다. 하나님께서 그의 눈을 열어 자기 죄를 발견하게 하시고, 자기가 스스로는 망한 자임을 깨닫게 하시며, 하나님께서 그를 치신 이유를 알게 하시고, 예수 그리스도가 그의 영혼에 의와 생명이심을 보여 주시며, 그에게 성령 하나님을 주셔서 그리스도를 붙잡는 믿음을 창조하시고 강화하시며, 위안이 되는 하나님의 사랑의 증거를 그의 안에 일으키시고, 유혹을 이기도록 그를 무장시키시며, 그의 마음이 세상에서 벗어나게 하시고, 그가 당하는 현재의 고난을 거룩하게 하시며, 고난을 견뎌낼 인내와 힘을 주시고, 끝까지 믿음을 견지하게 해주시기를 간구한다.[121]

더불어 공적 금식의 때도 마찬가지로 기도하는 일에 중요함을 가르치며 이렇게 제안한다.

- **12. 공적 금식** 공적으로 모이기 전에 각 가정과 개인은 각자 사적으로 모든 경건한 관심을 기울여 이런 엄숙한 일에 대해 마음을 준비하고, 모임에 일찍 참여한다. 그날은 가능한 한 많은 시간을 그런 의무에 적합한 정서를 북돋는 시편을 찬송하면서 공적으로 성경을 낭독하고 설교하는 데 사용해야 한다. 특히 기도할 때는 다음과 같거나 이와 비슷한 취지로 기도한다. 창조주이시자 보존자이시며 온 세상의 최고의 통치자이신 위대하신 하나님께 영광을 돌리며, 이를 통해 우리가 하나님에 대해 거룩한 경외심과 두려움을 더욱 품게 되기를 기도한다. 하나님의 넓고 크고 사랑이 넘치는 자비하심이 특별히 교회와 국가 위에 가득하다는 것을 시인하며, 하나님 앞에서 우리의 마음이 더욱 적절하게 부드러

워지고 낮아지게 하시기를 기도한다. 갖가지 죄와 죄를 심화시키는 여러 가지 악을 겸손히 고백하고, 하나님이 우리의 죄에 비해 적은 심판을 내리시며 하나님의 의로우신 판단이 정당하다는 것을 인정한다. 그럼에도 우리 자신과 교회와 국가 그리고 우리의 왕과 모든 권세와 우리가 기도할 모든 이들을 위해 (지금 위급한 필요에 따라) 다른 때보다 더 끈질기고 광범위하게 하나님께 간구한다. 두렵게 느껴지거나 마땅히 받을 악의 공격으로부터 구해주시고 용서하시며 도와주시기를 위해, 그리고 우리가 필요하고 기대하는 복을 얻기 위해 하나님의 약속과 선하심을 믿음으로 적용하게 하시고, 이와 함께 우리가 하나님께 전적으로 영원히 헌신하게 해주시기를 기도한다.[122]

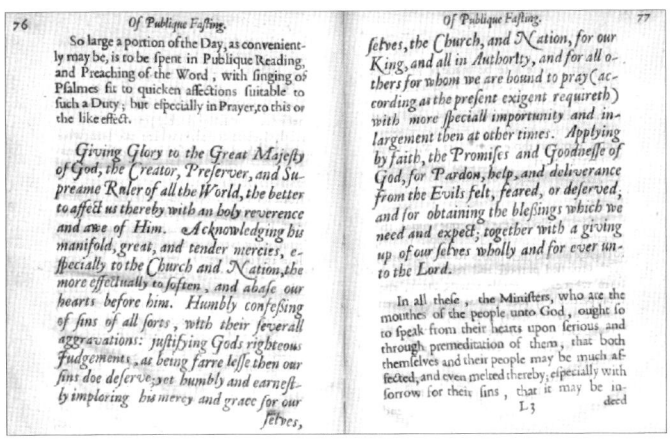

공적 금식 때의 기노문

예배모범이 제시하는 기도의 모범에 대한 B. B. 워필드의 격찬은 성경적인 기도에 있어서 예배모범이 얼마나 탁월하게 제시하였는지를 재확인하게 한다. "예배모범이 제시하는 기도 모범의 예는 눈에 띄게 알차면서도 장황함과는 거리가 멀고, 집약적이면서도 풍부하다. 여러 면에서 예배모범 이전에 존재했던 최고의 기도 모범을 떠올리지 않을 수 없게 만든다."[123]

이러한 예배모범의 기도에 대한 강조는 이후에 작성된 대요리문답에서 더 풍부하게 다루어진다. 대요리문답은 제178문부터 마지막 문인 제196문까지 기도에 대해 아주 중요하게 다룸으로써, 신자의 삶이야말로 하나님께 의탁하고 붙들리는 기도와 동행하는 것임을 드러낸다.

- **대요리문답 제178문답. 기도란 무엇입니까?**
  - 기도는 그리스도의 이름으로 성령님의 도우심에 의해 우리의 소원을 하나님께 올리는 것인데, 우리 죄를 자백하며 그분의 긍휼하심을 감사히 인정하면서 드리는 것입니다.[124]

- **대요리문답 제180문답. 그리스도의 이름으로 기도한다는 것은 무슨 뜻입니까?**
  - 그리스도의 이름으로 기도한다는 것은 그분의 명령에 순종하고, 그분의 약속을 신뢰하는 가운데, 그분 때문에 긍휼을 간구한다는 뜻입니다. 이것은 단순히 그분의 이름을 말하는 것이 아니고, 기도할 때 그리스도와 그분의 중보 사역에서 우리가 기도할 용기와 담대함과 힘과 응답에 대한 소망을 얻는 것입니다.[125]

- **대요리문답 제182문답. 성령 하나님께서는 어떻게 우리의 기도를 도우십니까?**
  - 우리가 마땅히 기도할 바를 알지 못하기 때문에 성령 하나님께서는 우리가 누구를 위하여, 무엇을 위하여, 어떻게 기도해야 하는지를 깨닫게 하심으로 우리의 연약함을 도우십니다. 성령 하나님께서는 (비록 모든 사람에게 어느 때나 같은 분량으로는 아닐지라도) 우리 마음 가운데 역사하셔서, 기도의 의무를 바르게 이행하는 데 필요한 이해와 열정과 은혜를 일으키심으로써 우리를 도와주십니다.[126]

- 대요리문답 제186문답. 하나님께서 기도의 의무에 대해 우리에게 지침으로 주신 규범은 무엇입니까?
    - 하나님의 말씀 전체가 기도의 의무에 대한 지침으로 유용하지만, 기도에 대한 특별한 지침은 우리 구주 그리스도께서 자신의 제자들에게 가르치신 기도의 양식인데, 보통 '주님의 기도'라고 부릅니다.[127]

- 대요리문답 제196문답. '주님의 기도'의 결론이 우리에게 가르치는 것은 무엇입니까?
    - "나라와 권세와 영광이 아버지께 영원히 있사옵나이다"라는 '주님의 기도'의 결론은 우리는 우리 자신이나 다른 어떤 피조물 안에 있는 어떤 합당함에 근거하지 않고, 오직 하나님에게서만 나온 근거로 우리의 간구를 강화할 것을 가르칩니다. 또한 오직 하나님께만 영원한 주권과 전능과 영화로운 탁월성을 돌리는 찬양과 함께 드리는 기도로 우리의 간구를 강화할 것을 가르칩니다. 그리고 이런 가르침을 고려할 때, 하나님께서 우리를 도우실 수 있고, 또 돕고자 하시기 때문에, 우리는 우리의 요청을 이루어 주시기를 믿음으로 담대히 호소하며, 우리의 요청을 이루실 하나님을 잠잠히 신뢰할 수 있습니다. 이것이 우리의 원하는 바이며 확신임을 증언하기 위하여 우리는 이렇게 말합니다. "아멘."[128]

대요리문답이 그 내용을 잘 설명하듯이 예배모범은 예배 가운데 드려야 하는 기도의 참된 모범을 제시한 전형(典刑)이라고 격찬받을 만하다. 이는 이전의 라우드의 예식서가 강요한 기도문과 비교할 때 예배모범의 기도에 대한 신학적인 이해와 내용이 참으로 풍성하기 때문이다.

- 기도의 내용 구성이 뚜렷하지 않은 상태에서 기도서를 부담 없이 예배 예식에서 읽고 있던 그 당시의 실정에서 기도의 참된 모습을 보여주었다는 데 또 하나의 가치를 부여하고 싶다. 결국 이 예배모범에서 기도란 찬양, 감사, 고백, 간구 그리고 중보의 내용을 담아야 한다는 점을 보여줌으로써, 비로소 신실한 기도의 내실을 갖추게 되었다.[129]

그러므로 이 예배모범의 신학적 특징을 정리하면, 하나님의 말씀이요 진리인 성경을 중심으로 하고 그에 더하여 성도가 하나님께 붙들리는 경건의 모습인 기도를 강조함으로써, 명실공히 바른 예배를 세우고자 하였던 최고의 노력이었다고 할 수 있다.[130] 이는 웨스트민스터 신앙고백서에 잘 드러나는 예배를 위한 강조와도 일치한다.

다음은 국가 통치자가 어떻게 행해야 하고, 그런 통치자를 위해 국민들은 어떻게 행해야 하는가를 신학적으로 교훈하는 내용이다. 이를 통해, 웨스트민스터 총회원들이 국가 통치와 국민의 삶에서도 기도가 얼마나 중요한가를 강조하고 있음을 알 수 있다.

- **제23장 국가 통치자**   3. 국가 통치자는 말씀과 성례의 시행, 또는 천국 열쇠의 권세를 자신의 것으로 삼아서는 안 된다. 그럼에도 일치와 평화가 교회 안에서 유지되도록, 하나님의 진리가 순전히 그리고 온전히 보존되도록, 신성모독을 하는 모든 자와 이단들이 억제되도록, 예배와 권징에 있어서 온갖 부패와 오용들이 방지되거나 개혁되도록, 그리고 하나님의 모든 규례가 적절히 제정되고 시행되며 지켜지도록 조치를 취할 권한이 있으며, 이것은 그의 의무이다. … 4. 통치자들을 위해 기도하고, 이들의 신분을 존중하며, 이들에게 조세와 기타 세금을 내고, 이들의 합법적 명령에 순종하며, 이들의 권위에 복종하는 것은 양심을 따라 행할 국민의 의무이다.[131]

따라서 예배모범에 대한 다음 평가는, 웨스트민스터 총회원들이 가장 우선되게 작성한 예배모범의 가치와 귀중함에 대해 우리에게 선명하게 각인한다.

- 참된 예배는 진리 안에서 드려져야 한다. 개혁파적 예배 이해는 바로 이 점에 가장 큰 강조점을 둔 이해라고 할 수 있다. 그래서 개혁파 선배들이 진리로 받아들인 "하나님의 말씀인 성경"에 보증이 있는 예배의 요소들만을 사용하고, 성경적 근거가 없는 것들은 모두 제거하고서 삼위일체 하나님께 경배하려고 한 것이다. … 웨스트민스터 예배모범은 공예배의 요소들을 묘사하고 교회의 공예배를 위한 순서와 진행 방법에 대한 제안을 하고 있다. 그것은 의무적인 강요가 아니라 예배에 대해 성경이 말하는 풍부한 것들을 표현하는 모델로서 제시된 것이다. … 개혁파 교회에서는 기록된 하나님의 말씀을 봉독하고 듣고 설명하여 주는 일이 예배의 중심을 차지하는 것이다. 그리고 예배도 성경으로부터 온 요소들만으로 조직하여 드리는 것이다.[132]

380여 년 전에 예배모범이 작성된 의미와 그 가치를 깊이 성찰한 B. B. 워필드는 그 귀중함에 대해 극찬하기를 아끼지 않았다. 이를 통해 예배를 바로 세우고자 하는 일이 얼마나 귀중한지에 대해 되새긴다.

- 잉글랜드교회의 새로운 교회 전치를 수립하여 그것을 스코틀랜드 교회에 이미 확립된 교회 정치와 조화롭게 만드는 일과 함께, 웨스트민스터 총회에 맡겨진 가장 시급한 임무는 이제 폐지되어야 할 『공동 기도서』(註.라우드의 예식서)를 대체할 새로운 예배 형식을 준비하는 것이었다. 이를 통해 잉글랜드교회의 예배 형식이 "가장 모범적인 개혁교회들의 예"에 적합해야 했다.… 따라서 모든 사람이 받아들일 수 있는 예배 양식을 마련하는 작업은 비교적 빠르게 진행되었고, 잉글랜드, 스코틀랜드, 아일랜드 세 왕국 전역의 공적 예배모범 전체가 1644년

말까지 의회에 제출되었다.… 웨스트민스터 예배모범이 제정된 이후로 많은 시간이 흐른 시점이기에 예배모범을 냉정하게 검토할 수 있게 되었다. 실제로 그렇게 검토해 본 결과 예배모범은 관련 사안을 훌륭하게 정리한 문서로 평가받기에 손색이 없다. 위대한 교회의 공중 예배를 위한 모범이기에 그 기조와 결과물이 매한가지로 적합하다. 예배모범이 세세한 규정 하나하나에 매여있지 않다는 점과 성경에서 구체적으로 밝힌 명령에 중점을 두고 있다는 점에 주목할 만하다. 예배모범에 깔린 전반적인 어조는 고결하고 신령하다. 하나님께서 받으실 만한 예배에 대한 예배모범의 이해는 겉치레 없이 절제되어 있으면서도 동시에 깊고 짙다. 예배모범이 제시하는 기도 모범의 예는 눈에 띄게 알차면서도 장황함과는 거리가 멀고, 집약적이면서도 풍부하다. 여러 면에서 예배 모범 이전에 존재했던 최고의 기도 모범을 떠올리지 않을 수 없게 만든다. 또한 예배모범은 교회의 공중 예배와 관련된 사안 중에서 하나님의 말씀을 읽고 전하는 직무에 무게중심을 둔다는 점에서 두드러진다. 예배모범은 공중 예배의 여러 구성요소 가운데 이 두 직무를 확실한 자리, 그것도 독보적인 자리에 올려놓는다. 즉 이 두 직무가 모든 신앙의 뿌리로서 모든 예배의 가장 본질적 표현인 하나님에 대한 의존성과 복종심을 끌어내고 표현하는 데 있어 각별한 역할을 한다고 주장한다. 그렇기에 예배 모범은 교회 공적 예배의 절차에서 하나님의 말씀을 방편 즉 은혜의 방편으로 인식해야 할 정당한 근거를 제시한다. 예배모범은 목사가 회중을 기도로 인도하고 회중에 적합한 성례식을 집례하는 직무를 성공적으로 수행하는 여부만큼이나 또한 목사가 하나님의 말씀을 봉독하고 전하는 직무를 제대로 수행하는 여부에 상당한 관심을 할애한다. 설교에 대한 모범은 그 자체로 완전한 설교 논문이나 다름없다. 설교에 대한 모범은 꾸밈없는 실천적인 가르침과 아울러 그 안에 담긴 심오하고 신령한 지혜로 말미암아 두드러진다. 설교에 대한 모범은 또한 진실한 경건한 음성과 진리와 그 진리로 구속될 모든 영혼을 위한 열정이 어우러져 있다.[133]

이러한 예배모범의 존귀한 가치는 워필드뿐 아니라 예배 연구를 평생 했던 한 신학자에게, 동일한 찬사와 함께 한국교회에 대한 애타는 권면을 쏟아내게 했다. 참으로 귀 기울여야 하는 권면이다.

- 결국 오늘도 우리의 한국 장로교회들은, 바로 그 교회가 갖은 희생을 치르고 이룩한 웨스트민스터 예배모범을 따라 예배하고 있으며 그들의 교회 정치와 신앙고백을 따라 교회의 조직과 치리를 하고 신앙의 골격을 형성하고 있는 것이다. … 그러하기에 우리의 교회는 새롭게 눈을 뜨고 "신령과 진정으로 예배하라"는 주님의 말씀에 다시 한 번 귀를 기울여야 할 것이다. 그리고 이 말씀을 보다 더 성실히 따르기 위해서 땀과 피를 흘리며 그렇게 소중히 지켜왔던 이 웨스트민스터 예배모범을 한 번쯤 가슴에 품고 깊이 음미해 보아야 할 것이다.[134]

그렇다. 오늘도 하나님께서는 당신의 교회를 당신의 말씀으로 다스리신다. 그러하기에 하나님께 드리는 공적 예배에서 하나님의 말씀이 바르게 선포되는 설교의 회복과 그 은혜에 감사하여 온 마음과 정성으로 드리는 예배의 모습이 회복되지 않고는 교회의 진정한 영적 성숙은 기대할 수 없다.

한국 장로교회는 이 예배모범을 계승하여 예배의 정신과 원리를 세운다.[135] 그러기에 교회의 참된 개혁과 갱신을 바라는 교회라면, 반드시 신앙고백 바탕 위에 세워진 예배모범에서 종교개혁자들과 청교도들의 지혜와 경건을 본받아야 할 것이다.[136] 예배모범이라는 귀한 선물을 역사 가운데 주신 주님을 찬양한다.

제3장. 웨스트민스터 예배모범

1) 2025년 현재 국내에 번역소개된 웨스트민스터 예배모범과 관련된 책은 박윤선, 『헌법 주석: 정치·예배모범』(서울: 영음사, 1997. 개정판 2025); 토마스 레쉬만 『웨스트민스터 예배 모범』 정장복 역 (서울: 예배와 설교 아카데미, 2002); 리차드 R 멀러, 로우랜드 S. 와드 『웨스트민스터 총회의 실천』 곽계일 역 (서울: 개혁주의신학사, 2014); 손재익, 『특강 예배 모범』 (서울: 흑곰북스, 2018) 등과 각 교단에서 발간한 예식서들이 있다.
2) John R.Witt, *Jus Divinum:The Westminster Assembly&the Divine Right of Church Government*, 24-31."The Episcopalians... Erastian... Independents...Presbyterians."
3) Mitchell. F Alexander. *The Westminster Assembly: Its History and Standards*, 246-269. 여기에 당시 논쟁과 결과물들에 대한 설명이 잘 기록되어 있다.
4) William Laud의 『예식서』 일명 Laud's Liturgy는 『공동 기도서』(The Book of Common Prayer, 1637)라고도 불린다. 참조. "The Liturgy or The Book of Common Prayer and Administration of the Sacraments and other parts of Divine Service for the use of the Church of Scotland was published at Edinburgh in 1637." https://www.thereformation.info/lauds-liturgy/
5) John R.Witt, *Jus Divinum:The Westminster Assembly&the Divine Right of Church Government*, 27. 이 독립파 지지자들은 Thomas Goodwin, Phillip Nye, Sidrach Simpson, Jeremiah Burroughs, William Bridge 다섯명이었다. 이들은 워낙 주장을 강력하게 하여 '반대하는 형제들(dissenting brethren)'이라고 불렸다.
6) 고신총회 헌법해설집 발간위원회, 『헌법 해설』 (서울:대한예수교장로회 고신총회출판국,2013). 11. "예배지침 해설"의 각주에 이러한 설명이 달려 있다. "웨스트민스터 회의 대의원들은 하나님께 드리는 예배를 최우선 순위에 두었다. 찰스1세가 1636년 존 낙스의 예식서 사용을 금지시키고 교회의 수장이 왕으로 되어 있는 영국국교회 예식서를 사용하도록 강요할 때 언약파 교도들이 생명을 걸고 일어나 왕당파와 싸워 승리함으로 바른 예배를 드리기 위해서 종교회의를 요청했다. 웨스트민스터 총회가 1643년에 개회하고 제일 먼저 제정한 것이 1644년에 예배지침이고, 1645년에 교회정치, 1647년에 신앙고백을 차례로 제정하게 되었다. 올바른 예배를 위해서 올바른 신앙고백이 필요하고, 올바른 예배를 보호하기 위해서 정치와 권장이 필요했던 것이다...1644년에 제정한 웨스트민스터 예배지침에는 예배순서보다 그 내용에 비중이 실려 있다. 그 내용의 제목을 보면 1.공(公,public) 예배의 모임과 공예배에서의 자세 2.공예배에서의 성경봉독 3.설교 전의 공기도 4.말씀선포 5.말씀선포 후 기도 6.성례전 7.주일성수 8.결혼서약 9.환자 심방에 관하여 10.장례에 관하여 11.공적 금식에 관하여 12.공적 감사일에 관하여 13.시편 찬송에 관하여 14.부록으로 공예배를 드리는 일시와 장소의 제목으로 되어 있다...올바른 예배는 올바른 신앙고백 위에서만 가능하다. 개정된 예배지침은 웨스트민스터 신앙고백서와 대소교리문답에 거듭 강조되어 있는 언약 신앙에 근거하여 '언약적 예배 의식'을 제정하려고 했다. 언약적 예배는 일방적이지 않고 자유분방하지 않다. 하나님께로부터 오는 문안, 말씀, 언약의 율법, 사죄, 축복선언 등의 요소와, 회중이 드리는 예배의 부름, 찬송, 참회, 신앙고백 등의 요소가 교차적으로 기여하면서 예배가 진행된다."

7) 정장복, "웨스트민스터 예배모범의 형성 과정과 그 내용에 관한 분석"「장로교회와 신학」제2호 (2005, 199-238), 199-201. "이 예배모범을 통하여 장로교를 중심으로 한 개혁교회는 로마 가톨릭이나 영국교회(The Church of England)의 미사(Mass)의 그늘에서 벗어나 초대교회가 말씀 중심으로 가졌던 예배의 맥을 회복하는 기틀을 마련하게 되었던 것이다. 이 예배모범은 어느 개혁가의 개인적인 신학사상이나 예배현장의 산물이 아니라 교회역사의 중요한 신조들처럼 웨스트민스터 성 총회(Westminster Assembly of Divine)에서 공식으로 통과된 역사적인 권위를 확보하고 있다…개혁교회의 진정한 탄생은 삼위일 하나님을 어떻게 믿느냐는 교리적인 싸움보다 하나님을 어떻게 예배할 것인가의 문제에서 비롯된 것이며, 그 개혁의 결실은 바로 예배의 혁신에서 찾아볼 수 있다. 이러한 실례는 웨스트민스터 회의의 첫 열매가 바로 예배모범이었다는 사실에서 뚜렷이 입증되고 있다."

8) Richard A. Muller & Rowland S. Ward. "The Directory for publich worship" *Scripture and Worship: Biblical Interpretation and the Directory for Worship*, 88. "웨스트민스터 예배모범"「웨스트민스터 총회의 실천」, 164. 각주10.에 필립 샤프(The Creeds of christiandom, 1:712)의 윌리암 라우드William Laud(註. 한국어로 "로드"라고 번역하기도 한다)에 대한 평가가 있다. "로드는 단신에다 소심한 자이나, 의지와 추진력이 강하고, 그 성정은 불같이 급한 사람이었다. 무례한 태도로 인해 사람들 사이에서 평판이 좋지 않았고, 사람의 마음을 헤아리지 않았다. 열렬한 예식주의자로서 피곤할 정도로 규칙을 따지고 드는 고압적인 태도를 지닌 사제였다…그는 모든 종교예식마다 일률적으로 통일된 형식을 적용해 자기 마음에 드는 대로 제정하는 일에 가장 큰 열의를 보였다. 개개인이 지닌 양심이나 판단의 권리는 신경쓰지 않았다. 그의 종교적 XY좌표는 고교회 주교제와 아르미니우스주의에 의해 형성되었는데, 이 좌표는 그가 사랑하고 흠모해 마지않던 로마에 가장 가깝고, 그가 그토록 혐오했던 제네바에서 가장 멀었다." 이하에서 Rowland S. Ward. "웨스트민스터 예배모범":The Directory for Public Worship으로 표기한다.

9) Alexander. F. Mitchell. *The Westminster Assembly*, 213. "The divines, however, were far more at one with respect to the worship than with respect to the government of the Church. What ever may have been their theoretical views of the lawfulness of strictly imposed forms or of liturgies leaving room for free prayer, all were prepared, in the interests of peace and Christian union, 'to lay aside the former liturgy ' with the many burden some rites and ceremonies that had previously been imposed, and in place of a 'formed' liturgy to content themselves with a simple Directory as a guide and help to the minister in the various parts of the public worship."

10) 「스코틀랜드 종교개혁사」, 268-269. "총회에 초대받은 잉글랜드 목회자들의 성향을 분석하면 주교제 지지파, 장로교파, 독립교회파, 에라투스주의자들로 구분된다." 전체 151명의 총회원 가운데 교회정치에 대한 네가지 입장인 감독정치와 장로교정치, 독립교회정치 그리고 소수의 에라스투스정치가 그것이다.

11) Alexander. F. Mitchell. *The Westminster Assembly*, 213. "The divines, however, were far more at one with respect to the worship than with respect to the government of the Church."

12) Rowland S. Ward. "웨스트민스터 예배모범", 166; "*The Directory for Public Worship*", 90. "토마스 영Thomas Young이 스코틀랜드 장로교회 목사의 아들로 자랐다(the son of scottish manse)는 점을 고려하면, 웨스트민스터 예배 모범의 제정에 미친 스코틀랜드 측의 영향력은 상당했다고 볼 수 있다. 실제로 웨스트민스터 예배 모범은 스코틀랜드 공동 예식서(1564)와 매우 비슷한 구성을 취하게 되었다." 각주 14번에는 다음 책이 거듭 소개된다. Alexander Henderson, The Government and Order of the Church of Scotland (Edinburgh,1841)

13) Thomas Leishman 「웨스트민스터 예배모범」 정장복 역 (서울:예배와 설교 아카데미, 2002), 14.

14) Rowland S. Ward. "웨스트민스터 예배모범", 164; "*The Directory for Public Worship*", 89. footnote 10. *Ladesium Autokatakrisi, the Canteburians Self-Conviction* (Edinburgh, April 1640), Note Also A

Parallel or Brief Comparison of the Liturgie with the Mass-book...(London: Thomas Paine, 1641).

15) Rowland S. Ward. "웨스트민스터 예배모범", 166. 다른 자료에 따르면 이 책은 존 녹스의 예배서(The Liturgy of John Knox: Received by the Church of Scotland in 1564)라고 한다. In 1564, The Liturgy of John Knox replaced the Second Book of Edward VI, otherwise known as the 1552 edition of the Book of Common Prayer, as the uniform prayer book for the Reformed Church of Scotland.
참조.Alan C. Clifford, THE WESTMINSTER DIRECTORY OF PUBLIC WORSHIP(1645) Westminster Conference in London,1989. "These included the various Puritan editions of the BCP and other similar substitutes, together with an abridgment of Calvin's Form of Prayers for the Church and its Knoxian derivative, The Book of Common Order.31 However, the Assembly preferred to issue a work of its own composition."

16) 『웨스트민스터 표준문서』 대한예수교장로회(합신) 총회 신학연구위원회 번역(서울: 영음사, 2024), 예배모범 목차 The Preface 1.Of the Assembling of the Congregation 2.Of Publick Reading of the Holy Scriptures 3.Of Publick Prayer before the Sermon 4.Of Preaching of the Word 5.Of Prayer after Sermon 6.Of the Sacrament of Baptism 7.Of the Sacrament of the Lord's Supper 8.Of the Sanctification of the Lord's Day 9.Of the Solemnization of Marriage 10.Of the Visitation of the Sick 11.Of the Burial of the Dead 12.Of Publick Solemn Fasting 13.Of the Observation of Days of Publick Thanksgiving 14.Of Singing of Psalms. An Appendix touching Days and Places of Publick Worship.
https://issuu.com/nashotahlibrary/docs/directory_for_publique_worship_1644_complete_opti 1644년판이다. 현대영어로 번역된 예배모범은 "An ACT of the PARLIAMENT of the KINGDOM of SCOTLAND, approving and establishing the DIRECTORY for Publick Worship. AT EDINBURGH, February 6, 1645."이다. https://thewestminsterstandard.org/directory-for-the-publick-worship-of-god/

17) 『웨스트민스터 표준문서』, 286. 예배모범 제2장.
18) 『웨스트민스터 표준문서』, 292. 예배모범 제3장.
19) Rowland S. Ward. "웨스트민스터 예배모범", 177; "The Directory for Public Worship", 96. "스코틀랜드 교회의 경우에 웨스트민스터 예배모범은 일언의 반대도 없이 다음과 같은 요구사항과 함께 1645년 2월 3일에 공인되었다. "예배모범에 드러난 명백한 취지와 그 의미 그리고 서문에서 밝히고 있는 목적대로 이 예배모범의 해당 대상이 되는 스코틀랜드의 목사와 관련자들은 그 지침을 신중하고 일관되게 실천해야 한다.""
20) Rowland S. Ward. "웨스트민스터 예배모범", 167; "The Directory for Public Worship", 91.
21) Rowland S. Ward. "웨스트민스터 예배모범", 167-168; "The Directory for Public Worship", 91.
22) 웨스트민스터 총회 『웨스트민스터 총회의 문서들』 정성호 역 (서울:개혁주의성경연구소,2018), 249-250. 잉글랜드 의회의 포고령 - 1644년 (註.1644년에 작성되었으나 1645년에 출판되어 1645년판이라고 함) 1월 3일 금요일. 공동 예식서를 폐지하고 그러고 나서 공예배 지침서를 제정하여 실시하기 위한 의회의 포고령. "의회에 모인 상원과 하원은, 본 왕국의 공동 예식서 때문에 일어났던 여러 가지 불편한 것을 진지하게 생각하고 나서, 그들의 언약에 따라 종교를 '하나님의 말씀'과 '가장 잘 개혁된 교회의 모범'에 맞게 개혁하기로 결의하면서, 그런 목적으로 소집된 '존경할 만하고, 경건하며, 게다가 학문이 있는 성직자들'에게 조언을 구하였다. 그리하여 상술한 공동 예식서는 폐지되고, 이 포고령에서 뒤에 기술한 공예배 지침서가 제정되어 본 왕국 안에 있는 모든 교회에서 준수되어야 하는 일이 필요하다고 진실로 최종적으로 결정하노라...더 나아가 지금부터는, '잉글랜드 왕국과 웨일즈 자치령 내에 있는 어떤 교회나 예배당이나 공적인 예배장소'에서도, 상술한 공동 예식서가 여전히 그대로 있거나 사용되어서는 안 되고, 반면에 앞으로는, '잉글랜드 왕국과 웨일즈 자치령 내의 모든 회집과 교회와

예배당과 공적인 예배장소'에서 거행되는 모든 공적인 예배 의식에서, 여기에서 제시된 공예배 지침서를 이 포고령의 진정한 의도와 목적에 따라 사용하고 따르며 그리고 준수해야 한다."

23) 『웨스트민스터 표준문서』, 283. 예배모범. THE PREFACE....Upon these, and many the like weighty considerations in reference to the whole book in general, and because of divers particulars contained in it; not from any love to novelty, or intention to disparage our first reformers, (of whom we are persuaded, that, were they now alive, they would join with us in this work, and whom we acknowledge as excellent instruments, raised by God, to begin the purging and building of his house, and desire they may be had of us and posterity in everlasting remembrance, with thankfulness and honour,) but that we may in some measure answer the gracious providence of God, which at this time calleth upon us for further reformation, and may satisfy our own consciences, and answer the expectation of other reformed churches, and the desires of many of the godly among ourselves, and withal give some publick testimony of our endeavours for uniformity in divine worship, which we have promised in our Solemn League and Covenant; we have, after earnest and frequent calling upon the name of God, and after much consultation, not with flesh and blood, but with his holy word, resolved to lay aside the former Liturgy, with the many rites and ceremonies formerly used in the worship of God; and have agreed upon this following Directory for all the parts of publick worship, at ordinary and extraordinary times.

24) Thomas Leishman, 『웨스트민스터 예배모범』, 19.

25) Mitchell. F Alexander. *The Westminster Assembly: Its History and Standards*, 220-221. "He deprecated a too strait imposition even of a Directory, holding that the more straitly it is imposed, it will the more breed scruples and create controversies which wise men should do well to prevent,and the rather lest we cross the principles of the good old Nonconformists by too strait impositions of things in their own nature indifferent, such as many (though not all) be in the Directory."; Robert Baillie, The Letters and Journals, vol. II, 505-506에서 재인용.

26) 『웨스트민스터 총회의 문서들』, 251.

27) 『웨스트민스터 표준문서』 예배모범, 281. 여기서 언급되는 『공동 기도서 the Book of Common Prayer』는 라우드가 작성한 『예식서 Liturgy』(1637)와는 내용이 전혀 다른 것으로, 종교개혁 정신을 담은 토마스 크랜머의 『공동 기도서 the 1549 Book of Common Prayer』(1549, first Book of Common Prayer of Thomas Cranmer)와 에드워즈 6세가 발간한 『공동 기도서 the 1552 Book of Common Prayer』(1552, the Second Prayer Book of Edward VI)를 말한다. 일반적으로 이를 대문자로 "the BCP"라고 부른다. 참조. Alan C. Clifford, *THE WESTMINSTER DIRECTORY OF PUBLIC WORSHIP*(1645) Westminster Conference in London, 1989.

28) 『웨스트민스터 표준문서』, 281. 예배모범 THE PREFACE...IN the beginning of the blessed Reformation, our wise and pious ancestors took care to set forth an order for redress of many things, which they then, by the word, discovered to be vain erroneous, superstitious, and idolatrous, in the publick worship of God. This occasioned many godly and learned men to rejoice much in the Book of Common Prayer, at that time set forth; because the mass, and the rest of the Latin service being removed, the publick worship was celebrated in our own tongue: many of the common people also receive benefit by hearing the scriptures read in their own language, which formerly were unto them as a book that is sealed...Howbeit, long and sad experience hath made it manifest, that the Liturgy used in the Church of England, (notwithstanding all the pains and religious intentions of

	the Compilers of it,) hath proved an offence, not only to many of the godly at home, but also to the reformed Churches abroad.
29)	『웨스트민스터 표준문서』, 281-282. 예배모범 THE PREFACE ... Howbeit, long and sad experience hath made it manifest, that the Liturgy used in the Church of England, (notwithstanding all the pains and religious intentions of the Compilers of it,) hath proved an offence, not only to many of the godly at home, but also to the reformed Churches abroad. For, not to speak of urging the reading of all the prayers, which very greatly increased the burden of it, the many unprofitable and burdensome ceremonies contained in it have occasioned much mischief, as well by disquieting the consciences of many godly ministers and people, who could not yield unto them, as by depriving them of the ordinances of God, which they might not enjoy without conforming or subscribing to those ceremonies. Sundry good Christians have been, by means thereof, kept from the Lord's table; and divers able and faithful ministers debarred from the exercise of their ministry, (to the endangering of many thousand souls, in a time of such scarcity of faithful pastors,) and spoiled of their livelihood, to the undoing of them and their families. 이미 앞에서도 다루었지만 이 예식서는 라우드가 작성하여 교회에게 강요한 예식서(1637, Laud's Liturgy)인데 『공동 기도서』(the Book of Common Prayer, 1637)라 불리기도 해서 혼동된다. 주의해야 한다.
30)	The Directory for Public Worship(known in Scotland as the Westminster Directory) is a liturgical manual produced by the Westminster Assembly in 1644 to replace the Book of Common Prayer(1637).
31)	『웨스트민스터 표준문서』, 283-284. 예배모범 THE PREFACE...we have, after earnest and frequent calling upon the name of God, and after much consultation, not with flesh and blood, but with his holy word, resolved to lay aside the former Liturgy, with the many rites and ceremonies formerly used in the worship of God; and have agreed upon this following Directory for all the parts of publick worship, at ordinary and extraordinary times. Wherein our care hath been to hold forth such things as are of divine institution in every ordinance; and other things we have endeavoured to set forth according to the rules of Christian prudence, agreeable to the general rules of the word of God; our meaning therein being only, that the general heads, the sense and scope of the prayers, and other parts of publick worship, being known to all, there may be a consent of all the churches in those things that contain the substance of the service and worship of God; and the ministers may be hereby directed, in their administrations, to keep like soundness in doctrine and prayer, and may, if need be, have some help and furniture, and yet so as they become not hereby slothful and negligent in stirring up the gifts of Christ in them; but that each one, by meditation, by taking heed to himself, and the flock of God committed to him, and by wise observing the ways of Divine Providence, may be careful to furnish his heart and tongue with further or other materials of prayer and exhortation, as shall be needful upon all occasions.
32)	"웨스트민스터 예배모범의 형성 과정과 그 내용에 관한 분석", 212.
33)	『웨스트민스터 표준문서』, 281. 예배모범 THE PREFACE...Howbeit, long and sad experience hath made it manifest, that the Liturgy used in the Church of England, (notwithstanding all the pains and religious intentions of the Compilers of it,) hath proved an offence, not only to many of the godly at home, but also to the reformed Churches abroad. For, not to speak of urging the reading of all the prayers, which very greatly increased the burden of it, the many unprofitable and

burdensome ceremonies contained in it have occasioned much mischief, as well by disquieting the consciences of many godly ministers and people, who could not yield unto them, as by depriving them of the ordinances of God, which they might not enjoy without conforming or subscribing to those ceremonies.
예배모범 Directory of Public Worship(1645)의 현대영어는 https://thewestminsterstandard.org/directory-for-the-publick-worship-of-god/에서 인용한다.

34) Rowland S. Ward. "웨스트민스터 예배모범", 163; "*The Directory for Public Worship*", 88. 라우드는 찰스 1세의 교회 정책을 시행하던 최고위 성직자였다.

35) William Laud의 『예식서』(Laud's Liturgy)는 『공동 기도서 the Book of Common Prayer』(1637)라고도 불리운다. 참조. "The Liturgy or The Book of Common Prayer and Administration of the Sacraments and other parts of Divine Service for the use of the Church of Scotland was published at Edinburgh in 1637." https://www.thereformation.info/lauds-liturgy/

36) 『웨스트민스터 표준문서』, 281. 예배모범 THE PREFACE...Prelates, and their faction, have laboured to raise the estimation of it to such a height, as if there were no other worship, or way of worship of God, amongst us, but only the Service-book; to the great hinderance of the preaching of the word, and (in some places, especially of late) to the justling of it out as unnecessary, or at best, as far inferior to the reading of common prayer; which was made no better than an idol by many ignorant and superstitious people, who, pleasing themselves in their presence at that service, and their lip-labour in bearing a part in it, have thereby hardened themselves in their ignorance and carelessness of saving knowledge and true piety.... it hath been (and ever would be, if continued) a matter of endless strife and contention in the Church, and a snare both to many godly and faithful ministers, who have been persecuted and silenced upon that occasion, and to others of hopeful parts.

37) "웨스트민스터 예배모범의 형성 과정과 그 내용에 관한 분석", 214. 재인용. Cicely V. Wedgwood, *The King's War 1641-1647* (New York:Macmillan, 1959), 258.

38) The Preface 1.Of the Assembling of the Congregation 2.Of Publick Reading of the Holy Scriptures 3.Of Publick Prayer before the Sermon 4.Of Preaching of the Word 5.Of Prayer after Sermon 6.Of the Sacrament of Baptism 7.Of the Sacrament of the Lord's Supper 8.Of the Sanctification of the Lord's Day 9.Of the Solemnization of Marriage 10.Of the Visitation of the Sick 11.Of the Burial of the Dead 12.Of Publick Solemn Fasting 13.Of the Observation of Days of Publick Thanksgiving 14,Of Singing of Psalms. An Appendix touching Days and Places of Publick Worship.

39) "웨스트민스터 예배모범의 형성 과징과 그 내용에 관한 분석", 226.

40) 이승구, "장로교회의 예배 이해와 장로교 예배 모범의 전통"「장로교회와 신학」2 (2005:107-142), 123-125.

41) 『웨스트민스터 표준문서』, 284. 예배모범 Of the Assembling of the Congregation, and their Behaviour in the Publick Worship of God...The congregation being assembled, the minister, after solemn calling on them to the worshipping of the great name of God, is to begin with prayer.

42) 『웨스트민스터 표준문서』, 285. 예배모범 Of Publick Prayer before the Sermon.. "READING of the word in the congregation, being part of the publick worship of God, (wherein .i.we; acknowledge our dependence upon him, and subjection to him,) and one mean sanctified by him for the edifying of his people, is to be performed by the pastors and teachers.

43) 『웨스트민스터 표준문서』, 286-287. 예배모범 Of Publick Reading of the Holy Scriptures. "AFTER

reading of the word, (and singing of the psalm,) the minister who is to preach, is to endeavour to get his own and his hearers hearts to be rightly affected with their sins, that they, may all mourn in sense thereof before the Lord, and hunger and thirst after the grace of God in Jesus Christ, by proceeding to a more full confession of sin, with shame and holy confusion of face, and to call upon the Lord...

44) 『웨스트민스터 표준문서』, 292. 예배모범 Of the Preaching of the Word. "PREACHING of the word, being the power of God unto salvation, and one of the greatest and most excellent works belonging to the ministry of the gospel, should be so performed, that the workman need not be ashamed, but may save himself, and those that hear him.

45) 『웨스트민스터 표준문서』, 296-297. 예배모범 Of Prayer after Sermon...THE sermon being ended, the minister is "To give thanks for the great love of God, in sending his Son Jesus Christ unto us; for the communication of his Holy Spirit; for the light and liberty of the glorious gospel, and the rich and heavenly blessings revealed therein; as, namely, election, vocation, adoption, justification, sanctification, and hope of glory; for the admirable goodness of God in freeing the land from antichristian darkness and tyranny, and for all other national deliverances; for the reformation of religion; for the covenant; and for many temporal blessings. To pray for the continuance of the gospel, and all ordinances thereof, in their purity, power, and liberty: to turn the chief and most useful heads of the sermon into some few petitions; and to pray that it may abide in the heart, and bring forth fruit. To pray for preparation for death and judgment, and a watching for the coming of our Lord Jesus Christ: to entreat of God the forgiveness of the iniquities of our holy things, and the acceptation of our spiritual sacrifice, through the merit and mediation of our great High Priest and Saviour the Lord Jesus Christ.

46) 『웨스트민스터 표준문서』, 297. 예배모범 Of Prayer after Sermon...And because the prayer which Christ taught his disciples is not only a pattern of prayer, but itself a most comprehensive prayer, we recommend it also to be used in the prayers of the church.

47) 『웨스트민스터 표준문서』, 297-298. 예배모범 Of Prayer after Sermon...The prayer ended, let a psalm be sung, if with conveniency it may be done. After which (unless some other ordinance of Christ, that concerneth the congregation at that time, be to follow) let the minister dismiss the congregation with a solemn blessing.

48) 『웨스트민스터 표준문서』, 302. 예배모범 OF THE CELEBRATION OF THE COMMUNION, OR SACRAMENT OF THE LORD'S SUPPER....THE communion, or supper of the Lord, is frequently to be celebrated; but how often, may be considered and determined by the ministers, and other church-governors of each congregation, as they shall find most convenient for the comfort and edification of the people committed to their charge. And, when it shall be administered, we judge it convenient to be done after the morning sermon.

49) 『웨스트민스터 표준문서』, 302-303. 예배모범 OF THE CELEBRATION OF THE COMMUNION, OR SACRAMENT OF THE LORD'S SUPPER....When the day is come for administration, the minister, having ended his sermon and prayer, shall make a short exhortation...After this exhortation, warning, and invitation, the table being before decently covered, and so conveniently placed, that the communicants may orderly sit about it, or at it, the minister is to begin the action with sanctifying and blessing the elements of bread and wine set before him, (the bread in comely

and convenient vessels, so prepared, that, being broken by him, and given, it may be distributed amongst the communicants; the wine also in large cups,) having first, in a few words, shewed that those elements, otherwise common, are now set apart and sanctified to this holy use, by the word of institution and prayer. Let the words of institution be read out of the Evangelists, or out of the first Epistle of the Apostle Paul to the Corinthians, Chap. 11:23. I have received of the Lord, &c. to the 27th Verse, which the minister may, when he seeth requisite, explain and apply.Let the prayer, thanksgiving, or blessing of the bread and wine, be to this effect.

50) 『웨스트민스터 표준문서』, 304-305. 예배모범 OF THE CELEBRATION OF THE COMMUNION, OR SACRAMENT OF THE LORD'S SUPPER....All which he is to endeavour to perform with suitable affections, answerable to such an holy action, and to stir up the like in the people. The elements being now sanctified by the word and prayer, the minister, being at the table, is to take the bread in his hand, and say, in these expressions, (or other the like, used by Christ or his apostle upon this occasion:) "According to the holy institution, command, and example of our blessed Saviour Jesus Christ, I take this bread, and, having given thanks, break it, and give it unto you; (there the minister, who is also himself to communicate, is to break the bread, and give it to the communicants:) "Take ye, eat ye; this is the body of Christ which is broken for you: do this in remembrance of him." In like manner the minister is to take the cup, and say, in these expressions, (or other the like, used by Christ or the apostle upon the same occasion:) "According to the institution, command, and example of our Lord Jesus Christ, I take this cup, and give it unto you; (here he giveth it to the communicants:) This cup is the new testament in the blood of Christ, which is shed for the remission of the sins of many: drink ye all of it."

51) 『웨스트민스터 표준문서』, 305. 예배모범 "OF THE CELEBRATION OF THE COMMUNION, OR SACRAMENT OF THE LORD'S SUPPER....After all have communicated, the minister may, in a few words, put them in mind, "Of the grace of God in Jesus Christ, held forth in this sacrament; and exhort them to walk worthy of it." The minister is to give solemn thanks to God, "For his rich mercy, and invaluable goodness, vouchsafed to them in that sacrament; and to entreat for pardon for the defects of the whole service, and for the gracious assistance of his good Spirit, whereby they may be enabled to walk in the strength of that grace, as becometh those who have received so great pledges of salvation.""

52) "웨스트민스터 예배모범의 형성 과정과 그 내용에 관한 분석", 201. "개혁교회의 진정한 탄생은 성삼위 하나님을 어떻게 믿느냐는 교리적인 싸움보다 하나님을 어떻게 예배할 것인가의 문제에서 비롯된 것이며, 그 개혁의 결실은 바로 예배의 혁신에서 찾아볼 수 있다."

53) 이현웅, "한국 장로교 예배모범(禮拜模範) 비교 연구"「신학과 실천」제36호 (2013.09: 65-95), 70.

54) Rowland S. Ward. "웨스트민스터 예배모범, 176; "The Directory for Public Worship", 96.

55) 『웨스트민스터 표준문서』, 284. 예배모범 서문. "our meaning therein being only, that the general heads, the sense and scope of the prayers, and other parts of publick worship, being known to all, there may be a consent of all the churches in those things that contain the substance of the service and worship of God; and the ministers may be hereby directed, in their administrations, to keep like soundness in doctrine and prayer, and may, if need be, have some help and furniture."

56) 김영재, 『교회와 예배』, 115. "웨스트민스터 회의는 1644년 "하나님께 드리는 예배를 위한 지침서"(A Directory for the public Worship of God)를 내어놓았다. 이것은 공식적인 기도를 수록하여 따르도록 하고

있는 예배서라기보다는 참고를 위한 수칙서(manual)에 지나지 않으나, 그래도 거기에는 모범 기도문들이 실려 있었다. 그러나 여하튼 이 지침서는 공적 예배에서 기도는 자유롭게 하는 것을 전제로 한 것이었다."

57) Rowland S. Ward, "웨스트민스터 예배모범", 176; "*The Directory for Public Worship*", 96.

58) 이승구, "장로교회의 예배 이해와 예배모범의 전통 연구"『노르마 노르마타』(수원:합신대학원출판부, 2015), 568.

59) 『웨스트민스터 표준문서』, 77-78. 웨스트민스터 신앙고백서 "5. 경외심을 가지고 성경을 읽는 것, 말씀을 바르게 설교하는 것, 이해와 믿음과 경외함으로 하나님께 순종하는 가운데 그 말씀을 주의 깊게 듣는 것, 그리고 마음에 은혜를 담아 시편을 노래하는 것은, 또한 그리스도께서 제정하신 성례를 적절하게 시행하고 합당하게 받는 것과 같이, 과연 하나님께 대한 경건한 예배의 정규적인 요소이다. 그 밖에 경건한 맹세, 서원, 엄숙한 금식, 경우에 따라 드리는 감사와 같은 것은 때와 기회가 있을 때 거룩하고 경건한 방식으로 실행되어야 한다."

60) Fesko, V. John. *The Theology of the Westminster Standards*. (Wheaton: Crossway, 2014), 351. 『역사적, 신학적 맥락으로 읽는 웨스트민스터 신앙고백서』 신윤수 역 (서울: 부흥과 개혁사, 2018) "Table 8. Ordinary versus extraordinary elements of worship"

61) 『웨스트민스터 표준문서』, 284. 예배모범 Of the Assembling of the Congregation, and their Behaviour in the Publick Worship of God...WHEN the congregation is to meet for publick worship, the people (having before prepared their hearts thereunto) ought all to come and join therein; not absenting themselves from the publick ordinance through negligence, or upon pretence of private meetings. Let all enter the assembly, not irreverently, but in a grave and seemly manner, taking their seats or places without adoration, or bowing themselves towards one place or other. The congregation being assembled, the minister, after solemn calling on them to the worshipping of the great name of God, is to begin with prayer."

62) 『웨스트민스터 표준문서』, 285. 예배모범 Of the Assembling of the Congregation, and their Behaviour in the Publick Worship of God. "In all reverence and humility acknowledging the incomprehensible greatness and majesty of the Lord, (in whose presence they do then in a special manner appear,) and their own vileness and unworthiness to approach so near him, with their utter inability of themselves to so great a work; and humbly beseeching him for pardon, assistance, and acceptance, in the whole service then to be performed; and for a blessing on that particular portion of his word then to be read: And all in the name and mediation of the Lord Jesus Christ."

63) 『웨스트민스터 표준문서』, 285. 예배모범 Of the Assembling of the Congregation, and their Behaviour in the Publick Worship of God. "The publick worship being begun, the people are wholly to attend upon it, forbearing to read any thing, except what the minister is then reading or citing; and abstaining much more from all private whisperings, conferences, salutations, or doing reverence to any person present, or coming in; as also from all gazing, sleeping, and other indecent behaviour, which may disturb the minister or people, or hinder themselves or others in the service of God."

64) 『웨스트민스터 표준문서』, 285. 예배모범 Of the Assembling of the Congregation, and their Behaviour in the Publick Worship of God. "If any, through necessity, be hindered from being present at the beginning, they ought not, when they come into the congregation, to betake themselves to their private devotions, but reverently to compose themselves to join with the assembly in that ordinance of God which is then in hand."

65) 『웨스트민스터 표준문서』, 285-286. 예배모범 Of Publick Reading of the Holy Scriptures. "READING

of the word in the congregation, being part of the publick worship of God, (wherein .i.we; acknowledge our dependence upon him, and subjection to him,) and one mean sanctified by him for the edifying of his people, is to be performed by the pastors and teachers. Howbeit, such as intend the ministry, may occasionally both read the word, and exercise their gift in preaching in the congregation, if allowed by the presbytery thereunto. All the canonical books of the Old and New Testament (but none of those which are commonly called Apocrypha) shall be publickly read in the vulgar tongue, out of the best allowed translation, distinctly, that all may hear and understand."

66) 『웨스트민스터 표준문서』, 286. 예배모범 Of Publick Reading of the Holy Scriptures. "How large a portion shall be read at once, is left to the wisdom of the minister; but it is convenient, that ordinarily one chapter of each Testament be read at every meeting; and sometimes more, where the chapters be short, or the coherence of matter requireth it. It is requisite that all the canonical books be read over in order, that the people may be better acquainted with the whole body of the scriptures; and ordinarily, where the reading in either Testament endeth on one Lord's day, it is to begin the next. We commend also the more frequent reading of such scriptures as he that readeth shall think best for edification of his hearers, as the book of Psalms, and such like."

67) 『웨스트민스터 표준문서』, 286. 예배모범 Of Publick Reading of the Holy Scriptures. "When the minister who readeth shall judge it necessary to expound any part of what is read, let it not be done until the whole chapter or psalm be ended; and regard is always to be had unto the time, that neither preaching, nor other ordinances be straitened, or rendered tedious. Which rule is to be observed in all other publick performances."

68) 『웨스트민스터 표준문서』, 286. 예배모범 Of Publick Reading of the Holy Scriptures. "Beside publick reading of the holy scriptures, every person that can read, is to be exhorted to read the scriptures privately, (and all others that cannot read, if not disabled by age, or otherwise, are likewise to be exhorted to learn to read,) and to have a Bible."

69) 『웨스트민스터 표준문서』, 292. 예배모범 Of the Preaching of the Word. "PREACHING of the word, being the power of God unto salvation, and one of the greatest and most excellent works belonging to the ministry of the gospel, should be so performed, that the workman need not be ashamed, but may save himself, and those that hear him."

70) 『웨스트민스터 표준문서』, 292. 예배모범 Of the Preaching of the Word. "It is presupposed, (according to the rules for ordination,) that the minister of Christ is in some good measure gifted for so weighty a service, by his skill in the original languages, and in such arts and sciences as are handmaids unto divinity; by his knowledge in the whole body of theology, but most of all in the holy scriptures, having his senses and heart exercised in them above the common sort of believers; and by the illumination of God's Spirit, and other gifts of edification, which (together with reading and studying of the word) he ought still to seek by prayer, and an humble heart, resolving to admit and receive any truth not yet attained, whenever God shall make it known unto him. All which he is to make use of, and improve, in his private preparations, before he deliver in public what he hath provided. Ordinarily, the subject of his sermon is to be some text of scripture, holding forth some principle or head of religion, or suitable to some special occasion emergent; or he may go on in some chapter, psalm, or book of the holy scripture, as he shall see fit."

71) 『웨스트민스터 표준문서』, 293. 예배모범 Of the Preaching of the Word. "In raising doctrines from the

text, his care ought to be, First, That the matter be the truth of God. Secondly, That it be a truth contained in or grounded on that text, that the hearers may discern how God teacheth it from thence. Thirdly, That he chiefly insist upon those doctrines which are principally intended; and make most for the edification of the hearers."

72) 『웨스트민스터 표준문서』, 294. 예배모범 Of the Preaching of the Word. "He is not to rest in general doctrine, although never so much cleared and confirmed, but to bring it home to special use, by application to his hearers: which albeit it prove a work of great difficulty to himself, requiring much prudence, zeal, and meditation, and to the natural and corrupt man will be very unpleasant; yet he is to endeavour to perform it in such a manner, that his auditors may feel the word of God to be quick and powerful, and a discerner of the thoughts and intents of the heart; and that, if any unbeliever or ignorant person be present, he may have the secrets of his heart made manifest, and give glory to God."

73) 『웨스트민스터 표준문서』, 294. 예배모범 Of the Preaching of the Word. "In the use of instruction or information in the knowledge of some truth , which is a consequence from his doctrine, he may (when convenient) confirm it by a few firm arguments from the text in hand, and other places of scripture, or from the nature of that common-place in divinity, whereof that truth is a branch."

74) 『웨스트민스터 표준문서』, 295-296. 예배모범. Of the Preaching of the Word."This method is not prescribed as necessary for every man, or upon every text; but only recommended, as being found by experience to be very much blessed of God, and very helpful for the people's understandings and memories. But the servant of Christ, whatever his method be, is to perform his whole ministry: 1.Painfully, not doing the work of the Lord negligently. 2.Plainly, that the meanest may understand; delivering the truth not in the enticing words of man's wisdom, but in demonstration of the Spirit and of power, lest the cross of Christ should be made of none effect; abstaining also from an unprofitable use of unknown tongues, strange phrases, and cadences of sounds and words; sparingly citing sentences of ecclesiastical or other human writers, ancient or modern, be they never so elegant. 3. Faithfully, looking at the honour of Christ, the conversion, edification, and salvation of the people, not at his own gain or glory; keeping nothing back which may promote those holy ends, giving to every one his own portion, and bearing indifferent respect unto all, without neglecting the meanest, or sparing the greatest, in their sins. 4.Wisely, framing all his doctrines, exhortations, and especially his reproofs, in such a manner as may be most likely to prevail; shewing all due respect to each man's person and place, and not mixing his own passion or bitterness. 5.Gravely, as becometh the word of God; shunning all such gesture, voice, and expressions, as may occasion the corruptions of men to despise him and his ministry. 6.With loving affection, that the people may see all coming from his godly zeal, and hearty desire to do them good. And, 7.As taught of God, and persuaded in his own heart, that all that he teacheth is the truth of Christ; and walking before his flock, as an example to them in it; earnestly, both in private and publick, recommending his labours to the blessing of God, and watchfully looking to himself, and the flock whereof the Lord hath made him overseer: So shall the doctrine of truth be preserved uncorrupt, many souls converted and built up, and himself receive manifold comforts of his labours even in this life, and afterward the crown of glory laid up for him in the world to come."

75) 『웨스트민스터 표준문서』, 296. 예배모범 Of the Preaching of the Word. "Where there are more

	ministers in a congregation than one, and they of different gifts, each may more especially apply himself to doctrine or exhortation, according to the gift wherein he most excelleth, and as they shall agree between themselves.
76)	『웨스트민스터 표준문서』, 296-297. 예배모범. Of Prayer after Sermon. "THE sermon being ended, the minister is "To give thanks for the great love of God, in sending his Son Jesus Christ unto us; for the communication of his Holy Spirit; for the light and liberty of the glorious gospel, and the rich and heavenly blessings revealed therein; as, namely, election, vocation, adoption, justification, sanctification, and hope of glory; for the admirable goodness of God in freeing the land from antichristian darkness and tyranny, and for all other national deliverances; for the reformation of religion; for the covenant; and for many temporal blessings. To pray for the continuance of the gospel, and all ordinances thereof, in their purity, power, and liberty: to turn the chief and most useful heads of the sermon into some few petitions; and to pray that it may abide in the heart, and bring forth fruit. To pray for preparation for death and judgment, and a watching for the coming of our Lord Jesus Christ: to entreat of God the forgiveness of the iniquities of our holy things, and the acceptation of our spiritual sacrifice, through the merit and mediation of our great High Priest and Saviour the Lord Jesus Christ."
77)	『웨스트민스터 표준문서』, 297. 예배모범. Of Prayer after Sermon. "And because the prayer which Christ taught his disciples is not only a pattern of prayer, but itself a most comprehensive prayer, we recommend it also to be used in the prayers of the church. And whereas, at the administration of the sacraments, the holding publick fasts and days of thanksgiving, and other special occasions, which may afford matter of special petitions and thanksgivings, it is requisite to express somewhat in our publick prayers, (as at this time it is our duty to pray for a blessing upon the Assembly of Divines, the armies by sea and land, for the defence of the King, Parliament, and Kingdom,) every minister is herein to apply himself in his prayer, before or after sermon, to those occasions: but, for the manner, he is left to his liberty, as God shall direct and enable him in piety and wisdom to discharge his duty. The prayer ended, let a psalm be sung, if with conveniency it may be done. After which (unless some other ordinance of Christ, that concerneth the congregation at that time, be to follow) let the minister dismiss the congregation with a solemn blessing."
78)	『웨스트민스터 표준문서』, 306. 예배모범 Of the Sanctification of the Lord's Day…THE Lord's day ought to be so remembered before-hand, as that all worldly business of our ordinary callings may be so ordered, and so timely and seasonably laid aside, as they may not be impediments to the due sanctifying of the day when it comes.
79)	『웨스트민스터 표준문서』, 306. 예배모범 Of the Sanctification of the Lord's Day…The whole day is to be celebrated as holy to the Lord, both in publick and private, as being the Christian sabbath. To which end, it is requisite, that there be a holy cessation or resting all that day from all unnecessary labours; and an abstaining, not only from all sports and pastimes, but also from all worldly words and thoughts.
80)	『웨스트민스터 표준문서』, 306. 예배모범 Of the Sanctification of the Lord's Day…That the diet on that day be so ordered, as that neither servants be unnecessarily detained from the publick worship of God, nor any other person hindered from the sanctifying that day. That there be private preparations of every person and family, by prayer for themselves, and for God's assistance of the

81) 『웨스트민스터 표준문서』, 306. 예배모범 Of the Sanctification of the Lord's Day...That all the people meet so timely for publick worship, that the whole congregation may be present at the beginning, and with one heart solemnly join together in all parts of the publick worship, and not depart till after the blessing.

82) 『웨스트민스터 표준문서』, 306. 예배모범 Of the Sanctification of the Lord's Day...That what time is vacant, between or after the solemn meetings of the congregation in publick, be spent in reading, meditation, repetition of sermons; especially by calling their families to an account of what they have heard, and catechising of them, holy conferences, prayer for a blessing upon the publick ordinances, singing of psalms, visiting the sick, relieving the poor, and such like duties of piety, charity, and mercy, accounting the sabbath a delight.

83) 『웨스트민스터 표준문서』, 310. 예배모범 Of the Visitation of the Sick...IT is the duty of the minister not only to teach the people committed to his charge in publick, but privately; and particularly to admonish, exhort, reprove, and comfort them, upon all seasonable occasions, so far as his time, strength, and personal safety will permit.

84) 『웨스트민스터 표준문서』, 310. 예배모범 Of the Visitation of the Sick...He is to admonish them, in time of health, to prepare for death; and, for that purpose, they are often to confer with their minister about the estate of their souls; and, in times of sickness, to desire his advice and help, timely and seasonably, before their strength and understanding fail them.

85) 『웨스트민스터 표준문서』, 310. 예배모범 Of the Visitation of the Sick...Times of sickness and affliction are special opportunities put into his hand by God to minister a word in season to weary souls: because then the consciences of men are or should be more awakened to bethink themselves of their spiritual estate for eternity; and Satan also takes advantage then to load them more with sore and heavy temptations: therefore the minister, being sent for, and repairing to the sick, is to apply himself, with all tenderness and love, to administer some spiritual good to his soul, to this effect.

86) 『웨스트민스터 표준문서』, 311. 예배모범 Of the Visitation of the Sick...He may, from the consideration of the present sickness, instruct him out of scripture, that diseases come not by chance, or by distempers of body only, but by the wise and orderly guidance of the good hand of God to every particular person smitten by them. And that, whether it be laid upon him out of displeasure for sin, for his correction and amendment, or for trial and exercise of his graces, or for other special and excellent ends, all his sufferings shall turn to his profit, and work together for his good, if he sincerely labour to make a sanctified use of God's visitation, neither despising his chastening, nor waxing weary of his correction.

87) 『웨스트민스터 표준문서』, 312. 예배모범 Of the Visitation of the Sick...If he hath endeavoured to walk in the ways of holiness, and to serve God in uprightness, although not without many failings and infirmities; or, if his spirit be broken with the sense of sin, or cast down through want of the sense of God's favour; then it will be fit to raise him up, by setting before him the freeness and fulness of God's grace, the sufficiency of righteousness in Christ, the gracious offers in the gospel, that all who repent, and believe with all their heart in God's mercy through Christ, renouncing their own righteousness, shall have life and salvation in him. It may be also useful to shew him, that death

hath in it no spiritual evil to be feared by those that are in Christ, because sin, the sting of death, is taken away by Christ, who hath delivered all that are his from the bondage of the fear of death, triumphed over the grave, given us victory, is himself entered into glory to prepare a place for his people; so that neither life nor death shall be able to separate them from God's love in Christ, in whom such are sure, though now they must be laid in the dust, to obtain a joyful and glorious resurrection to eternal life.

88) 『웨스트민스터 표준문서』, 314. 예배모범 Of the Visitation of the Sick...The minister shall admonish him also (as there shall be cause) to set his house in order, thereby to prevent inconveniences; to take care for payment of his debts, and to make restitution or satisfaction where he hath done any wrong; to be reconciled to those with whom he hath been at variance, and fully to forgive all men their trespasses against him, as he expects forgiveness at the hand of God.

89) 『웨스트민스터 표준문서』, 314. 예배모범 Of the Visitation of the Sick...Lastly, The minister may improve the present occasion to exhort those about the sick person to consider their own mortality, to return to the Lord, and make peace with him; in health to prepare for sickness, death, and judgment; and all the days of their appointed time so to wait until their change come, that when Christ, who is our life, shall appear, they may appear with him in glory."

90) 『웨스트민스터 표준문서』, 314. 예배모범 Concerning Burial of the Dead...WHEN any person departeth this life, let the dead body, upon the day of burial, be decently attended from the house to the place appointed for publick burial, and there immediately interred, without any ceremony.

91) 『웨스트민스터 표준문서』, 314. 예배모범 Concerning Burial of the Dead...And because the custom of kneeling down, and praying by or towards the dead corpse, and other such usages, in the place where it lies before it be carried to burial, are superstitious; and for that praying, reading, and singing, both in going to and at the grave, have been grossly abused, are no way beneficial to the dead, and have proved many ways hurtful to the living; therefore let all such things be laid aside.

92) 『웨스트민스터 표준문서』, 314-315. 예배모범 Concerning Burial of the Dead...Howbeit, we judge it very convenient, that the Christian friends, which accompany the dead body to the place appointed for publick burial, do apply themselves to meditations and conferences suitable to the occasion and that the minister, as upon other occasions, so at this time, if he be present, may put them in remembrance of their duty.

93) 『웨스트민스터 표준문서』, 315. 예배모범 Concerning Burial of the Dead...That this shall not extend to deny any civil respects or deferences at the burial, suitable to the rank and condition of the party deceased, while he was living.

94) 『웨스트민스터 표준문서』, 317-318. 예배모범 Concerning the Observation of Days of Publick Thanksgiving .... WHEN any such day is to be kept, let notice be given of it, and of the occasion thereof, some convenient time before, that the people may the better prepare themselves thereunto. The day being come, and the congregation (after private preparations) being assembled, the minister is to begin with a word of exhortation, to stir up the people to the duty for which they are met, and with a short prayer for God's assistance and blessing, (as at other conventions for publick worship,) according to the particular occasion of their meeting. Let him then make some pithy narration of the deliverance obtained, or mercy received, or of whatever hath occasioned that assembling of the congregation, that all may better understand it, or be

minded of it, and more affected with it.

95) 『웨스트민스터 표준문서』, 318. 예배모범 Concerning the Observation of Days of Publick Thanksgiving ....And, because singing of psalms is of all other the most proper ordinance for expressing of joy and thanksgiving, let some pertinent psalm or psalms be sung for that purpose, before or after the reading of some portion of the word suitable to the present business. Then let the minister, who is to preach, proceed to further exhortation and prayer before his sermon, with special reference to the present work: after which, let him preach upon some text of Scripture pertinent to the occasion. The sermon ended, let him not only pray, as at other times after preaching is directed, with remembrance of the necessities of the Church, King, and State, (if before the sermon they were omitted,) but enlarge himself in due and solemn thanksgiving for former mercies and deliverances; but more especially for that which at the present calls them together to give thanks: with humble petition for the continuance and renewing of God's wonted mercies, as need shall be, and for sanctifying grace to make a right use thereof. And so, having sung another psalm, suitable to the mercy, let him dismiss the congregation with a blessing, that they may have some convenient time for their repast and refreshing.

96) 『웨스트민스터 표준문서』, 318. 예배모범 Concerning the Observation of Days of Publick Thanksgiving ....But the minister (before their dismission) is solemnly to admonish them to beware of all excess and riot, tending to gluttony or drunkenness, and much more of these sins themselves, in their eating and refreshing; and to take care that their mirth and rejoicing be not carnal, but spiritual, which may make God's praise to be glorious, and themselves humble and sober; and that both their feeding and rejoicing may render them more cheerful and enlarged, further to celebrate his praises in the midst of the congregation, when they return unto it in the remaining part of that day.

97) 『웨스트민스터 표준문서』, 319. 예배모범 Concerning the Observation of Days of Publick Thanksgiving ....When the congregation shall be again assembled, the like course in praying, reading, preaching, singing of psalms, and offering up of more praise and thanksgiving, that is before directed for the morning, is to be renewed and continued, so far as the time will give leave. At one or both of the publick meetings that day, a collection is to be made for the poor, (and in the like manner upon the day of publick humiliation,) that their loins may bless us, and rejoice the more with us. And the people are to be exhorted, at the end of the latter meeting, to spend the residue of that day in holy duties, and testifications of Christian love and charity one towards another, and of rejoicing more and more in the Lord; as becometh those who make the joy of the Lord their strength.

98) 『웨스트민스터 표준문서』, 319. 예배모범 Of Singing of Psalms...IT is the duty of Christians to praise God publickly, by singing of psalms together in the congregation, and also privately in the family.

99) 『웨스트민스터 표준문서』, 319. 예배모범 Of Singing of Psalms...In singing of psalms, the voice is to be tunably and gravely ordered; but the chief care must be to sing with understanding, and with grace in the heart, making melody unto the Lord.

100) 『웨스트민스터 표준문서』, 319. 예배모범 Of Singing of Psalms...That the whole congregation may join herein, every one that can read is to have a psalm book; and all others, not disabled by age or otherwise, are to be exhorted to learn to read. But for the present, where many in the congregation cannot read, it is convenient that the minister, or some other fit person appointed by him and the other ruling officers, do read the psalm, line by line, before the singing thereof.

101) 『웨스트민스터 표준문서』, 320. 예배모범 Touching Days and Places for Publick Worship. "THERE is no day commanded in scripture to be kept holy under the gospel but the Lord's day, which is the Christian Sabbath. Festival days, vulgarly called Holy-days, having no warrant in the word of God, are not to be continued. Nevertheless, it is lawful and necessary, upon special emergent occasions, to separate a day or days for publick fasting or thanksgiving, as the several eminent and extraordinary dispensations of God's providence shall administer cause and opportunity to his people. As no place is capable of any holiness, under pretence of whatsoever dedication or consecration; so neither is it subject to such pollution by any superstition formerly used, and now laid aside, as may render it unlawful or inconvenient for Christians to meet together therein for the publick worship of God. And therefore we hold it requisite, that the places of publick assembling for worship among us should be continued and employed to that use."

102) "웨스트민스터 예배모범의 형성 과정과 그 내용에 관한 분석", 226.

103) Rowland S. Ward. "웨스트민스터 예배모범", 198; "*The Directory for Public Worship*",109.

104) 『웨스트민스터 표준문서』,285. 예배모범 Of Publick Reading of the Holy Scriptures....READING of the word in the congregation, being part of the publick worship of God, (wherein .i.we; acknowledge our dependence upon him, and subjection to him,) and one mean sanctified by him for the edifying of his people, is to be performed by the pastors and teachers. Howbeit, such as intend the ministry, may occasionally both read the word, and exercise their gift in preaching in the congregation, if allowed by the presbytery thereunto. All the canonical books of the Old and New Testament (but none of those which are commonly called Apocrypha) shall be publickly read in the vulgar tongue, out of the best allowed translation, distinctly, that all may hear and understand...It is requisite that all the canonical books be read over in order, that the people may be better acquainted with the whole body of the scriptures; and ordinarily, where the reading in either Testament endeth on one Lord's day, it is to begin the next.

105) 『웨스트민스터 표준문서』, 292. 예배모범 Of the Preaching of the Word...PREACHING of the word, being the power of God unto salvation, and one of the greatest and most excellent works belonging to the ministry of the gospel, should be so performed, that the workman need not be ashamed, but may save himself, and those that hear him...In raising doctrines from the text, his care ought to be, First, That the matter be the truth of God. Secondly, That it be a truth contained in or grounded on that text, that the hearers may discern how God teacheth it from thence. Thirdly, That he chiefly insist upon those doctrines which are principally intended; and make most for the edification of the hearers...And, as he needeth not always to prosecute every doctrine which lies in his text, so is he wisely to make choice of such uses, as, by his residence and conversing with his flock, he findeth most needful and seasonable; and, amongst these, such as may most draw their souls to Christ, the fountain of light, holiness, and comfort.

106) 『웨스트민스터 표준문서』, 307. 예배모범 The Solemnization of Marriage...ALTHOUGH marriage be no sacrament, nor peculiar to the church of God, but common to mankind, and of publick interest in every commonwealth; yet, because such as marry are to marry in the Lord, and have special need of instruction, direction, and exhortation, from the word of God, at their entering into such a new condition, and of the blessing of God upon them therein, we judge it expedient that marriage be solemnized by a lawful minister of the word, that he may accordingly counsel them, and pray for

a blessing upon them. Marriage is to be betwixt one man and one woman only; and they such as are not within the degrees of consanguinity or affinity prohibited by the word of God; and the parties are to be of years of discretion, fit to make their own choice, or, upon good grounds, to give their mutual consent.

107) 『웨스트민스터 표준문서』, 17-18. 웨스트민스터 신앙고백서 I. Of the Holy Scripture I. Although the light of nature, and the works of creation and providence, do so far manifest the goodness, wisdom, and power of God, as to leave men inexcusable; yet are they not sufficient to give that knowledge of God, and of his will, which is necessary unto salvation; therefore it pleased the Lord, at sundry times, and in divers manners, to reveal himself, and to declare that his will unto his Church; and afterwards, for the better preserving and propagating of the truth, and for the more sure establishment and comfort of the Church against the corruption of the flesh, and the malice of Satan and of the world, to commit the same wholly unto writing; which maketh the holy Scripture to be most necessary; those former ways of God's revealing his will unto his people being now ceased. II. Under the name of holy Scripture, or the Word of God written, are now contained all the books of the Old and New Testaments..All which are given by inspiration of God, to be the rule of faith and life.

108) 이남규,『개혁교회 신조학』(수원: 합신대학원출판부, 2020), 221-226.

109) "웨스트민스터 예배모범의 형성 과정과 그 내용에 관한 분석", 227.

110) 『웨스트민스터 표준문서』, 19. 웨스트민스터 신앙고백서 I. Of the Holy Scripture VI. The whole counsel of God, concerning all things necessary for his own glory, man's salvation, faith, and life, is either expressly set down in Scripture, or by good and necessary consequence may be deduced from Scripture; unto which nothing at any time is to be added, whether by new revelations of the Spirit, or traditions of men...and that there are some circumstances concerning the worship of God, and government of the Church, common to human actions and societies, which are to be ordered by the light of nature and Christian prudence, according to the general rules of the Word, which are always to be observed.

111) 『웨스트민스터 표준문서』, 77-78. 웨스트민스터 신앙고백서 XXI. Of Religious Worship, and the Sabbath Day. V. The reading of the Scriptures with godly fear; the sound preaching; and conscionable hearing of the Word, in obedience unto God with understanding, faith, and reverence; singing of psalms with grace in the heart; as, also, the due administration and worthy receiving of the sacraments instituted by Christ; are all parts of the ordinary religious worship of God: besides religious oaths, vows, solemn fastings, and thanksgivings upon several occasions; which are, in their several times and seasons, to be used in an holy and religious manner.

112) 『웨스트민스터 표준문서』, 281. 예배모범 "서문" "이 『예식서』는 하나님의 말씀을 설교하는 일을 크게 방해했으며, (어떤 곳에서는, 특히 최근에는) 말씀 설교를 불필요한 것으로, 또는 기껏해야 『예식서』를 읽는 것보다 훨씬 열등한 것으로 밀어내 버렸다. 공동 기도서가 많은 무지하고 미신적인 사람들에 의해 우상과 다를 바 없게 되었다."

113) 『웨스트민스터 표준문서』, 281. 예배모범 "서문" "이를 통해 목사들이 자기들 안에 있는 그리스도의 은사를 불일 듯하게 하는 일에 나태하거나 무관심하지 않고, 도리어 각자 말씀 묵상에 의해, 자신들과 자신들에게 맡겨진 하나님의 양무리에 주의를 기울임으로, 그리고 하나님이 섭리하시는 방식을 지혜롭게 살펴봄으로, 이들의 마음과 언어가 모든 경우에 필요할 때마다 여러 다른 기도와 권면의 내용을 더 잘 갖추는 일에 주의를 기울이게 하려는 것이다."

114) 『웨스트민스터 표준문서』, 281. 예배모범 "서문" Wherein our care hath been to hold forth such things as are of divine institution in every ordinance; and other things we have endeavoured to set forth according to the rules of Christian prudence, agreeable to the general rules of the word of God; our meaning therein being only, that the general heads, the sense and scope of the prayers, and other parts of publick worship, being known to all, there may be a consent of all the churches in those things that contain the substance of the service and worship of God; and the ministers may be hereby directed, in their administrations, to keep like soundness in doctrine and prayer, and may, if need be, have some help and furniture.

115) Rowland S. Ward. "웨스트민스터 예배모범", 198-199; "*The Directory for Public Worship*",109.

116) 『웨스트민스터 표준문서』, 286-287. 예배모범 Of Publick Prayer before the Sermon...AFTER reading of the word, (and singing of the psalm,) the minister who is to preach, is to endeavour to get his own and his hearers hearts to be rightly affected with their sins, that they, may all mourn in sense thereof before the Lord, and hunger and thirst after the grace of God in Jesus Christ, by proceeding to a more full confession of sin, with shame and holy confusion of face, and to call upon the Lord to this effect: "To acknowledge our great sinfulness..."...Notwithstanding all which, to draw near to the throne of grace, encouraging ourselves with hope of a gracious answer of our prayers, in the riches and all-sufficiency of that only one oblation, the satisfaction and intercession of the Lord Jesus Christ, at the right hand of his Father and our Father; and in confidence of the exceeding great and precious promises of mercy and grace in the new covenant, through the same Mediator thereof, to deprecate the heavy wrath and curse of God, which we are not able to avoid, or bear; and humbly and earnestly to supplicate for mercy, in the free and full remission of all our sins, and that only for the bitter sufferings and precious merits of that our only Saviour Jesus Christ.

117) 『웨스트민스터 표준문서』, 296-297. 예배모범 Of Prayer after Sermon...THE sermon being ended, the minister is "To give thanks for the great love of God, in sending his Son Jesus Christ unto us; for the communication of his Holy Spirit; for the light and liberty of the glorious gospel, and the rich and heavenly blessings revealed therein; as, namely, election, vocation, adoption, justification, sanctification, and hope of glory; for the admirable goodness of God in freeing the land from antichristian darkness and tyranny, and for all other national deliverances; for the reformation of religion; for the covenant; and for many temporal blessings. To pray for the continuance of the gospel, and all ordinances thereof, in their purity, power, and liberty; to turn the chief and most useful heads of the sermon into some few petitions; and to pray that it may abide in the heart, and bring forth fruit. To pray for preparation for death and judgment, and a watching for the coming of our Lord Jesus Christ: to entreat of God the forgiveness of the iniquities of our holy things, and the acceptation of our spiritual sacrifice, through the merit and mediation of our great High Priest and Saviour the Lord Jesus Christ."

118) 『웨스트민스터 표준문서』, 297. 예배모범 Of Prayer after Sermon...because the prayer which Christ taught his disciples is not only a pattern of prayer, but itself a most comprehensive prayer, we recommend it also to be used in the prayers of the church. And whereas, at the administration of the sacraments, the holding publick fasts and days of thanksgiving, and other special occasions, which may afford matter of special petitions and thanksgivings, it is requisite to express somewhat

in our publick prayers, (as at this time it is our duty to pray for a blessing upon the Assembly of Divines, the armies by sea and land, for the defence of the King, Parliament, and Kingdom,) every minister is herein to apply himself in his prayer, before or after sermon, to those occasions.

119) 『웨스트민스터 표준문서』, 298-299. 예배모범 Of the Administration of the Sacraments: AND FIRST, OF BAPTISM. BAPTISM, as it is not unnecessarily to be delayed, so it is not to be administered in any case by any private person, but by a minister of Christ, called to be the steward of the mysteries of God...This being done, prayer is also to be joined with the word of institution, for sanctifying the water to this spiritual use; and the minister is to pray to this or the like effect: "That the Lord, who hath not left us as strangers without the covenant of promise, but called us to the privileges of his ordinances, would graciously vouchsafe to sanctify and bless his own ordinance of baptism at this time: That he would join the inward baptism of his Spirit with the outward baptism of water; make this baptism to the infant a seal of adoption, remission of sin, regeneration, and eternal life, and all other promises of the covenant of grace: That the child may be planted into the likeness of the death and resurrection of Christ; and that, the body of sin being destroyed in him, he may serve God in newness of life all his days.

120) 『웨스트민스터 표준문서』, 308. 예배모범 The Solemnization of Marriage...because all relations are sanctified by the word and prayer, the minister is to pray for a blessing upon them, to this effect: "Acknowledging our sins, whereby we have made ourselves less than the least of all the mercies of God, and provoked him to embitter all our comforts; earnestly, in the name of Christ, to entreat the Lord (whose presence and favour is the happiness of every condition, and sweetens every relation) to be their portion, and to own and accept them in Christ, who are now to be joined in the honourable estate of marriage, the covenant of their God: and that, as he hath brought them together by his providence, he would sanctify them by his Spirit, giving them a new frame of heart fit for their new estate; enriching them with all graces whereby they may perform the duties, enjoy the comforts, undergo the cares, and resist the temptations which accompany that condition, as becometh Christians.

121) 『웨스트민스터 표준문서』, 310. 예배모범 Concerning Visitation of the Sick. IT is the duty of the minister not only to teach the people committed to his charge in publick, but privately; and particularly to admonish, exhort, reprove, and comfort them, upon all seasonable occasions, so far as his time, strength, and personal safety will permit...When the sick person is best composed, may be least disturbed, and other necessary offices about him least hindered, the minister, if desired, shall pray with him, and for him, to this effect: "Confessing and bewailing of sin original and actual; the miserable condition of all by nature, as being children of wrath, and under the curse; acknowledging that all diseases, sicknesses, death, and hell itself, are the proper issues and effects thereof; imploring God's mercy for the sick person, through the blood of Christ; beseeching that God would open his eyes, discover unto him his sins, cause him to see himself lost in himself, make known to him the cause why God smiteth him, reveal Jesus Christ to his soul for righteousness and life, give unto him his Holy Spirit, to create and strengthen faith to lay hold upon Christ, to work in him comfortable evidences of his love, to arm him against temptations, to take off his heart from the world, to sanctify his present visitation, to furnish him with patience and strength to bear it, and to give him perseverance in faith to the end.

122) 『웨스트민스터 표준문서』, 315. 예배모범Concerning Publick Solemn Fasting...Before the publick meeting, each family and person apart are privately to use all religious care to prepare their hearts to such a solemn work, and to be early at the congregation. So large a portion of the day as conveniently may be, is to be spent in publick reading and preaching of the word, with singing of psalms, fit to quicken affections suitable to such a duty: but especially in prayer, to this or the like effect: "Giving glory to the great Majesty of God, the Creator, Preserver, and supreme Ruler of all the world, the better to affect us thereby with an holy reverence and awe of him; acknowledging his manifold, great, and tender mercies, especially to the church and nation, the more effectually to soften and abase our hearts before him; humbly confessing of sins of all sorts, with their several aggravations; justifying God's righteous judgments, as being far less than our sins do deserve; yet humbly and earnestly imploring his mercy and grace for ourselves, the church and nation, for our king, and all in authority, and for all others for whom we are bound to pray, (according as the present exigent requireth,) with more special importunity and enlargement than at other times; applying by faith the promises and goodness of God for pardon, help, and deliverance from the evils felt, feared, or deserved; and for obtaining the blessings which we need and expect; together with a giving up of ourselves wholly and for ever unto the Lord.

123) Benjamin. B. Warfield, *The Wetminster Assembly and Its Work* (NewYork: Oxford University Press,1932, reprinted Michigan: Baker Book, 2000), 51. "the paradigms of prayers which it offers are notably full and yet free from overelaboration, compressed and yet enriched by many reminiscences of the best models which had preceeded them."

124) 『웨스트민스터 표준문서』, 207. 대요리문답 Q. 178. What is prayer? A. Prayer is an offering up of our desires unto God, in the name of Christ, by the help of his Spirit; with confession of our sins, and thankful acknowledgment of his mercies.

125) 『웨스트민스터 표준문서』,208. 대요리문답 Q. 180. What is it to pray in the name of Christ? A. To pray in the name of Christ is, in obedience to his command, and in confidence on his promises, to ask mercy for his sake; not by bare mentioning of his name, but by drawing our encouragement to pray, and our boldness, strength, and hope of acceptance in prayer, from Christ and his mediation.

126) 『웨스트민스터 표준문서』, 209. 대요리문답 Q. 182. How doth the Spirit help us to pray? A. We not knowing what to pray for as we ought, the Spirit helpeth our infirmities, by enabling us to understand both for whom, and what, and how prayer is to be made; and by working and quickening in our hearts (although not in all persons, nor at all times, in the same measure) those apprehensions, affections, and graces, which are requisite for the right performance of that duty.

127) 『웨스트민스터 표준문서』, 211. 대요리문답 Q. 186. What rule hath God given for our direction in the duty of prayer? A. The whole Word of God is of use to direct us in the duty of prayer; but the special rule of direction is that form of prayer which our Saviour Christ taught his disciples, commonly called, The Lord's Prayer.

128) 『웨스트민스터 표준문서』, 218-219. 대요리문답 Q. 196. What doth the conclusion of the Lord's Prayer teach us? A. The conclusion of the Lord's Prayer, (which is, For thine is the kingdom, and the power, and the glory, for ever. Amen.) teacheth us to enforce our petitions with arguments, which are to be taken, not from any worthiness in ourselves, or in any other creature, but from God: and with our prayers to join praises, ascribing to God alone eternal sovereignty, omnipotency,

and glorious excellency; in regard whereof, as he is able and willing to help us, so we by faith are emboldened to plead with him that he would, and quietly to rely upon him, that he will fulfill our requests. And, to testify this our desire and assurance, we say, Amen.

129) "웨스트민스터 예배모범의 형성 과정과 그 내용에 관한 분석", 227.
130) "장로교회의 예배 이해와 장로교 예배 모범의 전통", 111, 123-124, 127.
131) 『웨스트민스터 표준문서』, 83-84. 웨스트민스터 신앙고백서 XXIII. Of the Civil Magistrate III-IV. The civil magistrate may not assume to himself the administration of the Word and sacraments; or the power of the keys of the kingdom of heaven: yet he hath authority, and it is his duty, to take order, that unity and peace be preserved in the Church, that the truth of God be kept pure and entire; that all blasphemies and heresies be suppressed; all corruptions and abuses in worship and discipline prevented or reformed; and all the ordinances of God duly settled, administered, and observed...IV. It is the duty of people to pray for magistrates, to honor their persons, to pay them tribute and other dues, to obey their lawful commands, and to be subject to their authority, for conscience' sake.
132) "장로교회의 예배 이해와 장로교 예배 모범의 전통", 111.
133) Benjamin.B. Warfield, *The Wetminster Assembly and Its Work*, 44-45, 51-52. "Next to the elaboration of a new scheme of government for the Church of England which should bring it into harmony with the established government of the Church of Scotland, the most pressing task committed to the Assembly of Divines was the preparation of a new form of worship to take the place of "The Book of Common Prayer" now to be abolished, by which the modes of worship in the Church of England should be conformed "to the example of the best Reformed Churches."...The work of formulating forms of worship acceptable to all was, therefore, pushed through comparatively rapidly, and the whole "Directory for the publique Worship of God throughout the Three kingdoms of England, Scotland, and Ireland" was sent up to Parliament by end of 1644...At this distance of time we may look upon it dispassionately; and, so viewed, it can scarcely fail to commend itself as an admirable setof agenda, in spirit and matter alike well fitted to direct the public services of a great Church. It is notable for its freedom from pretty prescriptions and "superfluities" and for the emphasis it places upon what is specifically commanded in the Scriptures. Its general tone is lofty and spiritual; its conception of acceptable worship is sober and restrained and at the same time profound and rich; the paradigms of prayers which it offers are notably full and yet free from overelaboration, compressed and yet enriched by many reminiscences of the best models which had preceeded them; and it is singular among agenda for the domonant place it gives in the public worship of the Church to the offices it vindicates a plces, and a prominent place, among the aprts of public worship, specifically so called, claiming for them distinctively a function in inducing and expressing that sense of dependence on God and of subjection to Him in which all religion is rooted and which is the purest expression of worship; and thus justifying in the ordering of the public services of the churches the recognition of the Word as a means, perhaps we should say the means, of grace. It expends as much care upon the minister's properperformance of the offices of reading and preaching the Word, therefore, as upon his successful performance of the duty of leading the congregation in prayer and acceptably administering to it the Sacrament. The paragraph on the Preaching of the Word is in effect,

indeed, a complete homiletical treatise, remarkable at once for its sober practical sense anf its profound spiritual wisdom, and suffused with a tone of sincere piety, and of zeal at once for the truth and for the souls which are to be bought with the truth." 참조. Rowland S. Ward. "웨스트민스터 예배모범", 249-251; "The Directory for Public Worship", 139-140.
134) "웨스트민스터 예배모범의 형성 과정과 그 내용에 관한 분석", 233-234.
135) "한국 장로교 예배모범(禮拜模範) 비교 연구", 71. "종합적으로 볼 때 웨스트민스터 예배모범은 그 시대적 제약성이 있기도 하지만, 그럼에도 불구하고 이것은 그후 스코틀랜드 장로교회의 예배지침으로 사용이 되고, 이어서 미국을 비롯한 전세계 장로교회 예배모범의 근원이 되었다는 점에서 장로교 예배 역사에서 매우 중요한 작품이요 유산이라고 하겠다."
136) "박태현,"웨스트민스터 '예배 지침'에 나타난 청교도 예배와 설교",「갱신과 부흥」14호 (2014), 36.

제4장.
웨스트민스터 교회정치

Propositions concerning church government, 1645

웨스트민스터 총회는 "웨스트민스터 표준문서"(Westminster Standards) 중에 두 번째로 교회정치를 작성하였다. 여러 논쟁이 있었고 반대가 있었어도 웨스트민스터 총회는 장로교 정치에 대한 강력한 갈망과 절대적인 의견을 모아 교회정치(Propositions concerning church government, 1645)를 작성하였다.[1]

"웨스트민스터 표준문서"(Westminster Standards) 작성 일자

문서/작성일	작성 시작	초안 완성	잉글랜드의회 제출	스코틀랜드총회 승인
예배모범	1644년 11월 12일	1644년 12월 30일	1645년 3월 6일	1645년 2월 6일
교회정치	**1644년 3월 25일**	**1645년 2월 6일**	**1645년 3월 5일**	**1645년 2월 10일**
신앙고백서	1644년 8월 20일	1646년 12월 4일	1647년 4월 5일	1647년 8월 27일
대요리문답	1644년 12월 2일	1647년 10월 22일	1648년 4월 14일	1648년 7월 20일
소요리문답		1647년 11월 25일		1648년 7월 28일

웨스트민스터 총회 - 존 로저스 허버트의 작품

일반적으로 잘 알려진 웨스트민스터 총회의 모습을 그린 그림의 내용은 독립교회파였던 필립 나이의 토론 장면을 상상해서 그린 것이다.[2] 그만큼 현장에서 가장 치열한 토론과 논쟁이 있었던 부분이 바로 교회정치였다.

이미 예배모범을 작성하였기에 이어서 교회정치 초안을 작성하였는데,[3] 타협이 어려웠던 독립교회파의 의견을 배제하고,[4] 총회의 대다수를 차지하던 장로교파의 의견을 따라 장로교 정치를 중심으로 교회정치를 완성하였다.[5]

그러므로 결국 장로교 정치의 원리를 따라 교회정치의 핵심이 교회 "직원"과 그들에 의해 바른 교회정치가 실현되는 장인 교회 "치리회"의 중요성과 그 실행인 교회 "권징" 그리고 이를 위해 가장 중요한 역할을 감당하는 직원인 "목사 임직"에 대해 간략하지만 충실하게 내용을 작성하였다. 이는 개혁교회의 전통을 따른 결과물이요, 특히 특사로 와있던 스코틀랜드교회 신학자들의 조언이 중요한 영향을 미친 결과물이다.

1. 교회정치의 작성 배경과 내용

(1) 교회정치의 작성 배경

웨스트민스터 총회는 1644년 3월에 이르러 가장 우선해서 교회정치를 작성하기 시작하였는데, 결과로는 뒤늦게 1644년 11월에 시작한 예배모범을 1644년 12월에 먼저 마쳤다. 그 이유는 총회원들 안에 장로교 교회정치에 대해 반대 입장들이 존재하였기 때문이었다.[6] 따라서 논쟁이 되는 교회정치의 작성보다 예배모범을 우선해서 작성한 후 1645년 2월에 교회정치 초안을 작성하되,[7] 타협이 어려웠던 독립교회파의 의견을 배제하고 장로교 정치를 중심으로 1645년 2월 6일 교회정치를 완성하여 3월 5일에 의회에 제출하였다.

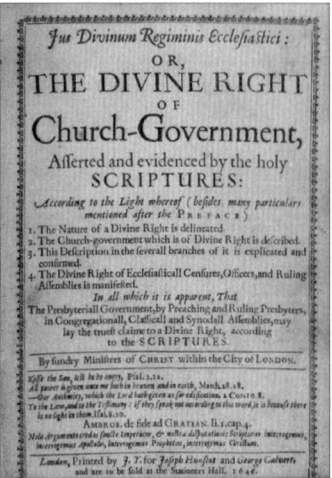

「유스 디비눔」
(Jus Divinum Regiminis Ecclesiastici, 1646)

이를 위해 참으로 수고한 이들이 총회원 151명 외에 스코틀랜드교회에서 특사들이었다.[8] 이들이 특사로 파견되어서 잉글랜드 의회가 승인한 웨스트민스터 총회에 참석하게 된 배경에는, 잉글랜드 의회파와 스코틀랜드 언약파가 1643년 9월에 맺은 "엄숙동맹과 언약"(The solemn league and covenant)이 있었다. 이 문서는 잉글랜드교회의 자유를 보장하는데, 목표를 두고 전부 6항으로 되어 있다.

이 "엄숙동맹과 언약"(The solemn league and covenant)은 다섯 가지 주된 내용을 가지고 있었는데, 첫째 스코틀랜드에 있어서 개혁신앙의 파수, 둘째 잉글랜드와 아일랜드에도 하나님의 말씀과 여러 개혁교회의 본을 따라 예배와 예식을 개혁 단행, 셋째 주교제도의 폐지, 넷째 잉글랜드 의회의 권한과 특권의 보상, 다섯

째 엄숙동맹과 언약에 대한 반대자들에게 타당한 징벌을 위한 공동대처 등을 담고 있다.[9]

이 중의 한 부분을 살펴보면 다음과 같다.

- I. 우리는 우리 공동의 원수들에 맞서서 '교리와 예배와 권징과 교회정치'에서 스코틀랜드교회가 품고 있는 '개혁된 신앙'의 보존을 위해, 하나님의 말씀과 가장 잘 개혁된 교회들의 모범에 따라 '교리와 예배와 권징과 교회정치'에서 잉글랜드와 아일랜드 왕국이 단행할 '종교 개혁'을 위해 하나님의 은혜를 힘입어 우리 각자 처한 위치와 소명의 자리에서 순수하게, 참으로, 변함없이 노력하겠다. 그리고 세 왕국에 있는 하나님의 교회에서 '종교와 신앙고백과 교회정치 형태와 예배 지침서와 교리문답'에서 가장 가까운 '연대와 통일'을 이끌어내려고 노력하겠다. 게다가, 우리는 우리와 우리 뒤를 이을 후손이 형제로서 믿음과 사랑으로 살도록, 그리고 주께서 우리 한가운데 거하기를 매우 기뻐하실 수 있도록 노력하겠다.[10]

이 "엄숙동맹과 언약"(The solemn league and covenant)에 따라 스코틀랜드 군대는 당시 왕당파(Royalists)와 의회파(Parliamentarians)가 벌이고 있던 시민전쟁에서 의회파를 돕기 위해 진격했기에, 대항할 능력이 없던 찰스 1세는 이들의 요구를 받아들였다. 이 "엄숙동맹과 언약"(The solemn league and covenant)으로 인해, 1643년 9월 15일부터 스코틀랜드 신학자들이 웨스트민스터 총회에 특사 자격으로 참여하였다.[11] 스코틀랜드 특사들 가운데

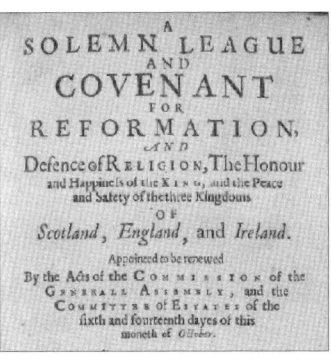

엄숙동맹과 언약

알렉산더 헨더슨과 사무엘 러더포드, 로버트 베일리 그리고 조지 길레스피가 귀한 역할을 했다. 이들 중에서 특히 조지 길레스피의 역할은 출중했다. 이에 대한 김진국의 평가는 다음과 같다.

- 예를 들면, 스코틀랜드 총회 에딘버러에서 길레스피의 1647년에 기록한 'A Form For Church Government And Ordination Of Ministers'과 거기에 수록된 111개 제안과 그에 대한 8가지 요약으로의 제안에 대해서 주의를 기울일 수 있다. 여기에 보면, 장로 정치를 may be 보다 must be로 쓰고 있다. 이것은 교회정치(1645)에 대해 스코틀랜드교회의 총회가 다시 한번 영국 웨스트민스터에 제안한 것이나 다름없다.[12]

실로 조지 길레스피는 교회에 대한 그리스도의 왕권에 대해 『교회정치와 사역에 관한 111가지 제안』(CXI propositions concerning the ministerie and government of the Church, 1647)에서 밝히고 있으며, 이것이 교회정치에 담겼다.

- 1. 우리 주 예수 그리스도께서 비가시적으로 그의 교회를 성령으로 가르치시고 다스리시는 것처럼, 교회를 모으고, 보존하고, 지시하고, 세우고 구원하는 일에서도 마찬가지이시다. 그분께서는 사역자를 그분의 도구로 사용하신다. 그리고 일부는 교회 내에서 가르치고 다른 이들은 배우도록 하는 질서를 지정하셨다. 그리하여 일부는 양떼들이 될 것이고 다른 이들은 목사들이 된다. … 4. 교회는 다른 누구도 아닌 그리스도께서 기뻐하시고 임명하신 사역자와 청지기에 의해 반드시 통치되어야 한다. 그리고 오직 그분이 만드신 법에 따라서만 통치되어야 한다. 그러므로 지상에서 교회 위에 군림하거나 혹은 권위 자체에 도전할 만한 권세는 이 땅 위에 없다. 누구든지 그분의 말씀 안에 드러난 그리스도의 뜻과 규례에 따르지 않고 그들이 원하는 대로 자신의 의지와 규율에 따라서 그리스도

의 일들이 시행되어야 한다고 하면, 이 외에 다른 무엇이 그리스도를 그분의 보좌에서 끌어내리려는 끔찍한 신성모독인가?[13]

총회원들 가운데 장로교정치파 외에 감독정치파와 독립교회파와 에라스투스파도 있었기 때문에 교회 정치에 대한 논쟁이 지속되었지만, 조지 길레스피와 같이 장로교 교회정치에 대한 이해가 선명한 스코틀랜드교회 특사들로 인해 교회정치는 장로교 정치원리에 따라 작성되었다. 따라서 이를 『장로교 교회정치』(Form of Presbyterial Church-Government, 1645)라고도 부른다.[14] 이에 따라 교회정치가 스코틀랜드 에딘버러에서 1647년에 출판되었고, 잉글랜드와 아일랜드에서는 1648년 8월 29일에 런던에서 출판되었다.[15]

(2) 교회정치의 내용

교회정치의 가장 중요한 특징은 "예수 그리스도께서 교회의 머리이시라"는 선언으로 서문이 시작한다는 점이다.

- 예수 그리스도는 어깨에 정사를 메셨으며, 그분의 이름은 기묘자요, 모사요, 전능하신 하나님이요, 영존하시는 아버지요, 평강의 왕이시다. 그분이 다스림과 평강의 더함은 끝이 없을 것이다. 그분은 다윗의 보좌에 앉으셔서 지금 이후로 영원히 그분의 왕국을 다스리시며 공평과 정의로 이를 세우신다. 그분은 성부 하나님에게서 하늘과 땅의 모든 권세를 받으셨다. 성부 하

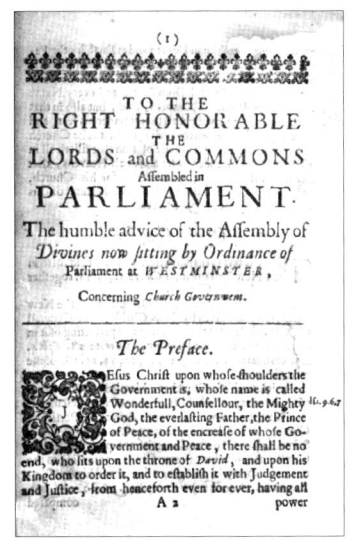

교회정치 "서문"

님께서는 그분을 죽은 자들 가운데서 살리시고, 자기 오른편에 앉히셔서 모든 통치와 권세와 능력과 주권과 이 세상뿐 아니라 오는 세상에 일컫는 모든 이름 위에 뛰어나게 하셨으며, 만물을 그분의 발아래 복종하게 하시고, 그분을 만물 위에 교회의 머리로 삼으셨다. 교회는 그분의 몸이며, 만물 안에서 만물을 충만하게 하시는 그분의 충만함이다. 그분은 만물을 충만하게 하시기 위해 모든 하늘 위에 높아지셨고, 그분의 교회를 위해 은사들을 받으셨으며, 교회를 굳게 세우고 성도를 온전하게 하는 데 필요한 직원들을 주셨다.[16]

교회의 머리가 결코 피조물인 왕이 아니라 창조주이고 구속주이신 그리스도라는 선언은 아주 큰 의미가 있다. 이는 세상 권세에 따른 교회가 아닌 성경적 교회론이 제시하는 것이다.[17]

이에 대해 웨스트민스터 총회 중 작성된 『유스 디비눔』(Jus Divinum Regiminis Ecclesiastici, 1646)은 "신적 권위를 부여받은(jure divino) 특정 교회정치가 과연 있는가? 그러한 교회정치는 무엇인가?"라는 질문을 통해, "그리스도가 머리가 되시는 교회정치가 바로 신적 권위를 가진 교회정치"라고 대답한다.

- 교회정치는 우리의 중보자 예수 그리스도에게서 나온 것으로 자신의 직원들만을 대상으로 성경에 계시된 영적인 권세나 권위이다. 이 직원들이 그리스도의 교회를 세우기 위해 그리스도의 말씀, 인치심, 책망, 그 외 모든 규례들을 이행할 때 이 권세와 권위를 행사한다. … 성경을 통해 이런 점들이 설명되고 확인되면 교회정치가 무엇인지, 그리고 이 교회정치가 우리의 중보자 되시는 예수 그리스도의 뜻과 명령을 통해 신적 권위를 부여받게 된다는 것이 쉽고 충분히 밝혀질 것이다.[18]

교회정치는 "예수 그리스도께서 교회의 머리이시라"는 선언을 기반으로 다음

의 내용을 제시한다. [19]

교회(Of the Church), 교회의 직원들-목사, 교사 혹은 박사, 다른 치리자, 집사, 개 교회 — 개 교회의 직원들, 개 교회의 임직, 치리회 — 치리회의 권한, 노회, 대회(혹은 총회), 목사 임직 - 임직에 대한 성경적 교훈, 임직 권한. 목사임직에 대한 교리적 부분, 목사 임직을 위한 규칙

이해를 위해 교회정치의 일부를 소개하면 다음과 같다. 우선 교회정치의 제목은 147페이지의 그림과 같이 "존경받아야 합당한, 의회에 모인 상원 의원들과 하원 의원들께 웨스트민스터에 의회의 법령에 따라 현재 개회된 성직자 총회가 드리는 겸손한 조언, 교회 정치에 관하여"이다.

- **2장. 교회** "신약성경에는 하나의 보편교회가 제시되어 있다(고전 12:12-13, 28; 고전 12장 나머지 구절 모두). 신약성경의 직분과 말씀과 규례는 예수 그리스도께서 재림하실 때까지 이 세상에서 교회를 모으시고 온전하게 하시려고 보이는 보편 교회에 주신 것들이다(고전 12:28; 엡 4:4-5; 비교. 엡 4:10-13, 15-16). 보편교회의 구성원인 보이는 개교회도 신약성경에 제시되어 있다(갈 1:21~22, 계1:4, 20; 2:1). 초대교회의 개교회들은 보이는 성도로 이루어져 있었다. 즉 그리스도와 그분의 사도들이 가르친 믿음과 삶의 법칙을 따라 그리스도에 대한 믿음과 그분에 대한 순종을 고백한 성인들과 그리고 이들의 자녀들로 이루어져 있었다(행 2:38, 41, 47; 비교. 행 5:14; 고전 1:2; 비교. 고후 9:13; 행 2:39; 고전 7:14; 롬 11:16; 막 10:14; 비교. 마 19:13-14; 눅 18:15-16)."[20]

- **3장. 교회 직원** "그리스도께서 그분의 교회를 굳게 세우시고 성도를 온전하게 하시기 위해 임명하신 직원 중에는 사도와 전도자와 선지자 같은 특별히 세워진

직원들이 있는데, 이 직원들은 더 이상 존재하지 않는다. 다른 보통의 항존 직원으로는 목사와 교사, 교회를 다스리는 다른 이(장로) 그리고 집사가 있다."[21]

- **4장. 개교회** "그리스도인들이 어느 정도의 모임을 갖고 일반적으로 공적인 예배를 위해 하나의 회중으로 모이는 정착된 교회가 있는 것은 합법적이며 필요하다. 신자가 한 공간에서 편하게 모일 수 없을 정도로 수가 많아지면, 별개의 정착된 교회들로 나뉘는 것이 합법적이며 필요하다. 이는 이들이 해야 할 예배 규례들을 더 잘 시행하고 공동의 의무들을 잘 이행하기 위함이다(고전 14:26, 33, 40). 그리스도인들을 별개의 교회로 나누기 위한 그리고 교회를 굳게 세우기 위한 일반적이며 가장 편리한 방법은 거주지 경계에 따르는 것이다. 첫째, 함께 사는 신자는 모든 도덕적 의무에 서로 매여 있고, 이로 인해 이 의무를 이행할 더 많은 기회가 있기 때문이다. 이런 도덕적 유대관계는 영속적이다. 왜냐하면 그리스도께서 율법을 폐하러 오신 것이 아니라 성취하러 오셨기 때문이다(신 15:7, 11; 마 22:39; 5:17). 둘째, 성도의 교제는 사람의 외모를 보지 말고, 여러 규례를 시행하고 도덕적 의무를 이행하기에 가장 편리한 방식에 맞추어 질서 있게 이루어져야 한다(고전 14:26; 히 10:24-25; 약 2:1-2). 셋째, 목사와 성도는 서로에 대한 의무를 상호 간에 가장 편리하게 이행할 수 있을 정도로 가까이 거주해야 한다. 이런 모임에서, 일부는 직무를 맡도록 구별되어야 한다."[22]

- **5장. 개교회 직원** "한 교회 안에 있는 직원과 관련하여, 말씀과 가르침에 수고하면서 다스리기도 하는 자가 적어도 한 사람은 있어야 한다(잠 29:18; 딤전 5:17; 히 13:7). 또한 다스리는 일을 함께할 사람들도 있어야 한다(고전 12:28). 마찬가지로 가난한 사람들을 구제하는 일에 특별한 관심을 기울일 사람들도 필요하다(행 6:2-3). 각 직원의 수는 교회의 형편에 따라 비율에 맞게 조정되어야 한다. 이 직원들은 각기 자기 직무에 따라 그 교회의 일들을 잘 처리하기 위

해 정해진 편리한 시간에 함께 모여야 한다. 이런 모임들에서는 말씀과 가르침에 수고하는 직무를 맡은 목사가 회의의 사회를 보는 것이 가장 적절하다(딤전 5:17)."[23]

- **6장. 개교회의 예배 규례** "한 교회의 예배 규례에는 기도, 감사, 시편 찬송(딤전 2:1; 고전 14:15-16), 말씀 낭독(비록 읽은 말씀을 곧바로 설명하지 않을지라도), 말씀의 해석과 적용, 교리문답, 성례의 시행, 가난한 자들을 위한 헌금, 해산할 때의 강복 선언이 있다."[24]

- **7장. 교회 정치 및 여러 치리회** "그리스도께서는 교회에 정치와 다스리는 사람들을 제정하셨다. 이 목적을 위해 사도들은 예수 그리스도의 손에서 직접 열쇠들을 받았으며, 세상의 모든 교회에서 모든 상황에 그 열쇠들을 사용하고 실행했다. 그 이후 그리스도께서는 그분의 교회에 속한 어떤 사람들에게 다스리는 은사를 지속해서 주셨으며, 그런 일의 요청을 받을 때 그 은사를 실행할 권한을 주셨다. 따라서 교회가 여러 종류의 치리회에 의하여, 즉 당회, 노회, 총회에 의하여 다스림을 받는 것은 합법적이며 하나님의 말씀과 일치한다."[25]

2. 교회정치의 핵심 주제 – 교회 직원, 치리회, 권징, 임직

교회정치가 핵심적으로 다루고 있는 주제는 "교회 직원"(the Officers of the Church)과 "교회 치리회"(Assemblies, that is, the Meeting of the ruling Officers, for the Government thereof) "교회의 권징"(Censures) 그리고 "목사 임직"(Ordination of Ministers)인데, 이에 대해 다루고자 한다.

① 먼저 "교회 직원"(the Officers of the Church)에 대해서는 목사가 가장 많은 부분을 차지함으로써 교회에서 그리스도의 직분을 대리로 감당하는 목사가 얼마나 중요한지에 대해 강조하고, 부록에서 이를 추가하여 임직의 교리와 임직자가 갖추어야 할 자격에 대해서 아주 자세하게 다룸으로써 이를 강조한다. 이어서 교사와 장로 그리고 집사 직분의 중요함에 대해서 언급한다.[26] ② 다음으로 강조하는 "교회 치리회"(Assemblies)는 개혁교회의 전통에 따라 개인이 주관하는 교회가 아니라 회의체가 주관하는 교회임을 분명히 하여 이를 "당회와 노회 그리고 총회"로 제시함으로써, 장로교 정치를 구현하려는 노력을 담고 있다. ③ 다음으로 "권징"(Censures)을 다루는데, 교회정치 초판에는 담지 못했지만 에딘버러 2판과 런던 3판에 아주 잘 다루고 있는 출교와 해벌에 대한 교훈인 권징(Censures)을 세 번째로 다루어 전체적으로 교회 정치에 필요한 내용을 담아낸다. ④ 마지막으로 "목사 임직"(Ordination of Ministers)에 대해 다루면서 교회직원 중에 가장 중요한 목사를 세우는 일에 대해서 어떤 절차와 내용 그리고 자격을 요하는지를 구체적으로 교훈한다.

(1) 교회 "직원"의 중요성

종교개혁 이후 개혁교회는 교회의 체계와 질서를 위해 교회 직원에 대해 가장 중요하게 논의해 왔다. 교회정치 역시나 개혁교회의 전통에 따라 교회 직원에 대해 먼저 다룬다.

1) 목사(pastors): 교회정치는 제3장 교회직원에서 "목사"에 대해 많은 분량을 들여 그 역할의 중요성에 대해 다음과 같이 기술한다.

- 목사는 교회의 보통의 항존 직원이며(렘 3:15-17), 복음 시대의 예언하는 자이다(벧전 5:2-4; 엡 4:11-13). 첫째, 목사의 직무는 다음과 같다. 목사는 양 무리의 입

이 되어 양무리를 위해 그리고 양무리와 함께 하나님께 기도해야 한다. 사도행전 6:2-4과 20:36에는 설교와 기도가 같은 직무에 속한 다른 요소들로 서로 연결되어 있다. 목사인 장로의 역할은 개인적으로라도 병자를 위해 기도하는 것인데, 이 기도에는 특별히 복이 약속되어 있다(약 5:14-15). 그러므로 목사가 자기 직무를 공적으로 수행할 때는 그 직무의 일부인 기도에 더욱 힘써야 한다(고전 14:15-16). 목사는 공적으로 성경을

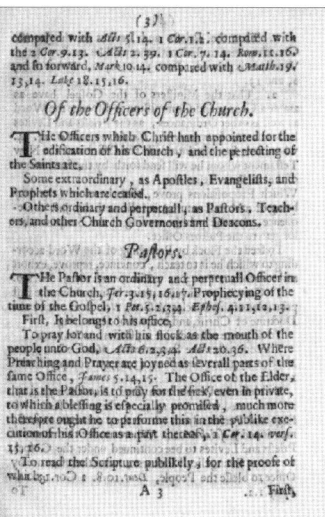

교회 "직원" - 목사

읽어야 하는데, 이에 대한 근거는 다음과 같다. 1. 유대 교회의 제사장과 레위인에게 공적으로 말씀 낭독하는 일이 맡겨졌음이 증명되었다(신 31:9-11; 느 8:1-3, 13). 2. 복음 사역자들은 율법 아래 있던 제사장이나 레위인과 마찬가지로 다른 규례들뿐만 아니라 하나님의 말씀을 나누어줄 커다란 책임과 사명을 가진 것으로 드러난다. 이사야 66:21과 마태복음 23:34에서 우리 구주께서는 자신이 보내신 신약의 직원들을 구약의 교사들과 똑같은 호칭으로 부르신다. 따라서 이 의무의 성질은 도덕적이므로 이런 전제들은 정당한 논증에 의하여 성경의 공적 낭독이 목사의 직무에 속한다는 결론을 낳는다. 목사는 하나님의 말씀을 설교함으로 양 무리를 먹여야 한다. 목사는 하나님의 말씀대로 가르치고, 확신하게 하며, 책망하고, 권고하며 위로해야 한다(딤전 3:2; 딤후 3:16-17; 딛 1:9). 목사는 교리문답을 가르쳐야 하는데, 이는 하나님의 말씀이나 그리스도의 교리의 근본 원리를 명확하게 설명하는 것이며 설교의 한 부분이다(히 5:12). 목사는 그 밖의 하나님의 비밀을 나누어주어야 한다(고전 4:1-2). 목사는 성례를 집례해

야 한다(마 28:19-20; 막 16:15-16; 고전 11:23-25; 비교. 고전 10:16). 목사는 하나님께로부터 나온 성도를 축복해야 한다(민 6:23-26; 비교. 계 1:4-5; 이 구절들은 바로 이 축복과 성도의 근원이신 삼위 하나님을 명백하게 언급한다). 이사야 66:21에는 제사장과 레위인이라는 이름이 복음 아래서도 계속되는 것으로 나타나는데, 이는 복음 시대의 목사를 의미한다. 따라서 목사는 직분상 성도를 축복해야 한다(신 10:8; 고후 13:13; 엡 1:2). 목사는 가난한 자들을 돌아보아야 한다(행 11:30; 행 4:34~37; 행 6:2~4; 고전 16:1-4; 갈 2:9~10). 그리고 목사는 또한 양 무리를 다스리는 권세를 가진다(딤전 5:17; 행 20:17-28; 살전 5:12; 히 13:7, 17).[27]

실로 칼빈은 이러한 중요성을 가진 목사에 대해 "성경이 또한 때로 감독, 장로, 목회자라고 명명하는 목사들에 관해서 말하자면, 그들의 직무는 하나님의 말씀을 선포하여 공적으로나 사적으로 교육하고 훈계하며 권면하고 책망하는 일과 성례를 집행하고 장로나 위임된 자들과 더불어 우애적인 징계(corrections)를 행하는 일이다"라고 설명한다.[28]

2) 교사(박사/교수, doctors): 교회정치는 제3장 목사의 항목에 있는 교사에 대해, 동일성과 차이성에 대해 설명한다.

- 성경은 목사라는 이름과 지위뿐만 아니라 교사라는 이름과 지위도 제시한다(고전 12:28; 엡 4:11). 교사도 목사처럼 말씀 사역자이며, 성례를 집례할 권세를 갖고 있다. 주님께서는 말씀 사역을 위해 여러 은사를 주셨으며, 이런 은사들에 따른 여러 활동을 맡기셨다(롬 12:6-8; 고전 12:1, 4-7). 한 사람의 사역자가 이런 여러 은사를 갖추고 그에 따른 여러 활동을 행할 수도 있지만(고전 14:3; 딤후 4:2; 딛 1:9), 한 교회에 여러 사역자가 있는 경우 각 사람에게 그의 가장 뛰

어난 은사를 따라 서로 다른 사역을 하도록 맡길 수 있다(롬 12:6-8; 벧전 4:10-11). 성경을 적용하는 일보다는 성경 해석과 바른 교리를 가르치는 일에 그리고 반론하는 자를 설득하는 일에 더 탁월한 자가 자신이 잘하는 일에 따라 사역을 할 경우, 그는 교사나 박사로 불릴 수 있다(말씀의 주석이 인용하는 구절들이 이 전제를 입증한다). 그렇지만 개교회에 한 명의 사역자만 있는 경우에는 [딤후 4:2; 딛 1:9; 딤전 6:2에서 주장하는 대로]

교회 "직원" – 교사 혹은 박사

그는 가능한 한 말씀 사역에 속한 모든 일을 수행해야 한다. 교사 또는 박사는 학교와 대학에서 쓰임새가 가장 크다. 이는 구약시대의 교사와 박사도 선지 학교에서 그랬던 것과 마찬가지이다. 예루살렘에서도 가말리엘과 여러 사람이 박사로서 가르쳤다.[29]

여기서 특징적으로 교사(박사/교수, doctors)에 대한 강조가 이루어진다. 이는 초기 개혁교회 형성에 있어서 성경 진리를 바르게 가르치는 교사가 얼마나 중요한가를 강조하려는 의도였다. 그 맥락에서 제네바에는 1559년에 제네바 아카데미가 설립되었고, 거기에는 미래의 목회자들을 길러내는 좋은 교수들이 많았다.

칼빈은 교사 혹은 박사에 대해 "교사들의 고유 직무는 신도들을 건전한 교리로 가르쳐서 복음의 순수함이 무지나 잘못된 견해로 부패되지 않도록 하는 것이다. 그러나 오늘날의 상황에 따라서 우리는 이 칭호를 하나님의 교리를 보존하기 위한 도구요, 또 목사들과 사역자들의 잘못으로 인하여 교회가 황폐케 되지 않도록 도와주는 이들로 이해한다. 이처럼 보다 감지하기 쉬운 말을 사용하자면 우리는 이 칭호를 학교 교육직분(ordre des escoles)이라고 부를 것이다"라고 설명한다.[30]

하지만 교회정치에 있던 교회 직원 중 교사가 지금은 아예 사라진 것은 아쉬운 일이다. "오늘날 우리가 주목해야 할 점은 교사 혹은 신학교수에 해당하는 직분이다. 처음부터 장로교회와 개혁교회는 3중 직분이 아니라 4중 직분을 채택하였다는 것은 장로교회가 신학교수를 얼마나 중요하게 생각하였는지를 알 수 있다. 신학교수가 4중직에서 제외된 결과 오늘날 에베소서 4장에 나오는 교사는 주일학교 교사로 이해되는 경우가 빈번하다. 전통적으로 이 구절은 이단에 대해서 교리를 변증하는 신학교수를 가리키는 것으로 이해되었다. 비록 신학교수는 시간이 흐르면서 3중 직분에는 제외되었으나 교회의 특별한 직분으로 교회정치에서 매우 중요하게 다루어졌는데 고신을 포함하여 한국 장로교 헌법에서 신학교수는 아예 제외되었다. 교회정치에서 신학교수 항목이 사라지자 신학교 및 신학교수의 직무에 대해서도 교회가 무관심하게 되었다. 신학교육과 현장의 분리는 자연스러운 결과물이라고 할 수 있다."[31]

3) 장로(elders): 제3장에 "교회를 다스리는 자들"(Other Church-Governors)이라는 항목으로 "장로"를 설명한다.

- 유대 교회에 백성의 장로들이 제사장 및 레위인과 함께 교회를 다스렸던 것처럼(대하 19:8-10에 나타나듯이), 교회 정치체제와 교회를 다스리는 자들을 제정하신 그리스도께서는 말씀 사역자 이외에 그분 자신의 교회 안에 있는 몇 사람에게 다스리는 은사를 주시고, 요청이 있을 때 그 은사를 행할 권한을 주셨다. 이들은 교회를 다스리는 일에 있어 목사와 협력해야 한다(롬 12:7~8; 고전 12:28). 이런 직원을 개혁교회는 일반적으로 장로라고 부른다.[32]

교회정치에서 제시된 장로직이야말로 "노회"라는 제도의 필수적인 것(sine qua non)이다. 따라서 노회 제도에 장로는 없어서 안 되는 직분이 되었다.³³⁾ 따라서 노회를 노회 되게 하는 아주 중요한 직무를 맡은 이들이 장로임을 잊지 말아야 한다.

이를 인지한 칼빈은 장로에 대해 "장로들의 직무는 모든 이들의 생활을 감시하고, 넘어지는 자들과 무질서한 생활을 하는 자들을 보게 될 때 친절하게 훈계하는

교회 "직원" 장로, 집사

것이다. 또한 필요한 경우 형제애의 징계를 위해 만들어질 위원회에 보고하여 다른 이들(즉 목회자들)과 함께 공동으로 행할 것이다"라고 권면한다.³⁴⁾

4) 집사(deacons): 교회정치는 교회직원 중 재정관리와 구제 사역을 감당하는 "집사"에 대해 다룬다.

- 성경은 집사를 구별된 교회 직원으로 제시한다(빌 1:1; 딤전 3:8). 집사직은 항상 존재한다(딤전 3:8-15; 행 6:1-4). 집사의 직무에 속하는 것은 말씀을 전하는 것이나 성례를 집례하는 것이 아니라 특별히 주의를 기울여 가난한 자들의 필요를 돌보는 일이다(행 6:1-4).³⁵⁾

칼빈은 집사라는 교회직원에 대해 "고대 교회에는 언제나 두 종류의 집사들이 있었다. 한 종류는 가난한 자들을 위한 재산, 예를 들면 매일의 구호금, 재산, 대출, 그리고 생활보조금을 수납하고, 분배하며, 보관하는 일을 위임받은 집사이고, 다른 한 종류는 병자를 돌보고 치료하며 가난한 자들의 식사를 담당하

집사이다"라고 설명한다.[36]

교회정치는 개혁교회 교회정치의 모범(母法)과 같은 『제네바 교회법규 제안서』(1561)의 내용을 이어받았기에 교회 직원의 역할을 구체적으로 강조하고 있다. 따라서 "웨스트민스터 교회정치"(1645)는 『제네바 교회법규 제안서』(1561)와 맥을 같이하고 있다고 할 수 있다.

교회에 있어서 교회의 머리이신 그리스도의 명령에 따라 행하는 직원들이 정말 중요하다. 거듭거듭 강조해도 부족할 정도로 교회직원이 중요하다. 이를 "웨스트민스터 교회정치"(1645)는 칼빈과 바빙크 사이에서, 교회직원이야말로 주의 교회를 바르게 세워나가는 일에 있어서 주께서 세우신 대리자라는 핵심을 드러낸다. 『유스 디비눔』(1646) 역시 "교회정치를 하는 자는 오직 그리스도에 속한 교회의 직원들이다. 교회를 다스리는 자들은 그리스도에 의해서 임명되어 즉시 그리스도의 종 역할을 한다"라고 분명히 밝히고 있다.[37]

교회 직원은 스스로 이렇게 중차대한 교회의 직분에 대한 바른 이해와 함께 그 직분의 중요성을 분명히 인식해야 한다. 왜냐하면 교회직원이 맡은 직분과 그 사명이야말로 그리스도의 영광을 위해, 그리스도가 머리이신 교회의 존립을 위해, 그리고 이 땅에서 그리스도가 다스리는 하나님 나라를 보여주는 일을 위해 자신을 드려야 하는 특권이기 때문이다.

따라서 교회 직원이 그리스도의 종으로서 자신의 직분에 대한 바른 이해를 갖는 것이 이 땅에 참된 그리스도의 교회를 세우고 그 교회를 건강하게 하는 핵심이라 하겠다.

(2) 교회 "치리회"의 중요성

교회정치는 이어서 치리회들(Assemblies)의 종류와 그 사역 내용을 다룬다. 개혁교회의 교회헌법을 따라 역시나 치리회에 대해 제시하고 있다. 이후 미국 장로교회와 네덜란드 개혁교회는 웨스트민스터 총회에서 결정한 교회정치를 존중

하고, 이 문서에 근거하여 당회와 노회 그리고 총회라는 교회 치리회를 형성했다.[38]

이미 언급한 것처럼 교회정치는 제1장 서문에서 교회를 언급하되 교회의 머리되신 그리스도의 왕되심을 분명히 함으로서, 당시 교회의 수장이 왕(註. 수장령-Acts of Supremacy, 1534)이라 생각하던 영국교회에 성경적 교훈을 제시한 것이다. 따라서 그리스도 외에는 누구도 교회의 머리가 될 수 없음을 밝히고 있다는 점에서 교회정치의 강조점은 분명하다.

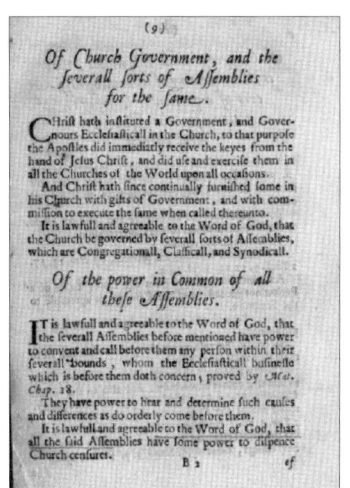

교회 "치리회"

- 예수 그리스도는 어깨에 정사를 메셨으며, 그분의 이름은 기묘자요, 모사요, 전능하신 하나님이요, 영존하시는 아버지요, 평강의 왕이시다. 그분의 다스림과 평강의 더함은 끝이 없을 것이다. 그분은 다윗의 보좌에 앉으셔서 지금 이후로 영원히 그분의 왕국을 다스리시며 공평과 정의로 이를 세우신다. 그분은 성부 하나님에게서 하늘과 땅의 모든 권세를 받으셨다. 성부 하나님께서는 그분을 죽은 자들 가운데서 살리시고, 자기 오른편에 앉히셔서 모든 통치와 권세와 능력과 주권과 이 세상뿐 아니라 오는 세상에 일컫는 모든 이름 위에 뛰어나게 하셨으며, 만물을 그분의 발아래 복종하게 하시고, 그분을 만물 위에 교회의 머리로 삼으셨다. 교회는 그분의 몸이며, 만물 안에서 만물을 충만하게 하시는 그분의 충만함이다.[39]

그러면서 제7장에서 교회 직원의 회의체인 당회와 노회 그리고 총회라는 교회 "치리회"를 다룬다.

- 그리스도께서는 교회에 정치와 다스리는 사람들을 제정하셨다. 이 목적을 위해 사도들은 예수 그리스도의 손에서 직접 열쇠들을 받았으며, 세상의 모든 교회에서 모든 상황에 그 열쇠들을 사용하고 실행했다. 그 이후 그리스도께서는 그분의 교회에 속한 어떤 사람들에게 다스리는 은사를 지속해서 주셨으며, 그런 일의 요청을 받을 때에 그 은사를 실행할 권한을 주셨다. 따라서 교회가 여러 종류의 치리회에 의하여, 즉 당회, 노회, 총회에 의하여 다스림을 받는 것은 합법적이며 하나님의 말씀과 일치한다.[40]

이는 철저히 장로교 정치의 방식이다. 이 때문에 교회정치는 다른 이름으로 "장로교 교회정치"(Form of Presbyterial Church-Government)라고도 부른다.[41] 헤르만 바빙크는 이러한 교회 "치리회"(Asseblies)가 가진 필요성과 유익성에 대해 다음과 같이 해설한다.

- (3) 교회 회의는 '교회의 존재를 위해' 결정적으로 필요하지 않고 구체적으로 하나님의 말씀에 의해 명령되지 않지만, 허용되며 '교회의 유익을 위해' 필요하다. (4) 이런 필요성은 교회가 부름받은 교리, 권징과 예배의 일치, 그리고 교회가 지켜야 할 질서, 평화와 사랑, 그리고 교회가 담당한 공동의 관심사들(봉사자의 훈련, 소명, 파송, 이방인들의 선교, 도움이 필요한 교회들의 지원 등)은 다름아닌 교회 회의라는 수단을 통해 정당하게 수행된다는 사실에서 비롯된다. (5) 교회 회의는 성직 계급을 뒷받침하는 발판이 아니라 모든 성직 계급을 전복시키는 것이다. 교회 회의는 지역 교회의 독립성을 유지하고 혼란, 분리, 목사들의 계급, 몇몇 회원들의 지배로부터 교회를 보호한다. 교회 회의는 몇몇 회원들의 자유를 보장하고, 다른 교회들과 연계하여 그들을 지원하고 더 광범위한 회의들에 호소하는 것을 허용한다.[42]

이에 따라 교회정치의 교회 치리회인 당회, 노회, 총회라는 치리회들 간의 관계에 대해서 살펴보려고 한다. 이 관계에 대해서 교회정치는 치리회들이 모두 같은 권한을 갖지만, 상호 간에 질서가 있는데 당회는 노회에, 노회는 총회에 상하의 질서를 갖는다고 한다.[43] 『유스 디비눔』(1646)도 역시 같은 의견이다.[44] 하지만 이는 상하의 질서를 의미하는 것이지 결코 통제를 의미하지 않음을 유념해야 한다. 그러면 로마 가톨릭처럼 교권주의(hierachy)가 될 수 있기 때문이다.

- 상회가 필연적으로 있는 구조가 하나님의 말씀과 신적 요구에 맞다. 그것이 그리스도의 교회가 가장 안전하고, 질서있는 것이다. 교회는 그런 방향으로 진행되어야 하는 요구에 있다. 교회적인 회들에서 하나님의 말씀(가르침, 교리)나 성도들 또는 사역자들의 삶과 관련하여 사안들을 숙고하고, 검증하여, 하나님의 말씀과 개혁된 교회들의 예를 통해 진단하고, 판단하는 일을 한다. … 이런 모범이 될 수 있는 공의회 및 총회는 니케아 공의회, 칼케톤 공의회, 도르트 총회와 웨스트민스터 총회이다. … 특별히 웨스트민스터 총회는 교회정치의 그 형태까지, 그리고 가정모범과 예배모범을 Directory로서 모범적인 예로 들어 작성하였던 구체적인 교회 실천적인 합의를 도출했던 총회이다.[45]

이러한 관계에 대해 교회정치가 제시하는 당회, 노회, 총회에 대해 살펴보자.

1) 당회 Congregational Assemblies: 먼저 교회정치는 개교회의 치리회인 "당회"에 대해 다음과 같이 설명한다.

- 개교회의 다스리는 직원들은 다음과 같은 일을 권위 있게 행할 권한이 있다. 정당한 이유가 있다고 판단될 때 교회 회원 가운데 누구라도 소환할 수 있다. 교회의 각 회원의 지식과 영적인 상태를 살펴볼 수 있다. 권면하고 책망할 수 있

다. 이 세 가지 권한은 히브리서 13:17
과 데살로니가전서 5:12-13, 에스겔
34:4이 입증한다. 아직 출교를 받기
에 이르지 않은 사람에 대하여 성찬
에 참여하는 것을 권위 있게 금지하
는 것은 성경과 일치한다. 첫째, 성찬
규례가 더럽혀져서는 안 되기 때문
이다. 둘째, 우리는 무질서하게 행하
는 자들에게서 떠나라는 명령을 받았
기 때문이다. 셋째, 합당하지 않게 참
여하는 자에게만 아니라 교회 전체에

교회 "치리회" – 당회

미치는 큰 죄와 위험 때문이다(마 7:6; 살후 3:6, 14-15; 고전 11:27-34; 비교. 고전 1:23; 딤전 5:22). 구약 시대에도 부정한 사람이 거룩한 성물에 다가가지 못하도록 할 권한과 권위가 있었다(레 13:5; 민 9:7; 대하 23:19). 유비의 방식으로 동일한 권한과 권위가 신약시대에도 계속된다. 개교회를 다스리는 직원들은 아직 출교를 받기에 이르지 않은 사람에 대하여 성찬에 참여하는 것을 권위 있게 금지할 권한을 갖는다. 첫째, 성찬 받기에 합당한 사람을 판단하고 인정할 권한이 있는 사람들은 합당하지 않는 사람들을 배척할 권한도 있기 때문이다. 둘째, 성찬은 그 회중에 속한 통상적인 교회의 일이기 때문이다. 개교회가 분할되어 분할된 회중이 정착되면, 각 회중은 각각의 내부적인 연약함과 상호 의존의 필요성이라는 점에서, 그리고 외부의 적들과 관련하여 서로 모든 도움을 주고받아야 한다.[46]

당회의 역할은 "말씀과 교리에 종사하고 다스리는 일(to rule)에 종사하는 목사 한 사람과 이 목사와 함께 교회를 다스리는 치리장로(the ruling elders)를 선출하여 ... 당회가 이 치리장로를 선출하되 회중의 동의와 인준에 의해서 해야 하고 ... 이들이 지역별로 교인들을 돌보는 일을 하게 해야 한다"라고 설명된다.[47]

따라서 당회는 개교회원의 지적, 영적 상태를 조사할 권세를 갖고 있다. 또한 교회의 징계를 할 수 있는데 수찬정지와 출교가 그것이다. 교회의 머리이신 그리스도는 그러하지 않으시지만, 교회를 이루는 각 성도는 여전한 죄의 본성과 이 세상의 여러 악과 싸우고 그 가운데 영향을 받기 때문에 이들로 이루어진 개 교회는 본질적으로 연약하다. 따라서 적절한 권징이 필요하다.

이에 대해 『유스 디비눔』(1646)은 당회에 대해 작은 규모의 노회로 개교회의 목사와 치리장로로 구성되어 개교회의 직접적이고 구체적인 영적인 문제들을 자체적으로 관리하고 지시할 수 있는 치리회라고 설명한다.[48]

2) 노회 Classical Assemblies: 교회정치는 "한 지역의 노회"에 대해 다음과 같이 설명한다.

- 성경은 교회에 노회가 있음을 보여준다(딤전 4:14; 행 15:2, 4, 6). 노회는 말씀 사역자들과 다른 공적인 직원들로 이루어진다. 이들이 교회 치리자가 되어 목사들과 함께 교회 정치에 참여하는 것은 하나님의 말씀에 부합하며 또한 말씀에 의하여 보증을 받는다(롬 12:7-8; 고전 12:28). 성경은 많

교회 "치리회" – 노회

은 개교회가 한 노회 정치 아래 있음을 보여준다. 이 진술은 다음 경우들을 통해 입증된다.[49]

- **예루살렘 교회** - 예루살렘 교회는 하나 이상의 개교회로 이루어져 있었으며, 이 모든 개교회는 한 노회 정치 아래 있었다. 이 때 상황은 다음과 같다. 첫째, 예루살렘 교회가 하나 이상의 개교회로 이루어져 있었다는 것은 분명하다. [1] 예루살렘 신자들이 박해로 인해 흩어지기(행 8:1) 전에도(행 1:15; 2:41, 46-47; 4:4; 5:14; 6:1, 7) 그리고 흩어진 후에도(행 9:31; 12:24; 21:20) 여러 곳에서 다수라고 언급되고 있다. [2] 예루살렘 교회에 많은 사도와 다른 설교자들이 있었다. 예루살렘에 하나의 개교회만 있었다면, 각 사도가 설교를 드물게 했을 것인데, 이것은 사도행전 6:2과 일치하지 않는다. [3] 사도행전 2장과 6장에 언급된 신자들의 다양한 언어들은 예루살렘 교회에 하나 이상의 개교회가 있었음을 말해 준다. 둘째, 이런 개교회들 모두가 하나의 노회 정치 아래 있었다. 그 이유는 다음과 같다. [1] 이 개교회들은 모두 한 교회였다(행 8:1; 2:47; 비교. 행 5:11; 12:5; 15:4). [2] 예루살렘 교회의 다수 장로들이 언급되고 있다(행 11:30; 15:4, 6, 22; 21:17-18). [3] 사도들이 예루살렘 교회의 장로들로서 장로들이 행하는 일반적인 활동을 했다. 이는 사도행전 6장에서 흩어지기 전에 노회 단위의 한 교회가 있었음을 증명한다. [4] 예루살렘의 여러 개교회는 모두 한 교회였기에, 그 교회의 장로들은 함께 모여 교회 정치 활동을 했다는 사실을 언급하고 있다(행 11:30; 15:4, 6, 22; 21:17-18). 이것은 여러 개교회가 한 노회 정치 아래 있었음을 증명한다. 이러한 개교회들이 교회의 직원이나 회원과 관련한 점에서 정착했든지 그렇지 않았든지, 이 진술은 모두에게 동일하게 해당된다. 교회 직원이나 회원들에게 정착성이 요구된다는 점과 관련하여 예루살렘의 여러 개교회와 오늘날 교회의 일반적인 상황 안에 있는 많은 개교회 사이에는 어떤 실질적인 차이도 없어 보인다. 셋째, 따라서 성경은 한 노회 정치 아래 많은 개교회가 있다는 사실을 보여준다.[50]

- **에베소 교회** - 첫째, 에베소 교회에는 하나 이상의 개교회가 있었는데, 이는 사도행전 20:31에 나타난다. 이 구절은 바울이 3년 동안 에베소에 체류하며 설교했다고 언급한다. 사도행전 19:18-20은 그 말씀이 낳은 특별한 결과를 언급하고 있으며, 사도행전 19:10, 17은 유대인과 헬라인을 구별하여 언급한다. 고린도전서 16:8-9에는 바울이 오순절 때까지 에베소에 체류했던 이유를 언급하고, 고린도전서 16:19은 아굴라와 브리스길라의 집에 있었던 개교회를 언급하는데, 사도행전 18:19, 24, 26에 나타나듯이 그때 아굴라와 브리스길라는 에베소에 있었다. 이렇게 제시된 모든 성경 구절은 많은 수의 신자가 에베소 교회 안에서 하나 이상의 개교회들을 이루었음을 입증한다. 둘째, 많은 장로가 이 여러 교회를 하나의 양 무리인 것처럼 다스리고 있었음이 사도행전 20:17, 25, 28, 30, 36-37에 나타난다. 셋째, 이런 많은 개교회가 하나의 교회였으며 하나의 노회 정치 아래 있었음이 요한계시록 2장 1-6절에 나타난다(참조. 행 20:17-18).[51]

『유스 디비눔』(1646)은 노회가 어떤 치리회인지에 대해 다음과 같이 정의한다, "교회의 공통된 문제와 큰 어려운 일에 있어서 공동으로 모든 각각의 교회들을 다스리기 위해 여러 이웃하는 개교회들의 장로들로 구성된 모임이다."[52]

이에 대해 조지 길레스피는, 웨스트민스터 총회에서 개별교회가 노회로 연합해야 하는 이유를 이렇게 제시했다. "그리스도가 세우신 제도이고, 사도들이 그렇게 했으며, 성경의 일반적인 가르침이다. 뿐만 아니라 본성의 빛에 따르는 것이고 필요의 원칙을 존중하는 것이며, 이러한 연합이 없다면 자의적으로 형제를 버려두는 것이고, 형제들과의 교제를 경멸하며, 다른 교회와의 연합을 깨는 것이기 때문이다."[53]

따라서 노회가 그 역할을 감당해야 하는데, 분열을 피하고 평안과 일치를 유지하도록 노력하는 일이 중요하다.[54]

3) 총회(대회) Synodical Assemblies:

교회정치는 지방이나 국가적인 "총회"(대회)에 대해 이어서 다룬다.[55]

- 성경은 노회와 당회 이외에 교회정치를 위한 다른 치리회를 제시하는데, 이것들은 모두 우리가 총회라고 부르는 것이다(행 15장). 목사와 교사와 교회의 다른 치리자가 (또한 적절하다고 여기는 경우 다른 적합한 사람들도) 우리가 총회라고 부르는 치리회의 구성원인데, 이는 총회에 합법적으로 부름을 받았기 때문이다. 총회에는 지역 대회와 국가 총회, 세계 총회 같은 여러 종류가 합법적으로 있을 수 있다. 교회정치에 있어서, 당회와 노회와 지역적이거나 국가적인 총회(대회)에 상하관계에 따른 질서가 있음은 합법적이며 하나님의 말씀과 일치한다.[56]

교회 "치리회" – 총회(대회)

웨스트민스터 총회와 같은 기간에 쓰인 『유스 디비눔』(1646)은 총회에 대해 다음과 같이 설명한다. "총회는 노회보다 더 광범위한 회이다. 노회의 회원들은 오직 몇몇 개교회들에서 파송되지만, 총회의 회원들은 몇몇 노회에서 파견되며 여기에 비례하여 그들의 권세 또한 확장된다. … 모든 총회는 지방이든 국가이든 전 기독교적이든 상관없이 성격과 종류가 동일하다."[57]

여기 세계의 총회에 대해 언급한 이유는 '치리회에 의한 다스림'과 '직분자 간의 평등'의 원칙을 따르는 세 나라인 스코틀랜드, 잉글랜드, 아일랜드의 교회가 연합하려는 계획을 세웠기 때문이었다. 이는 "엄숙동맹과 언약"(The solemn league and covenant)에 "세 왕국에 있는 하나님의 교회에서 '종교와 신앙고백과 교회정치 형태와 예배 지침서와 교리문답'에서 가장 가까운 '연대와 통일'을 이끌

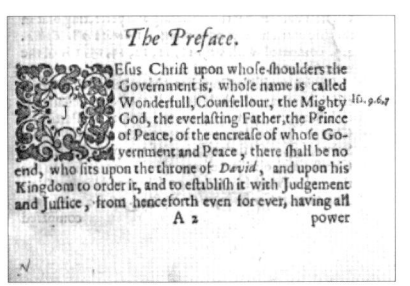

교회정치 "서문" 1   교회정치 "서문" 2

어내려고 노력하겠다"라고 선언한 바에 담겨 있다.[58]

 이러한 당회-노회-총회라는 치리회의 관계에 대해, 『미국 장로교 교회헌법』(1789)에 따라 제시한 박윤선 박사의 심도 있는 의견에 귀기울일 필요가 있다.[59] 왜냐하면 당회-노회-총회라는 치리회 간에는 크기에 따라 대소의 차이는 있어도 계급이나 차등은 없기에, 그 질서 가운데 상호 존중해야 한다는 귀중한 의견이기 때문이다.[60]

 그런 총회의 이해 차이도 변함없이 교회정치는 개인이나 교권이 아닌 치리회 즉 그리스도를 대리하여 교회를 섬기는 교회 직원의 회의체를 통해 구현되는 교회정치를 제시한다.[61] 이 원리의 핵심은 왕이나 교황이 교회나 목사 위에 절대로 군림할 수 없고, 그리스도만이 교회의 머리라는 진리가 선명히 담겨 있다.[62] 이를 마음에 새겨야 한다.

- 예수 그리스도는 어깨에 정사를 메셨으며, 그분의 이름은 기묘자요, 모사요, 전능하신 하나님이요, 영존하시는 아버지요, 평강의 왕이시다. 그분의 다스림과 평강의 더함은 끝이 없을 것이다. 그분은 다윗의 보좌에 앉으셔서 지금 이후로 영원히 그분의 왕국을 다스리시며 공평과 정의로 이를 세우신다. 그분은 성부 하나님에게서 하늘과 땅의 모든 권세를 받으셨다. 성부 하나님께서는 그분을 죽은 자들 가운데서 살리시고, 자기 오른편에 앉히셔서 모든 통치와 권세와 능력

과 주권과 이 세상뿐 아니라 오는 세상에 일컫는 모든 이름 위에 뛰어나게 하셨으며, 만물을 그분의 발아래 복종하게 하시고, 그분을 만물 위에 교회의 머리로 삼으셨다. 교회는 그분의 몸이며, 만물 안에서 만물을 충만하게 하시는 그분의 충만함이다.[63]

(3) 교회 "권징"(Censures)의 중요성

1644년 12월에 작성된 교회정치는 1645년 2월 10일에 스코틀랜드교회의 총회에서 통과되고 1647년에 스코틀랜드 에딘버러에서 두 번 출판되었다. 첫번째 출판물은 원본대로, 두 번째 출판물에는 권징을 추가했으며, 세 번째로 이듬해 1648년 8월에 잉글랜드와 아일랜드교회가 내용을 수정하여 마지막 부분에 권징을 추가해 런던에서 출판되었다.

이런 세 판본의 교회정치 중에 ① 에딘버러 1판본은 지금 주되게 다루는 교회정치(Propositions concerning church government, 1645)로 1647년 인쇄본이다(Edinburgh: Evan Tyler, 1647). 그 본문은 1645년 스코틀랜드교회의 총회에서 통과된 내용이다.[64]

② 에딘버러 2판본(개정판)은 교회정치(A Directory for church-government and ordination of Ministers)라고 명칭을 달리하는데, 같은 1647년에 에딘버러에서 출

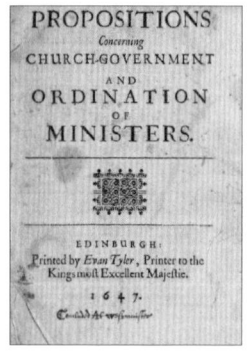

교회정치(에딘버러 1판)

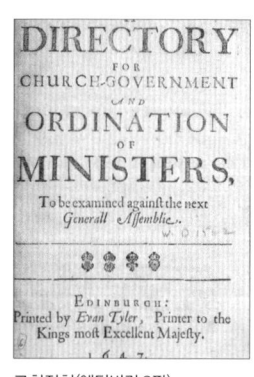

교회정치(에딘버러 2판)

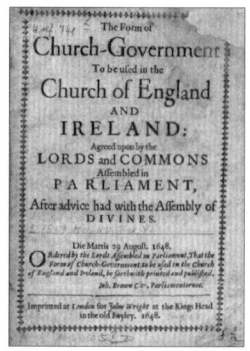

교회정치(런던 3판)

판되었다. 에딘버러 2판은 에딘버러 1판과 달리 권징(Censures)이 추가되었다.

즉 직원과 치리회를 다룬 후 목사의 임직 사이에 권징(Censures)을 추가했고, 치리회도 당회(Congregational Assemblies)-노회(Cloassicall Assemblies)-대회(Synodicall Assemblies)-지방회(Provinciall Assemblies)-국가총회(Nationall Assembly)로 확대된다.[65]

③ 세 번째 런던판본은 교회정치(*The Form of Church Government to be used in the Church England and Ireland*, 1648)로 에딘버러 초판 및 에딘버러 2판과 차이가 있는데 이는 잉글랜교회와 아일랜드교회가 발행한 것으로 내용과 구성에 있어서 차이가 있는데 권징(Censures)도 마지막에 있다.[66]

따라서 권징(Censures)이 추가된 에딘버러 2판 교회정치에 있는 "권징"(Censures) 부분을 다루고 거기 들어 있는 권징(Censures)을 여기서 소개한다. 다음의 링크는 현대 영어라 읽기가 쉽다.[67] 교회정치 2판의 "권징"에 대한 제목은 "권징 지침"(*Directory for Church censures*)이다.

※ 권징지침(*Directory for Church censures*): 권징지침의 내용은 세 가지인데, 먼저 출교 전에 회개해야 할 자를 위한 진행 절차, 출교를 위한 진행 절차 그리고 해벌을 위한 진행 절차이다. 이 내용을 다루기 위해서 간단하게 서문을 달아 다음과 같이 언급한다.

권징 지침(에딘버러 2판)

- 교회의 권징과 치리는 범죄를 판단하고 제거하기 위해 절대적으로 유용하며 필수적이다. 이는 하나님의 이름이 교회 안에 있는 불경건하고 사악한 사람

들에 의해 모독당하지 않도록 하고, 하나님의 백성들을 향한 하나님의 진노를 유발하지 않도록 하기 위함이다. 또한 경건한 사람들이 변화되지 않고 그러한 악한 영향으로부터 보호 받으며 두려움에 시달리지 않도록 하기 위해서이다. 나아가 권징받은 죄인들이 육체의 파멸에서 벗어나 부끄러워하고, 주 예수의 날에 그 영혼이 구원받도록 하기 위함이다. 우리는 요구되는 다음과 같은 절차에 따라 판단한다.[68]

1) 출교 전에 회개해야 할 자를 위한 진행 절차: 가장 먼저 출교 전에 범죄한 자가 회개할 수 있는 기회를 주도록 제안하고 그를 위한 절차를 제시한다.

- 개인적인 범죄의 경우, 우리 주께서는 이를 권고하도록 절차를 정해주셨다(마 18:15). 이는 참으로 지혜롭고 사랑이 넘치는 것이라 할 만하다. 범죄한 자는 회개를 통해 회복될 수 있으며, 만약 자신의 잘못을 완고하게 부인하거나 무시한다면 출교를 통해 공동체에서 제외될 수 있다. 범죄가 공적인 추문에 해당하고 범죄자가 조사를 받는 경우, 진실한 회개의 증거가 확인되어야 하며, 그에 대한 정당한 반대가 없다면 그대로 받아들여져야 한다. 공적으로 알려진 죄라면, 범죄자는 회중 앞에서 자신의 죄를 고백하고 회개를 선언해야 한다. 참회자가 회중 앞에 섰을 때, 목사는 그의 죄를 선언해야 한다. 그의 죄로 인해 하나님의 진노가 일어날 수 있고, 하나님의 백성이 죄에 빠질 위험이 있음을 알린다. 그러나 동시에 그의 죄에 대한 진실한 고백과 회개, 그리고 그리스도의 능력으로 새롭게 살겠다는 그의 결단을 강조해야 한다. 그는 더 이상 죄의 속박 아래 있지 않으며, 성도들의 자비를 위한 기도와 다시는 동일한 죄에 빠지지 않도록 지켜 주시는 하나님의 은혜를 구해야 한다. 참회자는 자신의 마음을 최대한 자유롭고 진실하게 표현해야 한다. 목사는 이러한 절차를 모두 행한 후 하나님께 참회자를 위해 기도하고, 그에게 신중하게 생활할 것을 권고해야 한다. 또한 성도들에

게 그의 잘못을 바르게 이해하고 그가 다시 일어설 수 있도록 권면해야 한다. 마지막으로, 목사는 교회가 그를 만족스럽게 받아들였음을 선언해야 한다.[69]

2) 출교를 위한 진행 절차: 범죄한 자가 회개하지 않을 때 그를 출교하는 절차를 이어서 제시한다.

> The order of proceeding to Excommunication.
>
> EXcommunication being a shutting out of a Person from the Communion of the Church (and therefore the greatest and last censure of the Church) ought not to be inflicted without great and mature deliberation, nor till all other good meanes have been assayed. Such errors as subvert the Faith, or any other errors which overthrow the power of Godlinesse, if the party who holds them, spread them, seeking to draw others

출교를 위한 진행 절차 (에딘버러 2판)

- 출교는 교회 공동체에서 한 성도를 내쫓는 행위로, 교회에서 가장 크고 최후의 권징이다. 따라서 이는 중요하고 성숙한 심사숙고를 거쳐야 하며, 모든 적절한 수단을 통해 충분히 평가되기 전까지는 시행되어서는 안 된다. 출교의 대상이 되는 죄는 다음과 같다. 모든 신앙을 부정하는 죄나 신성의 능력을 부정하고 대적하는 죄, 그러한 죄를 주장하고 퍼뜨리며 다른 이들에게 따르도록 강요하는 죄, 하나님의 이름과 진리를 모독하는 원인이 되거나 신성의 권위를 거부하는 죄, 그리스도께서 교회 안에 세우신 질서, 연합, 평안을 명백하게 파괴하려는 죄, 이러한 죄들이 공적으로 드러나고 교회의 평판을 훼손할 정도로 중대하게 밝혀진 경우, 출교의 판결은 교회의 규칙에 따라 진행되어야 한다.[70]

이렇게 언급하고는 사려 깊게 출교하지 않아야 하는 경우와 그 내용들에 대해 다음과 같이 다룬다.

- 그러나 다음과 같은 경우에는 출교 판결을 선포해서는 안 된다. 학식이 있고 경건한 자들이 의견을 달리할 수 있는 문제, 신앙을 타락시키지 않고 경건함을 파괴하지 않는 판단상의 오류, 하나님의 자녀들에게 흔히 발견되는 연약함의 죄, 신앙은 건전하고 삶은 거룩하지만, 일부 규칙을 지키지 못한 경우. 이들은 성령

께서 주신 하나 됨을 평안의 매는 줄로 지키고자 노력하며, 그들의 연약함이 출교의 근거가 되어서는 안 된다.[71]

이뿐 아니다. 참으로 신중해야 할 출교를 위해, 당회뿐 아니라 노회의 역할까지 세심하게 언급한다.

- 출교의 권한과 대상에 대해 다양한 견해들이 존재하기에, 교회는 논쟁을 피하고 평화를 유지하며 어려움을 해소하기 위해 다음의 지침들을 따라야 한다.
    ① 노회의 역할 - 출교와 관련된 중대하고 어려운 교리적, 생활적 문제에 대해 노회는 해당 사안을 조사해야 한다. 범죄의 성격과 가중 요소들을 고려한 후 정당한 이유가 있다고 판단될 경우 출교를 선언하고 결정할 수 있다.
    ② 당회의 역할 - 해당 당회는 회중의 동의를 받아 출교 절차를 진행해야 한다.
    ③ 권고와 기도- 범죄자에게 여러 차례 공개적으로 권고해야 한다(출석할 경우). 그의 죄에 대한 명백한 증거를 제시해야 한다. 죄의 본질과 중대성을 설명하고, 회개하지 않을 경우 받을 위협과 저주를 경고해야 한다. 하나님의 은혜와 성도의 교제에서 쫓겨난 자의 비참함을 알리고, 참된 회개자에게 주어지는 하나님의 크신 자비와 용서를 강조해야 한다. 이러한 권고는 성경의 적절한 구절을 인용하여 이루어져야 한다. 기도에서는 주님께 이 권고가 범죄자의 마음을 감동시켜 참된 회개로 인도해 주시기를 간구해야 한다. 이 모든 절차는 신중하게 이루어져야 하며, 출교가 하나님의 영광과 교회의 거룩함을 지키기 위한 수단임을 기억해야 한다.[72]

그럼에도 마지막까지 회개하지 않는 범죄자에게 출교를 명해야 하는 경우가 되면 다음과 같은 절차를 행하도록 구체적으로 언급한다.

- **마지막 권고와 출교 선고**: 마지막 권고와 기도 이후에도 그가 회개의 증거나 징후를 보이지 않는다면, 하나님의 이름을 부르며 다음과 같은 표현으로 엄숙한 출교 선고가 내려져야 한다.

  [당사자가 불참한 경우, 이를 3인칭으로 바꿔 말할 것.] "N이여, 너는 (여기에 죄를 언급할 것)에 대한 충분한 증거에 의해 유죄가 입증되었으며, 적절한 권고와 기도 이후에도 진정한 회개의 증거나 징후 없이 완고하게 남아 있다. 그러므로 주 예수 그리스도의 이름으로, 이 회중 앞에서 나는 너 N을 출교자로 선포하며, 신자들의 교제에서 제외되었음을 선언한다."[73]

- **출교 선고에 동반되는 기도**: 하나님 아버지, 주께서는 죄를 제거하고 완고한 죄인을 회복시키기 위한 수단으로 이 엄중한 선고를 정하셨습니다. 주께서 이 명령에 임재하시어 그 목적을 이루게 하옵소서. 이 범죄자의 죄를 붙잡아 교회에서 그를 내쫓음으로써, 그가 두려움과 부끄러움으로 가득 차게 하시고, 그의 완고한 마음이 깨져 육체의 일을 멸하며, 마귀의 권세에서 벗어나 그의 영혼이 구원받게 하옵소서. 또한 다른 이들이 두려움을 느끼고 이와 같은 죄를 건방지게 짓지 않도록 하옵소서. 교회(하나님의 집)에서 모든 부패한 누룩이 제거되어, 예수 그리스도께서 우리 가운데 거하시기를 기뻐하시게 하옵소서. 아멘.[74]

출교의 모든 과정을 살펴보면, 교회와 노회가 얼마나 엄중하게 출교에 대해 다루어야 하는지 그 정신과 태도가 생생하게 전해진다. 이뿐 아니라 출교 선고 이후에 어떻게 교회가 해야 하는지를 다룬다. 이를 "출교 선고 이후의 지침"이라 하는데, 다음 세 가지다.[75]

- **교제에 대한 경고**: 이 선고가 선포된 후, 사람들은 그가 교회의 교제에서 제외된 자임을 인식하고, 그와의 영적 교제를 피하도록 경고받아야 한다.

관계의 지속성: 출교는 시민적 또는 자연적 관계의 결속을 해체하지 않으며, 그에 따른 의무에서 면제되지 않는다.

공개적 통보: 이 선고는 그가 속한 회중뿐만 아니라, 필요에 따라 다른 노회나 교회에도 알려져야 한다.

이러한 출교의 과정 가운데 출교라는 결과보다 더 중요하게 취해야 하는 교회의 태도는 그가 회개하도록 돕는 일이다. 이것이 출교 절차 가운데 가장 중요하게 새겨져 있음을 주목해야 한다. "죄가 공공연하게 드러나고 정당하게 비난받을 만한 경우, 당회는 범죄자를 회개로 이끌기 위한 조치를 취해야 하며, 그의 회개는 공개적으로 이루어져야 한다. 그러나 그가 끝까지 완고하게 버티는 경우, 결국 출교되어야 하며 그 기간 동안 성찬에 참여하는 것이 금지되어야 한다."[76]

3) 해벌을 위한 진행 절차: 범죄한 자가 이제 회개하였을 때 그를 해벌하는 절차를 제시함으로써 "권징"(Censures)의 진정한 의미와 이유를 밝힌다.

해벌을 위한 진행 절차(에딘버러 2판)

- 출교된 사람이 회개의 징후를 보인다면, 즉 자신의 죄로 인해 하나님께 큰 불쾌감을 드렸고 형제들에게 슬픔을 주었으며, 그로 인해 교회에서 정당하게 제외되었음을 인정하는 경건한 슬픔을 나타낸다면, 그는 해벌을 받을 준비가 된 것이다. 그는 마음속으로 죄에서 돌이켜 하나님께 돌아가겠다는 진지한 결심을 보이며, 과거의 잘못을 바로잡고 개혁하려는 의지를 나타내야 한다. 또한, 하나님과 그의 백성과의 평화를 회복하려는 겸손한 소망과 함께 하나님의 은혜와 교회의 교제에 다시 참여하고자 하는 열망을 드러내야 한다. 이 경우, 그는 회중 앞에 나아가 자신의 죄를 자유롭게 고백

하고, 죄에 대한 진정한 슬픔을 나타내며, 그리스도 안에서 하나님의 자비를 구해야 한다. 동시에 그는 교회의 교제로 회복되기를 요청하고, 하나님께 새로운 순종을 다짐하며, 더 거룩하고 신중하게 복음에 합당한 삶을 살겠다고 약속해야 한다. 그런 후, 목사는 그리스도의 이름으로 교회의 징계에서 그가 해방되었음을 선포하며, 하나님의 은혜를 찬양하고, 그가 하나님의 은혜 안에서 완전히 받아들여져 기쁨과 즐거움을 얻게 되기를 기도해야 한다.[77]

이 기도 후에 목사는 회중 앞에서 이렇게 죄 사함의 선언을 한다. 기도와 선언을 같이 보자.

- **해벌에 동반되는 기도**: 하나님 아버지, 주께서는 죄인의 죽음을 기뻐하지 않으시고, 그가 회개하고 살아나기를 원하시는 분이심을 찬양합니다. 출교의 제도를 축복하시고, 성령을 통해 이 범죄자를 회복시키시는 주님의 은혜에 감사드립니다. 예수 그리스도를 통해 나타난 하나님의 자비를 높이며, 진심으로 회개하고 죄를 버리는 자를 용서하시고 은혜 안에 받아들이시는 주님의 자비를 찬양합니다. 이 회개하는 자에게 자비와 용서의 확신을 주시고, 그가 죄 사함을 받았음을 확신할 수 있게 하옵소서. 주님, 이제부터 그를 성령으로 굳건히 붙드시고 강하게 하셔서, 그가 믿음에 온전하고 모든 행실에서 거룩하게 되어 하나님께 영광을 돌리며, 교회가 세워지고, 주 예수 그리스도의 날에 구원을 얻게 하옵소서. 아멘.[78]

- **죄 사함의 선언**: "너 N은 네 죄로 인해 신자들의 교제에서 제외되었으나, 이제 네가 진정한 회개의 증거를 나타내었고, 교회는 그 회개에 대해 만족함을 선언한다. 그러므로 주 예수 그리스도의 이름으로, 이 회중 앞에서 나는 너를 이전에 선포된 출교의 선고에서 해방되었음을 선언하며, 너를 교회의 교제에 다시 받아

들이고, 그리스도의 모든 제도의 자유로운 사용을 허락하노니, 네가 그리스도의 모든 은혜를 받아 영원한 구원에 이르기를 기도한다."79)

권징의 마지막 단계로 더 중요한 일이 남아 있다. 바로 해벌(解罰) 이후에 대한 권고이며 지침인데, 내용이 참으로 감동스럽다. 즉 형제애의 회복과 장로들의 환대 그리고 회중과의 교제의 회복이 핵심이다.80)

죄 사함의 선언(에딘버러 2판)

따라서 권징에 있어서 가장 중요한 부분은 바로 이 해벌을 통한 성도의 회복이다. 징벌을 지향하지 않고 회복을 지향하는 권징이야말로, 세상과 구별되는 교회의 천상적인 모습이라고 할 수 있다.

형제애의 회복 - 목사는 그에게 형제처럼 권면하거나 필요에 따라 위로의 말을 전해야 한다.

장로들의 환대 - 장로들은 그를 포옹하며 따뜻하게 교회의 한 지체로 받아들여야 한다.

교인들의 교제 - 전체 교인은 그를 기쁨과 사랑으로 자신들의 일원으로 맞이해야 한다.

이렇게 교회정치 에딘버러 제2판(A Directory for church-government and ordination of Ministers)은 교회의 거룩과 순결을 위해 필요한 "권징 지침"에 대해 아주 구체적이고 실질적인 내용들을 담고 있다.

(4) 교회직원 "임직"의 중요성

교회정치(Propositions concerning church government, 1645)의 마지막 부분에 있는 "목사 임직"에 대한 내용을 살펴보고자 한다. "12장 목사의 임직. 목사의 임직이라는 주제 아래 고려되어야 하는 것은 임직의 교리와 그 권한이다."[81]

이에 대해 이성호는 교회정치가 왜 목사의 중요성을 강조했는지를 아주 잘 말해준다.

교회직원 "임직"

- 교회정치 규범이 가장 많이 다루는 부분은 교회의 직원이다. 이 중에서 목사가 가장 큰 부분을 차지하고 있는데 이것은 장로교회에서 목사의 비중이 얼마나 중요한지를 나타내 준다. 이 부분은 오늘날 너무나 간략하게 다루어지고 있다. … 교회정치 규범의 핵심 원리는 간단하다. 그것은 바로 그리스도만이 교회의 머리라는 교리이다. 우리 주님께서 "제자를 삼으라"고 명령하셨는데, 이를 위해서 우리 주님은 세례를 제정하셨고 제자들에게 말씀을 맡기셨다. 이 성례와 말씀에 수종 드는 사람이 바로 목사다. 결국 교회정치 규범은 그리스도의 대 사명에 대한 교회의 순종이다. 이 사명을 제대로 감당하기 위해서는 교회정치 규범에 나타난 직원들의 직무를 잘 이해하고 그 직무를 신실하게 수행할 사람들을 직원으로 세워야 할 것이다. 이 일을 잘 수행할 때 그리스도는 진정으로 교회의 머리와 왕으로서 영광을 받게 된다.[82]

이제 교회정치의 마지막 부분인 "목사 임직"(Ordination of Ministers)에 대해 살펴보려고 하는데, 임직에 대한 교리와 임직의 권한이라는 두 가지를 다룬다.

1) 임직에 대한 교리: 교회정치는 임직에 대한 교리적 설명을 다음과 같이 제시한다.

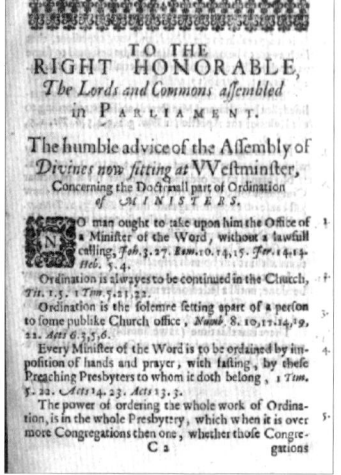

임직에 대한 교리

- 누구도 합법적인 부르심이 없이는 말씀 사역자 직분을 맡아서는 안 된다(요 3:27; 롬 10:14-15; 렘 14:14; 히 5:4). 임직은 교회에서 언제나 계속되어야 한다(딛 1:5; 딤전 5:21-22). 임직은 공적인 교회의 직분을 위해 사람을 엄숙하게 구별하여 세우는 일이다(민 8:10-11, 14, 19, 22; 행 6:3, 5-6). 모든 말씀 사역자는 임직의 권한을 가진 설교하는 장로들이 안수하고, 금식하며 기도함으로 임직해야 한다(딤전 5:22; 행 14:23; 행 13:3). 목사로 임직될 사람들이 어떤 개교회나 여러 목회적 책임을 맡도록 하는 것은 매우 적절하며 하나님의 말씀과 일치한다(행 14:23; 딛 1:5; 행 20:17, 28). 목사로 임직될 사람은 삶과 목회적 역량에서 사도의 규칙에 따른 충분한 자격을 갖추어야 한다(딤전 3:2-6; 딛 1:5-9). 그는 임직을 받을 때 자신을 임직하는 사람들에게 심사와 승인을 받아야 한다(딤전 3:7, 10; 5:22). 개교회에 속한 사람들이 반대하는 정당한 이유를 제시한다면, 누구도 그 개교회의 목사로 임직해서는 안 된다(딤전 3:2; 딛 1:7).[83]

2) 임직의 권한: 교회정치는 임직에 대한 권한이 누구에게 있는가를 다음과

같이 설명한다.

- 임직은 노회가 행하는 일이다(딤전 4:14). 임직에 속한 모든 일을 결정하는 권한은 노회 전체에 있다. 그 노회가 하나 이상의 개교회를 다스리고 있을 때, 직원 및 회원과 관련해 이 개교회들이 정착했는지 아닌지는 임직과 관련하여 상관없는 사안이다(딤전 4:14). 개교회가 편리한 대로 임직의 일에 개입하여 스스로 임직의 모든 권한을 전적으로 취하지 않도록 해야 한다. 첫째, 개교회가 편리한 대로 임직의 일에 개입하여 스스로 임직의 모든 권한을 전적으로 취했다는 실례가 성경에 없고, 그런 관행을 보증하는 어떤 법도 없기 때문이다. 둘째, 여러 교회를 다스리는 한 노회에서 임직을 행한 예가 성경에 있기 때문이다. 많은 개교회가 있었던 예루살렘 교회에서 보듯이, 한 노회 아래 많은 개교회가 있었고 이 노회가 임직을 행했다. 질서에 의하여 임직에 관련된 설교하는 장로들은 도시에 있든지 인접한 마을에 있든지 각각 자기 관할 지역에 있는 개교회를 위해 안수의 일에 관련된 권한을 가진 자들이다.[84]

이렇게 12장에서 임직에 대한 교리와 권한에 대해 정리해놓고, 부록에서 이를 다시 언급한다. 1항부터 9항까지는 이미 앞에 언급한 내용을 반복한다. 여기서 강조하려는 의도를 느낄 수 있다. 그만큼 중요하다는 것이다. 따라서 그 이외의 내용을 여기에 소개하려 한다.

3) 목사의 임직에 대한 교리 추가: 먼저 앞 부분과 동일한 내용이 1항부터 9항

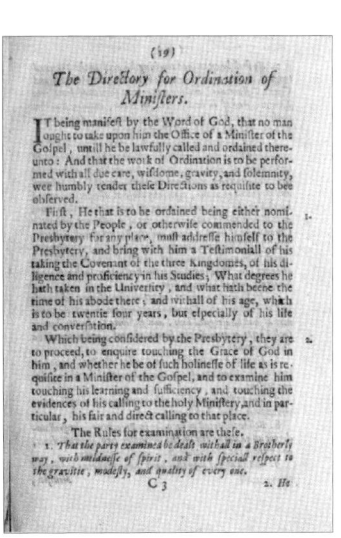

목사의 임직을 위한 규칙

까지 소개된다. "1. 누구도 합법적인 부르심이 없이는 말씀 사역자 직분을 맡아서는 안 된다(요 3:27; 롬 10:14-15; 렘 14:14; 히 5:4) … 9. 개교회에 속한 사람들이 반대하는 정당한 이유를 제시한다면, 누구도 그 개교회의 목사로 임직해서는 안 된다(딤전 3:2; 딛 1:7)."[85] 그리고 이렇게 덧붙인다.

- 10. 질서에 의하여 임직에 관련된 설교하는 장로들은 도시에 있든지 인접한 마을에 있든지 각각 자기 관할 지역에 있는 개교회를 위해 안수의 일에 관련된 권한을 가진 자들이다. 11. 특별한 상황에는, 확립된 질서를 갖출 때까지 예외적인 일을 행할 수 있다. 그렇지만 가능한 한 규칙에 근접하게 하도록 해야 한다(대하 29:34~36; 대하 30:2~5). 12. 지금이야말로 (우리가 겸손히 생각하듯이) 현재의 목사 수급을 위해 임직 방식을 정할 특별한 기회이다.[86]

4) 부록 – 목사의 임직을 위한 규칙: 그다음 임직에 대한 부록의 내용은 임직을 위한 규칙을 다룬다. 여기는 아주 구체적이고 실제적인 지침이 들어 있다.

- 합법적으로 부름을 받아 임직을 받기 전까지는 누구도 복음 사역자 직무를 맡아서는 안 되며, 임직하는 일은 온갖 적절한 주의와 지혜를 기울여 진지하고 엄숙하게 행해야 한다는 것은 하나님의 말씀이 분명하게 보여주는 바이다. 따라서 우리는 꼭 지켜야 요건으로 이 규칙을 겸손하게 제시한다.[87]

이렇게 설명을 시작한 후에 아주 구체적으로 열세 가지에 걸친 요구사항들과 지침들을 제시한다.

- 1. 어느 자리를 위해 교인들의 지명을 받았든지 또는 다른 방법으로 노회에 추천을 받아서 임직을 받아야 하는 사람은 노회에 직접 청원하고 세 왕국의 언약*을

받아들인다는 서약 및 학문에 대한 자신의 성실함과 숙달된 능력, 대학에서 받은 학위, 재학할 때 있었던 일, 나이가 24세 이상이라는 것 그리고 특별히 자기의 생활과 삶의 태도에 대한 증명을 제출해야 한다.[88]

- 2. 이런 서류들을 검토한 후, 노회는 그에게 베푸신 하나님의 은혜와 그 사람이 복음 사역자의 필수 요건인 삶의 거룩함을 지니고 있는지를 살펴야 한다. 그의 학문과 능력 그리고 그가 거룩한 사역에 부름을 받았다는 증거들, 특히 그가 그 자리에 대한 정당하고 명백하게 소명을 받았다는 증거들을 심사해야 한다. 심사하는 규칙들은 다음과 같다.[89]

- 3. 그가 모든 면에서 승인받으면, 그는 봉사할 교회로 보냄을 받아 거기서 3일 동안 설교하며 교인들과 대화한다. 그렇게 함으로 교인들이 자기들의 신앙 성장을 위해 그의 은사가 적절한지를 확인하고, 그의 생활과 삶의 태도를 살펴서 더 잘 알 수 있는 시간과 기회를 얻게 해야 한다.[90]

- 4. 설교에 대한 그의 은사를 심사하기 위해 지정된 3일 중 마지막 날에 노회는 그 교회 교인들에게 공적 통지를 문서로 보내야 하고, 그 통지는 교인들 앞에서 공적으로 낭독된 후 교회 문에 붙여야 한다. 이는 교인들이 교인 가운데서 지명한 적당한 수의 교인들이 노회 앞에 나가서 자신들의 목사가 되려는 자에 대하여 동의와 찬성을 표하게 하려는 것이다. 또는 반대 경우라면, 그에 대해서 무슨 반대 의견들이 있는지를 모든 기독교적 분별력과 온유함으로 표현할 수 있게 하려는 것이다. 만약 지정된 날에 그에 대한 정당한 반대 의견이 없고, 교인들이 찬성을 표한다면 노회는 임직을 진행한다.[91]

- 13. 노회의 어떤 회원이나 관련된 누구도 임직 때문에 또는 이와 관련된 일 때문

에, 임직자나 그를 대신하는 누구에게서도 돈이나 그 어떤 종류의 선물도 받아서는 안 된다.[92]

> That no Money or Gift of what kinde foever shall be 13.
> received from the Person to bee ordained, or from any
> on his behalf for Ordination or ought else belonging to
> it, by any of the Presbyterie, or any appertaining to any
> of them upon what pretence foever.

13항. 임직자나 그를 대신하는 누구에게서도 돈이나 그 어떤 종류의 선물도 받아서는 안 된다

군목과 같이 특별하게 임직하는 경우: 이렇게 설명한 후에 그 다음에는 특별하게 임직하는 경우도 다룬다. 군대에 필요한 목사에 대한 언급이라 무척이나 세심하게 이를 준비했다는 인상을 준다.

군목과 같이 특별하게 임직하는 경우

- 지금까지는 일반적인 임직의 방식에 대한 일반 규칙과 절차를 다루었다. 다음은 현재로서 실행해야 할 필요가 있는 특별한 임직의 방식이다. 1. 현재의 이 긴급한 상황에서는 우리가 완전한 권한과 사역을 갖춘 조직된 노회들을 구성할 수 없지만, 많은 목사가 육군이나 해군 군목으로 근무하기 위해 그리고 목사가 전혀 없는 많은 개교회를 위해 임직을 받아야 한다. (공적 분쟁 때문에) 교인들이 자신들을 위한 신실한 목사를 찾거나 알아볼 수 없든지, 앞서 언급한 일반적인 규칙에서와 같은 엄중한 시험을 위해 안심하고 교인들에게 보낼 사람이 없든지, 특히 개교회 가까이에 노회가 없어서 노회에 청원할 수도 없거나 노회가 올 수도 없고, 또 교인들을 위해 그 개교회에 임직받기에 적합한 자를 보낼 수도 없을 경우가 있을 수 있다. 그렇

더라도 목회 사역을 위해 구별된 자로서, 목회 사역에 적합하고 자격 있는 것으로 밝혀진 다른 사람들을 구별하는 일에 참여할 권한을 가진 사람들이 개교회를 위해 목사들을 임직하는 일은 필수적이다. 그런 경우, 앞에 언급한 어려움이 하나님의 은혜로 충분히 해소될 때까지, 정부 당국에 의해 지명된 런던이나 인근에 있는 몇몇 경건한 목사들이 이 일에 관계하여 앞에 언급한 일반 규칙들을 가능한 한 근접하게 지키면서, 런던과 인근 지역을 위한 목사들을 임직하도록 할 것이다. 이 일에 대한 관여는 다른 어떠한 의도나 목적을 위해서가 아니고 오직 임직 사역을 위한 것이어야 한다. 2. 현재 평온하고 조용한 여러 주의 큰 도시들과 인접한 행정 교구들 안에서는 인접한 지역들을 위해서도 정부 당국이 앞서 말한 것과 같은 방식으로 관여하여 임직 사역을 하게 할 것이다. 3. 육군이나 해군 군목으로 선출되거나 임명된 사람들은, 앞에 언급한 대로, 이 일에 관계되는 런던이나 지방에 있는 몇 명의 목사들에게 임직을 받게 할 것이다. 4. 어떤 사람이 개교회의 목회를 위해 교인들에게 정당하고 합법적으로 추천되었을 경우, 그 교회가 임의로 이 사람의 자질과 능력을 시험할 수 없고, 따라서 이런 일과 관련된 목사들이 도와주어 그 교회와 교인들을 섬기기에 적합하다고 판단하는 자를 보내주기를 원한다면, 그 목사들이 같은 방식으로 행하게 할 것이다.[93]

그러므로 교회정치의 핵심이 성경에 기반한『신앙고백』을 따라 성경적 교회 징치인 장로교 제도를 따르되, 그 핵심이 교회의 머리이신 그리스도를 대신하여 이 땅에서 교회를 돌보는 "교회직원"이며, 또한 그것을 구현하는 집합 회의체가 "교회 치리회"이다. 이러한 교회정치에 담긴 성경적이며 역사적 개혁주의의 정신이 교회직원에게 바르게 전수되고 새겨져서, 한국 장로교회들 가운데 교회직원에 대한 성경적 이해가 회복되고 또한 그들에 의해 구성되는 치리회가 가장 개혁적인 모습을 갖게 되기를 바라는 마음이다. 교회의 머리이신 그리스도 우리 왕께서 교회 위에 그런 은혜 주시기를 간절히 기도한다!

제4장. 웨스트민스터 교회정치

1) 국내에 번역 소개된 교회정치 관련된 책은 박경수,『스코틀랜드 교회치리서』(서울: 장로회신학대학교출판부, 2020); 존 칼빈,『깔뱅작품선집 III』박건택 역. (서울: 총신대학교출판부, 2009); 배광식,『장로교정치사상사』(서울: 이레서원, 2009); J.A. 하지『교회정치 문답조례』배광식 역. (서울: 대한예수교장로회총회, 2011); 고신총회 헌법해설집 발간위원회,『헌법해설』(서울: 대한예수교장로회 고신총회 출판국, 2013); 허순길,『개혁교회 질서 해설』(광주: 셈페르 레포르만다, 2017);『유스 디비눔』정종원 역. (서울:고백과문답. 2018); 장대선 편역,『장로교의 치리서들』(서울: 고백과문답, 2020)『개혁교회의 질서들』(개정판 2023) 등 이다.
2) 웨스트민스터 총회의 모습이라고 알려져 있지만, 실제는 한참 후인 19세기에 화가 존 로저스 허버트(1810-1890,John Rogers Herbert)가 당시를 상상해서 그린 그림이다(Assertion of Liberty of Conscience by the Independents of the Westminster Assembly of Divines, 1847).
3) Mitchell. F Alexander. *The Westminster Assembly*, 246-269. 여기에 당시 논쟁과 결과물들에 대한 설명이 잘 기록되어 있다.
4) John R. de Witt, *Jus Divinum: The Westminster Assembly&the Divine Right of Church Government*, 27. 이 독립파 지지자들은 전체 151명 중 5명으로 Thomas Goodwin, Phillip Nye, Sidrach Simpson, Jeremiah Burroughs, William Bridge이었다.
5) 1644년 12월에 작성된 교회정치는 1645년 2월 10일 스코틀랜드교회의 총회에서 통과되고 1647년에 스코틀랜드 에딘버러에서 출판되었다. 이를 수정해 잉글랜드와 아일랜드 교회가 1648년 8월 29일에 통과시켰고 그해에 런던에서 출판되었다. 3개의 출판본이 존재하는데 ① Propositions concerning church government 1647년(에딘버러 1판)이다. https://books.google.co.kr/books?id=ERxIAAAAcAAJ&newbks=0&printsec=frontcover&dq=&hl=en&redir_es c=y#v=onepage&q&f=false ② A Directory for church-government 1647년(에딘버러2판)은 개정되어 치리회와 임직 사이에 권징(Censures)이 있다. https://commons.ptsem.edu/id/directoryforchur00west 그리고 치리회에 있어서도 당회-노회-총회(대회)만이 아니라 당회-노회-지역대회-국가총회까지 확대된다. ③The Form of Church Government to be used in the Church and Ireland(잉글랜드와 아일랜드 교회) 1648년(런던) 판은, 내용에서도 차이가 있고 권징(Censures)이 마지막에 있다. https://books.google.co.kr/books?id=3CdBAAAAcAAJ&printsec=frontcover&hl=ko&source=gbs_ge_summary_r&cad=0#v=onepage&q&f=false
6) John R.Witt, *Jus Divinum:The Westminster Assembly&the Divine Right of Church Government*, 24-31."The Episcopalians... Erastian... Independents...Presbyterians."
7) Mitchell. F Alexander. *The Westminster Assembly*, 246-269. 여기에 당시 논쟁과 결과물들에 대한 설명이 잘 기록되어 있다.
8) Scottish Commissioners (1) Ministers: Church of Scotland 6 Ministers who served as Commissioners. 1.Robert Baillie(1602-1662) 2.Robert Blair(1593-1666) 3.Robert Douglas (1594-

1674) 4.George Gillespie (1613-1648) 5.Alexander Henderson (c.1583-1646) 6.Samuel Rutherford (c.1600-1661) (2) Elders: Church of Scotland 9 Elders who served as Commissioners 1.Archibald Campbell, 1st Marquess of Argyll(1605x7-1661) 2.John Campbell, 1st Earl of Loudoun(1598-1662) 3.John Elphinstone, 2nd Lord Balmerino(d.1649) 4.Sir Charles Erskine of Alva(1663) 5.Archibald Johnston, Lord Warriston (bap.1611,d.1663) 6.John Kennedy,6th Earl of Cassilis(1601x7-1668) 7.John Maitland, Viscount Maitland(1616-1682) 8.Robert Meldrum(fl.1620-1647) 9.George Winram of Liberton,Lord Liberton(d. 1650)

9) JOONG-LAK KIM, "The Solemn League and Covenant and Uniformity August 1643-February 1644" in The Debate on the relations between the churches of Scotland and England during the British Revolution (1633-1647) Ph.D. Dissertation, the University of Cambridge, 1997.

10) The Solemn League and Covenant (1643) "I. THAT we shall sincerely, really, and constantly, through the grace of GOD, endeavor, in our several places and callings, the preservation of the reformed religion in the Church of Scotland, in doctrine, worship, discipline, and government, against our common enemies; the reformation of religion in the kingdoms of England and Ireland, in doctrine, worship, discipline, and government, according to the Word of GOD, and the example of the best reformed Churches; and shall endeavour to bring the Churches of GOD in the three kingdoms to the nearest conjunction and uniformity in religion, Confession of Faith, Form of Church Government, Directory for Worship and Catechising; that we, and our posterity after us, may, as brethren, live in faith and love, and the Lord may delight to dwell in the midst of us." 전문은 아래에서 볼 수 있다.
https://thewestminsterstandard.org/the-solemn-league-and-covenant/
참고. 김중락, 『스코틀랜드 종교개혁사』, 252-262. 잉글랜드 의회파와 스코틀랜드 언약파가 맺은 협상의 내용은 잉글랜드 내전(왕당파와 의회파의 싸움)에 스코틀랜드 군대를 보내주면 잉글랜드 교회를 당시 장로교회로 개혁주의의 모습을 잘 정립하고 있던 스코틀랜드 교회정치를 받아들여 가장 잘 개혁된 교회의 모습을 배우기로 하였다. 외적으로는 군사적인 동맹이었지만, 내적으로는 교회정치의 개혁을 위한 언약이었다. "내전에서 군사적 지원을 하는 대가로 스코틀랜드는 잉글랜드교회를 스코틀랜드교회와 같이 개혁한다는 언약을 요구했다. 이것이 바로 엄숙동맹과 언약이다." p.282. 언약의 일부를 소개하면 이러하다. "우리는 신의 말씀과 가장 잘 개혁된 교회의 모범을 따라 잉글랜드와 아일랜드 교회의 교리, 예배, 규율, 조직을 개혁할 것이다. 우리는 교회의 신앙고백, 교회 정부, 예배지침서, 교리 문답서를 가장 비슷하게 연대하고 통일시켜 세 왕국에 신성한 교회를 만들고자 노력할 것이다…."

11) William Beveridge, A Short history of the Westminster Assembly, 37-38. "엄숙동맹과 언약"을 따라 스코틀랜드 총회는 특사(Commissioners)를 웨스트민스터에 파견했는데, 이들은 그 시대의 위대한 인물들로 교회를 진정 사랑한 목회자들이고 심오한 학문을 갖춘 신학자들이었다.

12) 김진국, "웨스트민스터 총회의 배경과 장로교 교회정치: 스코틀랜드 총대인 조지 길레스피의 저작들을 중심으로 재구성한 웨스트민스터 총회와 교회정치에 대하여" 『장로교회와 신학』 10권 (2013, 202-220), 213.

13) George Gillespie, CXI propositions concerning the ministerie and government of the Church (Edinburgh: Printed by Evan Tyler, 1647); 『교회정치와 사역에 관한 111가지 명제들』, 서학량 역 (고양:젠틀레인, 2021), 37-40. "1. AS our Lord Jesus Christ doth invisibly teach and governe his Church by the Holy Spirit: So in gathering, preserving, instructing, building and saving thereof, he useth Ministers as his instruments, and hath appointed an order of some to Teach, and others to Learne in the Church, and that some should be the Flock, and others the Pastours…4. The Church ought to bee

governed by no other persons then Ministers and Stewards preferred and placed by Christ, and after no other manner then according to the Laws made by him; and therefore, there is no power on earth which may chalenge to it self Authority or Dominion over the Church: But whosoever they are that would have the things of Christ to bee administred not according to the Ordinance and will of Christ revealed in his Word, but as it liketh them, and according to their own will and prescript, what other thing goe they about to doe then by horrible sacriledge to throw down Christ from his own Throne." https://quod.lib.umich.edu/e/eebo/A42763.0001.001?view=toc

14) Mitchell. F Alexander, *The Westminster Assembly*, 250.
15) 『스코틀랜드 종교개혁사』, 273. 당시 잉글랜드 교회는 찰스 1세의 지시를 받아 대주교 William Laud가 주교들을 임명하여 교회들을 통제하는 감독제 시스템이었기 때문에, 교회의 총회라는 기구가 별도로 없었다. cf. John R. de Witt, Jus Divinum, 19. "The constitution of the Church of England was thoroughly Erastian; bishops were appointed at the behest of the crown; the king was the effective head and ruler of the church."
16) 『웨스트민스터 표준문서』, 259-260. 교회정치 "THE PREFACE. JESUS CHRIST, upon whose shoulders the government is, whose name is called Wonderful, Counsellor, The mighty God, The everlasting Father, The Prince of Peace; of the increase of whose government and peace there shall be no end; who sits upon the throne of David, and upon his kingdom, to order it, and to establish it with judgment and justice, from henceforth, even for ever; having all power given unto him in heaven and in earth by the Father, who raised him from the dead, and set him at his own right hand, far above all principalities and power, and might, and dominion, and every name that is named, not only in this world, but also in that which is to come, and put all things under his feet, and gave him to be the head over all things to the church, which is his body, the fulness of him that filleth all in all: he being ascended up far above all heavens, that he might fill all things, received gifts for his church, and gave officers necessary for the edification of his church, and perfecting of his saints."
17) Mitchell. F Alexander. *The Westminster Assembly*, 321. "The proposition ' That Jesus Christ as King and Head of His Church, hath appointed an ecclesiastical government in His church distinct from civil government,' was first tabled for discussion…"
18) *Jus divinum regiminis ecclesiastici, or, The divine right of church-government* (London: J.T. Joseph Hunscot and George Calvert,1646), 35. Part2. Chap.I. The Description of Church-Government. "Church-Government may be thus defcribed: Church Government is a power or authority spirituall, reveale in the holy Scriptures, deribed from Jesus Christ our mediatour, only to his own officers and by them exercised in offpensing of the Word, seales, censures and all other ordinances of Christ, for the edifying of the church of Christ." 아래에서 pdf로 내용을 확인할 수 있다. https://dn790025.ca.archive.org/0/items/jusdivinumregimi00lond/jusdivinumregimi00lond.pdf
19) https://thewestminsterstandard.org/form-of-presbyterial-church-government/에서 확인이 가능하다.
20) 『웨스트민스터 표준문서』, 260. 교회정치 Of the Church. THERE is one general church visible, held forth in the New Testament. The ministry, oracles, and ordinances of the New Testament, are given by Jesus Christ to the general church visible, for the gathering and perfecting of it in this life, until his second coming. Particular visible churches, members of the general church, are also held forth in the New Testament. Particular churches in the primitive times were made up of

visible saints, viz. of such as, being of age, professed faith in Christ, and obedience unto Christ, according to the rules of faith and life taught by Christ and his apostles; and of their children.

21) 『웨스트민스터 표준문서』, 261-262. 교회정치 Of the Officers of the Church. THE officers which Christ hath appointed for the edification of his church, and the perfecting of the saints, are, some extraordinary, as apostles, evangelists, and prophets, which are ceased. Others ordinary and perpetual, as pastors, teachers, and other church-governors, and deacons.

22) 『웨스트민스터 표준문서』, 264. 교회정치 Of Particular Congregations. "IT is lawful and expedient that there be fixed congregations, that is, a certain company of Christians to meet in one assembly ordinarily for publick worship. When believers multiply to such a number, that they cannot conveniently meet in one place, it is lawful and expedient that they should be divided into distinct and fixed congregations, for the better administration of such ordinances as belong unto them, and the discharge of mutual duties. The ordinary way of dividing Christians into distinct congregations, and most expedient for edification, is by the respective bounds of their dwellings. First, Because they who dwell together, being bound to all kind of moral duties one to another, have the better opportunity thereby to discharge them; which moral tie is perpetual; for Christ came not to destroy the law, but to fulfil it. Secondly, The communion of saints must be so ordered, as may stand with the most convenient use of the ordinances, and discharge of moral duties, without respect of persons. Thirdly, The pastor and people must so nearly cohabit together, as that they may mutually perform their duties each to other with most conveniency. In this company some must be set apart to bear office."

23) 『웨스트민스터 표준문서』, 264-265. 교회정치 Of the Officers of a particular Congregation. "FOR officers in a single congregation, there ought to be one at the least, both to labour in the word and doctrine, and to rule. It is also requisite that there should be others to join in government. And likewise it is requisite that there be others to take special care for the relief of the poor. The number of each of which is to be proportioned according to the condition of the congregation. These officers are to meet together at convenient and set times, for the well ordering of the affairs of that congregation, each according to his office. It is most expedient that, in these meetings, one whose office is to labour in the word and doctrine, do moderate in their proceedings."

24) 『웨스트민스터 표준문서』, 265. 교회정치 Of the Ordinances in a particular Congregation. "THE ordinances in a single congregation are, prayer, thanksgiving, and singing of psalms, the word read, (although there follow no immediate explication of what is read,) the word expounded and applied, catechising, the sacraments administered, collection made for the poor, dismissing the people with a blessing."

25) 『웨스트민스터 표준문서』, 265-266. 교회정치 Of Church-Government, and the several sorts of Assemblies for the same. "CHRIST hath instituted a government, and governors ecclesiastical in the church: to that purpose, the apostles did immediately receive the keys from the hand of Jesus Christ, and did use and exercise them in all the churches of the world upon all occasions. And Christ hath since continually furnished some in his church with gifts of government, and with commission to execute the same, when called thereunto. It is lawful, and agreeable to the word of God, that the church be governed by several sorts of assemblies, which are congregational, classical, and synodical."

26) 『웨스트민스터 표준문서』, 260-261. 교회정치 Of the Officers of the Church "... Others ordinary and perpetual, as pastors, teachers, and other church-governors, and deacons." 참고, 『웨스트민스터 총회의 문서들』, 221-222. "2장 교회 직원 ② 교사 혹은 박사: 성경은 목사라는 이름과 칭호뿐만 아니라 교사라는 이름과 칭호도 제시한다...교사 혹은 박사는, 구약 시대의 선지자학교에서 그리고 가말리엘과 다른 사람이 박사로서 가르쳤던 예루살렘에서 쓸모가 있었듯이, 학교와 대학교에서 가장 탁월하게 쓸모가 있다."

27) 『웨스트민스터 표준문서』, 261-262. 교회정치 Pastors "THE pastor is an ordinary and perpetual officer in the church, prophesying of the time of the gospel. First, it belongs to his office, To pray for and with his flock, as the mouth of the people unto God, Acts vi. 2, 3, 4, and xx. 36, where preaching and prayer are joined as several parts of the same office. The office of the elder (that is, the pastor) is to pray for the sick, even in private, to which a blessing is especially promised; much more therefore ought he to perform this in the publick execution of his office, as a part thereof. To read the Scriptures publickly; for the proof of which, 1. That the priests and Levites in the Jewish church were trusted with the publick reading of the word is proved. 2. That the ministers of the gospel have as ample a charge and commission to dispense the word, as well as other ordinances, as the priests and Levites had under the law, proved, Isa. lxvi. 21. Matt. xxiii. 34. where our Saviour entitleth the officers of the New Testament, whom he will send forth, by the same names of the teachers of the Old. Which propositions prove, that therefore (the duty being of a moral nature) it followeth by just consequence, that the publick reading of the scriptures belongeth to the pastor's office. To feed the flock, by preaching of the word, according to which he is to teach, convince, reprove, exhort, and comfort. To catechise, which is a plain laying down the first principles of the oracles of God, or of the doctrine of Christ, and is a part of preaching. To dispense other divine mysteries. To administer the sacraments. To bless the people from God, Numb. vi. 23, 24, 25, 26. Compared with Rev. i.4, 5, (where the same blessings, and persons from whom they come, are ex mentioned,) Isa. lxvi. 21, where, under the names of Priests and Levites to be continued under the gospel, are meant evangelical pastors, who therefore are by office to bless the people. To take care of the poor. And he hath also a ruling power over the flock as a pastor."

28) 존 칼빈, 『깔뱅작품선집 III』 박건택 역, (서울:총신대학교 출판부, 2009),129-152 "제네바 교회법규"(1541), 137.

29) 『웨스트민스터 표준문서』, 262-263. 교회정치 Teacher or Doctor. "THE scripture doth hold out the name and title of teacher, as well as of the pastor. Who is also a minister of the word, as well as the pastor, and hath power of administration of the sacraments. The Lord having given different gifts, and divers exercises according to these gifts, in the ministry of the word; though these different gifts may meet in, and accordingly be exercised by, one and the same minister; yet, where be several ministers in the same congregation, they may be designed to several employments, according to the different gifts in which each of them doth most excel. And he that doth more excel in exposition of scripture, in teaching sound doctrine, and in convincing gainsayers, than he doth in application, and is accordingly employed therein, may be called a teacher, or doctor, (the places alleged by the notation of the word do prove the proposition.) Nevertheless, where is but one minister in a particular congregation, he is to perform, as far is able, the whole work of the ministry. A teacher, or doctor, is of most excellent use in schools and

universities; as of old in the schools of the prophets, and at Jerusalem, where Gamaliel and others taught as doctors."

30) 존 칼빈, "제네바 교회법규"(1541), 137.
31) 이성호, "웨스트민스터 교회정치 규범(The Form of Presbyterial Church-Government,1645)" 인터넷 신문 개혁정론. 2021년 8월 24일자.
32) 『웨스트민스터 표준문서』, 263. 교회정치 Other Church-Governors. "AS there were in the Jewish church elders of the people joined with the priests and Levites in the government of the church; so Christ, who hath instituted government, and governors ecclesiastical in the church, hath furnished some in his church, beside the ministers of the word, with gifts for government, and with commission to execute the same when called thereunto, who are to join with the minis n the government of the church. Which officers reformed churches commonly call Elders."
33) John R. de Witt, *Jus Divinum*, 78. "After all, the presbyterian system could exist without the doctor, but it could not very well do so without the ruling elder. In a very real sense the existence of the eldership is a sine qua non of presbytery, and it was so understood by many in the Assembly."
34) 존 칼빈, "제네바 교회법규"(1541), 137.
35) 『웨스트민스터 표준문서』, 263. 교회정치 Deacons. "THE scripture doth hold out deacons as distinct officers in the church. Whose office is perpetual. To whose office it belongs not to preach the word, or administer the sacraments, but to take special care in distributing to the necessities of the poor."
36) "제네바 교회법규"(1541), 137.
37) Jus divinum regiminis ecclesiastici, or, *The divine right of church-government*(1646), The preface, "The Subject of Church-government is only Christs own Church-officers. The Church-governours act immediately as the Servants of Christ and as appointed by him."
38) 배광식, 『장로교정치사상사』(서울:이레서원, 2009), 159. 이 부분에 대한 각주 234.에 다음과 같은 설명이 있는데, 유익하다. "웨스트민스터 정치조례를 받아드리는 스코틀랜드, 미국, 네덜란드, 호주, 뉴질랜드,그리고 한국의 장로교회들은 다음과 같은 내용들에 있어서 공통점을 가지고 있다. ① 교회의 머리이신 그리스도께서 성경적 원칙들에 따라 교회를 치리하기 위하여 사람들을 임명하셨다. ② 교회의 치리 형태는 기본적으로 목사와 개교회에 의해서 선출된 치리장로들에 의한 연합적 치리이다. ③ 치리장로와 가르치는 장로는 평등하다. ④ 개교회들은 상향식 상회들에 의하여 통일성을 지향한다."
39) 『웨스트민스터 표준문서』, 259-260. 교회정치 "THE PREFACE. JESUS CHRIST, upon whose shoulders the government is, whose name is called Wonderful, Counsellor, The mighty God, The everlasting Father, The Prince of Peace; of the increase of whose government and peace there shall be no end; who sits upon the throne of David, and upon his kingdom, to order it, and to establish it with judgment and justice, from henceforth, even for ever; having all power given unto him in heaven and in earth by the Father, who raised him from the dead, and set him at his own right hand, far above all principalities and power, and might, and dominion, and every name that is named, not only in this world, but also in that which is to come, and put all things under his feet, and gave him to be the head over all things to the church, which is his body, the fulness of him that filleth all in all..."
40) 『웨스트민스터 표준문서』, 265-266. 교회정치 Of Church-Government, and the several sorts of

Assemblies for the same. "CHRIST hath instituted a government, and governors ecclesiastical in the church: to that purpose, the apostles did immediately receive the keys from the hand of Jesus Christ, and did use and exercise them in all the churches of the world upon all occasions. And Christ hath since continually furnished some in his church with gifts of government, and with commission to execute the same, when called thereunto. It is lawful, and agreeable to the word of God, that the church be governed by several sorts of assemblies, which are congregational, classical, and synodical."

41) https://thewestminsterstandard.org/form-of-presbyterial-church-government/
42) 헤르만 바빙크, 『개혁교의학 IV』 박태현 역 (서울:부흥과개혁사 ,2011), 510-511. [517] "(8) 교회의 모임들(지역 회합, 시찰회, 지방 회의, 총회, 범세계적 회합)은 본질적으로 서로 다르지 않다. 하나의 모임이 그 자체로 다른 모임보다 더 높거나 더 중대하지 않으며, 오류에 덜 노출되거나 성령의 인도하심을 더 보증받는 것이 아니다. 왜냐하면 각 교회와 교회의 각 그룹은 다른 교회와 다른 그룹에 대해 독립적이기 때문이다. 그리고 모두가 동일하게 말씀과 성령의 약속을 누리기 때문이다. 교회 모임들은 백성들의 대표가 모이는 것이 아니라, 그리스도의 이름으로 교회를 다스리기 위해 부름받은 교회의 직분자들이 모인다. 그러므로 이 모임들은 다른 종류나 더 높은 권세가 아니라, 단지 더 넓은 지역으로부터 회집되고 더 넓은 지역에 적용되는 더 많은 권세에 의해 구별된다. (9) 모든 교회 모임들의 권위는 다름 아닌 교회 자체의 권위다. 이 권위는 그리스도의 말씀에 복종한다. 그리스도는 교회에서 그리고 교회의 다양한 모임들에서 권위를 갖는 유일한 분이다. 오로지 그리스도의 말씀만이 결정적이다...교회는 지배하고 강압적인 권세가 아니라 단지 섬기고 봉사하는 권세를 지닐 뿐이다."
43) Mitchell. F Alexander. *The Westminster Assembly*, 267. "The sum of all may be given in the words of Henderson in that treatise on 'The Government anf Order of the Church of Scotland,' from which this Directory to so large an extent is taken : ' In the authority of these assemblies, parochial, presbyterial, provicial, and national, and in the subordination of the lesser unto the greater, or of the more particular elderships to the larger and general eldership, doth consist the order, strength, and steadfastness of the Church of Scotland...Every particular church is subordinate to the presbytery, the presbytery to the synod, and the synod to the national assembly."
44) *Jus divinum regiminis ecclesiastici, or, The divine right of church-government*(1646), 182. "For all which Assemblies, Congregationall, Presbyteriall and Synodall, and the subordination of the lesser to the greater Assemblies respectively, there seemes to be good ground and divine warrant in the Word of God..."
45) "웨스트민스터 총회의 배경과 장로교 교회정치", 219-220.
46) 『웨스트민스터 표준문서』,266-267. 교회정치 Of Congregational Assemblies, that is, the Meeting of the ruling Officers of a particular Congregation, for the Government thereof. THE ruling officers of a particular congregation have power, authoritatively, to call before them any member of the congregation, as they shall see just occasion. To enquire into the knowledge and spiritual estate of the several members of the congregation. To admonish and rebuke. Which three branches are proved by Heb. xiii. 17; 1 Thess. v. 12, 13; Ezek. xxxiv. 4. Authoritative suspension from the Lord's table, of a person not yet cast out of the church, is agreeable to the scripture: First, Because the ordinance itself must not be profaned.Secondly, Because we are charged to withdraw from those that walk disorderly. Thirdly, Because of the great sin and danger, both to him that comes unworthily, and also to the whole church. And there was power and authority, under the Old

Testament, to keep unclean persons from holy things. The like power and authority, by way of analogy, continues under the New Testament. The ruling officers of a particular congregation have power authoritatively to suspend from the Lord's table a person not yet cast out of the church: First, Because those who have authority to judge of, and admit, such as are fit to receive the sacrament, have authority to keep back such as shall be found unworthy. Secondly, Because it is an ecclesiastical business of ordinary practice belonging to that congregation. When congregations are divided and fixed, they need all mutual help one from another, both in regard of their intrinsical weaknesses and mutual dependence, as also in regard of enemies from without."

47) 『장로교정치사상사』, 161-162.
48) *Jus divinum regiminis ecclesiastici, or, The divine right of church-government*(1646), 182. Chap. XII. Of the Divine Right of Parochiall Presbyteries or Congregationall Eldership, for government of the Church. "Touching Congregationall Elderships , or Parochiall Presbyteries consisting of the Ministers and ruling Elders of the severall single Congregations, which are called the lesser Affemblies, or smaller Presbytertes, and which are to manage and order all Ecclesiasticall matters within themselves, which are of more immediate private particular concernment to their own Congregations respectively and consequently, of more easy dispatch, and of more daily use and necessity."
49) 『웨스트민스터 표준문서』, 267. 교회정치 "THE scripture doth hold out a presbytery in a church. A presbytery consisteth of ministers of the word, and such other publick officers as are agreeable to and warranted by the word of God to be church-governors, to join with the ministers in the government of the church. The scripture doth hold forth, that many particular congregations may be under one presbyterial government. This proposition is proved by instances"
50) 『웨스트민스터 표준문서』, 268-269. 교회정치 "I. First, Of the church of Jerusalem, which consisted of more congregations than one, and all these congregations were under one presbyterial government. This appeareth thus: First, The church of Jerusalem consisted of more congregations than one, as is manifest: 1st, By the multitude of believers mentioned, in divers "places", both before the dispersion of the believers there, by means of the persecution, and also after the dispersion. 2dly, By the many apostles and other preachers in the church of Jerusalem. And if there were but one congregation there, then each apostle preached but seldom; which will not consist with Acts vi. 2. 3dly, The diversity of languages among the believers, mentioned both in the second and sixth chapters of the Acts, doth argue more congregations than one in that church. Secondly, All those congregations were under one presbyterial government; because, 1st, They were one church. 2dly, The elders of the church are mentioned. 3dly, The apostles did the ordinary acts of presbyters, as presbyters in that kirk; which proveth a presbyterial church before the dispersion, Acts vi. 4thly, The several congregations in Jerusalem being one church, the elders of that church are mentioned as meeting together for acts of government; which proves that those several congregations were under one presbyterial government. And whether these congregations were fixed or not fixed, in regard of officers or members, it is all one as to the truth of the proposition. Nor doth there appear any ma al difference betwixt the several congregations in Jerusalem, and the many congregations now in the ordinary condition of the church, as to the point of fixedness required of officers or members. Thirdly, Therefore the scripture doth hold

51) 『웨스트민스터 표준문서』, 269. 교회정치 "Secondly, By the instance of the church of Ephesus; for, First, That there were more congregations than one in the church of Ephesus, appears by Acts xx. 31, where is mention of Paul's continuance at Ephesus in preaching for the space of three years; and Acts xix. 18, 19, 20, where the special effect of the word is mentioned; and ver. 10. and 17. of the same chapter, where is a distinction of Jews and Greeks; and 1 Cor. xvi. 8, 9, where is a reason of Paul's stay at Ephesus until Pentecost; and ver. 19, where is mention of a particular church in the house of Aquila and Priscilla, then at Ephesus, as appears, Acts xviii. 19, 24, 26. All which laid together, doth prove that the multitude of believers did make more congregations than one in the church of Ephesus. Secondly, That there were many elders over these many congregations, as one flock, appeareth. Thirdly, That these many congregations were one church, and that they were under one presbyterial government, appeareth."

52) *Jus divinum regiminis ecclesiastici, or, The divine right of church-government*(1646),188. Chap. XIII. Of the Divine Rights of greater Presbyteries (for distinction sake called Classicall Presbyteries) for the Government of the church. "An Assembly made up of the Presbyters of divers neighbouring single Congregations, for governing of all those respective Congregations in common, whereunto they belong, in all matters of common concernment and greater difficulty in the Church."

53) 재인용. George Gillespie, *Notes of Debates and Proceedings of the Assembly of Divines and Other Commissioners at Westminster*, 61-62.

54) *Jus divinum regiminis ecclesiastici, or, The divine right of church-government*(1646), 189-190. "4. Single Congregations, joyned in vicinity and neighbourhood to one another, should avoid Divisions,(which aer destructive to all societiees, as well Ecclesiasticall as Civill) and maintaine peace and unity among one another (which is conservative to all societies) neither of which, without asseciated Presbytertes, can be firmly and durably effected."

55) 에딘버러 2판인 *A Directory for church-government* 1647년은 내용이 다소 개정되어 치리회와 임직 사이에 권징(Censures)이 있을 뿐 아니라, 치리회도 당회-노회-지역대회-국가총회로 확대된다. 다만 여기서는 에딘버러1판을 기준으로 설명하기 때문에 당회-노회-총회(대회)만을 다룬다.
https://commons.ptsem.edu/id/directoryforchur00west

56) 『웨스트민스터 표준문서』, 270. 교회정치 Of Synodical Assemblies. "THE scripture doth hold out another sort of assemblies for the government of the church, beside classical and congregational, all which we call Synodical. Pastors and teachers, and other church-governors, (as also other fit persons, when it shall be deemed expedient,) are members of those assemblies which we call Synodical, where they have a lawful calling thereunto. Synodical assemblies may lawfully be of several sorts, as provincial, national, and oecumenical. It is lawful, and agreeable to the word of God, that there be a subordination of congregational, classical, provincial, and national assemblies, for the government of the church."

57) *Jus divinum regiminis ecclesiastici, or, The divine right of church-government*(1646), 214-216. CHAP. XIII1. Of the divine right of Synods, or Synodall Assemblies. ".Synods are more ample extensive Assemblies then classicall Presbyteries, the members of Presbyteries being sent onely from sevsrall single Congregations, the members of Synods being delegated from severall

Presbyteries , and proportionably their power is extended also...2. All Synods are of the same nature and kind, whether Provincial, Nationally or Oecumenicall."

58) The Solemn League and Covenant (1643) "I... shall endeavour to bring the Churches of GOD in the three kingdoms to the nearest conjunction and uniformity in religion, Confession of Faith, Form of Church Government, Directory for Worship and Catechising; that we, and our posterity after us, may, as brethren, live in faith and love, and the Lord may delight to dwell in the midst of us."

59) 박윤선, 『헌법 주석』, 7. 머리말 "우리가 알아야 할 것은 1917년에 장로회 헌법을 제정함에 있어서 미국의 현 연합장로교회 전신인 북장로교(당시는 보수주의였음) 헌법의 대부분을 채택했다는 사실이다"라고 언급함으로써, 웨스트민스터 교회정치(1645)보다 이후에 발전된 미국 장로교회 헌법(1789)에 따른 해석임을 의미한다. 따라서 이 책은 "웨스트민스터 표준문서"(Westminster Standards) 전체를 해설하는 것이 주된 목적이기에, 교회정치에 대한 구체적인 해설은 출판준비중인 『개혁교회 교회정치의 이해』에서 차후에 다룰 예정이다.

60) 박윤선, 『헌법 주석』, 115-116. "종교개혁으로 이루어진 장로교(개혁교회)는 일반적 의미에서 치리회의 높고 낮음을 생각하지 않는다....보다 큰 치리회의 결정은 더 많은 교회를 대표한 것인 만큼, 그것이 성경과 위반됨이 없는 한 보다 작은 치리회는 따라야 한다. 그러나 보다 큰 치리회도 어떤 중요한 결의안에 있어서 보다 작은 치리회들에게 먼저 수의하는 순서를 경유한 후에 결정한다. 이것을 보면 장로교 정치 원리는 밑에서부터 올라가며 다스리는 요소도 가지고 있다....이 치리회들은 서로 수평적(horizontal)으로 배치된 연합 전선의 성격을 가진다...그러므로 우리가 장로교의 치리회에 대하여 "상회"나 "하회"란 명칭을 즐겨 사용하지 않아야 한다. 장로교 헌법에 "상회"나 "하회"란 표현들이 나오기는 하지만, 그것은 장로교 정치 원리의 성격보다 치리회의 대소에 대한 관점에서 표현된 것이라고 생각된다." 이 의견은 치리회 간의 관계에 대해 『미국 장로교회 헌법』(1789)에 따른 해석으로 보인다.

61) 『개혁교의학 IV』, 479-491. [511]. "그리스도는 교회의 유일한 머리이며, 오직 하나님의 말씀만이 교회를 통치할 수 있으며, 강요가 아니라 오직 사랑과 자유로운 순종을 통해 다스리기 때문이다."

62) Mitchell. F Alexander. The Westminster Assembly, 267. "Here is a superiority without tyranny, for no minister hath a papal or monarchial judisdiction over his own flock, far less over other pastor and over the congregations of a large diocese. Here there is parity without confusion and disorder, for the pastors are in order before the elders, and the elders before the deacons."

63) 『웨스트민스터 표준문서』, 259-260. 교회정치 "THE PREFACE. JESUS CHRIST, upon whose shoulders the government is, whose name is called Wonderful, Counsellor, The mighty God, The everlasting Father, The Prince of Peace; of the increase of whose government and peace there shall be no end; who sits upon the throne of David, and upon his kingdom, to order it, and to establish it with judgment and justice, from henceforth, even for ever; having all power given unto him in heaven and in earth by the Father, who raised him from the dead, and set him at his own right hand, far above all principalities and power, and might, and dominion, and every name that is named, not only in this world, but also in that which is to come, and put all things under his feet, and gave him to be the head over all things to the church, which is his body, the fulness of him that filleth all in all..."

64) https://archive.org/details/propconc00west/page/n5/mode/2up ASSEMBLY AT EDINBURGH, February 10, 1645, Sess. 16. ACT of the GENERAL ASSEMBLY of the KIRK of SCOTLAND, approving the Propositions concerning Kirk-government, and Ordination of Ministers.

65) https://commons.ptsem.edu/id/directoryforchur00west

66) https://archive.org/details/bim_early-english-books-1641-1700_the-form-of-church-gover_

67) england-parliament_1648
https://ia800505.us.archive.org/1/items/directoryforchur00west/directoryforchur00west.pdf

68) *A Directory for church-government and ordination of Ministers* (Edinburgh:Evan Tyler, 1647) "The Directory for Church censures…Church censures and Discipline, for judging and removing of offences, being of great use and necessity in the Church, that the Name of God, by reason of ungodly and wicked persons living in the Church, be not blasphemed, nor his wrath provoked against his people; that the Godly be not leavened with, but preserved from the contagion, and stricken with fear; and that the sinners who are to be censured, may be ashamed, to the destruction of the flesh, and saving of the Spirit in the day of the Lord Jesus; We judge this course of proceeding therein to be requisite."

69) *A Directory for church-government and ordination of Ministers* (Edinburgh:Evan Tyler, 1647) "The Directory for Church censures.1. The order of proceeding with offenders who before excommunication manifest Repentance. WHen the offence is private, the order of admonition prescribed by our Lord, Mat. 18.15, is in all wisdom and love to be observed, that the offender may either be recovered by Repentance; Or, if he add obstinacy or contempt to his fault, he may be cut off by Excommunication. If the sin be publicly scandalous, and the sinner being examined, be judged to have the signs of unfeigned Repentance, and nothing justly objected against it, when made known to the people, let him be admitted to public confession of his sin, and manifestation of his Repentance before the Congregation. When the penitent is brought before the Congregation, the Minister is to declare his sin, whereby he hath provoked God's wrath and offended his People, his confession of it, and possession of unfeigned Repentance for it, and of his resolution (through the strength of Christ) to sin no more, and his desire of their Prayers for mercy, and grace to be kept from falling again into that or any the like sin: Of all which the penitent also is to make a full and free expression, according to his ability. Which being done, the Minister, after prayer to God for the penitent, is to admonish him to walk circumspectly, and the people to make a right use of his fall, and rising again; And so, to declare that the Congregation resteth satisfied."

70) *A Directory for church-government and ordination of Ministers* (Edinburgh:Evan Tyler, 1647) "The Directory for Church censures. 2. The order of proceeding to Excommunication. "EXcommunication being a shutting out of a Person from the Communion of the Church (and therefore the greatest and last censure of the Church) ought not to be inflicted without great and mature deliberation, nor till all other good means have been assayed. Such errors as subvert the Faith, or any other errors which overthrow the power of Godliness, if the party who holds them, spread them, seeking to draw others after him; and such sins in practice, as cause the Name and Truth of God to be blasphemed, and cannot stand with the power of Godliness; and such practices as in their own nature manifestly subvert that Order, Unity, and Peace, which Christ hath established in his Church; Those being publicly known, to the just scandal of the Church, the sentence of Excommunication shall proceed according to the Directory."

71) *A Directory for church-government and ordination of Ministers* (Edinburgh:Evan Tyler, 1647) "The Directory for Church censures. 2. The order of proceeding to Excommunication. "But the Persons who hold other errours in judgment about points wherein Learned and Godly men possibly may, or do differ, and which subvert not the Faith, nor are destructive to Godliness; Or that be guilty of

such sins of infirmity, as are commonly found in the Children of God; Or, being otherwise sound in the Faith and holy in Life (and so not falling under censure by the former Rules) endeavour to keep the Unity of the Spirit in the bond of Peace, and do yet out of Conscience not come up to the observation of all those Rules, which are or shall be established by Authority for regulating the outward Worship of God, and Government of his Church, we do not decern to be such against whom the sentence of Excommunication for these causes should be denounced."

72) *A Directory for church-government and ordination of Ministers* (Edinburgh:Evan Tyler, 1647) "The Directory for Church censures. 2. The order of proceeding to Excommunication. "And whereas there be divers and various judgments touching the power of Excommunication and the proper subject thereof, we conceive that for clearing of difficulties, avoiding of offences, preservation of Peace and such like, these following Directions are fit to be observed. In the great and difficult cases of Excommunication, whether concerning Doctrine or conversation, the Classical Presbytery upon the knowledge thereof, may examine the person, consider the nature of the offence, with the aggravations thereof: and as they shall see just cause, may declare and decern that he is to be excommunicated, which shall be done by the Eldership of that Congregation whereof he is a member, with the consent of the Congregation, in this or the like manner. As there shall be cause, several public admonitions shall be given to the offender (if he appear) and prayers made for him. When the offence is so heinous that it cries to Heaven for vengeance, wasteth the conscience, and is generally scandalous, the censures of the Church may proceed with more expedition.In the admonitions, let the fact be charged upon the offender, with the clear evidence of his guilt thereof; Then, let the nature of his sin, the particular aggravations of it, the punishments and curses threatened against it, the danger of impeniteny, especially after such means used, the woeful condition of them cast out from the favour of God and communion of the Saints, the great mercy of God in Christ to the penitent, how ready and willing Christ is to forgive, and the Church to accept him upon his serious repentance; Let these, or the like particulars be urged upon him, out of some suitable places of the holy Scriptures. The same particulars may be mentioned in Prayer, wherein the Lord is to be intreated to bless this admonition to him, and to affect his heart with the consideration of these things, thereby to bring him unto true Repentance."

73) *A Directory for church-government and ordination of Ministers* (Edinburgh:Evan Tyler, 1647) "The Directory for Church censures. 2. The order of proceeding to Excommunication. "If upon the last admonition and Prayer there be no evidence nor sign of his Repentance, let the dreadful sentence of Excommunication be pronounced, with calling upon the name of God, in these or the like expressions. [Speak this in the third Person, if the party be absent.] Whereas thou N. hast been by sufficient proof convicted of (here mention the Sin) and, after due admonition and prayer remainest obstinate, without any evidence or sign of true Repentance; Therefore, in the Name of the Lord Jesus Christ, and before this Congregation, I pronounce and declare thee N. Excommunicated, and shut out from the communion of the Faithful."

74) *A Directory for church-government and ordination of Ministers* (Edinburgh:Evan Tyler, 1647) "The Directory for Church censures. 2. The order of proceeding to Excommunication. "When the sin becomes public and justly scandalous, the offender is to be dealt with by the Eldership, to bring him to Repentance, and to such a manifestation thereof, as that his Repentance may be public as

the scandal: But if he remain obstinate, he is at last to be Excommunicated, and in the mean time to be suspended from the Lord's Supper."

75) *A Directory for church-government and ordination of Ministers* (Edinburgh:Evan Tyler, 1647) "The Directory for Church censures. 2. The order of proceeding to Excommunication. "After the denunciation of this Sentence the people are to be warned, that they hold him to be cast out of the communion of the Church, and to shun all communion with him. Nevertheless, Excommunication dissolveth not the bonds of civil or natural relations, nor exempt from the duties belonging to them. This Sentence is likewise to be made known, Not only to that, but to any other Classis or Congregation, as occasion shall require, by reason of his abode or conversing with them."

76) *A Directory for church-government and ordination of Ministers* (Edinburgh:Evan Tyler, 1647) "The Directory for Church censures. 2. The order of proceeding to Excommunication. "Let the prayer accompanying Sentence be to this effect. That God who hath appointed this terrible Sentence for removing offences, and reducing of obstinate sinners, would be present with this his ordinance, to make it effectual to all these holy ends, for which he hath appointed it, that this retaining of the offender's sin, and shutting him out of the Church, may fill him with fear and shame, break his obstinate heart, and be a means to destroy the flesh, and to recover him from the power of the devil, that his Spirit may yet be saved, that others also may be stricken with fear, and not dare to sin so presumptuously, and that all such corrupt leaven being purged out of the Church (which is the house of God) Jesus Christ may delight to dwell in the midst of them."

77) *A Directory for church-government and ordination of Ministers* (Edinburgh:Evan Tyler, 1647) "The Directory for Church censures. 3. The order of proceeding to Absolution. "IF after excommunication, the signs of Repentance appear in the Excommunicated Person, such as godly sorrow for sin, as having thereby incurred God's heavy displeasure, occasioned grief to his brethren, and justly provoked them to cast him out of their communion; together with a full purpose of heart to turn from his sin unto God, and to reform what hath been amiss in him; with an humble desire of recovering his peace with God and his People, and to be restored to the light of God's countenance, & the communion of the Church; He is to be brought before the Congregation, and there also to make free confession of his sin with sorrow for it, to call upon God for mercy in Christ, to seek to be restored to the communion of the Church; promising to God new obedience and to them more holy and circumspect walking as becometh the Gospel: He is to be pronounced in the name of Christ absolved and free from the censures of the Church, and declared to have right to all the ordinances of Christ, with praising of God for his Grace, and Prayer that he may be fully accepted to his favour and hear joy and gladness, to this effect."

78) *A Directory for church-government and ordination of Ministers* (Edinburgh:Evan Tyler, 1647) "The Directory for Church censures. 3. The order of proceeding to Absolution. "To Praise God who delighteth not in the death of a sinner, but that he may repent and live, for blessing the ordinance of Excommunication, and making it effectual by his Spirit to the recovering of this offender, To magnify the mercy of God through Jesus Christ in pardoning and receiving to his favour, the most grievous offenders, whensoever they unfeignedly repent and forsake their sins. To pray for assurance of mercy and forgiveness to this Penitent, and so to bless his Ordinance of Absolution, that he may find himself loosed thereby, and that the Lord would henceforth so uphold and

strengthen him by his Spirit, that being sound in the Faith, and holy in all manner of Conversation, God may be honoured, the Church edified, and himself saved in the day of the Lord Jesus."

79) *A Directory for church-government and ordination of Ministers* (Edinburgh:Evan Tyler, 1647) "The Directory for Church censures. 3. The order of proceeding to Absolution. "Then shall follow the sentence of Absolution, in these or the like words. Whereas thou N. hast for thy sin been shut out from the Communion of the Faithful, and hast now manifested thy Repentance, wherein the Church resteth satisfied, In the Name of Jesus Christ, before this Congregation, I pronounce and declare thee absolved from the sentence of Excommunication formerly denounced against thee, And do receive thee to the Communion of the Church, and the free use of all the Ordinances of Christ, that thou mayest be partaker of all his benefits to thy eternal salvation."

80) *A Directory for church-government and ordination of Ministers* (Edinburgh:Evan Tyler, 1647) "The Directory for Church censures. 3. The order of proceeding to Absolution. "After this Sentence of Absolution, the Minister speaketh to him as to a Brother, exhorting him to watch and pray, or comforting him if there be need; the elders embrace him, and the whole Congregation holdeth communion with him as one of their own."

81) 『웨스트민스터 표준문서』, 270. 교회정치 Of Ordination of Ministers. "UNDER the head of Ordination of Ministers is to be considered, either the doctrine of ordination, or the power of it."

82) 이성호, "웨스트민스터 교회정치 규범(The Form of Presbyterial Church-Government, 1645)"

83) 『웨스트민스터 표준문서』, 270-271. 교회정치 Touching the Doctrine of Ordination. "NO man ought to take upon him the office of a minister of the word without a lawful calling. Ordination is always to be continued in the church. Ordination is the solemn setting apart of a person to some publick church office. Every minister of the word is to be ordained by imposition of hands, and prayer, with fasting, by those preaching presbyters to whom it doth belong. It is agreeable to the word of God, and very expedient, that such as are to be ordained ministers, be designed to some particular church, or other ministerial charge. He that is to be ordained minister, must be duly qualified, both for life and ministerial abilities, according to the rules of the apostle. He is to be examined and approved by those by whom he is to be ordained. No man is to be ordained a minister for a particular congregation, if they of that congregation can shew just cause of exception against him."

84) 『웨스트민스터 표준문서』, 271. 교회정치 Touching the Power of Ordination. "ORDINATION is the act of a presbytery. The power of ordering the whole work of ordination is in the whole presbytery, which, when it is over more congregations than one, whether these congregations be fixed or not fixed, in regard of officers or members, it is indifferent as to the point of ordination. It is very requisite, that no single congregation, that can conveniently associate, do assume to itself all and sole power in ordination: 1. Because there is no example in scripture that any single congregation, which might conveniently associate, did assume to itself all and sole power in ordination; neither is there any rule which may warrant such a practice. 2. Because there is in scripture example of an ordination in a presbytery over divers congregations: as in the church of Jerusalem, where were many congregations: these many congregations were under one presbytery, and this presbytery did ordain. The preaching presbyters orderly associated, either in cities or neighbouring villages, are those to whom the imposition of hands doth appertain, for those congregations within their

bounds respectively."

85) 『웨스트민스터 표준문서』, 272. 교회정치 Concerning the Doctrinal Part of Ordination of Ministers.
86) 『웨스트민스터 표준문서』, 272. 교회정치 Concerning the Doctrinal Part of Ordination of Ministers.. "10. Preaching presbyters orderly associated, either in cities or neighbouring villages, are those to whom the imposition of hands doth appertain, for those congregations within their bounds respectively. 11. In extraordinary cases, something extraordinary may be done, until a settled order may be had, yet keeping as near as possibly may be to the rule. 12. There is at this time (as we humbly conceive) an extraordinary occasion for a way of ordination for the present supply of ministers."
87) 『웨스트민스터 표준문서』, 273. 교회정치 The Directory for the Ordination of Ministers. "IT being manifest by the word of God, that no man ought to take upon him the office of a minister of the gospel, until he be lawfully called and ordained thereunto; and that the work of ordination is to be performed with all due care, wisdom, gravity, and solemnity, we humbly tender these directions, as requisite to be observed."
88) 『웨스트민스터 표준문서』, 273. 교회정치 The Directory for the Ordination of Ministers. "1. He that is to be ordained, being either nominated by the people, or otherwise commended to the presbytery, for any place, must address himself to the presbytery, and bring with him a testimonial of his taking the covenant of the three kingdoms; of his diligence and proficiency in his studies; what degrees he hath taken in the university, and what hath been the time of his abode there; and withal of his age, which is to be twenty four years; but especially of his life and conversation."
89) 『웨스트민스터 표준문서』, 273. 교회정치 The Directory for the Ordination of Ministers. "2. Which being considered by the presbytery, they are to proceed to enquire touching the grace of God in him, and whether he be of such holiness of life as is requisite in a minister of the gospel; and to examine him touching his learning and sufficiency, and touching the evidences of his calling to the holy minister; and, in particular, his fair and direct calling to that place.The Rules for Examination are these:..."
90) 『웨스트민스터 표준문서』, 275. 교회정치 The Directory for the Ordination of Ministers. "3. In all which he being approved, he is to be sent to the church where he is to serve, there to preach three several days and to converse with the people, that they may have trial of his gifts for their edification, and may have time and occasion to enquire into, and the better to know, his life and conversation."
91) 『웨스트민스터 표준문서』, 275. 교회정치 The Directory for the Ordination of Ministers. "4. In the last of these three days appointed for the trial of his gifts in preaching, there shall be sent from the presbytery to the congregation a publick intimation in writing, which shall be publickly read before the people, and after affixed to the church-door, to signify that such a day a competent number of the members of that congregation, nominated by themselves, shall appear before the presbytery, to give their consent and approbation to such a man to be their minister; or otherwise, to put in, with all Christian discretion and meekness, what exceptions they have against him. And if, upon the day appointed, there be no just exception against him, but the people give their consent, then the presbytery shall proceed to ordination."
92) 『웨스트민스터 표준문서』, 277. 교회정치 The Directory for the Ordination of Ministers. "13. That no

money or gift, of what kind soever, shall be received from the person to be ordained, or from any on his behalf, for ordination, or ought else belonging to it, by any of the presbytery, or any appertaining to any of them, upon what pretence soever."

93) 『웨스트민스터 표준문서』, 277-278. 교회정치 The Directory for the Ordination of Ministers. "Thus far of ordinary Rules, and course of Ordination, in the ordinary way: that which concerns the extraordinary way, requisite to be now practised, followeth. 1. In these present exigencies, while we cannot have any presbyteries formed up to their whole power and work, and that many ministers are to be ordained for the service of the armies and navy, and to many congregations where there is no minister at all; and where (by reason of the publick troubles) the people cannot either themselves enquire and find out one who may be a faithful minister for them, or have any with safety sent unto them, for such a solemn trial as was before mentioned in the ordinary rules; especially, when there can be no presbytery near unto them, to whom they may address themselves, or which may come or send to them a fit man to be ordained in that congregation, and for that people; and yet notwithstanding, it is requisite that ministers be ordained for them by some, who, being set apart themselves for the work of the ministry, have power to join in the setting apart others, who are found fit and worthy. In those cases, until, by God's blessing, the aforesaid difficulties may be in some good measure removed, let some godly ministers, in or about the city of London, be designed by publick authority, who, being associated, may ordain ministers for the city and the vicinity, keeping as near to the ordinary rules fore-mentioned as possibly they may; and let this association be for no other intent or purpose, but only for the work of ordination. 2. Let the like association be made by the same authority in great towns, and the neighbouring parishes in the several counties, which are at the present quiet and undisturbed, to do the like for the parts adjacent. 3. Let such as are chosen, or appointed for the service of the armies or navy, be ordained, as aforesaid, by the associated ministers of London, or some others in the country. 4. Let them do the like, when any man shall duly and lawfully be recommended to them for the ministry of any congregation, who cannot enjoy liberty to have a trial of his parts and abilities, and desire the help of such ministers so associated, for the better furnishing of them with such a person as by them shall be judged fit for the service of that church and people."

제5장.
웨스트민스터 신앙고백서

Confession of Faith, 1647

"웨스트민스터 표준문서"(Westminster Standards)에서 기독교 교리를 가장 개혁신학에 적합하게 집약한 내용은 다름아닌 웨스트민스터 신앙고백서(Westminster Confession of Faith, 1647)이다. '39개 조항' 수정을 중지한 웨스트민스터 총회원들은 예배모범과 교회정치를 작성하면서 핵심적으로 신앙고백서 작성에 착념한다.

따라서 다음 설명은 웨스트민스터 총회가 신앙고백서 작성에 집중한 상황에 대해 명료하게 해준다.

- 영국 의회가 웨스터민스터 총회에 맡긴 임무는 복합적인 것으로 교회 정치체제(chruch government)와 예전(liturgy)을 정립하고 교리(doctrine)의 정당성을 제시하여 잘못된 비방들과 해석들로부터 교회를 보호하는 일이었다. … 웨스트민스터 총회에서 열린 전체 회의(plenary sessions) 가운데 … 전체 회의 36퍼센트와 소위원회의 31퍼센트는 신학적인 주제들을 다루는 데 집중을 하였다. 이러한 통계는 웨스트민스터 총회의 관심이 … 신학적 논의에 … 집중하였음을 보여준다.[1]

"웨스트민스터 표준문서"(Westminster Standards) 작성 일자

문서/작성일	작성 시작	초안 완성	잉글랜드의회 제출	스코틀랜드총회 승인
예배모범	1644년 11월 12일	1644년 12월 30일	1645년 3월 6일	1645년 2월 6일
교회정치	1644년 3월 25일	1645년 2월 6일	1645년 3월 5일	1645년 2월 10일
신앙고백서 2)	1644년 8월 20일	1646년 12월 4일	1647년 4월 5일	1647년 8월 27일
대요리문답	1644년 12월 2일	1647년 10월 22일	1648년 4월 14일	1648년 7월 20일
소요리문답		1647년 11월 25일		1648년 7월 28일

웨스트민스터 총회 380주년을 지난 이때, 한국교회에 웨스트민스터 신앙고백서의 번역서들과 해설서들이 많아져서 참으로 감사한 일이다.[3] 이제 웨스트민스터 신앙고백서의 역사와 내용 그리고 주제들에 대해서 더 구체적으로 살피는 시간을 갖고자 한다.

1. 웨스트민스터 신앙고백서 작성 배경

(1) 웨스트민스터 신앙고백서의 작성

1644년 8월 20일에 신앙고백서 작성위원회를 구성하되, 위원으로는 윌리암 구지(Dr. William Gouge), 토마스 템플(Dr. Thomas Temple), 조슈아 호일(Dr. Joshua Hoyle)과 토마스 가테커(Mr. Thomas Gataker), 존 애로스미스(John Arrowsmith), 제레미야 버로우즈(Jeremiah Burroughs), 안토니 버지스(Anthony Burgess), 리차드 바인스(Richard Vines)와 토마스 굳윈(Thomas Goodwin) 등이 스코틀랜드 특사들과 함께 참여하였다.[4]

웨스트민스터 신앙고백서 작성 연표[5]

1644년 8월 20일	신앙고백서 작성 위원회 구성
1645년 5월 12일	신앙고백서 위원회 산하 소위원회 구성
1645년 7월 7일	신앙고백서 일부 보고서 작성
1645년 7월 11일-16일	신앙고백서 전체 구조 및 제목과 소제목 선정[6]
1645년 7월 18일-23일	- 삼위일체 하나님에 관한 논의 및 작성
1645년 8월 29일-9월 02일	- 하나님의 작정, 중보자 그리스도에 관한 논의 및 작성
1645년 9월 9일-9월 30일	- 효과적 소명 등 논의 및 작성
1645년 11월말	- 창조와 섭리, 인간의 타락과 죄, 입양과 성화 논의 및 작성
1645년 12월초	- 칭의, 성례 등 논의 및 작성
1645년 12월 15일	- 자유의지 및 논의 및 작성
1645년 12월 19일	- 성도의 견인 논의 및 작성
1646년 1월 5일-6일	- 세례의 은혜, 하나님의 율법 논의 및 작성
1646년 1월말-2월	- 합법적 서약과 맹세, 그리스도인의 자유, 교회직원 논의 및 작성
1646년 3월-4월	- 성도의 교제-교회, 그리스도의 교회 머리 되심과 교회의 자율성, 거룩한 예배와 안식일, 관원, 그리스도인의 자유 논의 및 작성
1646년 여름-가을	신앙고백서 전체 작성 및 신적 권위에 대한 논의 및 작성
1646년 6월 17일	신앙고백서 전체적인 확인
1646년 12월 4일	신앙고백서 성경 인용 없는 초안 완성
1647년 4월 5일	신앙고백서 성경 인용 구절 첨부

14일 후 피터 스미스 박사와 허버트 팔머, 매튜 뉴코멘, 찰스 헐, 에드워드 레이놀즈, 헨리 윌슨, 안소니 터크니, 토마스 영, 존 레이, 오바댜 세드윗이 위원회에 참여하여 추가 위원회를 구성하였다.

그 결과 1646년 12월 4일에 신앙고백서의 초안(草案)을 완성하였고, 거기에 성경의 인용을 적어서 1647년 4월 5일에 신앙고백서를 완성하였다. 이 초판(初版, the 1st Edition)은 『총회원들의 겸손한 제언』(The Humble Advice of the Assembly of Divines)이라고 명명되었다.[7]

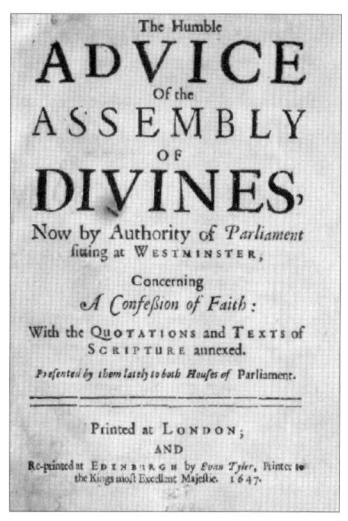

웨스트민스터 신앙고백서 초판(1647)

이에 대해 스코틀랜드교회는 1647년 8월 27일 에딘버러에서 총회로 모여서 신앙고백서를 승인하였다. 그러면서 스코틀랜드교회의 총회는 "이 신앙고백이 하나님의 말씀에 부합하는 가장 정통적인 진리에 근거하고 있다는 합의했고, 이 신앙고백을 세 왕국의 공통된 신앙고백으로 채택해 교회의 합일을 지향하기로 했다. 웨스트민스터 총회는 이렇게 훌륭한 신앙고백을 허락하시어 두 왕국의 기꺼운 합의를 끌어내신 하나님을 찬양하며, 그 큰 은혜에 감사한다"라고 결의했다.[8]

이후 1658년 성경 인용의 구절 내용을 넣어서 재판(再版, the 2nd Edition)이 작성되어 『웨스트민스터에 있는 의사당에서, 상·하원 의원들이 참석한 가운데, 존경받는 총회원들에 의해 작성된 신앙고백서 및 대·소요리문답』(The Confession of Faith, Together with the Larger and Lesser catechismes. composed by the Reverend Assembly of Divines, sitting at Westminster, presented to both houses of Parliament)이라는 공식적인 이름을 갖게 되었다. 그 결과 웨스트민스터 신앙고백서는 개혁주의 교회의 교리 중에서 최고의 내용을 보여준다고 평가받는다.[9]

(2) 웨스트민스터 신앙고백서의 구성[10]

웨스트민스터 신앙고백서는 전체 구조가 제1-5장 하나님, 그분의 말씀, 존재, 활동, 제6-18장 인간, 그의 죄와 그리스도를 통한 회복, 제18-24장 하나님의 율법, 인간의 자유 및 의무들, 제25-31장 교회, 그 교제와 규례들 그리고 제32-33장 종말의 일들로 작성되어 있다고 간략히 파악할 수 있다.[11] 신앙고백서의 주제를 정리한 아래의 표는 유익하다.[12]

서론	(1) 성경
신론: 하나님과 그분의 사역	(2) 하나님과 거룩한 삼위일체 (3) 하나님의 영원한 작정 (4) 창조 (5) 섭리
기독론: 죄와 구속	(6) 인간의 타락, 죄, 그리고 죄에 대한 형벌 (7) 인간과 맺으신 하나님의 언약 (8) 중보자 그리스도
구원론: 구속의 적용	(9) 자유 의지 (10) 효과있는 부르심 (11) 칭의 (12) 양자됨 (13) 성화
신자의 의무	(14) 구원하는 믿음 (15) 생명에 이르게 하는 회개 (16) 선행 (17) 성도의 견인 (18) 은혜와 구원의 확신
신자의 삶	(19) 하나님의 율법 (20) 그리스도인의 자유와 양심의 자유 (21) 종교적 예배와 안식일 (22) 합법적 맹세와 서약 (23) 국가 위정자 (24) 결혼과 이혼
교회론	(25) 교회 (26) 성도의 교제 (27) 성례 (28) 세례 (29) 주님의 만찬(성찬) (30) 권징(교회의 책벌) (31) 공의회
종말론	(32) 인간의 사후 상태와 죽은 자들의 부활 (33) 최후의 심판

여기서 주목하는 웨스트민스터 신앙고백서의 특징이라면, 이전에 작성된 다른 신앙고백서들인 『프랑스 신앙고백서』(1559), 『스코틀랜드 신앙고백서』(1560), 『벨직 신앙고백서』(1561)가 하나님에 관해 다루면서 시작하는 것과 달리 『제1 스위스 신앙고백서』(1536)와 『제2 스위스 신앙고백서』(1566)와 함께 "성경"에 대한

언급이 우선해서 제시된다는 점이다.

- **제1장 성경** 1. 본성의 빛과 창조와 섭리의 일들은 사람이 핑계할 수 없을 정도로 하나님의 선하심과 지혜와 능력을 너무나도 명백하게 나타내고 있다. 그럼에도 이것들은 하나님과 그분의 뜻에 관하여 구원에 필요한 지식을 줄 정도로 충분하지는 않다. 그래서 주님께서 여러 시대에 여러 모양으로 자신의 교회에 자신을 계시하고 자신의 뜻을 선포하기를 기뻐하셨다. 그리고 후에는 진리를 더 잘 보존하고 전파하며, 육신의 부패 및 사탄과 세상의 악의에 맞서 교회를 더욱 견고하게 세우고 위로하기 위하여 바로 그 모든 것을 기록하기를 기뻐하셨다. 이로 인하여 성경은 반드시 필요하게 되었다. 그리고 하나님께서 자신의 뜻을 자기 백성에게 계시하시던 이전 방식들은 이제 중지되었다.[13]

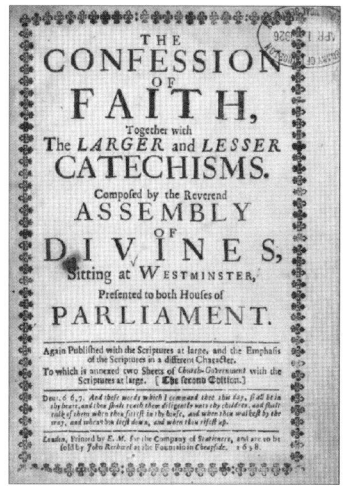

웨스트민스터 신앙고백서 재판(1658)

이전 대부분이 신앙고백서들이 사도신경이 구조를 따라 "신론"으로 시작한 것과 다르게 웨스트민스터 신앙고백서는 하나님께 대한 신앙을 전제로 성경 계시를 먼저 제시하면서 시작한다. 이는 '하나님과 그분에 대한 지식의 원천으로 오직 성경만을 따른다'는 강조이고, 신앙고백서조차도 하나님의 말씀인 성경 진리의 아래에 있음을 고백하는 아주 중요한 강조점이다. 물론 신앙고백서를 하나님으로 시작하는 것과 성경으로 시작하는 것의 근본적인 차이는 없다.[14]

그럼에도 웨스트민스터 신앙고백서가 성경에서 시작하여 하나님으로 나아가는 것은 신학적으로 두 원리가 내적 관계가 있음을 드러낸다. 왜냐하면 성경 계시의 존재는 하나님의 존재를 반드시 전제하기 때문이다. 이를 잘 설명하는 다음 견해는 참으로 귀 기울일 만하다.

- 계시론은 하나님에 대한 신앙을 전제하고 하나님에 대한 신앙은 계시에서 시작한 것이기에 이 두 가지는 밀접하게 연결되어 있다. 하나님이 알려지는 것에서 하나님에 대한 신앙은 확고한 전제가 된다. 기독교는 모든 것을 검토한 후에 신앙에 이르는 것이 아니라 신앙에서 출발해서 계시를 포함한 모든 것을 말한다. 신앙에서 출발할 때 그 신앙이란 다시 말씀에서 출발한 것이며 그 내용이란 성경이 말하는 하나님에 대한 것이다. 이렇게 두 원리는 함께 있다.[15]

이로 인해 『프랑스 신앙고백서』(1559), 『스코틀랜드 신앙고백서』(1560), 『벨직 신앙고백서』(1561) 등은 성경에 기반한 하나님에 관한 내용을 가장 먼저 다루고, 『제1 스위스 신앙고백서』(1536), 『제2 스위스 신앙고백서』(1566) 그리고 신앙고백서(1647)는 성경 계시의 내용을 먼저 다루는 것이다.

왜 이러한 차이가 있는가에 대한 해답은 웨스트민스터 총회 이전에 작성된 『아일랜드 신조』(1615)가 주요한 영향을 미쳤다는 사실이다.[16] 『아일랜드 신조』(Irish Articles,1615)는 제임스 어셔(James Usser)가 작성한 것인데,[17] 웨스트민스터 총회원으로 참여하지 않았지만[18] 신앙고백서 작성에 강한 영향을 주었다.[19] 그 결과 성경을 최우선한 것이 웨스트민스터 신앙고백서의 특징이 되었다.[20]

2. 웨스트민스터 신앙고백서 주요 내용

(1) 웨스트민스터 신앙고백서의 목적

웨스트민스터 총회는 원래 의회가 위촉한 잉글랜드교회의 39개 조항을 수정하는 일을 맡았다.[21] 왜냐하면 당시 의회는 교리적 통일성을 회복하는 것이야말로 잉글랜드교회의 개혁을 위해 가장 중요한 일이라고 생각했기 때문이었다. 이 목적을 위해 모인 웨스트민스터 총회는 잉글랜드 교회를 위해 신조와 교리문답 그리고 공동기도서(예배모범) 등을 개정하고자 했다.[22]

따라서 웨스트민스터 총회는 39개 조항 수정에 필요한 예비작업을 위하여 세 개의 위원회를 만들었고 이 위원회들이 39개의 조항을 나누어서 맡았으며 그 내용이 총회에 보고되면 그 제안 내용을 총회에서 논쟁을 거쳐 표결에 부쳤다.[23] 39개 조항 중 15개 조항까지 수정하였을 때, 마침 특사 자격으로 웨스트민스터 총회 참석을 위해 스코틀랜드에서 정치적, 교리적, 신학적으로 중요한 인사들이 런던에 와 있었기 때문에 의회는 당시 시민전쟁에서 왕당파와 전쟁의 승리를 위해 스코틀랜드와 아일랜드 그리고 잉글랜드 세 나라의 교회정치와 신앙을 통일하는 것에 합의하는 "엄숙동맹과 언약"(The solemn league and covenant)을 9월에 맺게 되었다. 그리하여 잉글랜드 의회는 스코틀랜드 협상 위원들과 엄숙동맹과 언약에 서명하였다.

잉글랜드와 스코틀랜드 그리고 아일랜드 세 나라의 교회정치와 신앙을 통일시키고자 하는 합의를 담은 "엄숙동맹과 언약"(The solemn league and covenant)은 전부 6항으로 되어 있다. 그 주요 내용은 스코틀랜드에서 개혁 신앙의 파수, 잉글랜드와 아일랜드도 하나님의 말씀과 여러 개혁교회의 본을 따라 예배와 예식의 개혁 시행, 주교 제도의 폐지, 잉글랜드 의회의 권한 보장, 그리고 엄숙동맹과 언약에 대한 반대자들에게 타당한 징벌을 위한 공동대처 등이다.[24]

"엄숙동맹과 언약"(The solemn league and covenant)의 일부를 소개하면 다음과 같다.

- 우리는 우리 공동의 원수들에 맞서서 '교리와 예배와 권징과 교회정치'에서 스코틀랜드 교회가 품고 있는 '개혁된 신앙'의 보존을 위해, 하나님의 말씀과 가장 잘 개혁된 교회들의 모범에 따라 '교리와 예배와 권징과 교회정치'에서 잉글랜드와 아일랜드 왕국이 단행할 '종교개혁'을 위해 하나님의 은혜를 힘입어 우리 각자 처한 위치와 소명의 자리에서 순수하게, 참으로, 변함없이 노력하겠다. 그리고 세 왕국에 있는 하나님의 교회에서 '종교와 신앙고백과 교회정치 형태와 예배 지침서와 교리문답'에서 가장 가까운 '연대와 통일'을 이끌어내려고 노력하겠다. 게다가, 우리는 우리와 우리 뒤를 이을 후손이 형제로서 믿음과 사랑으로 살도록, 그리고 주께서 우리 한가운데 거하기를 매우 기뻐하실 수 있도록 노력하겠다.[25]

엄숙동맹과 언약

이 "엄숙동맹과 언약"(The solemn league and covenant)에 따라 스코틀랜드 군대가 잉글랜드로 진격하여 전쟁에 패배한 찰스 1세는 스코틀랜드의 요구에 따르는 조건으로 전쟁을 끝냈다. 이에 의회는 웨스트민스터 총회를 위해 잉글랜드와 스코틀랜드 그리고 아일랜드 세 나라가 같이 사용할 통일된 정치규범과 예배규범을 다시 세우고, 신앙고백서와 요리문답서가 필요하다는 데 의견을 모았다.

"엄숙동맹과 언약"(The solemn league and covenant)에 의해 새로운 표준문서 작성이 총회의 목적이 된 것이다.[26] 이로 인해 웨스트민스터 총회는 1643년 10월 11일 39개 조항 개정을 중단하고, 새롭게 교회정치와 예배모범을 작성하고 그 뒤로 신앙고백서 그리고 대·소요리문답을 작성하는 것으로 총회의 목적을 변경하였다.[27] 이러한 새로운 임무를 갖게 된 총회는 그 소임을 다하기 위해, 엄숙동맹과 언약에 따라 파견되어 있던 스코틀랜드의 특사들로 하여금 조언자로서 회의를 돕도록 요청하였다.[28]

(2) 웨스트민스터 신앙고백서의 주제들

웨스트민스터 신앙고백서를 신학적 주제에 따라 일곱 가지로 나누어보면, ① 성경론, ② 신론: 삼위일체 하나님, ③ 기독론: 인간의 죄와 그리스도에 의한 구속, ④ 구원론: 구원의 순서와 적용, ⑤ 율법과 자유 ⑥ 교회론: 교회와 성례 ⑦ 종말론: 죽음과 부활 그리고 심판이라고 정리할 수 있다.[29]

이렇게 일곱 가지 주제로 분류한 신앙고백서를 기준으로 하여 대요리문답과 소요리문답의 내용을 비교하면, "웨스트민스터 표준문서"의 핵심 사상을 파악하기에 아주 유용하다. 웨스트민스터 신앙고백서가 이토록 체계적이고 조직적으로 작성된 내용이기에, 스코틀랜드의 교회역사가였던 윌리엄 맥스웰 헤더링턴이 한 다음과 같은 격찬을 듣는 것은 참으로 기쁜 일이다.

- 『웨스트민스터 신앙고백』은 엄밀한 신학적 체계 아래 거룩한 진리를 조직적으

로 설명하고 있다. 체계성과 완결성의 관점에서 볼 때 완벽에 가까운 신앙고백이라고 말하지 않을 수 없다. 목차만 대충 살펴봐도 첫 번째 조항부터 계시된 진리의 최종적인 조항에 이르기까지 정교한 체계를 갖추어 빠짐없이 진술하고 있음을 알 수 있다. 중요한 조항은 단 한 가지도 빠뜨리지 않았을 뿐 아니라 각 진리의 중요성에 어울리지 않는 불필요한 사족을 덧붙인 곳이 단 한 군데도 없다.[30]

- 『웨스트민스터 신앙고백』의 탁월함은 사고와 언어가 놀라운 정도로 정확하다는 사실에서 또 한 번 확인된다. 이런 결과가 나타나게 된 이유는 당시의 뛰어난 목회자들의 정신적 훈련 수준이 그만큼 탁월했기 때문이다. 그들은 모든 논증을 삼단논법 형태로 발전시키는 데 익숙했고, 모든 용어를 극도로 신중하고 정확하게 사용했다. 이 신앙고백에 수록된 신앙의 명제들을 연구하는 사람들은 그들의 언어가 얼마나 정확한지 알 수 있을 것이다.[31]

- 『웨스트민스터 신앙고백』의 탁월한 특징 가운데 또 한 가지는 교회와 국가의 권한을 서로 조정하거나 지지해 주는 개념을 내포하는 원리들을 명확하고 분명하게 진술하고 있다는 것이다. … 신앙고백의 작성자들은 그 어떤 극단도 용납하지 않는다. … 따라서 그들은 이 두 기관의 권한이 상호 균형과 협력을 통해 하나님의 말씀에 의거해 시민적 자유와 종교적 자유를 안전하게 수호하는 기능을 발휘하게 하려고 노력했다. … 우리는 이 주제를 논박할 빌미를 찾기보다 "국가 공직자"(23장), "교회의 권징"(30장), "대회와 총회"(31장)을 다루는 조항에 관심을 기울여 그런 문제에 관한 신앙고백의 교리를 이해하려고 노력해야 한다.[32]

- 『웨스트민스터 신앙고백』은 진리와 거짓, 옳은 것과 그릇된 것을 분명하게 구별할 수 있는 원리를 제시한다.[33]

3. 웨스트민스터 신앙고백서 주제

신앙고백서		대요리문답	소요리문답
성경론	제1장. 성경	제1문. 인생의 목적 제2문. 하나님의 존재 제3-6문. 성경	제1문. 인생의 목적 제2-3문. 성경
신론	제2장. 하나님의 존재 제3장. 하나님의 작정 제4장. 하나님의 창조 제5장. 하나님의 섭리	제7-11장. 하나님의 존재 제12-13장.하나님의 작정 제14-17장. 하나님의 창조 제18-20장. 하나님의 섭리	제4-6문. 하나님의 존재 제7-8문. 하나님의 작정 제9-10문. 하나님의 창조 제11-12문. 하나님의 섭리
	제6장. 인간의 타락	제21-29문. 인간의 타락	제13-19문. 타락
기독론	제7장. 언약 제8장. 그리스도의 　　　성육신	제30-35장. 언약 제36-40장. 그리스도의 성 　　　　육신 제41-45장. 그리스도의 　　　　직분 제46-50장. 낮아지심 　　　- 비하 제51-57장. 높여지심 　　　- 승귀	제20문. 구원계획 제21문. 그리스도 제23-26문. 그리스도의 　　　　직분 제27문.낮아지심 제28문.높여지심
	제9장. 자유의지		
구원론	제10장. 소명 제11장. 칭의 제12장. 양자 제13장. 성화 제14장. 구원 신앙 제15장. 회개 제16장. 선행 제17-18장. 견인, 확신	제58-59문. 성령의 사역 제60-61,68문. 소명 제70-73문. 칭의 제74문. 양자 제75, 77-78문. 성화 제76문. 회개 제79-81문. 견인	제29-30문. 사역 제31-32문. 소명 제33문. 칭의 제34문. 양자 제35-36문. 성화

신앙고백서		대요리문답	소요리문답
율법과 자유	제19장. 율법 제20장. 양심의 자유 제21장. 예배와 안식일 제22장. 맹세와 서원 제23장. 위정자 제24장. 결혼과 이혼	제91-97장. 도덕률 제98-152장. 십계명 제153-154장. 구원 유익 제155-160장. 말씀 제161-177장. 성례: 세례와 성찬 제178-196장. 주기도문	제39-40문. 도덕률 제41-85문. 십계명 제86-88문. 믿음 제89-90문. 설교 제91-97문. 성례 제98-107문. 주기도
교회론	제25-26장. 교회 제27-29장. 세례와 성찬 제30-31장. 교회/권징	제62-66,69장. 교회	
종말론	제32장. 영화 제32장. 부활 제33장. 최후 심판	제82-86문. 영화 제87-88문. 부활 제89-90문. 최후심판	제37-38문. 죽음/부활

(1) 성경

웨스트민스터 신앙고백서는 "성경"에 대한 진술이 가장 우선해서 제시된다. 이미 앞에서 살핀 것처럼 다른 개혁주의 신앙고백서들도 예외없이 성경을 강조하지만, 『제1 스위스 신앙고백서』(1536), 『제2 스위스 신앙고백서』(1566)와 함께 웨스트민스터 신앙고백서는 내용 순서상 가장 우선되게 성경을 강조한다.34)

- **제1장 성경** 1. 본성의 빛과 창조와 섭리의 일들은 사람이 핑계할 수 없을 정도로 하나님의 선하심과 지혜와 능력을 너무나도 명백하게 나타내고

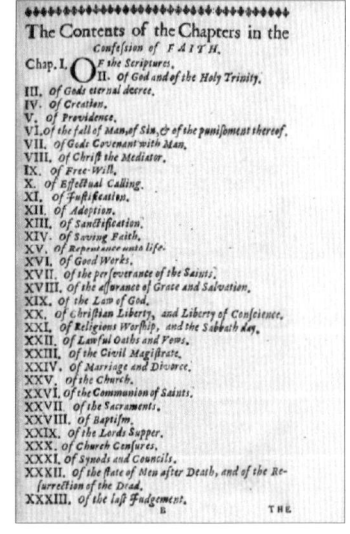

웨스트민스터 신앙고백서 "목차"

있다. 그럼에도 이것들은 하나님과 그분의 뜻에 관하여 구원에 필요한 지식을 줄 정도로 충분하지는 않다. 그래서 주님께서 여러 시대에 여러 모양으로 자신의 교회에 자신을 계시하고 자신의 뜻을 선포하기를 기뻐하셨다. 그리고 후에는 진리를 더 잘 보존하고 전파하며, 육신의 부패 및 사탄과 세상의 악의에 맞서 교회를 더욱 견고하게 세우고 위로하기 위하여 바로 그 모든 것을 기록하기를 기뻐하셨다. 이로 인하여 성경은 반드시 필요하게 되었다. 그리고 하나님께서 자신의 뜻을 자기 백성에게 계시하시던 이전 방식들은 이제 중지되었다.[35]

이에 대해 로버트 레탐은 "웨스트민스터 신앙고백의 첫 번째 장은 성경이라는 주제에 대한 고전적인 개혁파 개신교의 가장 완전한 진술이자 어느 시대 어느 출처를 막론하고 아마도 가장 훌륭한 진술로 자리매김된다"라고 평가한다.[36]

존 페스코 역시 "웨스트민스터 신앙고백서의 시작 부분은 종교개혁이 내걸었던 공식적인 주의와 명분, 즉 성경론이 중심이 되어야 한다는 사실에 대한 헌신을 보여준다"라고 격찬한다. 왜냐하면 성경의 강조야말로 로마 가톨릭교회의 그릇된 가르침에 대한 정면 도전이었기 때문이다.[37]

이어지는 웨스트민스터 신앙고백서 제1장 2절과 3절 그리고 4절은 내용상 외경과 구분되는 정경화된 성경의 목록을 언급하면서, 성경이야말로 우리 신앙과 생활의 규범이고 교회가 개혁되어야할 기준이라는 사실을 분명히 제시한다.

- **제1장 성경** 2. 성경, 즉 기록된 하나님의 말씀이라는 이름 아래 포함된 것은 현재 구약과 신약의 모든 책이다. 이 책들은 다음과 같다. 구약: 창세기 … 말라기. 신약: 마태복음 … 요한계시록. 이 모든 책은 하나님의 영감에 의하여 믿음과 생활의 규범으로 주어졌다.[38]

- **제1장 성경** 3. 보통 외경이라 불리는 책들은 하나님의 영감으로 된 것이 아니

므로 정경인 성경의 일부가 전혀 아니니다. 따라서 이것들은 하나님의 교회에서 어떤 권위도 가지지 못하며, 단지 사람들이 쓴 다른 글과 같은 것일 뿐이며, 이와 다르게 인정을 받아서도 안 되며 사용되어서도 안 된다.[39]

- **제1장 성경** 4. 성경의 권위는 우리가 성경을 믿고 순종해야 하는 이유이다. 이 성경의 권위는 어떤 사람이나 교회의 증언에 의존하는 것이 아니며 (진리 자체이자) 성경의 저자이신 하나님께만 전적으로 의존한다. 그러므로 우리는 성경을 받아들여야 한다. 왜냐하면 성경은 하나님의 말씀이기 때문이다.[40]

웨스트민스터 신앙고백서 "제1장 성경"

이 내용에는 하나님의 말씀을 따라 경건하게 살려고 노력한 청교도의 신앙이 그대로 반영되어 있다.[41] 웨스트민스터 신앙고백서는 작성된 당시뿐 아니라 수백년이 지난 오늘에 이르기까지 기독교의 진리를 상대화하려는 모든 잘못된 가르침에 대항하여 성경이야말로 오직 하나님의 말씀이며 진리의 척도임을 분명히 밝히면서, 어떻게 성경을 하나님의 말씀으로 인식할 수 있으며 이해해야 하는지를 제1장 5절과 6절이 명확하게 제시한다.

- **제1장 성경** 5. 우리는 교회의 증언에 의해 감동되고 이끌리어 성경을 높이 여기고 경외심으로 대할 수 있다. 그리고 하늘에 속한 내용, 교훈의 감화력, 문체의 장엄함, 모든 부분의 조화로움, (모든 영광을 하나님께 돌리는) 전체 목적, 사람을 구원하는 유일한 길을 충분히 보여줌, 그 밖의 비교할 수 없는 많은 탁월

함, 그리고 전체의 완전함 등은 성경 스스로가 하나님의 말씀임을 풍성하게 증언하는 논거들이다. 그럼에도 성경이 무오한 진리이며 신적 권위를 가지고 있음을 완전하게 인정하고 확신하는 것은 우리 마음 속에 말씀에 의하여 또한 말씀과 함께 증언하시는 성령 하나님의 내적 사역으로 말미암는다.[42]

- **제1장 성경** 6. 하나님 자신의 영광, 사람의 구원, 믿음, 그리고 생활에 필요한 모든 것과 관련한 하나님의 전체 경륜은 성경에 분명하게 기록되어 있거나, 또한 적절하고 필연적인 논리적 귀결에 의하여 성경으로부터 추론될 수 있다. 그러나 성령의 새로운 계시에 의해서든지, 사람의 전통에 의해서든지, 어떤 것이라도 어느 때이건 성경에 추가되어서는 안 된다. 그럼에도 말씀에 계시된 일들을 구원에 이르도록 이해하기 위해서는 성령 하나님의 내적 조명이 필요함을 인정한다.[43]

- 그러므로 신앙고백서가 가진 성경에 대한 신학적 핵심은, 성경의 권위가 그 근원이신 하나님께 있다고 할 수 있다. 즉 하나님 자신의 권위가 성경 안에서 밝히 빛나고 있고, 그것이 성령의 내적 조명을 통해 드러난다.[44] 이에 대한 다음 설명은 적확하다. "웨스트민스터 신앙고백의 첫 장에서는 모든 교리가 흘러나오는 샘을 밝히는데, 이것은 종교개혁의 최고 신조들 중 하나였던 '솔라 스크립투라'(sola scriptura, "오직 성경")의 원칙을 반영한 것이다. 오직 성경만이 교회에서 그리스도인들의 신앙과 실천을 결정하는 유일한 원천이다."[45]

(2) 삼위일체 하나님과 그분의 사역

웨스트민스터 신앙고백서는 제2장에서 하나님의 유일성을 강력하게 주장하는 것으로 시작하여, 제5장까지 삼위일체 하나님의 위대하심과 그분의 작정 그리고 그 영광스러움을 잘 표현한다. 이를 통해 신학은 하나님 중심이어야 함을 드러낸다.[46]

- **제2장 거룩하신 삼위일체 하나님** 1. 오직 한 분뿐이시며 살아계시고 참되신 하나님이 계신다. 하나님께서는 존재와 완전함에 있어 무한하시고, 지극히 순수한 영이시며, 눈에 보이지 않으시고, 몸도 부분들도 (우리와 같은) 성정도 없으시며, 불변하시고, 광대하시며, 영원하시고, 불가해한 분이시며, 전능하시고, 지극히 지혜로우시며, 지극히 거룩하시고, 지극히 자유로우시며, 지극히 절대적이시다. 그분 자신의 변치 않으며 지극히 의로운 의지의 경륜에 따라 모든 일을 자신의 영광을 위하여 행하신다. 지극히 사랑하시고, 은혜로우시며, 긍휼이 많으시고, 오래 참으시며, 선과 진실함이 풍성하시고, 불의와 범죄와 죄를 용서하신다. 그리고 그분 자신을 부지런히 찾는 자에게 상을 주신다. 그러면서도 그분의 심판에 있어서 지극히 공의로우시며 지극히 무서우시다. 모든 죄를 미워하시며 죄를 범한 자를 결단코 면죄하지 않으신다. … 3. 하나님의 단일성 안에, 본질과 능력과 영원성이 하나인 세 위격이 계시니, 성부 하나님, 성자 하나님, 성령 하나님이시다. 성부 하나님께서는 누구에게서 비롯되지 않으시니, 누구에게서 나셨거나 나오시는 분이 아니시다. 성자 하나님께서는 성부 하나님에게서 영원히 나셨으며, 성령 하나님께서는 성부 하나님과 성자 하나님에게서 영원히 나오신다.[47]

- **제3장 하나님의 영원한 작정** 1. 하나님께서 영원부터, 자신의 의지의 지극히 지혜로우며 거룩한 경륜에 의하여, 일어나게 될 어떤 일이든지 자유롭게 그리고

변치 않게 작정하셨다. 그로 인하여 하나님께서 죄의 조성자가 되시거나 피조물의 의지를 침해하시는 것도 아니다. 또한 제2원인들의 자유나 우발성이 제거되는 것이 아니라, 오히려 확립된다. … 5. 하나님께서, 인류 가운데 생명을 얻도록 예정된 사람들을 선택하시되, 세상의 기초가 놓이기 전에, 자신의 영원하며 변치 않는 목적 및 자신의 의지의 비밀한 경륜과 선한 기쁨을 따라서, 단지 값없이 주시는 은혜와 사랑만으로 영원한 영광에 이르도록 그리스도 안에서 선택하셨다. 이는 믿음이나 선행과 이것들 안에서의 견인, 또는 피조물 안에 있는 다른 어떤 것을 조건이나 원인으로 미리 보시어 그렇게 행하신 것이 아니다. 그리고 이 모든 것이 자신의 영광스러운 은혜를 찬송하는 것이 되도록 하셨다. 6. 하나님께서 선택하신 사람들을 영광에 이르도록 결정하셨듯이, 자신의 의지의 영원하며 지극히 자유로운 목적에 의해 영광에 이르게 하는 모든 방편을 미리 정하셨다. 그런 까닭에, 선택된 사람들은, 아담 안에서 타락한 이후, 그리스도에 의해 구속을 받고, 적절한 때에 역사하시는 그분의 성령에 의하여 그리스도를 믿는 믿음에 이르도록 효과 있게 부르심을 받고, 의롭다 하심을 받으며, 양자가 되고, 거룩하게 되며, 그분의 능력에 의해 믿음으로 말미암아 구원에 이르도록 보호를 받는다. 선택된 사람들 이외에 누구도 그리스도에 의하여 구속되거나, 효과 있게 부르심을 받거나, 의롭다 하심을 받거나, 양자가 되거나, 거룩하게 되거나, 구원받지 못한다.[48]

- **제4장 창조** 1. 성부, 성자, 성령 하나님께서 자신의 영원한 능력과 지혜와 선하심의 영광을 나타내시기 위하여, 태초에 세계와 그 안에 있는 보이는 것과 보이지 않는 모든 것을 6일 동안에 무(無)에서 창조하시고 만드시기를 기뻐하셨다. 그리고 이 모든 것이 심히 좋았다.[49]

- **제5장 섭리** 1. 만물의 위대한 창조자이신 하나님께서 자신의 지극히 지혜롭고

거룩한 섭리에 의하여, 자신의 무오한 예지와 자신의 의지의 자유롭고 불변하는 경륜에 따라서, 가장 큰 것으로부터 가장 작은 것에 이르기까지, 모든 피조물과 행동과 사물을 붙드시고, 지도하시고, 배정하시고, 통치하시며, 자신의 지혜와 능력과 공의와 선과 긍휼의 영광을 찬송하도록 하신다. 2. 제1원인이신 하나님의 예지와 작정과 관련하여 볼 때, 모든 일은 변함없이 그리고 틀림없이 일어난다. 그럼에도 바로 그 섭리에 의하여 하나님께서 모든 일이 제2원인들의 성질에 따라 필연적으로, 자유롭게, 또는 우발적으로 일어나도록 하신다. … 7. 하나님의 섭리가 일반적으로 모든 피조물에게 미치고 있는 것처럼, 아주 특별한 방식으로 그분의 교회를 돌보며 교회에 유익이 되도록 모든 일을 질서 있게 정하신다.[50]

웨스트민스터 신앙고백서가 담고 있는 하나님과 그분의 사역에 대한 다음 평가는 명료하다. "작정, 선택, 간과, 인간의 자유 등과 관련있는 문제 중 많은 것이 복합적인 성격을 띠고 있지만, 웨스트민스터 신앙고백은 간결한 단순성이라는 분위기를 호흡하고 있다 … 신앙고백은 핵심적인 교리를 정확히 밝히고 거짓 가르침을 배격하되, 교리에 대한 특정한 점들 중 일부에 대해서는 다른 견해가 인정될 수 있는 여지를 남기는 방식으로 그렇게 한다."[51]

(3) 인간의 죄와 그리스도에 의한 구속

웨스트민스터 신앙고백서는 제6장에서 인간의 죄와 타락을 다룬 다음에, 제7장에서 죄된 인간을 위해 친히 자신을 낮추셔서 행하신 하나님의 언약을 다루고, 제8장에 그 언약의 핵심이신 그리스도를 다룬다.[52]

- **제6장 사람의 타락, 죄, 그리고 형벌** 1. 우리의 첫 조상들은 사탄의 간계와 유혹에 미혹되어, 금지된 열매를 먹음으로 범죄하였다. 이들이 범한 이 죄를 하나

님께서 자신의 지혜롭고 거룩한 경륜에 따라서 허용하기를 기뻐하셨으며, 그분 자신의 영광이 되도록 의도하셨다. 2. 이 죄로 말미암아 이들은 원의와 하나님과의 교제에서 떨어졌으며, 그리하여 죄 가운데 죽은 자가 되었고, 영혼과 몸의 모든 기능과 부분이 완전히 오염되었다. 3. 이들은 모든 인류의 뿌리였기 때문에, 통상적인 출생에 의하여 이들에게서 태어난 모든 후손에게 이 죄의 죄책이 전가되었으며, 죄 가운데 죽은 바로 그 죽음과 부패한 본성이 전달되었다.[53]

- **7장 사람과 맺으신 하나님의 언약**

1. 하나님과 피조물의 간격은 참으로 크기 때문에, 이성적 피조물이 창조주이신 하나님께 복종하는 것은 마땅하다. 그럼에도 이들이 하나님의 어떤 복과 상을 받는 것은 하나님의 자발적 낮추심으로 이루어지는 일이다. 하나님께서 이 자발적 낮추심을 언약의 방식으로 나타내기를 기뻐하셨다.

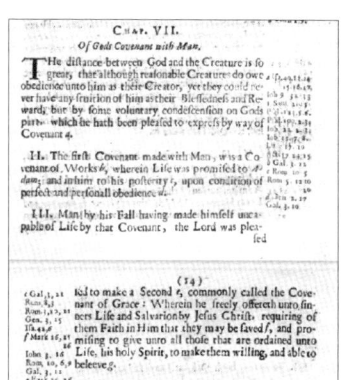

웨스트민스터 신앙고백서
"제7장 사람과 맺으신 하나님의 언약"

2. 사람과 맺으신 첫 번째 언약은 행위 언약이었다. 이 언약 안에서 완전하며 인격적인 순종을 조건으로 하여, 아담에게 그리고 아담 안에 있는 그의 후손들에게 생명이 약속되었다. 3 사람이 타락하여 스스로는 이 언약에 의해 생명에 이를 수 없게 되었으므로, 주님께서 통상적으로 은혜언약이라고 불리는 두 번째 언약을 맺기를 기뻐하셨다. 이 은혜언약 안에서, 주님께서 죄인들에게 예수 그리스도에 의한 생명과 구원을 값없이 제안하셨으며, 구원받기 위하여 이들에게 그리스도를 믿을 것을 요구하셨고, 생명에 이르도록 작정된 모든 사람에게 그분의 성령을 주시어 이들이 믿기를 원하고 믿을 수 있게 해 주실 것을 약속하셨다. … 6. 실체이신 그리스도께서 드러나

신 때인 복음 아래에서, 이 언약이 실행되는 규례들은 말씀 설교와 성례 곧 세례와 성찬의 시행이다. 이 규례들이 비록 수가 더 적고, 더 간소하며, 외적인 화려함은 덜하지만 그럼에도 이것들 안에서 이 언약은 더 충만하고, 더 명백하며, 영적으로 더욱 효력 있게 모든 민족 곧 유대인과 이방인에게 제시된다. 이것은 신약이라고 일컬어진다. 따라서 실체가 다른 두 은혜 언약이 있지 않으며, 다양한 경륜 아래 동일한 하나의 언약이 있을 뿐이다.[54]

- **제8장 중보자 그리스도** 1. 하나님께서 그분 자신의 영원한 목적 안에서 자신의 독생자이신 주 예수님을, 하나님과 사람 사이의 중보자, 선지자, 제사장, 그리고 왕으로, 또 교회의 머리와 구주, 만유의 상속자, 그리고 세상의 심판자로 선택하고 정하기를 기뻐하셨다. 그리고 영원부터 하나님께서 그분에게 한 백성을 주셔서 그분의 후손이 되게 하셨으며, 정한 때에 그분으로 말미암아 이들이 구속하심과 부르심과 의롭다 하심과 거룩하게 하심과 영화롭게 하심을 받게 하

웨스트민스터 신앙고백서
"제8장 중보자 그리스도"

셨다. 2. 삼위일체 하나님의 제2위격이시며, 참되고 영원하신 하나님이시고, 아버지 하나님과 한 본질이시며 동등하신 하나님의 아들께서, 때가 차매, 사람의 본성을, 이것에 속한 모든 본질적인 속성과 일반적인 연약성과 함께 취하셨다. 그럼에도 죄는 없으시다. 그분은 성령 하나님의 능력으로 동정녀 마리아의 태에 그녀의 체질로부터 잉태되셨다. 그 결과 온전하고 완전하며 구별되는 두 본성,

곧 신성과 인성이 변화 없이, 혼합 없이, 혼동 없이, 한 인격 안에 분리될 수 없게 연합되었다. 그 인격은 참 하나님이시며 참 사람이시다. 그러나 한 분 그리스도이시며 하나님과 사람 사이의 유일한 중보자이시다. 3. 주 예수님께서 이와 같이 신성과 연합된 그분의 인성 안에서 거룩하여졌으며 성령 하나님의 기름부음을 한량없이 받으셨다. 자신 안에 지혜와 지식의 모든 보화를 가지고 계신 그분 안에 모든 충만함이 거하는 것을 성부 하나님께서 기뻐하셨다. 그 충만함은 거룩하고 무죄하며 순결하고 은혜와 진리로 충만하여, 중보자와 보증인의 직분을 수행하기에 완전히 준비되기 위함이었다. 그분은 이 직분을 스스로 취하지 않으셨고, 성부 하나님에 의해 이 직분에 부르심을 받으셨다. 성부 하나님께서는 모든 권능과 심판을 그분의 손에 맡기시고, 이것을 수행하도록 명령하셨다. … 8. 그리스도께서 값을 치르고 구속을 획득해 주신 이들 모두에게 바로 그 구속을 확실하게 그리고 효과 있게 적용하시고 나누어 주신다. 즉, 이들을 위하여 간구하시고, 이들에게 말씀 안에서 그리고 말씀으로 구원의 비밀들을 계시하시며, 자신의 성령으로 이들을 효과 있게 설득하여 믿고 순종하게 하시고, 자신의 말씀과 성령으로 이들의 마음을 다스리시며, 자신의 전능하신 능력과 지혜로 그리고 자신의 놀랍고도 측량할 길이 없는 경륜에 가장 일치하는 방법과 수단으로 이들의 모든 대적을 정복하신다.[55]

(4) 구원의 순서와 적용

웨스트민스터 신앙고백서는 다음과 같이 제9장에서 자유의지를 다룬 후에 제10장부터 제18장의 성도의 견인까지 구원의 순서에 대해 아주 구체적이고 세세하게 다룬다.[56]

- **제9장 자유의지** 1. 하나님께서 사람의 의지에 본성의 자유를 부여하셨다. 이 본성의 자유는 강요받지 않으며 또한 본성의 어떤 절대적인 필연성 때문에 선이

나 악을 행하도록 결정되어 있지도 않다. … 3. 사람은 타락하여 죄의 상태에 빠짐으로 구원과 관련된 영적 선을 행할 모든 의지력을 완전히 잃어버렸다. 그러므로 자연인은 이러한 선을 전적으로 싫어하고 죄 가운데 죽은 상태여서, 자신의 힘으로 회심하거나 또는 회심에 이르도록 스스로 준비할 수 없다. 4. 하나님께서 죄인을 회심케 하셔서 은혜의 상태로 옮기실 때, 죄 아래 있는 본성의 속박에서 죄인을 자유롭게 하시며, 오직 은혜에 의하여 영적으로 선한 것을 자유롭게 원하고 행할 수 있게 하신다. 그럼에도 그는 자신에게 남아 있는 부패성 때문에 선한 것을 온전히 원하지는 않는다. 곧 선한 것을 원하면서도, 또한 악한 것을 원한다. 5. 사람의 의지는, 오직 영광의 상태에서만, 완전히 그리고 변함없이 자유롭게 오로지 선으로만 향하게 된다.[57]

- **제10장 효과 있는 부르심** 1. 하나님께서 생명에 이르도록 예정하신 모든 사람, 오직 이들만을, 자신이 정하고 만족하시는 때, 자신의 말씀과 성령으로, 이들이 본성상 처해 있는 죄와 죽음의 상태로부터 예수 그리스도로 말미암는 은혜와 구원에 이르도록 효과 있게 부르시기를 기뻐하신다. 즉, 하나님의 일들을 영적으로 또 구원과 관련하여 깨닫도록 지성에 빛을 비추시고, 돌 같은 마음을 제거하시며 살처럼 부드러운 마음을 주시고, 의지를 새롭게 하시며, 자신의 전능한 능력으로 이들이 선한 것을 향하도록 정하시고, 이들을 예수 그리스도에게로 효과 있게 이끄신다. 그럼에도 이들은 하나님의 은혜로 말미암아 자원하게 되어 지극히 자유롭게 나아온다.[58]

웨스트민스터 신앙고백서
"제10장 효과 있는 부르심"

- **제11장 의롭다 하심(칭의)** 1. 하나님께서 효과 있게 부르시는 사람들을 또한 값없이 의롭다 하신다. 이것은 이들에게 의를 주입하심으로써가 아니라, 이들의 죄를 용서하심으로써, 그리고 이 사람들을 의로운 자로 여겨 받아주심으로써 이루어진다. 이것은 이들 안에 이루어진 어떤 것이나 이들이 행한 어떤 것 때문이 아니라, 오직 그리스도 때문이다. 또한 이것은 믿음 자체나 믿는 행위, 또는 어떤 다른 복음적 순종을 이들의 의로 이들에게 전가하심으로써가 아니라, 이들이 그리스도와 그분의 의를 믿음으로 받아들이고 의지할 때 오직 그리스도의 순종과 속상을 이들에게 전가하심으로써 이루어진다. 이 믿음은 이들에게서 난 것이 아니고 하나님의 선물이다.[59]

- **제12장 양자 삼으심** 1. 하나님께서 의롭다 하심을 받은 모든 사람을, 황송하게도 자신의 독생자 예수 그리스도 안에서 또한 그분으로 인하여, 양자의 은혜에 참여하는 자들이 되게 하신다. 이로 인하여 이들은 하나님의 자녀의 일원으로 받아들여지며, 하나님의 자녀의 자유와 특권을 누린다. 곧 하나님의 이름을 지니게 되고, 양자의 영을 받으며, 은혜의 보좌 앞

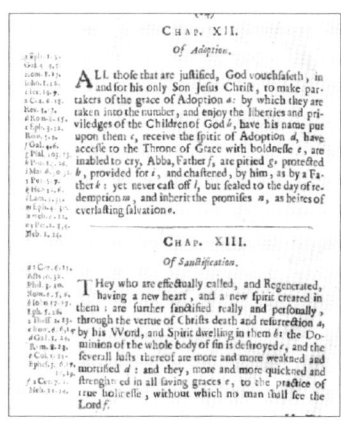

웨스트민스터 신앙고백서 "제12장 양자 삼으심", "제13장 거룩하게 하심(성화)"

에 담대히 나아가고, 아빠 아버지라고 부르짖을 수 있게 되며, 긍휼히 여김을 받고, 보호를 받으며, 필요를 공급받는다. 또한 아버지에게 징계 받듯이 하나님께 징계 받지만, 그럼에도 결코 내버림 받지 않으며, 오히려 구속의 날까지 인침 받고, 영원한 구원의 상속자로서 약속들을 유업으로 받는다.[60]

- **제13장 거룩하게 하심(성화)**   1. 효과 있는 부르심을 받아 중생하여 자신 안에 창조된 새 마음과 새 영을 가진 사람들은 더 나아가, 그리스도의 죽으심과 부활의 능력으로 인하여, 또 그분의 말씀과 이들 안에 거하시는 성령 하나님으로 말미암아 실제로 또 인격적으로 거룩하게 하심을 받는다. 즉 온몸에 대한 죄의 지배는 파괴되고 그것으로 인한 여러 욕정은 점점 더 약화되며 죽게 된다. 그리고 이들은 모든 구원하는 은혜 안에서 점점 더 살아나고 강해져서 참된 거룩함을 실행할 수 있게 된다. … 3. 이 전쟁에서, 남아있는 부패가 한동안은 상당히 지배할지라도, 거룩하게 하시는 그리스도의 성령께서 계속 공급하는 힘으로 말미암아 중생한 소욕이 마침내 이긴다. 이렇게 해서 성도는 하나님을 두려워하는 가운데서 거룩함을 온전히 이루며 은혜 안에서 자라간다.[61]

- **제14장 구원하는 믿음**   1. 선택된 자들은 믿음의 은혜로 인하여 믿을 수 있게 되어 영혼의 구원에 이르게 된다. 이 믿음의 은혜는 그리스도의 성령께서 이들 마음 안에서 행하시는 일이며, 통상적으로 말씀 사역에 의해 이루어진다. 또한 말씀 사역에 의해, 그리고 성례의 시행과 기도에 의해 이 믿음이 증가되고 강화된다. 2. 이 믿음에 의하여 그리스도인은 성경에서 말씀하시는 하나님 그분의 권위 때문에 성경말씀에 계시된 것은 무엇이든지 다 참되다고 믿는다. 그리고 말씀의 각 구절이 담고 있는 바에 따라 달리 반응하는데, 곧 명령에는 순종하고, 경고에는 두려워 떨며, 금생과 내생에 대한 하나님의 약속을 가슴에 품는다. 그러나 구원하는 믿음의 주요 활동은 은혜 언약에 힘입어 의롭다 하심, 거룩하게 하심 그리고 영원한 생명을 위하여 그리스도만을 인정하고 영접하며 의지하는 것이다.[62]

- **제15장 생명에 이르는 회개**   1. 생명에 이르는 회개는 복음의 은혜이다. 모든 복음 사역자는 그리스도를 믿는 믿음의 교리뿐만 아니라 회개의 교리도 설교해야

한다. 2. 회개를 통해 죄인은 자신의 죄가 하나님의 거룩한 본성과 의로운 율법에 반대되는 것으로 위험할 뿐만 아니라 더럽고 혐오스럽다는 것을 보고 자각함으로써, 그리고 참회하는 자들을 향한 그리스도 안에 있는 하나님의 긍휼을 깨달음으로써, 자신의 죄를 몹시 슬퍼하며 미워하고 모든 죄에서 하나님께로 돌이켜 그분의 모든 계명의 길에 그분과 동행하기를 의도하고 애쓴다.[63]

- **제16장 선행** 1. 선행은 오직 하나님께서 그분 자신의 거룩한 말씀에서 명하신 것이다. 맹목적인 열심에서 또는 어떤 선한 의도를 핑계로 사람들이 성경의 근거 없이 고안해 낸 것들은 선행이 아니다. 2. 하나님의 계명에 순종하여 행하는. … 선행은 참되고 살아있는 믿음의 열매이며 증거이다. 신자는 선행으로 감사를 표현하고, 확신을 강화하며, 형제들의 덕을 세우고, 복음의 고백을 아름답게 하며, 대적자들의 입을 막고, 하나님을 영화롭게 한다. 신자는 거룩함에 이르는 열매를 맺으며 그 마지막인 영생을 얻도록 그리스도 예수 안에서 선한 일을 위하여 지으심을 받은 하나님의 작품이다.[64]

- **제17장 성도의 견인** 1. 하나님께서 그분 자신이 사랑하시는 자 안에서 기쁘게 받으시고 자신의 성령으로 효과 있게 부르시고 거룩하게 하신 사람들은 은혜의 상태에서 완전히 또는 최종적으로 떨어져나갈 수 없다. 오히려 은혜의 상태 안에서 마지막까지 확실히 견뎌낼 것이며, 영원히 구원받을 것이다. 2. 이 성도의 견인은 성도 자신의 자유의지에 달린 것이 아니다.

웨스트민스터 신앙고백서
"제17장 성도의 견인"

이것은 하나님 아버지께서 값없이 주시는 변함없는 사랑에서 흘러나오는 선택 작정의 불변성에, 예수 그리스도의 공로와 간구의 유효성에, 또한 이들 안에 성령 하나님과 하나님의 씨가 내주하심에, 그리고 은혜 언약의 본질에 달린 것이다. 견인의 확실성과 무오성은 이 모든 것에서 발생한다.[65]

- **제18장 은혜와 구원의 확신** 1. 위선자들과 중생하지 못한 사람들이 하나님의 호의와 구원의 상태에 있다는 거짓된 소망과 육적인 억측으로 자신을 헛되게 속일 수 있다. 이들의 이 소망은 소멸할 것이다. 그러나 주 예수님을 참되게 믿고 진심으로 사랑하여 주님 앞에서 지극히 선한 양심으로 살고자 노력하는 사람들은 이 생애에서 자신들이 은혜의 상태에 있음을 확실하게 확신할 수 있고, 하나님의 영광을 소망하는 가운데 기뻐할 수 있다. 이 소망은 이들을 결코 부끄럽게 하지 않을 것이다. 2. 이 확실성은 거짓된 소망에 근거를 둔 한낱 억측과 개연성에 따른 신념이 아니라, 믿음에 속한 틀림없는 확신이다. 이 확신은 구원의 약속들에 대한 하나님의 진리, 이 약속들로 말미암은 은혜의 내적 증거, 그리고 우리가 하나님의 자녀라는 것을 우리의 영과 더불어 증거하시는 양자의 영, 곧 성령 하나님의 증언에 근거한다. 이 성령 하나님께서 우리의 기업에 대한 보증이시며, 그로 인하여 우리는 인침을 받아 구속의 날까지 이른다.[66]

(5) 신자의 의무와 삶: 율법과 자유

웨스트민스터 신앙고백서는 구원론을 다룬 직후에, 교회론을 다루지 않고 "신자의 의무와 삶 즉 그리스도의 윤리 및 신앙생활"을 다룬다. 왜냐하면 율법은 의롭다함을 받은 그리스도인의 삶에서 여러 기능을 하기 때문이다.[67]

따라서 제19장에서 하나님께서 당신의 백성들인 신자에게 주신 율법을 다루고, 제20장에서는 그리스도의 자유와 양심의 자유에 관해서 다루며,[68] 제21장에서는 경건한 예배와 안식일에 관해 다루고, 제22장에서는 합법적인 맹세와 서

- **제23장 국가 통치자** 1. 온 세상의 왕이시며 가장 높으신 주 하나님께서 그분 자신의 영광과 공적 선을 목적으로 국가 통치자를 세워 자신 아래, 국민 위에 두셨다. 그리고 이 목적을 위하여 선한 사람을 보호하고 격려하며 악행하는 자를 징벌하도록 이들에게 칼의 권세를 부여하셨다. 2. 그리스도인이 통치자의 직무로 부름 받을 경우 이 직무를 받아들여 수행하는 것은 정당하다.[75]

웨스트민스터 신앙고백서
"제19장 하나님의 율법"

- **제24장 혼인과 이혼** 1. 혼인은 한 남자와 한 여자 사이에 이루어져야 한다. 한 남자가 한 명보다 많은 아내를 동시에 두는 것이나, 한 여자가 한 명보다 많은 남편을 동시에 두는 것은 합법하지 않다. 2. 혼인은 남편과 아내가 서로 돕도록 제정되었다. 또 합법한 자녀에 의해 인류가 증가하도록, 거룩한 자손에 의해 교회가 성장하도록, 또한 부정을 방지하도록 제정되었다.[76]

웨스트민스터 신앙고백서가 제9장부터 제18장까지 구원론을 다룬 후에 곧바로 교회론을 다루지 않고, 제19장부터 24장까지 "신자의 의무와 삶 즉 그리스도의 윤리 및 신앙생활"을 다룬 것에 대해 특이하게 보는 평가가 있다. 그 의견을 들이보면 이유가 신앙고백서(1647)는 로마 가톨릭의 교회 제도나 교지 제도에 대한 비판적인 관심을 별로 표현하지 않고, 교회를 그저 '보이는 교회'와 '보이지 않는 교회'의 범주로만 나누기 때문이라고 한다. 이는 당시 교회정치에 대해 의견을 달리하던 감독교회파, 에라스투스파, 장로교회파 그리고 독립교회파가 함께 신앙고백서를 작성하다 보니, 이에 대해 다소 추상적이고 포괄적으로 다루었기 때문이라고 주장한다.[77]

이 의견이 일견 설득력이 있지만, 더 적절한 다른 관점에서 보면 웨스트민스터 신앙고백서(1647)가 지대한 영향을 받은 『아일랜드 신조』(1615)가 제8-10장에서 구원론을 다루고, 제11장이 국가의 위정자를, 제12장이 우리의 의무에 대해서, 그리고 제13장이 교회와 복음의 외적 사역에 대해 다루는 것을 연결해서 생각할 필요가 있다. 즉 웨스트민스터 총회원들은 『아일랜드 신조』(1615)의 순서에 따라 구원론(9장-18장)과 교회론(25-31장) 사이에 하나님의 법과 양심의 자유에 따른 신자의 삶 즉 그리스도의 윤리 및 신앙생활(19-24장)을 넣는 것이 더 적절하다고 판단하였을 것이라 여겨진다.[78] 그뿐 아니라 웨스트민스터 총회원들은 국가 통치자의 권력이 미치는 한계와 신학적이고 영적인 문제에 대한 교회의 책임이 어디서 시작하는지를 분명히 제시하고자 했으며, 이를 두 왕국의 사상을 통해 정리한다.[79]

(6) 교회와 성례

웨스트민스터 신앙고백서는 제25장부터 제31장까지 교회에 대해 아주 풍성하게 다룬다.[80] 내용은 교회의 정의에서부터 성도의 교제,[81] 세례와 주의 만찬인 성찬 그리고 교회의 순결을 위한 권징[82]이 그것들이다. 이에 더하여 확대된 교회인 대회와 공의회를 다룬다.[83]

그 내용을 구체적으로 읽어보자.

- **제25장 교회** 1. 보이지 않는 공교회 곧 보편교회는 교회의 머리이신 그리스도 아래 하나로 모여져 왔거나 모여지고 있거나 모여질 모든 선택 받은 사람으로 구성된다. 그리고 이 교회는 그리스도의 신부이고, 몸이며, 만물 안에서 만물을 충만하게 하시는

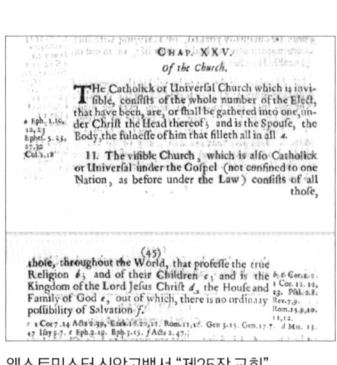

웨스트민스터 신앙고백서 "제25장 교회"

이의 충만함이다. 2. 보이는 교회 역시 복음 아래에서 (이전에 율법 아래에서 한 민족에 한정되었던 것과 달리) 보편적이다. 이 교회는 온 세상에서 참된 신앙을 고백하는 자들과 이들의 자녀들로 구성된다. 그리고 이 교회는 주 예수 그리스도의 왕국이며, 하나님의 집이며 가족이고 일반적으로 이 교회 밖에서는 구원의 가능성이 없다.[84]

- **제26장 성도의 교제** 1. 모든 성도는 자신들의 머리이신 예수 그리스도에게 그분의 성령에 의하여 그리고 믿음으로 연합되어 그리스도와 함께 그분의 은혜, 고난, 죽음, 부활, 그리고 영광에 참여한다. 그리고 사랑 안에서 서로 연합되어 각 사람의 은사와 은혜를 나눈다. 또한 속사람과 겉사람 모두와 관련하여 서로의 유익에 기여하는 공적, 사적 의무를 행할 책임이 있다. 2. 신앙고백을 할 때, 성도는 하나님을 예배하는 일과, 서로의 덕을 세우는 데 도움이 되는 영적 봉사를 행하는 일에 있어 거룩한 친교와 교제를 지속할 의무를 지닌다. 또한 자신들의 다양한 능력과 필요에 따라 육적인 일들에서 서로를 도울 의무를 지닌다. 이러한 교제는 하나님께서 기회를 주시는 대로 각 처에서 주 예수님의 이름을 부르는 모든 사람에게 확장되어야 한다.[85]

- **제27장 성례** 1. 성례는 은혜 언약의 거룩한 표지이고 인장이며, 하나님께서 직접 제정하신 것으로, 그리스도와 그분의 은택들을 나타내고, 그리스도 안에 있는 우리의 권리를 확증하며, 또한 교회에 속한 사람들을 세상에 속한 사람들과 눈에 보이게 구별하고, 하나님의 말씀을 따라 그리스도 안에서 하나님을 섬기는 일에 엄숙히 참여하도록 하기 위한 것이다.[86]

- **제28장 세례** 1. 세례는 신약의 성례이다. 예수 그리스도께서 제정하신 것으로, 보이는 교회에 수세자를 엄숙히 가입시키는 것일 뿐 아니라, 수세자를 위한 은

혜 언약의 표지와 인장이다. 그리스도께 접붙임 받음, 중생, 죄 사함, 그리고 예수 그리스도로 말미암아 하나님께 자신을 드려 새 생명 가운데 행함의 표지와 인장이다. 이 성례는 그리스도께서 친히 명하신 대로 그분의 교회 안에서 세상 끝까지 계속되어야 한다.[87]

- **제29장 주의 만찬(성찬)** 1. 우리 주 예수님께서, 배신당하셨던 밤에, 주의 만찬이라 불리는 자신의 몸과 피의 성례를 제정하셨다. 이는 죽음으로 자신을 희생하심을 영원히 기억하게 하고, 이 죽음으로 인한 모든 은택을 참된 신자들에게 인치며, 이들이 주님 안에서 영적 양식을 공급받아 성장하고, 주님께 마땅히 행하여야 하는 모든 의무를 더욱 잘 감당하도록 그분 자신의 교회에서 주의 만찬을 세상 끝날까지 지키게 하심이다. 또한 주님의 신비한 몸의 지체로서 주님과 교제함과 서로 간에 교제함의 띠와 보증이 되도록 하심이다.[88]

- **제30장 교회 권징** 1. 교회의 왕이시며 머리이신 주 예수님께서 교회 정치를 국가 통치자의 손이 아니라 교회 직원들에게 맡기셨다. 2. 이 교회 직원들에게 천국 열쇠들이 위임되었다. 이 열쇠들의 힘으로 이들은 사안별로 죄를 그대로 두거나 사할 권세를 갖는다. 필요에 따라, 회개하지 않는 죄인에게는 말씀과 권징에 의하여 천국 문을 닫을 권세를 가지며, 또한 회개하는 죄인에게는 복음 사역에 의하여

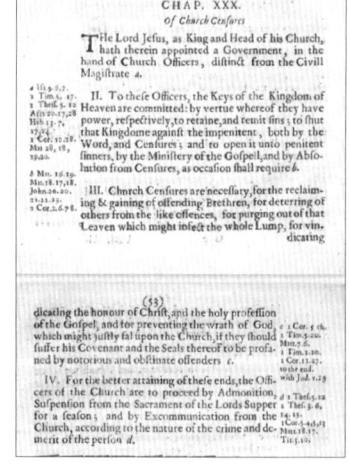

웨스트민스터 신앙고백서
"제30장 교회 권징"

그리고 해벌에 의하여 천국 문을 열 권세를 갖는다. 3. 교회 권징이 필요한 목적

은 죄를 범한 형제들을 교정하여 얻기 위함이며, 다른 사람들이 유사한 죄를 범하지 않도록 하기 위함이고, 누룩이 온 덩어리에 퍼지지 않도록 제거하기 위함이며, 그리스도의 명예와 복음에 대한 거룩한 고백을 지키기 위함이다.[89]

- **제31장 대회와 공의회** 1. 더 나은 교회 정치와 건덕을 위하여, 일반적으로 대회 또는 공의회라고 불리는 교회 회의가 있어야 한다.[90]

(7) 죽음과 부활 그리고 심판

웨스트민스터 신앙고백서는 제32장 죽음 이후부터 마지막 제32장 종말의 일에 대해 다룬다.[91]

- **제32장 사람의 사후 상태와 죽은 자의 부활** 1. 사람의 몸은 죽은 후에 흙으로 돌아가 썩음을 당한다. 그러나 (죽지도 않으며 잠자지도 않는) 영혼은 불멸성을 가지므로 영혼을 주신 하나님께로 즉시 돌아간다. 의인의 영혼은, 이 때 완전히 거룩하게 되어, 가장 높은 하늘에 받아들여진다. 이곳에서 이들은 자신들의 몸의 완전한 구속을 기다리면서 빛과 영광 가운데 하나님의 얼굴을 뵙는다. 그러나 악인의 영혼은 지옥에 던져져 큰 날의 심판을 받기까지 그곳에서 고통과 칠흑 같은 어둠 가운데 거한다. 몸에서 분리된 영혼들의 장소로 이 두 곳 외에 성경은 어떤 곳도 인정하지 않는다. 2. 마지막 날에, 살아 있는 자들은 죽지 않을 것이며 단지 변화될 것이다. 그리고 모든 죽은 자들은, 비록 질적으로는 다르지만, 다른 몸이 아닌 바로 자기 자신의 몸으로 부활할 것이다. 그리고 그 몸은 자신의 영혼과 다시 결합하여 영원히 하나로 있을 것이다.[92]

- **제33장 최후의 심판** 1. 하나님께서 예수 그리스도를 통하여 세상을 공의로 심판하실 한 날을 정하셨다. 성부 하나님께서는 예수 그리스도께 모든 권세와 심

판하는 권한을 주셨다. 그날에, 타락한 천사들이 심판받을 뿐만 아니라, 지상에서 살았던 모든 사람도 또한 그리스도의 심판대 앞에 나타나, 자신들의 생각과 말과 행위를 고하고, 선악 간에 자신의 몸으로 행한 것을 따라 받을 것이다. 2. 하나님께서 정하신 목적은 선택된 자들의 영원한 구원에서 자신의 긍휼의 영광을 나타내시고, 사악하고 불순종하는 유기된 자들의 정죄에서 자신의 공의의 영광을 나타내시는 것이다. 그때 의인들은 영원한 생명에 들어가 주님의 임재로부터 나오는 충만한 기쁨과 새롭게

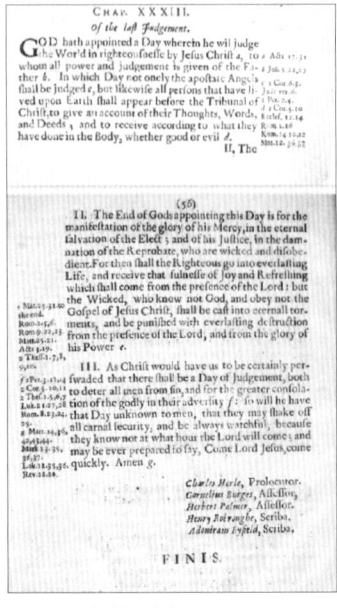

웨스트민스터 신앙고백서
"제33장 최후의 심판"

됨을 받을 것이다. 그러나 하나님을 알지 못하며 예수 그리스도의 복음에 순종하지 않은 악인들은 영원한 고통 속에 던져지고, 주님의 임재와 그분의 능력의 영광을 떠나 영원한 멸망의 형벌을 받을 것이다. 3. 모든 사람이 죄짓는 일을 두려워하도록, 또한 경건한 자들이 역경 속에서 더 큰 위로를 얻도록, 그리스도께서는 심판 날이 있음을 우리가 분명히 확신하기를 원하신다. 그렇지만 주님께서 이날을 모르게 하실 것이다. 이는 주님께서 언제 오실지 모르기 때문에 사람들이 육적인 안전감을 일체 떨쳐버리고 항상 깨어 있도록, 그리고 다음과 같이 말할 준비가 항상 되어 있도록 하기 위함이다. "오시옵소서, 주 예수여 속히 오시옵소서, 아멘."[93]

웨스트민스터 신앙고백서의 종말론에 대한 다음 설명은 신학적 견해들의 다

양함을 예리하게 분석하면서도 그 조화를 이룬 배경을 살펴주는 평가라 참으로 유익하다.

- 웨스트민스터 신앙고백은 성경의 교리를 전부 다 철저하게 다루려고 한 것은 아니다. 대표적인 예로 종말론에서 가장 중요하게 다루어지는 천년 왕국에 대해서 신앙고백서는 침묵하고 있다. 이것은 천년 왕국 교리가 중요하지 않기 때문이 아니라 여기에 대한 성경의 가르침이 상대적으로 모호하기 때문이다.…신앙고백서는 몇 가지 이유에 대해서는 침묵함으로써 상대적으로 사소한 교리들 때문에 신조의 일치가 훼손되지 않도록 했다.[94]

그렇다면 웨스트민스터 신앙고백서가 침묵한 종말 교리들은 무엇인가? 웨스트민스터 총회원들은 영혼의 수면이나 연옥설, 전천년 교리에 대해 침묵했다. 아니 거부했다.[95] 그럼에도 같은 표준문서인 대요리문답에서 총회원들은 종말 교리에 대해 아주 실제적이고 희망적인 내용들을 다룬다.

- **대요리문답 제89문답. 심판 날에 악인에게는 어떤 일이 있습니까?**
  - 심판 날에 악인은 그리스도의 왼편에 놓입니다. 그리고 명백한 증거와 양심의 완전한 책망에 따라 이들에게 두려우면서도 공정한 정죄의 선고가 내려집니다. 그리하여 하나님의 사랑의 얼굴을 떠나, 그리고 그리스도와 성도들과 모든 거룩한 천사들과 더불어 누리는 영화로운 교제로부터 쫓겨나 지옥에 던져져서 마귀와 그 사자들과 함께 몸과 영혼 모두 말할 수 없는 고통의 형벌을 영원히 받습니다.[96]

- **대요리문답 제90문답. 심판 날에 의인에게는 어떤 일이 있습니까?**
  - 심판 날에 의인은 구름 속으로 그리스도에게 끌어올려져 그분의 오른편에 놓

이며, 거기서 공적으로 인정받아 무죄 선언을 받고, 타락한 천사들과 사람들을 그리스도와 함께 심판하며, 하늘에 영접받아 들어갑니다. 거기서 이들은 모든 죄와 비참에서 온전히 그리고 영원히 해방되어 상상할 수도 없는 기쁨으로 충만해집니다. 그리고 몸과 영혼이 완전히 거룩하고 행복하게 되어 셀 수 없이 많은 성도와 거룩한 천사들과 함께 어울리고, 특별히 영원무궁토록 하나님 아버지와 우리 주 예수 그리스도와 성령님을 직접 대면하며 즐깁니다. 이것이 곧 보이지 않는 교회의 지체들이 부활과 심판 날에 영광 가운데 그리스도와 더불어 누릴 완전하고 충만한 교제입니다.[97]

대요리문답 제90문답.
심판 날에 의인에게는 어떤 일이 있습니까?

대요리문답은 목회자들과 성숙한 성도들에게 종말의 심판에 대한 소망과 기대로 가득차게 한다. 그렇다. 종말의 날 심판의 날은 성도들에게 주님과 영원히 함께할 영광의 날이 될 것이다.

4. 웨스트민스터 신앙고백서의 신학 특징

이제 웨스트민스터 신앙고백서가 가진 신학적 특징을 다루려고 한다. 이미 일곱 가지 주제들을 살핀 터라 이 주제들을 전체적으로 체계화하는 "예정론"과 "언약론"을 살피려 한다.

(1) 예정교리

웨스트민스터 신앙고백서가 드러내는 신학적 특징 첫 번째는 다름아닌 하나님의 예정이다. 제1장에서 성경에 관해서 다룬 후에 제2장에서 거룩하신 삼위일체 하나님에 관해 다룬다. 그리고는 다음 장에서 일반적으로 창조와 섭리, 인간의 타락과 죄 그리고 형벌, 그에 더하여 하나님의 구원을 다루는 방식이 아니라 제3장에서 하나님의 영원한 작정에 관하여 다룸으로써 하나님의 작정과 예정을 우선적으로 다룬다는 점이 특징이다.[98]

이는 일반적으로 신앙고백서가 배열하는 내용들의 균형과 달라서, 웨스트민스터 신앙고백서의 특별한 부분이다. 그 배경에는 1619년 이미 도르트 총회에서 아르미니우스의 주장인 만인구원설과 인간이 구원을 얻기 위해 하나님과 협력해야 한다는 신인협동설에 대한 정죄를 하였기에 논쟁이 정리되었지만, 여전히 영국에서는 같은 신학 논쟁이 1650년까지 계속되었다는 사실이 있다.

1) **제3장 8절:** 웨스트민스터 신앙고백서는 예정 교리에 대한 관심이 아주 깊게 담겨 있다.[99] 동시에 예정이라는 신비에 대해서 신중하게 다루고 있다.

- 8. 예정이라는 이 심오한 신비에 관한 교리는 특별히 신중하고 주의 깊게 다루어야 한다. 그리하여 하나님의 말씀에 계시된 그분의 뜻에 집중하며 이것에 순종하는 사람들이, 효과 있는 부르심의 확실성에서, 자신들의 영원한 선택을 확신하도록 해야 한다. 이렇게 함으로써 이 교리는, 복음을 진실하게 복종하는 모든 사람에게, 하나님을 찬양하고 경외하며 경배할 근거와 겸비와 근면과 풍성한 위로의 근거를 제공할 것이다.[100]

2) **제3장 1, 3, 5절:** 신중한 자세를 잃지 않으면서도 웨스트민스터 신앙고백서는 아주 선명하게 하나님의 예정을 드러낸다.

- 1. 하나님께서 영원부터, 자신의 의지의 지극히 지혜로우며 거룩한 경륜에 의하여, 일어나게 될 어떤 일이든지 자유롭게 그리고 변치 않게 작정하셨다. 그로 인하여 하나님께서 죄의 조성자가 되시거나 피조물의 의지를 침해하시는 것도 아니다. 또한 제2원인들의 자유나 우발성이 제거되는 것이 아니라, 오히려 확립된다.[101)]

- 3. 자신의 영광을 나타내기 위한 하나님의 작정에 의하여 어떤 사람들과 천사들은 영원한 생명을 얻도록 예정되었으며, 다른 이들은 영원한 죽음에 이르도록 미리 정해졌다.[102)]

- 5. 하나님께서, 인류 가운데 생명을 얻도록 예정된 사람들을 선택하시되, 세상의 기초가 놓이기 전에, 자신의 영원하며 변치 않는 목적 및 자신의 의지의 비밀한 경륜과 선한 기쁨을 따라서, 단지 값없이 주시는 은혜와 사랑만으로 영원한 영광에 이르도록 그리스도 안에서 선택하셨다. 이는 믿음이나 선행과 이것들 안에서의 견인, 또는 피조물 안에 있는 다른 어떤 것을 조건이나 원인으로 미리 보시어 그렇게 행하신 것이 아니다. 그리고 이 모든 것이 자신의 영광스러운 은혜를 찬송하는 것이 되도록 하셨다.[103)]

3) 제3장 6-7절: 이러한 예정은 하나님께서 창세 전부터 가지고 계셨던 그리스도를 통한 택자의 구원을 위한 계획을 더욱 선명하게 언급한다.

- 6. 하나님께서 선택하신 사람들을 영광에 이르도록 결정하셨듯이, 자신의

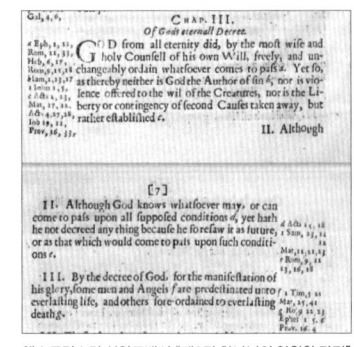

웨스트민스터 신앙고백서 "제3장 하나님의 영원한 작정"

의지의 영원하며 지극히 자유로운 목적에 의해 영광에 이르게 하는 모든 방편을 미리 정하셨다. 그런 까닭에, 선택된 사람들은, 아담 안에서 타락한 이후, 그리스도에 의해 구속을 받고, 적절한 때에 역사하시는 그분의 성령에 의하여 그리스도를 믿는 믿음에 이르도록 효과 있게 부르심을 받고, 의롭다 하심을 받으며, 양자가 되고, 거룩하게 되며, 그분의 능력에 의해 믿음으로 말미암아 구원에 이르도록 보호를 받는다. 선택된 사람들 이외에 누구도 그리스도에 의하여 구속되거나, 효과 있게 부르심을 받거나, 의롭다 하심을 받거나, 양자가 되거나, 거룩하게 되거나, 구원받지 못한다.[104]

- 7. 인류 가운데 나머지 사람들에 대해서는, 하나님께서 기뻐하시는 대로 긍휼을 베풀거나 거두기도 하시는 그분 자신의 의지의 측량할 길 없는 경륜에 따라서, 피조물에 대한 자신의 주권적 권세의 영광을 위하여, 이들을 간과하시고 자신들의 죄로 인한 수치와 진노를 받도록 정하기를 기뻐하셨다. 그리하여 그분의 영광스러운 공의가 찬미되게 하셨다.[105]

이 진술을 듣고 있노라면, 로마서 11장에서 사도 바울이 하나님의 구원 역사를 찬양하는 고백이 독자들에게도 저절로 고백되게 된다. "깊도다 하나님의 지혜와 지식의 부요함이여, 그의 판단은 측량치 못할것이며 그의 길은 찾지 못할 것이로다. 누가 주의 마음을 알았느뇨 누가 그의 모사가 되었느뇨. 누가 주께 먼저 드려서 갚으심을 받겠느뇨. 이는 만물이 주에게서 나오고 주로 말미암고 주에게로 돌아감이라 영광이 그에게 세세에 있으리로다 아멘"(롬 11:33-36절)

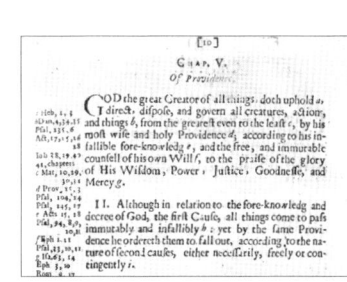

웨스트민스터 신앙고백서 "제5장 섭리"

4) 제5장 2절: 이뿐 아니라 웨스트민스터 신앙고백서는 제5장 하나님의 섭리에 관해 고백하면서, 하나님의 예지와 작정을 다루는 대목에서 하나님의 예정에 대해 철학적인 개념을 빌어서 설명한다.[106]

- 2. 제1원인이신 하나님의 예지와 작정과 관련하여 볼 때, 모든 일은 변함없이 그리고 틀림없이 일어난다. 그럼에도 바로 그 섭리에 의하여 하나님께서 모든 일이 제2원인들의 성질에 따라 필연적으로, 자유롭게, 또는 우발적으로 일어나도록 하신다.[107]

5) 제10장 1, 4절: 이에 더하여 제10장 효과 있는 부르심에 관해 고백하면서, 구원에 대해 언급하는 대목에서 하나님의 예정과 선택에 대해 분명하게 설명한다.

웨스트민스터 신앙고백서
"제10장 효과 있는 부르심"

- 1. 하나님께서 생명에 이르도록 예정하신 모든 사람, 오직 이들만을, 자신이 정하고 만족하시는 때, 자신의 말씀과 성령으로, 이들이 본성상 처해 있는 죄와 죽음의 상태로부터 예수 그리스도로 말미암는 은혜와 구원에 이르도록 효과 있게 부르시기를 기뻐하신다. 즉, 하나님의 일들을 영적으로 또 구원과 관련하여 깨닫도록 지성에 빛을 비추시고, 돌 같은 마음을 제거하시며 살처럼 부드러운 마음을 주시고, 의지를 새롭게 하시며, 자신의 전능한 능력으로 이들이 선한 것을 향하도록 정하시고, 이들을 예수 그리스도에게로 효과 있게 이끄신다. 그럼에도 이들은 하나님의 은혜로 말미암아 자원하게 되어 지극히 자유롭게 나아온다.[108]

- 4. 선택받지 않은 사람들은 비록 말씀 사역에 의해 부르심을 받을 수 있고, 또 성령 하나님의 여러 일반적인 활동을 누릴 수 있지만, 그럼에도 이들은 결코 그리스도에게 참되게 나아오지 않으며, 그러므로 구원받을 수 없다. 하물며 기독교 신앙을 고백하지 않는 사람들은, 설령 본성의 빛과 자신들이 고백하는 종교의 법에 맞추어 살기에 더없이 부지런할지라도, 어떤 방법으로도 구원받을 수 없다. 이들이 구원받을 수 있다고 주장하고 이를 고수하는 것은 대단히 해로우며 가증스럽게 여겨져야 한다.[109]

(2) 언약신학

웨스트민스터 신앙고백서가 또한 드러내는 신학적 특징은 "언약신학"이다. B.B. 워필드는 신앙고백서를 구성하는 신학적 체계가 "언약신학"이라고 단언한다. 왜냐하면 웨스트민스터 신앙고백서와 대요리문답 그리고 소요리문답이 작성된 당시 영국에서 "언약신학"이야말로 개혁신학의 본체(corpus of Reformed doctrine)로 아주 견고히 자리매김하고 있었기 때문이다.[110]

이를 입증하기 위해 웨스트민스터 신앙고백서에 나오는 "언약"과 관련된 내용들을 소개하려고 한다. 이 내용들을 읽어보면 웨스트민스터 신앙고백서에는 하나님께서 인간과 언약을 맺어주신 은혜의 모습이 가득함을 알 수 있다.[111] 하나님의 언약은 하나님께서 친히 인간에게 베푸신 은혜의 내용이다.[112]

1) 제7장 1-4, 6절: 웨스트민스터 신앙고백서는 언약에 대한 관심이 곳곳에 풍성하게 나타나 있다. 먼저 사람과 맺으신 하나님의 언약을 직접 다루는 부분을 보자.

- 1. 하나님과 피조물의 간격은 참으로 크기 때문에 이성적 피조물이 창조주이신 하나님께 복종하는 것은 마땅하다. 그런데도 이들이 하나님의 어떤 복과 상을

받는 것은 하나님의 자발적 낮추심으로 이루어지는 일이다. 하나님께서 이 자발적 낮추심을 언약의 방식으로 나타내기를 기뻐하셨다.[113]

- 2. 사람과 맺으신 첫 번째 언약은 '행위 언약'이었다. 이 언약 안에서 완전하며 인격적인 순종을 조건으로 하여 아담에게 그리고 아담 안에 있는 그의 후손들에게 생명이 약속되었다.[114]

웨스트민스터 신앙고백서
"제7장 사람과 맺으신 하나님의 언약"

- 3. 사람이 타락하여 스스로는 이 언약에 의해 생명에 이를 수 없게 되었으므로, 주님께서 통상적으로 '은혜 언약'이라고 불리는 두 번째 언약을 맺기를 기뻐하셨다. 이 '은혜 언약' 안에서 주님께서 죄인들에게 예수 그리스도에 의한 생명과 구원을 값없이 제안하셨으며, 구원받기 위하여 이들에게 그리스도를 믿을 것을 요구하셨고, 생명에 이르도록 작정된 모든 사람에게 그분의 성령을 주시어 이들이 믿기를 원하고 믿을 수 있게 해주실 것을 약속하셨다.[115]

- 4. 이 '은혜 언약'은 성경에 종종 유언이라는 이름으로 진술되어 있다. 이 언약은 유언자이신 예수 그리스도의 죽음, 영원한 유산 그리고 이것과 함께 상속자에게 속한 모든 것과 관련 된다.[116]

- 6. 실체이신 그리스도께서 드러나신 때인 복음 아래에서 이 언약이 실행되는 규례들은 말씀 설교와 성례 곧 세례와 성찬의 시행이다. 이 규례들이 비록 수가 더 적고, 더 간소하며, 외적인 화려함은 덜하지만 그런데도 이것들 안에서 이 언약은 더 충만하고, 더 명백하며, 영적으로 더욱 효력있게 모든 민족 곧 유대인과 이

방인에게 제시된다. 이것은 신약이라고 일컬어진다. 따라서 실체가 다른 두 '은혜 언약'이 있지 않으며, 다양한 경륜 아래 동일한 하나의 언약이 있을 뿐이다.[117]

이에 대해 A. A. 하지는 다음과 같이 해설한다. "사람과 천사의 경우에는 하나님께서 일정한 조건하에 이 초월적인 혜택을 주시겠다고 약속하시는 것을 기뻐하셨다. 이 조건이 붙은 약속을 언약이라고 부른다."[118]

그렇다. 웨스트민스터 신앙고백서는 언약에 대해 인간을 향한 하나님의 은혜이며, 하나님께서 인간과 교제하는 수단이기에 이성과 의지와 양심을 지닌 인간은 하나님께 순종하는 것이 가장 중요한 의무라고 가르친다.[119] 하지만 인간은 그에 대해 결코 완전한 순종을 할 수 없었다. 그 결과 우리는 우리 대신 완전한 순종을 감당하실 분이 필요했는데, 하나님께서 이미 그분을 준비시키셨다.

2) **제8장 1절**: 웨스트민스터 신앙고백서는 제8장 언약의 중보자 그리스도에서 언약을 다룬다.

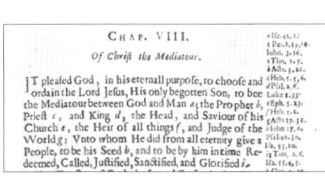
웨스트민스터 신앙고백서
"제8장 중보자 그리스도"

- 1. 하나님께서 그분 자신의 영원한 목적 안에서 자신의 독생자이신 주 예수님을, 하나님과 사람 사이의 중보자, 선지자, 제사장 그리고 왕으로, 또 교회의 머리와 구주, 만유의 상속자 그리고 세상의 심판자로 선택하고 정하기를 기뻐하셨다. 그리고 영원부터 하나님께서 그분에게 한 백성을 주셔서 그분의 후손이 되게 하셨으며, 정한 때에 그분으로 말미암아 이들이 구속하심과 부르심과 의롭다 하심과 거룩하게 하심과 영화롭게 하심을 받게 하셨다.[120]

3) **제14장 2절**: 웨스트민스터 신앙고백서는 제14장 구원하는 믿음에서 언약을 다룬다.

- 이 믿음에 의하여 그리스도인은 성경에서 말씀하시는 하나님 그분의 권위 때문에 성경 말씀에 계시된 것은 무엇이든지 다 참되다고 믿는다. 그리고 말씀의 각 구절이 담고 있는 바에 따라 달리 반응하는데, 곧 명령에는 순종하고, 경고에는 두려워 떨며, 금생과 내생에 대한 하나님의 약속을 가슴에 품는다. 그러나 구원하는 믿음의 주요 활동은 '은혜 언약'에 힘입어 의롭다 하심, 거룩하게 하심 그리고 영원한 생명을 위하여 그리스도만을 인정하고 영접하며 의지하는 것이다.[121]

4) 제17장 2절: 웨스트민스터 신앙고백서는 제17장 성도의 견인에서 언약을 다룬다.

- 이 성도의 견인은 성도 자신의 자유의지에 달린 것이 아니다. 이것은 하나님 아버지께서 값없이 주시는 변함없는 사랑에서 흘러나오는 선택 작정의 불변성에, 예수 그리스도의 공로와 간구의 유효성에, 또한 이들 안에 성령 하나님과 하나님의 씨가 내주하심에 그리고 '은혜 언약'의 본질에 달린 것이다. 견인의 확실성과 무오성은 이 모든 것에서 발생한다.[122]

5) 제19장 1, 6절: 웨스트민스터 신앙고백서는 제19장 하나님의 율법에서도 언약을 다룬다.

- 1. 하나님께서 아담에게 '행위 언약'으로 율법을 주셨다. 이것으로 하나님께서 아담과 그의 모든 후손에게 인격적으로, 완전히, 정확하게 그리고 영속적으로 순종해야 할 의무를 부과하셨다. 그리고 율법을 성취하는 경우에는 생명을 주기로 약속하셨으며, 깨뜨리는 경우에는 죽음을 당할 것이라고 경고하셨다. 그리고 하나님께서 그에게 이것을 지킬 수 있는 능력과 힘을 부여하셨다.[123]

- 6. 참된 신자는 '행위 언약'으로서의 율법 아래 있지 않으므로 율법에 의하여 의롭게 되거나 정죄를 받지 않는다. 그런데도 율법은 다른 이들뿐만 아니라 신자에게도 크게 유익하다. 율법은 하나님의 뜻과 신자의 의무를 알려주는 삶의 규칙으로서, 이것에 따라 살아가도록 신자를 지도하고 의무를 부과한다. … 비록 '행위 언약' 아래서 마땅히 주어지는 것처럼 율법에 따라 주어지는 것은 아닐지라도 이러한 일들을 기대할 수 있다. 율법이 선을 격려하고 악을 제지하기 때문에 사람이 선을 행하고 악을 억제한다고 해서, 그가 은혜가 아니라 율법 아래 있다는 것을 보여 주는 증거는 아니다.[124]

6) 제27장 1절과 28장 1절: 웨스트민스터 신앙고백서는 제27장과 제28장에서도 언약을 설명한다.

- 성례는 '은혜 언약'의 거룩한 표지이고 인장이며, 하나님께서 직접 제정하신 것으로 그리스도와 그분의 은택들을 나타내고, 그리스도 안에 있는 우리의 권리를 확증하며, 또한 교회에 속한 사람들을 세상에 속한 사람들과 눈에 보이게 구별하고, 하나님의 말씀을 따라 그리스도 안에서 하나님을 섬기는 일에 엄숙히 참여하도록 하기 위한 것이다.[125]

- 세례는 신약의 성례이다. 예수 그리스도께서 제정하신 것으로, 보이는 교회에

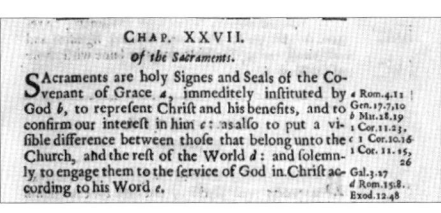
웨스트민스터 신앙고백서 "제27장 성례"

웨스트민스터 신앙고백서 "제28장 세례"

수세자를 엄숙히 가입시키는 것일 뿐 아니라, 수세자를 위한 '은혜 언약'의 표지와 인장이다. 그리스도께 접붙임 받음, 중생, 죄 사함 그리고 예수 그리스도로 말미암아 하나님께 자신을 드려 새 생명 가운데 행함의 표지와 인장이다. 이 성례는 그리스도께서 친히 명하신 대로 그분의 교회 안에서 세상 끝까지 계속되어야 한다.[126]

7) 제30장 3절: 웨스트민스터 신앙고백서는 제30장 교회의 치리에서도 언약을 다룬다.

- 교회 권징이 필요한 목적은 죄를 범한 형제들을 교정하여 얻기 위함이며, 다른 사람들이 유사한 죄를 범하지 않도록 하기 위함이고, 누룩이 온 덩어리에 퍼지지 않도록 제거하기 위함이며, 그리스도의 명예와 복음에 대한 거룩한 고백을 지키기 위함이다. 그리고 확실히 드러난 완고한 범죄자들에게 하나님의 언약과 그 인장들이 모독을 받도록 내버려둘 경우 교회에 마땅히 임하게 될 하나님의 진노를 면하기 위함이다.[127]

웨스트민스터 신앙고백서
"제30장 교회 권징" 3절

하지는 이 "교회의 권징"(치리, church censure)에 대해 이것이야말로 철저하게 하나님과의 언약 관계에 있는 신자들로 이루어진 교회 안에서 하나님과 맺은 교회 언약의 실제라고 설명한다.[128]

그러므로 웨스트민스터 신앙고백서에서 언약은 첫째로 그리스도를 통하여 신자에게 은혜로 주어졌고 심지어 율법까지도 기독론적 약속 가운데 언약을 통해 주어졌을 뿐 아니라, 두 번째로 성례와 치리를 통해 교회에 적용되고 있으며,

이에 반응하는 것이 신자의 마땅한 태도이다. 이 두 내용을 집약하면, 웨스트민스터 신앙고백서의 언약은 인간을 향한 하나님의 은혜이며, 하나님께서 인간과 교제하는 방식이고 인간이 하나님의 은혜에 감사하는 방식이다.[129] 이에 대해 리스는 이렇게 설명한다.

- 언약신학이란 본질에서 하나님과 사람의 관계를 이해하기 위한 노력이었다. 한편으로는 모든 것을 하나님의 은혜로 넘겨 버리는 율법폐기론을 피하면서, 또 다른 한편으로는 사람의 결정에 지나치게 많은 비중을 의지하는 아르미니우스주의를 피하여만 했다. 청교도들은 구원은 전적으로 하나님께서 하시는 일인 줄을 알고 있었다. 또한, 그들은 역사적으로나 심리적으로 그 일이 사람의 일이기도 하다는 것을 알고 있었다. 언약신학과 하나님의 작정신학은 구원의 양면을 올바르게 평가하는 하나의 방법이었다. 신앙고백서는 바로 이 문제를 의롭게 함과 거룩하게 함의 주제를 다루면서 대단히 성공적으로 다루고 있다.[130]

전체적으로 웨스트민스터 신앙고백서의 언약신학은 하나님의 주권적 은혜와 신자의 책임이라는 문제를 성경신학과 조직신학의 흐름과 진술을 따라 통합된다. 이것이야말로 언약신학이 웨스트민스터 신앙고백서에서 차지하는 비중이 얼마나 큰지를 언급하는 것이다. 이에 대한 김병훈의 강조는 귀기울일만하다.

- 요컨대 웨스트민스터 신앙고백서와 언약신학의 관계를 살피는 것은 신앙고백서가 언약에 관하여 고백하는 단일 신앙 항목에 국한되는 것이 아니다. 이것은 언약신학의 관점에서 살피는 웨스트민스터 신앙고백서의 신학 특징들을 찾는 일이 성경론, 신론, 인간론, 기독론, 교회론과 종말론을 포괄하는 전면적인 항목에서 이루어져야 함을 뜻한다. 한마디로 말해서, 웨스트민스터 신앙고백서의 신학적 특징은 개혁신학의 완성된 언약신학의 결정체라는 관찰로 요약이 된다.[131]

웨스트민스터 신앙고백서는 언약신학이 그 특징일 뿐 아니라 개혁신학 발전의 중심이었기에,[132] 이 신앙고백의 건축학적 원리는 체계화된 언약신학으로 나타난다.[133]

제5장. 웨스트민스터 신앙고백서

1) 김병훈, "웨스트민스터 신앙고백서와 언약신학" 『노르마 노르마타』 (수원:합신대학원출판부,2015), 389-390. 각주 3. "전체회의는 1244회 열렸으며, 이중...교리에 관한 것은 508회였다." 따라서 전체 총회 모임의 41%가 넘는 모임이 웨스트민스터 신앙고백서 작성에 집중되었음을 알 수 있다.
2) Chad Van Dixhoorn, ed. The Minutes and Papers of the Westminster Assembly, 1643-1653., V. 314. Chapter 116. Confession of Faith without proof-texts, submitted to both houses of parliament. 4 December 1646. "SUMMARY: The assembly completed its best known text, a thirty-three chapter 'Confession of Faith'(also called 'Article of religion')."
3) 2025년 현재 국내에서 구할 수 있는 웨스트민스터 신앙고백서의 국내 저서 및 번역서들은 다음과 같다. 채드 & 에밀리 반 딕스훈, 『믿음의 고백1: 웨스트민스터 신앙고백서 입문(1)』 양태진 역 (서울: 성약, 2021); 『믿음의 고백 2: 웨스트민스터 신앙고백서 입문(2)』 양태진 역. (서울: 성약, 2023), R.C.스프룰, 『웨스트민스터 신앙고백 해설 1,2,3』 3 vols. 이상웅, 김찬영 역. (서울: 부흥과 개혁사, 2011); 강원인, 『웨스트민스터 신앙고백 해설』 (서울: 종려가지, 2019); 그책의사람들 역. 『웨스트민스터 신앙고백 노트』 (수원: 그책의 사람들, 2018); 김병훈, 『날마다 양식으로 읽는 웨스트민스터 표준교리』 6 Vols. (수원:영음사, 2025); 김석환, 『웨스트민스터 신앙고백 해설』 (서울: 킹덤북스, 2011); 김영산, 『웨스트민스터 신앙고백서 해설 강론』 (서울: 영문, 1996); 김학모 편역, 『개혁주의 신앙고백』 개정판 (서울: UBF, 2019); 김혜성 외, 『웨스트민스터 신앙고백』 (서울: 생명의말씀사, 2002); 나용화 역, 『웨스트민스터 신앙고백서』 (서울: 기독교문서선교회, 2017); 박윤선 편저, 『웨스트민스터 신앙고백서』 (수원: 영음사, 1989 [개정판 2017]); 손달익, 조용석 편역, 『웨스트민스터 신앙고백 1647년: 라틴어 한글 대역』 (서울: 한들, 2010); 송종섭 외 공역, 『웨스트민스터 신앙고백: 영한대조』 (서울: 소망사, 1984); 신원균, 『웨스트민스터 다섯가지 표준문서』 (서울: 디다스코, 2019); 정성호 옮김, 『웨스트민스터 총회의 문서들』 (서울:개혁주의성경연구소, 2018); 이광호, 『웨스트민스터 신앙고백』 (서울:교회와성경, 2018); 이성호, 『비록에서 아멘까지』 (안성: 그책의 사람들, 2022); 이정현, 『웨스트민스터 신앙고백 강해』 (시흥: 지민, 2010); 이종성 편역, 『웨스트민스터 신앙고백』 (서울: 대한기독교서회, 1961); 합신 총회신학연구위원회 역. 『웨스트민스터 표준문서』 (서울: 영음사, 2024).
4) Mitchell. F Alexander. The Westminster Assembly, 357. "It was the Westminster Confession of Faith. on 20th August 1644, that a committee was appointed by the Assembly ' to prepare matter for a joint Confession of Faith. This committee consisted of Drs. Gouge, Temple, and Hoyle, Messrs. Gataker, Arrowsmith, Burroughs, Burgess, Vines, and Goodwin, together with the Scotch Commissioners. A fortnight later, Dr. Smith and Messrs. Palmer, Newcomen, Herle, Reynolds, Wilson, Tuckney, Young, Ley, and Sedgewick were added to the committee, or constituted an additional committee."
5) Mitchell. F Alexander. The Westminster Assembly, 357-367. "And I shall now proceed to lay

before you the historical details regarding the preparation of the Westminster Confession of Faith. It was on 20th August 1644, that a committee was appointed by the Assembly ' to prepare matter for a joint Confession of Faith...To do this formed the main work of the Assembly till 4th December 1646...and, on 29th April 1647, a committee of the Assembly further presented to both the Houses the Confession of Faith with the Scripture proofs inserted in the margin ; and of this also 600 copies were ordered to be printed."

6) Mitchell. F Alexander. *The Westminster Assembly:*, 358. "On the 11th July it was ordered that the body of the Confession, as it is then termed, the heads of the Confession as it is subsequently entitled, should be divided among the three committees."

7) https://archive.org/details/humbleadviceofas00west/page/n7/mode/2up

8) 로버트 쇼, 『웨스트민스터 신앙고백』, "웨스트민스터 신앙고백 승인결의서"

9) Fesko, V. John. *The Theology of the Westminster Standards.*, 63. 『역사적, 신학적 맥락으로 읽는 웨스트민스터 신앙고백서』, 73.

10) https://archive.org/details/confessionoffait1658west/page/n3/mode/2up The Westminster Confession of Faith(1647) Ch I – Of the Holy Scripture. Ch II – Of God, and of the Holy Trinity. Ch III – Of God's Eternal Decree. Ch IV – Of Creation. Ch V – Of Providence. Ch VI – Of the Fall of Man, of Sin, and of the Punishment Thereof. Ch VII – Of God's Covenant with Man. Ch VIII – Of Christ the Mediator. Ch IX – Of Free Will. Ch X – Of Effectual Calling. Ch XI – Of Justification. Ch XII – Of Adoption. Ch XIII – Of Sanctification. Ch XIV – Of Saving Faith. Ch XV – Of Repentance unto Life. Ch XVI – Of Good Works. Ch XVII – Of the Perseverance of the Saints. Ch XVIII – Of the Assurance of Grace and Salvation. Ch XIX – Of the Law of God. Ch XX – Of Christian Liberty, and Liberty of Conscience. Ch XXI – Of Religious Worship, and the Sabbath Day. Ch XXII – Of Lawful Oaths and Vows. Ch XXIII – Of the Civil Magistrate. Ch XXIV – Of Marriage and Divorce. Ch XXV – Of the Church. Ch XXVI – Of the Communion of Saints. Ch XXVII – Of the Sacraments. Ch XXVIII – Of Baptism. Ch XXIX – Of the Lord's Supper. Ch XXX – Of Church Censures. Ch XXXI – Of Synods and Councils. Ch XXXII – Of the State of Men after Death, and of the Resurrection of the Dead. Ch XXXIII – Of the Last Judgment

11) Sinclair B. Ferguson, "The teaching of the CONFESSION" *THE WESTMINSTER CONFESSION* in the church today (Edinburgh: The Saint Andrews press, 1982), 28.

12) 이성호, 『비록에서 아멘까지』 (안성: 그책의 사람들, 2022), 36.

13) 『웨스트민스터 표준문서』, 17-18. 웨스트민스터 신앙고백서 I. Of the Holy Scripture I. Although the light of nature, and the works of creation and providence, do so far manifest the goodness, wisdom, and power of God, as to leave men inexcusable; yet are they not sufficient to give that knowledge of God, and of his will, which is necessary unto salvation; therefore it pleased the Lord, at sundry times, and in divers manners, to reveal himself, and to declare that his will unto his Church; and afterwards, for the better preserving and propagating of the truth, and for the more sure establishment and comfort of the Church against the corruption of the flesh, and the malice of Satan and of the world, to commit the same wholly unto writing; which maketh the holy Scripture to be most necessary; those former ways of God's revealing his will unto his people being now ceased."

14) 『개혁교회 신조학』, 221-226.

15) 『개혁교회 신조학』, 223.
16) Robert Letham, *The Westminster Assembly: Reading Its Theology in Historical Context*. 『웨스트민스터 총회의 역사』, 116-124. "아일랜드 신조의 제1조 5항의 몇군데는 WCF의 1.6,8의 기초를 형성한다. 웨스트민스터 신앙고백(WCF)은 제3조(하나님의 영원한 작정과 예정론에 관하여) 11항을 거의 축어적으로 사용했다. 더욱이 웨스트민스터 신앙고백은 아일랜드 신조의 순서-성경, 하나님, 하나님의 영원한 작정-를 따랐다."; 이성호, 『비록에서 아멘까지』, 46. "성경론으로 시작한 가장 큰 이유는 「고백서」에 큰 영향을 미친 아일랜드 신조(1615년)을 따랐기 때문일 것이다."
17) Fesko, V. John. *The Theology of the Westminster Standards*, 67. 『역사적, 신학적 맥락으로 읽는 웨스트민스터 신앙고백서』, 77-78. 『아일랜드 신조』(1615)는 "우리 종교의 근거와 신앙의 원리와 모든 구원의 진리는 성경에 담긴 하나님의 말씀이다"라는 선언으로 시작한다. 따라서 신앙고백서의 성경교리는 신앙고백의 형태로 주어진 개혁주의 성경교리의 요약을 대표한다.
18) Fesko, V. John. *The Theology of the Westminster Standards*, 69. "어서는 처음에 웨스트민스터 총회에 참여하도록 지명되었지만, 자신은 찰스 국왕을 지지하는 사람이라는 이유로 고사했다. 1648년 영국 상원은 또다시 어서를 웨스트민스터 총회에 참여시킬 것을 고려했지만, 그가 총회에 참여했다는 기록은 없다. 어서는 몸으로는 참여하지 않았을지 모르지만, 이 총회의 신학자들이 웨스트민스터 표준문서를 만들어내는데 아일랜드 신조를 참조했기 때문에, 영으로는 참여하지 않은 것은 결코 아니었다."
19) Mitchell. F Alexander. *The Westminster Assembly*, 150. "as Ussher had formulated it in his Irish Articles, and the great majority of English Puritans had accepted it."; Robert Letham, The Westminster Assembly: Reading Its Theology in Historical Context. 『웨스트민스터 총회의 역사』, 124. "명백한 사실은 어서가 웨스트민스터 신앙고백의 구조에 주요한 영향을 미쳤다는 것이다...어서는 그 대신에 맨 처음에 성경을, 두 번째에 하나님을, 그 다음에 하나님의 작정을 두는데, 이러한 순서 다음에 창조와 섭리가 온다. 이것은 웨스트민스터 신앙고백의 순서와 같다. 웨스트민스터 총회는 아일랜드 신조가 따르는 그 이후 순서를 신앙고백에 적용하였다."
20) 『개혁교회 신조학』, 222-223. 리차드 멀러가 왜 이러한 차이가 있는가라는 질문에 대해 제시하는 두가지 견해도 참조할 만하다. 멀러는 첫째 신학적으로 두 원리 사이에 내적 관계가 있는데 성경계시의 존재는 하나님의 존재를 전제하기 때문이고, 둘째 종교개혁 전에는 신학적 체계를 위한 서문으로서 성경에 대한 진술이 없었기 때문이라고 한다. 종교개혁의 초기까지는 이전처럼 사도신경을 따라서 하나님으로 시작해서 창조, 구원, 교회 등의 내용으로 신앙고백서를 작성했다. 그러므로 신앙고백서가 하나님을 우선 다루는가 성경을 먼저 다루는가라는 차이의 질문에 대해, 역사적으로 신앙고백서 작성 방식의 차이일 뿐 하나님과 성경 계시는 늘 함께 있다고 주장한다.
21) 『기독교 신앙고백』, 188.
22) 『비록에서 아멘까지』, 36.
23) Robert Letham, *The Westminster Assembly: Reading Its Theology in Historical Context*. 『웨스트민스터 총회의 역사』, 82.
24) JOONG-LAK KIM, "Ch.7. The Solemn League and Covenant and Uniformity August 1643 – February 1644" in *The Debate on the relations between the churches of Scotland and England during the British Revolution (1633-1647)* Ph.D. Dissertation, the University of Cambridge, 1997.
25) 『스코틀랜드 종교개혁사』, 252-262. 잉글랜드 의회파와 스코틀랜드가 맺은 협상의 내용은 잉글랜드 내전(왕당파와 의화파의 싸움)에 스코틀랜드 군대를 보내주면 잉글랜드는 당시 장로교회로 개혁주의 모습을 잘 정립하고 있던 스코틀랜드 교회의 정치원리를 받아들임으로 개혁된 교회의 모습을 배우기로 했다. 외면적으로 정치군

사 동맹이었지만, 내면적으로는 교회정치의 개혁을 위한 언약이었다; 282, "내전에서 군사적 지원을 하는 대가로 스코틀랜드는 잉글랜드교회를 스코틀랜드교회와 동일하게 개혁한다는 언약을 요구했다. "엄숙동맹과 언약(The solemn league andcovenant, 1643)의 일부를 소개하면 이러하다. "우리는 신의 말씀과 가장 잘 개혁된 교회의 모범을 따라 잉글랜드와 아일랜드 교회의 교리, 예배, 규율, 조직을 개혁할 것이다. 우리는 교회의 신앙고백, 교회정부, 예배지침서, 교리문답서를 가장 비슷하게 연대하고 통일시켜 세 왕국에 신성한 교회를 만들고자 노력할 것이다…"

26) 김병훈, "웨스트민스터 신앙고백서와 언약신학", 390.
27) Robert Letham, *The Westminster Assembly: Reading Its Theology in Historical Context*, 『웨스터민스터 총회의 역사』, 115.
28) Fesko, *The Theology of the Westminster Standards*, 54. 『역사적, 신학적 맥락으로 읽는 웨스트민스터 신앙고백서』, 61.
29) 김병훈, "웨스트민스터 신앙고백서와 언약신학", 391. "웨스트민스터 신앙고백서(이하에서 WC로 표기함)의 전반적인 축조의 과정은 먼저 언약신학의 틀 안에서, 성경론을 첫 장으로 하고 이어서 '하나님과 삼위일체,' '하나님의 작정,' '창조,' '섭리,' '타락과 죄,' 그리고 '하나님께서 인간과 맺으신 언약,' 그리고 '언약의 중보자 그리스도,' 그리고 '자유의지'에 대한 고백을 하였다. 그 뒤로는 구원의 서정(ordo salutis)을 따라 '소명,' '의롭게 하심,' '양자로 받으심,' '거룩하게 하심'에 대해 고백하였으며, 이어서 언약 안에 있는 신자의 의무와 관련하여 '믿음,' '회개,' '신생,' '견인,' '확신,' 등을 고백하였다. 이처럼 하나님께서 이끌어 가시는 구원의 서정을 고백하고, 언약 안에서 성도가 행하여야 할 경건의 의무와 관련하려 고백을 하는 두 줄기의 고백을 마친 후에, WC는 '하나님의 율법,' '양심의 자유,' '예배와 안식일,' 그리고 '맹세와 서원'에 대해 고백을 하였다. 그리고 마지막에 이르러서야 '교회와 국가의 관계,' '결혼과 이혼,' '교회,' '성도의 교통,' 그리고 '성례'와 성례에 관련한 '세례,' '성찬,' '치리,' 그리고 치리기관과 관련하여 '개인의 사후 상태와 부활' 과 '최후 심판'에 대해 고백을 하였다. 전체 주제별 장들의 총수는 33장에 이르며, 각 장의 세부 항목들의 수는 전부 170개에 이른다."
30) 로버트 쇼, "서론. 왜 신앙고백이 필요한가" 『웨스트민스터 신앙고백』, 17-18.
31) 로버트 쇼, 『웨스트민스터 신앙고백』, 20.
32) 로버트 쇼, 『웨스트민스터 신앙고백』, 22-24.
33) 로버트 쇼, 『웨스트민스터 신앙고백』, 25.
34) 『기독교 신앙고백』, 191.
35) 『웨스트민스터 표준문서』, 17. 웨스트민스터 신앙고백서 I. Of the Holy Scripture "I. Although the light of nature, and the works of creation and providence, do so far manifest the goodness, wisdom, and power of God, as to leave men inexcusable; yet are they not sufficient to give that knowledge of God, and of his will, which is necessary unto salvation; therefore it pleased the Lord, at sundry times, and in divers manners, to reveal himself, and to declare that his will unto his Church; and afterwards, for the better preserving and propagating of the truth, and for the more sure establishment and comfort of the Church against the corruption of the flesh, and the malice of Satan and of the world, to commit the same wholly unto writing; which maketh the holy Scripture to be most necessary; those former ways of God's revealing his will unto his people being now ceased. "
36) Robert Letham, *The Westminster Assembly: Reading Its Theology in Historical Context*. 『웨스터민스터 총회의 역사』, 207.
37) Fesko, V. John. *The Theology of the Westminster Standards*. 『역사적, 신학적 맥락으로 읽는 웨스트민스터 신앙고백서』, 75.

38) 『웨스트민스터 표준문서』, 18. 웨스트민스터 신앙고백서 I. Of the Holy Scripture "II. Under the name of holy Scripture, or the Word of God written, are now contained all the books of the Old and New Testaments.Of the Old Testament:Genesis...Malachi. Of the New Testament: The Gospels according to Matthew...The Revelation.All which are given by inspiration of God, to be the rule of faith and life.

39) 『웨스트민스터 표준문서』, 18. 웨스트민스터 신앙고백서 I. Of the Holy Scripture "III. The books commonly called Apocrypha, not being of divine inspiration, are no part of the Canon of the Scripture; and therefore are of no authority in the Church of God, nor to be any otherwise approved, or made use of, than other human writings.

40) 『웨스트민스터 표준문서』, 18. 웨스트민스터 신앙고백서 I. Of the Holy Scripture "IV. The authority of the holy Scripture, for which it ought to be believed and obeyed, dependeth not upon the testimony of any man or church, but wholly upon God (who is truth itself), the Author thereof; and therefore it is to be received, because it is the Word of God.

41) 김영재, 『기독교 신앙고백』, 191.

42) 『웨스트민스터 표준문서』, 19. 웨스트민스터 신앙고백서 I. Of the Holy Scripture "V. V. We may be moved and induced by the testimony of the Church to an high and reverent esteem of the holy Scripture; and the heavenliness of the matter, the efficacy of the doctrine, the majesty of the style, the consent of all the parts, the scope of the whole (which is to give all glory to God), the full discovery it makes of the only way of man's salvation, the many other incomparable excellencies, and the entire perfection thereof, are arguments whereby it doth abundantly evidence itself to be the Word of God; yet, notwithstanding, our full persuasion and assurance of the infallible truth, and divine authority thereof, is from the inward work of the Holy Spirit, bearing witness by and with the Word in our hearts.

43) 『웨스트민스터 표준문서』, 19. 웨스트민스터 신앙고백서 I. Of the Holy Scripture "VI. The whole counsel of God, concerning all things necessary for his own glory, man's salvation, faith, and life, is either expressly set down in Scripture, or by good and necessary consequence may be deduced from Scripture: unto which nothing at any time is to be added, whether by new revelations of the Spirit, or traditions of men.a Nevertheless we acknowledge the inward illumination of the Spirit of God to be necessary for the saving understanding of such things as are revealed in the Word...

44) Fesko, V. John. *The Theology of the Westminster Standards*. 『역사적, 신학적 맥락으로 읽는 웨스트민스터 신앙고백서』, 91-92.

45) Fesko, V. John. *The Theology of the Westminster Standards*. 『역사적, 신학적 맥락으로 읽는 웨스트민스터 신앙고백서』, 113.

46) Robert Letham, *The Westminster Assembly: Reading Its Theology in Historical Context*. 『웨스트민스터 총회의 역사』, 271, 296. "웨스트민스터 신학자들은 신학이 하나님 중심적인 기획이 되어야 한다는 신호를 보냈다. 이것은 위대한 에큐메니컬 신경들과 일치한다."

47) 『웨스트민스터 표준문서』, 22. 웨스트민스터 신앙고백서 II. Of God, and of the Holy Trinity "I.There is but one only living and true God, who is infinite in being and perfection, a most pure spirit, invisible, without body, parts, or passions, immutable, immense, eternal,incomprehensible, almighty, most wise, most holy, most free, most absolute, working all things according to the counsel of his own immutable and most righteous will, for his own glory; most loving, gracious, merciful, long-

suffering, abundant in goodness and truth, forgiving iniquity, transgression, and sin; the rewarder of them that diligently seek him; and withal most just and terrible in his judgments; hating all sin, and who will by no means clear the guilty...III. In the unity of the Godhead there be three persons, of one substance, power, and eternity: God the Father, God the Son, and God the Holy Ghost. The Father is of none, neither begotten nor proceeding; the Son is eternally begotten of the Father; the Holy Ghost eternally proceeding from the Father and the Son."

48) 『웨스트민스터 표준문서』, 25. 웨스트민스터 신앙고백서 III. Of God's Eternal Decree "I.God from all eternity did, by the most wise and holy counsel of his own will, freely and unchangeably ordain whatsoever comes to pass; yet so as thereby neither is God the author of sin, nor is violence offered to the will of the creatures, nor is the liberty or contingency of second causes taken away, but rather established...V. Those of mankind that are predestinated unto life, God, before the foundation of the world was laid, according to his eternal and immutable purpose, and the secret counsel and good pleasure of his will, hath chosen in Christ, unto everlasting glory, out of his mere free grace and love, without any foresight of faith or good works, or perseverance in either of them, or any other thing in the creature, as conditions, or causes moving him thereunto; and all to the praise of his glorious grace. VI. As God hath appointed the elect unto glory, so hath he, by the eternal and most free purpose of his will, fore-ordained all the means thereunto. Wherefore they who are elected, being fallen in Adam, are redeemed by Christ, are effectually called unto faith in Christ by his Spirit working in due season; are justified, adopted, sanctified, and kept by his power through faith unto salvation. Neither are any other redeemed by Christ, effectually called, justified, adopted, sanctified, and saved, but the elect only."

49) 『웨스트민스터 표준문서』, 28. 웨스트민스터 신앙고백서 IV. Of Creation "I. It pleased God the Father, Son, and Holy Ghost, for the manifestation of the glory of his eternal power, wisdom, and goodness, in the beginning, to create or make of nothing the world, and all things therein, whether visible or invisible, in the space of six days, and all very good."

50) 『웨스트민스터 표준문서』, 30. 웨스트민스터 신앙고백서 V. Of Providence "I.God, the great Creator of all things, doth uphold, direct, dispose, and govern all creatures, actions, and things, from the greatest even to the least, by his most wise and holy providence, according to his infallible fore-knowledgee and the free and immutable counsel of his own will, to the praise of the glory of his wisdom, power, justice, goodness, and mercy. II. Although in relation to the foreknowledge and decree of God, the first cause, all things come to pass immutably and infallibly, yet by the same providence he ordereth them to fall out, according to the nature of second causes, either necessarily, freely, or contingently...VII. As the providence of God doth, in general, reach to all creatures, so, after a most special manner, it taketh care of his Church, and disposeth all things to the good thereof."

51) Fesko, V. John. *The Theology of the Westminster Standards*. 『역사적, 신학적 맥락으로 읽는 웨스트민스터 신앙고백서』, 155.

52) Robert Letham, *The Westminster Assembly: Reading Its Theology in Historical Context*. 『웨스터민스터 총회의 역사』, 382-383. "웨스트민스터 신학자들은 하나님의 언약의 기초가 되는 일반적인 원리들을 개략적으로 설명한다. 초점은 하나님과 그의 피조물들 사이의 큰 거리에 맞춰진다...우리에 대한 그의 풍성한 선하심은 전적으로 그 자신의 자유로운 결정이다. 언약으로 표현된, 하나님의 '자발적인 낮추심'에 의하지 않고서는,

우리를 위한 어떤 복락과 상급도 있을 수 없다. 곧바로, 하나님의 언약은 그의 주권적 자유의 표현으로 보인다. 이러한 자유에서 그는 몸을 굽혀서 인류에게는 그것들에 대한 본질적인 요구가 없는 축복들을 그들에게 베푸신다."

53) 『웨스트민스터 표준문서』, 34. 웨스트민스터 신앙고백서 VI. Of the Fall of Man, of Sin, and of the Punishment Thereof "I. Our first parents, being seduced by the subtlety and temptation of Satan, sinned in eating the forbidden fruit. This their sin God was pleased, according to his wise and holy counsel, to permit, having purposed to order it to his own glory. II. By this sin they fell from their original righteousness and communion with God, and so became dead in sin, and wholly defiled in all the faculties and parts of soul and body. III. They being the root of all mankind, the guilt of this sin was imputed, and the same death in sin and corrupted nature conveyed to all their posterity descending from them by ordinary generation."

54) 『웨스트민스터 표준문서』, 36. 웨스트민스터 신앙고백서 VII. Of God's Covenant with Man "I. The distance between God and the creature is so great that although reasonable creatures do owe obedience unto him as their Creator, yet they could never have any fruition of him as their blessedness and reward but by some voluntary condescension on God's part, which he hath been pleased to express by way of covenant. II. The first covenant made with man was a covenant of works, wherein life was promised to Adam, and in him to his posterity, upon condition of perfect and personal obedience. III. Man by his fall having made himself incapable of life by that covenant, the Lord was pleased to make a second, commonly called the covenant of grace: wherein he freely offered unto sinners life and salvation by Jesus Christ, requiring of them faith in him that they may be saved, and promising to give unto all those that are ordained unto life his Holy Spirit, to make them willing and able to believe....VI. Under the gospel, when Christ the substance was exhibited, the ordinances in which this covenant is dispensed are the preaching of the Word and the administration of the sacraments of Baptism and the Lord's Supper; which, though fewer in number, and administered with more simplicity and less outward glory, yet in them it is held forth in more fulness, evidence, and spiritual efficacy, to all nations, both Jews and Gentiles; and is called the New Testament.e There are not, therefore, two covenants of grace differing in substance, but one and the same under various dispensations."

55) 『웨스트민스터 표준문서』, 39. 웨스트민스터 신앙고백서 VIII. Of Christ the Mediator "I. It pleased God, in his eternal purpose, to choose and ordain the Lord Jesus, his only-begotten Son, to be the Mediator between God and man,a the Prophet,b Priest,c and King;dthe Head and Saviour of his Church,e the Heir of all things,f and Judge of the world;g unto whom he did, from all eternity, give a people to be his seed,h and to be by him in time redeemed, called, justified, sanctified, and glorified. II. The Son of God, the second person in the Trinity, being very and eternal God, of one substance, and equal with the Father, did, when the fulness of time was come, take upon him man's nature,a with all the essential properties and common infirmities thereof, yet without sin:b being conceived by the power of the Holy Ghost in the womb of the Virgin Mary, of her substance.c So that two whole, perfect, and distinct natures, the Godhead and the manhood, were inseparably joined together in one person, without conversion, composition, or confusion.d Which person is very God and very man, yet one Christ, the only mediator between God and man. III. The Lord Jesus, in his human nature thus united to the divine, was sanctified and anointed with

the Holy Spirit above measure; having in him all the treasures of wisdom and knowledge, in whom it pleased the Father that all fulness should dwell; to the end that, being holy, harmless, undefiled, and full of grace and truth, he might be thoroughly furnished to execute the office of a mediator and surety. Which office he took not unto himself, but was thereunto called by his Father, who put all power and judgment into his hand, and gave him commandment to execute the same....VIII. To all those for whom Christ hath purchased redemption he doth certainly and effectually apply and communicate the same; making intercession for them, and revealing unto them, in and by the Word, the mysteries of salvation; effectually persuading them by his Spirit to believe and obey; and governing their hearts by his Word and Spirit; overcoming all their enemies by his almighty power and wisdom, in such manner and ways as are most consonant to his wonderful and unsearchable dispensation."

56) Robert Letham, The Westminster Assembly: Reading Its Theology in Historical Context. 『웨스트민스터 총회의 역사』, 415. "다수의 보수적인 개혁자 신학자들-게르할더스 보스, 헤르만 리델보스, 리차드 개핀 등의 작업에 의거하는-은 여전히 이것이(註. 구원의 서정ordo salutis) 가장 효과적인 접근 방식이라고 주장한다. 그것은 성경의 역동성과 그리스도의 중심성을 포착한다고 한다. 구속사(historia salutis)는 한층 타당한 주제라는 주장이 이어진다."

57) 『웨스트민스터 표준문서』, 44. 웨스트민스터 신앙고백서 IX. Of Free Will "I. God hath endued the will of man with that natural liberty, that is neither forced nor by any absolute necessity of nature determined to good or evil...III. Man, by his fall into a state of sin, hath wholly lost all ability of will to any spiritual good accompanying salvation; so as a natural man, being altogether averse from that good, and dead in sin, is not able, by his own strength, to convert himself, or to prepare himself thereunto. IV. When God converts a sinner, and translates him into the state of grace, he freeth him from his natural bondage under sin, and by his grace alone enables him freely to will and to do that which is spiritually good; yet so as that, by reason of his remaining corruption, he doth not perfectly, nor only, will that which is good, but doth also will that which is evil. V. The will of man is made perfectly and immutably free to good alone, in the state of glory only."

58) 『웨스트민스터 표준문서』, 46. 웨스트민스터 신앙고백서 X. Of Effectual Calling "I. All those whom God hath predestinated unto life, and those only, he is pleased, in his appointed and accepted time, effectually to call, by his Word and Spirit, out of that state of sin and death, in which they are by nature, to grace and salvation by Jesus Christ; enlightening their minds, spiritually and savingly, to understand the things of God; taking away their heart of stone, and giving unto them an heart of flesh; renewing their wills, and by his almighty power determining them to that which is good, and effectually drawing them to Jesus Christ; yet so as they come most freely, being made willing by his grace."

59) 『웨스트민스터 표준문서』, 49. 웨스트민스터 신앙고백서 XI. Of Justification "I.Those whom God effectually calleth he also freely justifieth; not by infusing righteousness into them, but by pardoning their sins, and by accounting and accepting their persons as righteous: not for anything wrought in them, or done by them, but for Christ's sake alone; nor by imputing faith itself, the act of believing, or any other evangelical obedience to them, as their righteousness; but by imputing the obedience and satisfaction of Christ unto them,they receiving and resting on him and his righteousness by faith; which faith they have not of themselves, it is the gift of God."

60) 『웨스트민스터 표준문서』, 52. 웨스트민스터 신앙고백서 XII. Of Adoption "I. All those that are justified God vouchsafeth, in and for his only Son Jesus Christ, to make partakers of the grace of adoption; by which they are taken into the number, and enjoy the liberties and privileges of the children of God; have his name put upon them; receive the Spirit of adoption; have access to the throne of grace with boldness; are enabled to cry, Abba, Father; are pitied, protected, provided for, and chastened by him as by a father; yet never cast off, but sealed to the day of redemption, and inherit the promises,m as heirs of everlasting salvation."

61) 『웨스트민스터 표준문서』, 54. 웨스트민스터 신앙고백서 XIII. Of Sanctification "I. They who are effectually called and regenerated, having a new heart and a new spirit created in them, are further sanctified, really and personally, through the virtue of Christ's death and resurrection, by his Word and Spirit dwelling in them; the dominion of the whole body of sin is destroyed, and the several lusts thereof are more and more weakened and mortified, and they more and more quickened and strengthened, in all saving graces, to the practice of true holiness, without which no man shall see the Lord...III. In which war, although the remaining corruption for a time may much prevail, yet, through the continual supply of strength from the sanctifying Spirit of Christ, the regenerate part doth overcome; and so the saints grow in grace, perfecting holiness in the fear of God."

62) 『웨스트민스터 표준문서』, 56. 웨스트민스터 신앙고백서 XIV. Of Saving Faith "I. The grace of faith, whereby the elect are enabled to believe to the saving of their souls, is the work of the Spirit of Christ in their hearts, and is ordinarily wrought by the ministry of the Word; by which also, and by the administration of the sacraments and prayer, it is increased and strengthened. II. By this faith a Christian believeth to be true whatsoever is revealed in the Word, for the authority of God himself speaking therein; and acteth differently upon that which each particular passage thereof containeth; yielding obedience to the commands, trembling at the threatenings, and embracing the promises of God for this life and that which is to come. But the principal acts of saving faith are accepting, receiving, and resting upon Christ alone for justification, sanctification, and eternal life, by virtue of the covenant of grace."

63) 『웨스트민스터 표준문서』, 58. 웨스트민스터 신앙고백서 XV. Of Repentance unto Life "I. Repentance unto life is an evangelical grace, the doctrine whereof is to be preached by every minister of the gospel, as well as that of faith in Christ. II. By it a sinner, out of the sight and sense, not only of the danger, but also of the filthiness and odiousness of his sins, as contrary to the holy nature and righteous law of God, and upon the apprehension of his mercy in Christ to such as are penitent, so grieves for and hates his sins as to turn from them all unto God, purposing and endeavoring to walk with him in all the ways of his commandments."

64) 『웨스트민스터 표준문서』, 60. 웨스트민스터 신앙고백서 XVI. Of Good Works "I. Good works are only such as God hath commanded in his holy Word, and not such as, without the warrant thereof, are devised by men out of blind zeal, or upon any pretense of good intention. II. These good works, done in obedience to God's commandments, are the fruits and evidences of a true and lively faith; and by them believers manifest their thankfulness, strengthen their assurance, edify their brethren, adorn the profession of the gospel, stop the mouths of the adversaries, and glorify God, whose workmanship they are, created in Christ Jesus thereunto, that, having their fruit unto holiness, they may have the end, eternal life."

65) 『웨스트민스터 표준문서』, 64. 웨스트민스터 신앙고백서 XVII. Of the Perseverance of the Saints "I. They whom God hath accepted in his Beloved, effectually called and sanctified by his Spirit, can neither totally nor finally fall away from the state of grace; but shall certainly persevere therein to the end, and be eternally saved. II. This perseverance of the saints depends, not upon their own free will, but upon the immutability of the decree of election, flowing from the free and unchangeable love of God the Father; upon the efficacy of the merit and intercession of Jesus Christ; the abiding of the Spirit and of the seed of God within them; and the nature of the covenant of grace:d from all which ariseth also the certainty and infallibility thereof.

66) 『웨스트민스터 표준문서』, 66. 웨스트민스터 신앙고백서 XVIII. Of the Assurance of Grace and Salvation "I. Although hypocrites and other unregenerate men may vainly deceive themselves with false hopes and carnal presumptions of being in the favour of God and estate of salvation, which hope of theirs shall perish: yet such as truly believe in the Lord Jesus, and love him in sincerity, endeavoring to walk in all good conscience before him, may in this life be certainly assured that they are in a state of grace, and may rejoice in the hope of the glory of God, which hope shall never make them ashamed. II. This certainty is not a bare conjectural and probable persuasion, grounded upon a fallible hope; but an infallible assurance of faith, founded upon the divine truth of the promises of salvation, the inward evidence of those graces unto which these promises are made, the testimony of the Spirit of adoption witnessing with our spirits that we are the children of God: which Spirit is the earnest of our inheritance, whereby we are sealed to the day of redemption.

67) Fesko, V. John. *The Theology of the Westminster Standards*. 『역사적, 신학적 맥락으로 읽는 웨스트민스터 신앙고백서』, 341. "율법은 회심한 신자에게 규범적 기능, 즉 그리스도인에게 어떤 종류의 행위가 하나님을 기쁘시게 하는지 보여주는 기능을 갖는다. 이것은 역사적으로 율법의 제3의 용도 또는 규범적 용도라고 불려왔다."

68) Robert Letham, *The Westminster Assembly: Reading Its Theology in Historical Context*. 『웨스트민스터 총회의 역사』, 509-510. "이 장은, 한편으로는 대주교 로드 아래에서의 최근의 억압과 다른 한편으로는 반율법주의자들과 분리주의자들의 실제적인 위협을 배경으로 하여, 하나님의 율법에 대해 진술하는 선행하는 장과 함께 읽어야 한다...모리스는 '하나님만이 양심의 주이시다'라는 WCF 20.2.의 진술을 '잉글랜드나 유럽이 지금껏 알았던 것보다 진보적인 장엄한 한 걸음'이라고 말한다."

69) Robert Letham, *The Westminster Assembly: Reading Its Theology in Historical Context*. 『웨스트민스터 총회의 역사』, 529. "우리는, 웨스트민스터 총회에 따라서 합법적인 맹세는 특별한 때와 절기마다 사용되는 종교적인 예배의 일부라는 것을 상기해야 한다. 이 장은 재세례파 교도들이 법정에서 맹세하는 것을 거부하는 데 반대한다."

70) Robert Letham, *The Westminster Assembly: Reading Its Theology in Historical Context*. 『웨스트민스터 총회의 역사』, 533. "이 총회는 자신들의 통치자들을 향한 백성들의 책임을 논의한다. 백성들은 그들을 위해 기도하고, 그들을 존중하며, 조세를 납부하고, 그들의 합법적인 명령에 순종해야 한다. 믿지 않는 위정자들도 다른 위정자들과 같은 권리들을 갖는다...그렇지만 로마 교황의 요구들은 즉시 거부된다. 교황은 국가의 사법권을 갖지 못하고, 또한 교직자들에 대해서 어떠한 합법적인 권세도 없는데, 이는 이단을 비롯하여 어떠한 구실로도 어떤 사람한테서도 생명이나 통치권을 박탈하지 못하게 하기 위함이다."

71) 『웨스트민스터 표준문서』, 69. 웨스트민스터 신앙고백서 XIX. Of the Law of God "I. God gave to Adam a law, as a covenant of works, by which he bound him and all his posterity to personal, entire,

exact, and perpetual obedience;promised life upon the fulfilling, and threatened death upon the breach of it; and endued him with power and ability to keep it. II.This law, after his fall, continued to be a perfect rule of righteousness; and, as such, was delivered by God upon mount Sinai in ten commandments, and written in two tables;a the first four commandments containing our duty towards God, and the other six our duty to man.

72) 『웨스트민스터 표준문서』, 73. 웨스트민스터 신앙고백서 XX. Of Christian Liberty, and Liberty of Conscience "I. The liberty which Christ hath purchased for believers under the gospel consists in their freedom from the guilt of sin, the condemning wrath of God, the curse of the moral law; and in their being delivered from this present evil world, bondage to Satan, and dominion of sin, from the evil of afflictions, the sting of death, the victory of the grave, and everlasting damnation; as also in their free access to God,d and their yielding obedience unto him, not out of slavish fear, but a child-like love and willing mind. All which were common also to believers under the law; but under the New Testament the liberty of Christians is further enlarged in their freedom from the yoke of the ceremonial law, to which the Jewish Church was subjected; and in greater boldness of access to the throne of grace,h and in fuller communications of the free Spirit of God, than believers under the law did ordinarily partake of. II. God alone is Lord of the conscience,a and hath left it free from the doctrines and commandments of men which are in anything contrary to his Word, or beside it, in matters of faith or worship...

73) 『웨스트민스터 표준문서』, 76. 웨스트민스터 신앙고백서 XXI. Of Religious Worship, and the Sabbath Day "I. The light of nature showeth that there is a God, who hath lordship and sovereignty over all; is good, and doeth good unto all; and is therefore to be feared, loved, praised, called upon, trusted in, and served with all the heart, and with all the soul, and with all the might. But the acceptable way of worshipping the true God is instituted by himself, and so limited to his own revealed will, that he may not be worshipped according to the imaginations and devices of men, or the suggestions of Satan, under any visible representations or any other way not prescribed in the Holy Scripture. II. Religious worship is to be given to God, the Father, Son, and Holy Ghost; and to him alone: not to angels, saints, or any other creature...

74) 『웨스트민스터 표준문서』, 80. 웨스트민스터 신앙고백서 XXII. Of Lawful Oaths and Vows "I. A lawful oath is a part of religious worship, wherein, upon just occasion, the person swearing solemnly calleth God to witness what he asserteth or promiseth; and to judge him according to the truth or falsehood of what he sweareth. II. The name of God only is that by which men ought to swear, and therein it is to be used with all holy fear and reverence;a therefore to swear vainly or rashly by that glorious and dreadful name, or to swear at all by any other thing, is sinful, and to be abhorred...

75) 『웨스트민스터 표준문서』, 83. 웨스트민스터 신앙고백서 XXIII. Of the Civil Magistrate "I. God, the Supreme Lord and King of all the world, hath ordained civil magistrates to be under him, over the people, for his own glory and the public good, and to this end hath armed them with the power of the sword, for the defense and encouragement of them that are good, and for the punishment of evil-doers. II. It is lawful for Christians to accept and execute the office of a magistrate when called thereunto....

76) 『웨스트민스터 표준문서』, 86. 웨스트민스터 신앙고백서 XXIV. Of Marriage and Divorce "I. Marriage is to be between one man and one woman: neither is it lawful for any man to have more than one wife,

nor for any woman to have more than one husband at the same time. II. Marriage was ordained for the mutual help of husband and wife;a for the increase of mankind with a legitimate issue, and of the Church with an holy seed;b and for preventing of uncleanness.

77) 『기독교 신앙고백』, 206. "이것 역시 시대적인 배경과 당시의 사변적인 신학적 경향 및 관심을 반영하고 있음을 알 수 있다."

78) Robert Letham, *The Westminster Assembly: Reading Its Theology in Historical Context*. 『웨스트민스터 총회의 역사』, 124. "웨스트민스터 총회는 아일랜드 신조가 따르는 그 이후 순서를 신앙고백에 적용하였다. 죄, 중보자 그리스도, 자유의지, 칭의와 성화, 국가의 위정자, 교회와 성례들, 그리고 최후의 일들. 이것은 논리적인 순서이다."

79) Fesko, V. John. *The Theology of the Westminster Standards*. 『역사적, 신학적 맥락으로 읽는 웨스트민스터 신앙고백서』, 383-385. "여기서 고려해야할 중요한 요소는 교회와 위정자 사이라는 관계의 맥락이다. 위정자는 두 돌판 모두의 수호자였고 교리의 정통성이나 이단성을 결정하는 데 있어서 어느 정도 관여하고 있었음에도 불구하고 웨스트민스터 총회의 신학자들은 이 두 권력 사이에 아무런 차이가 없다고는 믿지 않았다. 표준문서를 읽는 현대의 독자들은 웨스트민스터 신앙고백에 나타나 있는 미묘한 차이들, 즉 교회와 위정자 사이의 차이점과 그들 각자의 권한과 역할의 범위를 드러내는 진술을 놓칠 공간이 크다."

80) Robert Letham, *The Westminster Assembly: Reading Its Theology in Historical Context*. 『웨스트민스터 총회의 역사』, 543. "신앙고백과 대요리문답 양쪽에서, 교회는 구원의 서정과 및 그리스도의 사역과 관련이 있는 것으로 여겨진다."

81) Robert Letham, *The Westminster Assembly: Reading Its Theology in Historical Context*. 『웨스트민스터 총회의 역사』, 549-550. "웨스트민스터 신앙고백의 이 장은 모든 시대에서 교회에 중대한 도전이 된다. 총회는 교회가 그리스도 안에서 누리는 친교는 주 예수님의 이름을 부르는 모든 사람에게로 확장되는데, 그들이 교리의 조항 하나하나에 온전히 동의하든지 또는 동의하지 않든지 간에 그러하다."

82) Robert Letham, *The Westminster Assembly: Reading Its Theology in Historical Context*. 『웨스트민스터 총회의 역사』, 609. "웨스트민스터 총회가 다루어야 했던 주요한 논쟁점은 국가와는 분리된 교회의 통치권의 합법성이었다...웨스트민스터 신학자들의 대다수는 의회가 말하거나 우려할 수 있었을 것에도 불구하고, 규율적 제재들에 관한 권한을 행사하는, 국가의 권위와는 별개인 교회의 통치권에 대한 성경적 명령을 분명히 알고 있었다."

83) Robert Letham, *The Westminster Assembly: Reading Its Theology in Historical Context*. 『웨스트민스터 총회의 역사』, 610-611. "이 장은 교회 권위의 한계를 주장한다. 교회는 다만 하나님의 말씀의 가르침을 선언할 수 있을 뿐이다. 오직 성경만이 양심을 구속할 권리를 갖는 것은, 그것이 하나님에게서 비롯하기 때문이다. 인간의 법정은 그런 권위가 없다. 교회의 결정들과 명령들은 더 이상도 아니고, 더 이하도 아닌, 오직 성경의 가르침만을 반영해야 한다...웨스트민스터 신앙고백도 또한 대·소요리문답도 교회정치의 구체적인 형태를 규정하지 않는다. 그렇지만 "장로교 교회-정치 형태"(the Form of Presbyterial Church-Government)라는 문서는 그 문제에 대해서 분명하다."

84) 『웨스트민스터 표준문서』, 89. 웨스트민스터 신앙고백서 XXV. Of the Church "I. The catholic or universal Church, which is invisible, consists of the whole number of the elect, that have been, are, or shall be gathered into one, under Christ the head thereof; and is the spouse, the body, the fulness of him that filleth all in all. II. The visible Church, which is also catholic or universal under the gospel (not confined to one nation as before under the law) consists of all those, throughout the world, that profess the true religion, and of their children; and is the kingdom of the Lord Jesus Christ,c the house and family of God,d out of which there is no ordinary possibility of salvation.

85) 『웨스트민스터 표준문서』, 91. 웨스트민스터 신앙고백서 XXVI. Of the Communion of Saints "I. All saints that are united to Jesus Christ their head, by his Spirit and by faith, have fellowship with him in his graces, sufferings, death, resurrection, and glory: and being united to one another in love, they have communion in each other's gifts and graces, and are obliged to the performance of such duties, public and private, as do conduce to their mutual good, both in the inward and outward man. II. Saints, by profession, are bound to maintain an holy fellowship and communion in the worship of God, and in performing such other spiritual services as tend to their mutual edification; as also in relieving each other in outward things, according to their several abilities and necessities. Which communion, as God offereth opportunity, is to be extended unto all those who, in every place, call upon the name of the Lord Jesus.

86) 『웨스트민스터 표준문서』, 93. 웨스트민스터 신앙고백서 XXVII. Of the Sacraments "I. Sacraments are holy signs and seals of the covenant of grace, immediately instituted by God, to represent Christ and his benefits, and to confirm our interest in him: as also to put a visible difference between those that belong unto the Church and the rest of the world; and solemnly to engage them to the service of God in Christ, according to his Word.

87) 『웨스트민스터 표준문서』, 95. 웨스트민스터 신앙고백서 XXVIII. Of Baptism "I. Baptism is a sacrament of the New Testament, ordained by Jesus Christ, not only for the solemn admission of the party baptized into the visible Church, but also to be unto him a sign and seal of the covenant of grace, of his ingrafting into Christ, of regeneration, of remission of sins, and of his giving up unto God, through Jesus Christ, to walk in newness of life: which sacrament is, by Christ's own appointment, to be continued in his Church until the end of the world.

88) 『웨스트민스터 표준문서』, 98. 웨스트민스터 신앙고백서 XXIX. Of the Lord's Supper "I. Our Lord Jesus, in the night wherein he was betrayed, instituted the sacrament of his body and blood, called the Lord's Supper, to be observed in his Church, unto the end of the world; for the perpetual remembrance of the sacrifice of himself in his death, the sealing all benefits thereof unto true believers, their spiritual nourishment and growth in him, their further engagement in and to all duties which they owe unto him; and to be a bond and pledge of their communion with him, and with each other, as members of his mystical body.

89) 『웨스트민스터 표준문서』, 102. 웨스트민스터 신앙고백서 XXX. Of Church Censures "I. The Lord Jesus, as king and head of his Church, hath therein appointed a government in the hand of Church officers, distinct from the civil magistrate. II. To these officers the keys of the kingdom of heaven are committed, by virtue whereof they have power respectively to retain and remit sins, to shut that kingdom against the impenitent, both by the Word and censures; and to open it unto penitent sinners, by the ministry of the gospel, and by absolution from censures, as occasion shall require. III. Church censures are necessary for the reclaiming and gaining of offending brethren; for deterring of others from the like offenses; for purging out of that leaven which might infect the whole lump; for vindicating the honor of Christ, and the holy profession of the gospel; and for preventing the wrath of God, which might justly fall upon the Church, if they should suffer his covenant, and the seals thereof, to be profaned by notorious and obstinate offenders.

90) 『웨스트민스터 표준문서』, 104. 웨스트민스터 신앙고백서 XXXI. Of Synods and Councils "I.For the better government and further edification of the Church, there ought to be such assemblies as are

commonly called synods or councils.

91) Robert Letham, *The Westminster Assembly: Reading Its Theology in Historical Context*. 『웨스터민스터 총회의 역사』, 613-614. "웨스트민스터 총회는 죽을 때에 예외 없이 모든 사람에게 무슨 일이 일어나는지를 고찰한다. 몸은 흙으로 돌아가서 썩음을 보지만, 영혼은 죽지도 않고 자지도 않는다. 왜냐하면 몸이 불멸의 상태에서 하나님께로 돌아가기 때문이다...웨스트민스터 신앙고백은 그러면 의인들은 어떻게 죽음을 경험하는가를 고찰하는데 착수한다. 그들의 영혼은 죽을 때에 온전히 거룩하게 된다. 그 영혼들은 지극히 높은 하늘로 영접되어 빛과 영광 가운데서 하나님의 얼굴을 뵙지만, 그것들은 부활할 때의 몸의 구속을 기다린다. 이것은 니케아-콘스탄티노플 신경을 반항하는데, 이 신경은 '우리는 죽은 자들의 부활과 장차 도래할 세상의 삶을 고대한다'고 확언한다...이것이 가능한 이유는 죽음과 썩음에서도 우리 몸은 여전히 그리스도께 연합된 상태에 있기 때문이다. 성경을 통틀어서 신자들이 "그리스도 안에서" 죽는다는 선언보다 더 큰 승리의 확언은 없다.'죽음의 가장 강력한 권세들이 그것들의 최악의 일을 행하고' 완벽하게 그것들의 힘을 썼을 때에도 우리는 여전히 흔들림없이 그리스도와의 연합 안에 있다."

92) 『웨스트민스터 표준문서』, 106. 웨스트민스터 신앙고백서 XXXII. Of the State of Men after Death, and of the Resurrection of the Dead "I. The bodies of men, after death, return to dust, and see corruption; but their souls (which neither die nor sleep), having an immortal subsistence, immediately return to God who gave them. The souls of the righteous, being then made perfect in holiness, are received into the highest heavens, where they behold the face of God in light and glory, waiting for the full redemption of their bodies: and the souls of the wicked are cast into hell, where they remain in torments and utter darkness, reserved to the judgment of the great day. Besides these two places for souls separated from their bodies, the Scripture acknowledgeth none.

93) 『웨스트민스터 표준문서』,108. 웨스트민스터 신앙고백서 XXXIII. Of the Last Judgment "I. God hath appointed a day wherein he will judge the world in righteousness by Jesus Christ,to whom all power and judgment is given of the Father. In which day, not only the apostate angels shall be judged,c but likewise all persons, that have lived upon earth, shall appear before the tribunal of Christ, to give an account of their thoughts, words, and deeds; and to receive according to what they have done in the body, whether good or evil. II. The end of God's appointing this day, is for the manifestation of the glory of his mercy in the eternal salvation of the elect; and of his justice in the damnation of the reprobate, who are wicked and disobedient. For then shall the righteous go into everlasting life, and receive that fulness of joy and refreshing which shall come from the presence of the Lord: but the wicked, who know not God, and obey not the gospel of Jesus Christ, shall be cast into eternal torments, and be punished with everlasting destruction from the presence of the Lord, and from the glory of his power. III. As Christ would have us to be certainly persuaded that there shall be a day of judgment, both to deter all men from sin, and for the greater consolation of the godly in their adversity:aso will he have that day unknown to men, that they may shake off all carnal security, and be always watchful, because they know not at what hour the Lord will come; and may be ever prepared to say, Come, Lord Jesus, come quickly. Amen.

94) 『비록에서 아멘까지』, 40-41.

95) Fesko, V. John. *The Theology of the Westminster Standards*. 『역사적, 신학적 맥락으로 읽는 웨스트민스터 신앙고백서』, 503.

96) 『웨스트민스터 표준문서』, 151. 대요리문답 Q. 89. What shall be done to the wicked at the day of

judgment? A. the day of judgment, the wicked shall be set on Christ's left hand, and, upon clear evidence and full conviction of their own consciences, shall have the fearful but just sentence of condemnation pronounced against them; and thereupon shall be cast out from the favorable presence of God, and the glorious fellowship with Christ, his saints, and all his holy angels, into hell, to be punished with unspeakable torments both of body and soul, with the devil and his angels for ever.

97) 『웨스트민스터 표준문서』, 151. 대요리문답 Q. 90. What shall be done to the righteous at the day of judgment? A. the day of judgment, the righteous, being caught up to Christ in the clouds, shall be set on his right hand, and there openly acknowledged and acquitted, shall join with him in the judging of reprobate angels and men, and shall be received into heaven, where they shall be fully and for ever freed from all sin and misery; filled with inconceivable joys, made perfectly holy and happy both in body and soul, in the company of innumerable saints and holy angels, but especially in the immediate vision and fruition of God the Father, of our Lord Jesus Christ, and of the Holy Spirit, to all eternity. And this is the perfect and full communion, which the members of the invisible Church shall enjoy with Christ in glory, at the resurrection and day of judgment.

98) 『기독교 신앙고백』, 194.
99) 『기독교 신앙고백』, 194-195.
100) 『웨스트민스터 표준문서』, 27. 웨스트민스터 신앙고백서 III.8. "VIII. The doctrine of this high mystery of predestination is to be handled with special prudence and care, that men attending the will of God revealed in his Word, and yielding obedience thereunto, may, from the certainty of their effectual vocation, be assured of their eternal election. So shall this doctrine afford matter of praise, reverence, and admiration of God; and of humility, diligence, and abundant consolation to all that sincerely obey the gospel."
101) 『웨스트민스터 표준문서』, 25. 웨스트민스터 신앙고백서 III.1. "I. God from all eternity did, by the most wise and holy counsel of his own will, freely and unchangeably ordain whatsoever comes to pass; yet so as thereby neither is God the author of sin, nor is violence offered to the will of the creatures, nor is the liberty or contingency of second causes taken away, but rather established."
102) 『웨스트민스터 표준문서』, 26. 웨스트민스터 신앙고백서 III.3. "III. By the decree of God, for the manifestation of his glory, some men and angels are predestinated unto everlasting life, and others fore-ordained to everlasting death."
103) 『웨스드민스터 표준문서』, 26. 웨스트민스터 신앙고백서 III.5. "V. Those of mankind that are predestinated unto life, God, before the foundation of the world was laid, according to his eternal and immutable purpose, and the secret counsel and good pleasure of his will, hath chosen in Christ, unto everlasting glory, out of his mere free grace and love, without any foresight of faith or good works, or perseverance in either of them, or any other thing in the creature, as conditions, or causes moving him thereunto; and all to the praise of his glorious grace."
104) 『웨스트민스터 표준문서』, 26-27. 웨스트민스터 신앙고백서 III.6. "VI. As God hath appointed the elect unto glory, so hath he, by the eternal and most free purpose of his will, fore-ordained all the means thereunto. Wherefore they who are elected, being fallen in Adam, are redeemed by Christ, are effectually called unto faith in Christ by his Spirit working in due season; are justified, adopted, sanctified, and kept by his power through faith unto salvation. Neither are any other redeemed by

Christ, effectually called, justified, adopted, sanctified, and saved, but the elect only."
105) 『웨스트민스터 표준문서』, 27. 웨스트민스터 신앙고백서 III.7. "VII. The rest of mankind God was pleased, according to the unsearchable counsel of his own will, whereby he extendeth or withholdeth mercy as he pleaseth, for the glory of his sovereign power over his creatures, to pass by, and to ordain them to dishonor and wrath for their sin, to the praise of his glorious justice."
106) 『기독교 신앙고백』, 197.
107) 『웨스트민스터 표준문서』, 30. 웨스트민스터 신앙고백서 V.2. "II. Although in relation to the foreknowledge and decree of God, the first cause, all things come to pass immutably and infallibly, yet by the same providence he ordereth them to fall out, according to the nature of second causes, either necessarily, freely, or contingently."
108) 『웨스트민스터 표준문서』, 46. 웨스트민스터 신앙고백서 X.1. "I. All those whom God hath predestinated unto life, and those only, he is pleased, in his appointed and accepted time, effectually to call, by his Word and Spirit, out of that state of sin and death, in which they are by nature, to grace and salvation by Jesus Christ; enlightening their minds, spiritually and savingly, to understand the things of God; taking away their heart of stone, and giving unto them an heart of flesh; renewing their wills, and by his almighty power determining them to that which is good, and effectually drawing them to Jesus Christ; yet so as they come most freely, being made willing by his grace."
109) 『웨스트민스터 표준문서』, 47. 웨스트민스터 신앙고백서 X.4. "IV.Others, not elected, although they may be called by the ministry of the Word, and may have some common operations of the Spirit, yet they never truly come unto Christ, and therefore cannot be saved: much less can men, not professing the Christian religion, be saved in any other way whatsoever, be they never so diligent to frame their lives according to the light of nature and the law of that religion they do profess; and to assert and maintain that they may is very pernicious, and to be detested."
110) B.B.Warfield, *The Wetminster Assembly and Its Work*, 56-57. "The architectonic principle of the Westminster Confession is supplied by the schematization of the Federal theology, which had obtained by this time in Britain, as on the Continent, a dominant position as the most commodious mode of presenting the corpus of Reformed doctirne..."
111) Rowland S. Ward, "*Covenant Theology and The Westminster Confession*" Vox Reforrnata, (2004:1-26), 14. "This section teaches that the necessity for covenant relationship between man and God predates sin and belongs to man as man. In other words, man cannot full the purpose of his existence-to glorify God and enjoy him forever-apart from a gracious condescension on God's part."
112) 박희석, "칼빈과 웨스트민스터 신앙고백서에 나타난 언약신학" 『총신대 논총』 23(2002, 61-90), 66.
113) 『웨스트민스터 표준문서』, 36. 웨스트민스터 신앙고백서 VII.1 "I. The distance between God and the creature is so great that although reasonable creatures do owe obedience unto him as their Creator, yet they could never have any fruition of him as their blessedness and reward but by some voluntary condescension on God's part, which he hath been pleased to express by way of covenant."
114) 『웨스트민스터 표준문서』, 36. 웨스트민스터 신앙고백서 VII.2. "II. The first covenant made with man was a covenant of works,a wherein life was promised to Adam, and in him to his posterity, upon condition of perfect and personal obedience."

115) 『웨스트민스터 표준문서』, 36. 웨스트민스터 신앙고백서 VII.3. "III. Man by his fall having made himself incapable of life by that covenant, the Lord was pleased to make a second, commonly called the covenant of grace: wherein he freely offered unto sinners life and salvation by Jesus Christ, requiring of them faith in him that they may be saved, and promising to give unto all those that are ordained unto life his Holy Spirit, to make them willing and able to believe."
116) 『웨스트민스터 표준문서』, 37. 웨스트민스터 신앙고백서 VII.4. "IV. This covenant of grace is frequently set forth in the Scripture by the name of a testament, in reference to the death of Jesus Christ the testator, and to the everlasting inheritance, with all things belonging to it, therein bequeathed."
117) 『웨스트민스터 표준문서』, 37. 웨스트민스터 신앙고백서 VII.6. "VI. Under the gospel, when Christ the substance was exhibited, the ordinances in which this covenant is dispensed are the preaching of the Word and the administration of the sacraments of Baptism and the Lord's Supper; which, though fewer in number, and administered with more simplicity and less outward glory, yet in them it is held forth in more fulness, evidence, and spiritual efficacy, to all nations, both Jews and Gentiles;d and is called the New Testament.ere are not, therefore, two covenants of grace differing in substance, but one and the same under various dispensations."
118) A.A.Hodge, *The Confession of Faith, A handbook of Christian Doctrine Expounding The Westminster Confession*, 『웨스트민스터 신앙고백서 해설』, 김종흡 옮김 (고양: 크리스챤다이제스트, 2001). 162.
119) "칼빈과 웨스트민스터 신앙고백서에 나타난 언약신학", 67
120) 『웨스트민스터 표준문서』, 39. 웨스트민스터 신앙고백서 VIII.1. "I. It pleased God, in his eternal purpose, to choose and ordain the Lord Jesus, his only-begotten Son, to be the Mediator between God and man, the Prophet, Priest, and King; the Head and Saviour of his Church, the Heir of all things, and Judge of the world; unto whom he did, from all eternity, give a people to be his seed, and to be by him in time redeemed, called, justied, sanctied, and gloried."
121) 『웨스트민스터 표준문서』, 56. 웨스트민스터 신앙고백서 XIV.2. "II. By this faith a Christian believeth to be true whatsoever is revealed in the Word, for the authority of God himself speaking therein; and acteth differently upon that which each particular passage thereof containeth; yielding obedience to the commands, trembling at the threatenings, and embracing the promises of God for this life and that which is to come. But the principal acts of saving faith are accepting, receiving, and resting upon Christ alone for justication, sanctication, and eternal life, by virtue of the covenant of grace."
122) 『웨스트민스디 표쥰문시』, 64. 웨스드민스디 신앙고백시 XVII.2. "II. This perseverance of the saints depends, not upon their own free will, but upon the immutability of the decree of election, owing from the free and unchangeable love of God the Father; upon the efficacy of the merit and intercession of Jesus Christ; the abiding of the Spirit and of the seed of God within them; and the nature of the covenant of grace: from all which ariseth also the certainty and infallibility thereof."
123) 『웨스트민스터 표준문서』, 69. 웨스트민스터 신앙고백서 XIX.1. "I. God gave to Adam a law, as a covenant of works, by which he bound him and all his posterity to personal, entire, exact, and perpetual obedience; promised life upon the fulfilling, and threatened death upon the breach of it; and endued him with power and ability to keep it."
124) 『웨스트민스터 표준문서』, 70-71. 웨스트민스터 신앙고백서 XIX.6. "VI. Although true believers be not under the law as a covenant of works, to be thereby justied or condemned; yet is it of great use

to them, as well as to others; in that, as a rule of life, informing them of the will of God and their duty,...although not as due to them by the law as a covenant of works: so as a man's doing good, and refraining from evil, because the law encourageth to the one, and deterreth from the other, is no evidence of his being under the law, and not under grace."

125) 『웨스트민스터 표준문서』, 93. 웨스트민스터 신앙고백서 XXVII.1. "I. Sacraments are holy signs and seals of the covenant of grace, immediately instituted by God, to represent Christ and his bene ts, and to confirm our interest in him; as also to put a visible di erence between those that belong unto the Church and the rest of the world; and solemnly to engage them to the service of God in Christ, according to his Word."

126) 『웨스트민스터 표준문서』, 95. 웨스트민스터 신앙고백서 XXVIII.1. "I. Baptism is a sacrament of the New Testament, ordained by Jesus Christ, not only for the solemn admission of the party baptized into the visible Church, but also to be unto him a sign and seal of the covenant of grace, of his ingra ing into Christ, of regeneration, of remission of sins, and of his giving up unto God, through Jesus Christ, to walk in newness of life: which sacrament is, by Christ's own appointment, to be continued in his Church until the end of the world."

127) 『웨스트민스터 표준문서』, 102-103. 웨스트민스터 신앙고백서 XXX.3. "III. Church censures are necessary for the reclaiming and gaining of o ending brethren; for deterring of others from the like offenses; for purging out of that leaven which might infect the whole lump; for vindicating the honor of Christ, and the holy profession of the gospel; and for preventing the wrath of God, which might justly fall upon the Church, if they should su er his covenant, and the seals thereof, to be profaned by notorious and obstinate offenders."

128) Hodge, 『웨스트민스터 신앙고백서 해설』, 481.

129) "칼빈과 웨스트민스터 신앙고백서에 나타난 언약신학", 67. 참고, Edward J, Young, "Confession and Covenant", Scripture and Confession (Phillpsburg: Presbyterian and Reformed Publishig Co., 1973). ed. John H. Skilton, 38.

130) John H. Leith, *Assembly at Westminster: Reformed Theology in the Making* (Atlant, GA: John Knox Press, 1973), 95. "Covenant theology was essentially an e ort to make sense out of the relationship of God and man, On the one hand, Antinomianism which le everything up to divine grace and on the other hand, Arminianism which gave too much credit to man's decision, had to be avoided. The puritans knew that salvation was wholly the work of God; and they also knew that historically and psycholgically, it was altogether the work of man. Covenant theolgy and the theology of the decrees of God were one way of attempting to do justice to both aspects of salvation. The Confession woul deal with the same problem, perhaps more successfully, under the headings of justi cation and sancti cation..."

131) 김병훈, "웨스트민스터 신앙고백서와 언약신학", 405-408.

132) 정도열, "언약의 통일성과 다양성: 개혁주의 언약신학과 웨스트민스터 언약사상연구』 국제신학대학원 Ph.D.논문(2014), 54. 참조. Davie B. McWilliams, "The covenant Theology of the Westminster Confession of Faith and Recent Criticism," *Westminster Theological Journal*, vol. 53. (1991, 109-124).

133) Fesko, V. John. *The Theology of the Westminster Standards*. 『역사적, 신학적 맥락으로 읽는 웨스트민스터 신앙고백서』, 155, 209. "웨스트민스터 신앙고백과 교리문답에서 그 뒤에 이어지는 모든 것에 대하여는 언약 교리가 총괄적으로 적용된다. 워필드가 관찰한 바와 같이, 언약신학은 웨스트민스터 신앙고백의 건축학적 원리다."

제6장.
웨스트민스터 대요리문답

Larger catechism, 1647

웨스트민스터 총회는 개혁신학에 따른 성경적 신앙의 표준을 세우기 위하여 신앙고백서를 작성하면서, 이에 대하여 초신자들부터 어린아이, 성인 그리고 목회자들까지 교육하기 위해 요리문답을 작성하였다.[1]

"웨스트민스터 표준문서"(Westminster Standards) 작성 일자

문서/작성일	작성 시작	초안 완성	잉글랜드의회 제출	스코틀랜드총회 승인
예배모범	1644년 11월 12일	1644년 12월 30일	1645년 3월 6일	1645년 2월 6일
교회정치	1644년 3월 25일	1645년 2월 6일	1645년 3월 5일	1645년 2월 10일
신앙고백서	1644년 8월 20일	1646년 12월 4일	1647년 4월 5일	1647년 8월 27일
대요리문답	1644년 12월 2일	1647년 10월 22일	1647년 11월 7일	1648년 7월 20일
소요리문답		1647년 11월 25일	1648년 4월 12일	1648년 7월 28일

이렇게 작성된 대요리문답과 소요리문답에 대해, 웨스트민스터 총회에 스코틀랜드 특사로 참여하였던 사무엘 러더포드는 한 접시에 담긴 우유와 고기(mile and meat)라고 표현했다.[2] 이 말은 대요리문답과 소요리문답 두 문답이 그 수준에 있어서 차이가 크다는 의미였다. 그 결과 내용이 깊이 있는 대요리문답은 많이 사용되지도 못하였고 잘 다루지 않는 무관심의 대상이 되었다. 달리 말하면 아직 미지(未知)의 대상이다.[3] 하지만 소요리문답은 간결하게 집약된 내용인 연유로 인하여, 많은 관심 그리고 구원의 이해에 대한 귀중한 교훈을 제시하였다.

내용상으로도 대요리문답은 공적으로 모이는 신자들의 모임인 교회와 그 사역들에 초점을 맞추었기에 교회론적 이해가 없으면 어렵게 느껴지고 내용 역시 많아서 어려운 면이 있지만, 소요리문답은 철저하게 신자 개인의 신앙에 초점을 맞춘다.[4] 두 문답은 각기 작성한 목적과 대상이 달랐다.

이를 두 요리문답을 비교하여 살펴보면 대요리문답이 얼마나 부요하고 풍성한지 그리고 소요리문답 역시 얼마나 유익하고 명료한지를 발견하게 된다.[5]

1. 대요리문답과 소요리문답의 비교

웨스트민스터 총회에서 작성된 대요리문답과 소요리문답은 구조와 목적과 분량 그리고 답변이라는 면에서 차이가 있다.[6] 이 장에서는 각각의 구조를 살피면서 이러한 차이를 찾아보려고 한다.

(1) 대요리문답과 소요리문답의 "구조" 차이

대요리문답을 기준으로 하여 소요리문답의 내용을 비교하되 웨스트민스터 신앙고백서와 함께 비교하면, "웨스트민스터 표준문서"(Westminster Standards)의 핵심을 파악할 수 있다.

싱클레어 퍼거슨이 제시한 웨스트민스터 신앙고백서의 구조를 이 표에 포함하였다. "웨스트민스터 신앙고백서 1-5장 하나님, 그분의 말씀, 존재, 활동/ 6-18장 인간, 그의 죄와 그리스도를 통한 회복/ 18-24장 하나님의 율법, 인간의 자유 및 의무들/ 25-31장 교회, 그 교제와 규례들/ 32-33장 종말의 일들"[7)]

대요리문답	소요리문답	신앙고백서	
제1문. 인생의 목적 제2문. 하나님의 존재 제3-6문. 성경	제1문. 인생 목적 제2-3문. 성경	제1장. 성경	하나님, 그분의 말씀, 존재, 활동
제7-11장. 하나님의 존재 제12-13장. 하나님의 작정 제14-17장. 하나님의 창조 제18-20장. 하나님의 섭리	제4-6문. 존재 제7-8문. 작정 제9-10문. 창조 제11-12문. 섭리	제2장. 하나님의 존재 제3장. 하나님의 작정 제4장. 하나님의 창조 제5장. 하나님의 섭리	
제21-29문. 인간의 타락	제13-19문. 타락	제6장. 인간의 타락	인간의 죄와 그리스도를 통한 회복
제30-35장. 언약 제36-40장. 그리스도의 성육신 제41-45장. 그리스도의 직분 제46-50장. 낮아지심 - 비하 제51-57장. 높여지심 - 승귀	제20문. 구원 계획 제21문. 그리스도 제23-26문. 직분 제27문. 낮아지심 제28문. 높여지심	세7장. 언약 제8장. 그리스도의 성육신 제8장. 그리스도의 직분 제8장. 낮아지심-비하 제8장. 높여지심-승귀	
		제9장. 자유의지	

대요리문답	소요리문답	신앙고백서	
제58-59문. 성령의 사역 제60-61,68문. 소명 제62-66,69장. 교회 제70-73문. 칭의 제74문. 양자 제75,77-78문. 성화 제76문. 회개 제79-81문. 견인	제29-30문. 사역 제31-32문. 소명 제33문. 칭의 제34문. 양자 제35-36문. 성화	제10장. 소명 제11장. 칭의 제12장. 양자 제13장. 성화 제14장. 구원 신앙 제15장. 회개 제16장. 선행 제17-18장. 견인	
제82-86문. 영화 제87-88문. 부활 제89-90문. 최후 심판	제37-38문. 죽음 / 부활	제32장. 영화 제32장. 부활 제33장. 최후 심판	종말의 일들
제91-97장. 도덕률 제98-152장. 십계명 제153-154장. 구원 유익 제155-160장. 말씀 제161-177장. 성례: 세례 와 성찬 제178-196장. 주기도문	제39-40문. 도덕률 제41-85문. 십계명 제86-88문. 믿음 제89-90문. 설교 제91-97문. 성례 제98-107문. 주기도	제19장. 도덕률 제20장. 양심의 자유 제21장. 주기도문 제22장. 맹세와 서원 제23장. 위정자 제24장. 결혼과 이혼	하나님의 율법, 인간의 자유와 의무들
		제25-26장. 교회 제27-29장. 세례와 성찬 제30-31장. 교회/권징	교회, 그 교제와 규례들

이 도표의 내용을 대요리문답 중심으로 기술하면 다음과 같다.[8] 여기서 대요리문답의 특징이 되는 주제들을 발견할 수 있다. 대요리문답에는 소요리문답이 구체적으로 다루지 않는 주제들도 있다.

대요리문답 제1문답

대요리문답 제1-6문답 / 소요리문답 제1-3문답	1. 성경 [신앙고백서 1장]
대요리문답 제7-20문답 / 소요리문답 제4-12문답	2. 하나님 [신앙고백서 1-5장]
대요리 7-11문답 / 소요리 4-6문답	(1) 하나님의 존재 [신앙고백서 2장]
대요리 12-13문답 / 소요리 7-8문답	(2) 하나님의 작정 [신앙고백서 3장]
대요리 14-17문답 / 소요리 9-10문답	(3) 하나님의 창조 [신앙고백서 4장]
대요리 18-20문답 / 소요리 11-12문답	(4) 하나님의 섭리 [신앙고백서 5장]
대요리문답 제21-29문답 / 소요리문답 제13-19문답	3. 인간의 타락 [신앙고백서 6장]
대요리문답 제30-57문답 / 소요리문답 제20-28문답	4. 그리스도 [신앙고백서 7-8장]
대요리 30-35문답 / 소요리 20문답	(1) 그리스도의 언약 [신앙고백서 7장]
대요리 36-40문답 / 소요리 21문답	(2) 그리스도의 성육신 [신앙고백서 8장]
대요리 41-45문답 / 소요리 23-26문답	(3) 그리스도의 직분 [신앙고백서 8장]
대요리 46-50문답 / 소요리 27문답	(4) 그리스도의 비하 [신앙고백서 8장]
대요리 51-57문답 / 소요리 28문답	(5) 그리스도의 승귀 [신앙고백서 8장]
대요리문답 제58-90문답 / 소요리문답 제29-38문답	5. 자유의지 [신앙고백서 9장]
	6. 성령 [신앙고백서 10-18장, 32-33장]
대요리 58-59문답 / 소요리 29-30문답	(1) 성령 사역
대요리 60-61, 67-68문답 / 소요리 31-32문답	(2) 소명 [신앙고백서 10장]
대요리 62-66, 69문답	(3) 교회 [신앙고백서 25-26, 30-31장]
대요리 70-73문답 / 소요리 33문답	(4) 칭의 [신앙고백서 11장]
대요리 74문답 / 소요리 34문답	(5) 양자 [신앙고백서 12장]
대요리 75, 77-78문답 / 소요리 35-36문답	(6) 성화 [신앙고백서 13장]
	(7) 구원신앙 [신앙고백서 14장]
대요리 76문답 /	(8) 회개 [신앙고백서 15장]
	(9) 선행 [신앙고백서 16장]
대요리 79-81문답 /	(10) 견인 [신앙고백서 17-18장]
대요리 82-86문답 / 소요리 37-38문답	(11) 영화 [신앙고백서 32장]
대요리 87-88문답 /	(12) 부활 [신앙고백서 32장]
대요리 89-90문답 /	(13) 최후심판 [신앙고백서 33장]

대요리문답 제91-196문답 / 소요리문답 제39-107문답	7. 신자의 삶 [신앙고백서 19-33장]
대요리 91-152문답 / 소요리 39-85문답	(1) 구원 도덕의 법칙 [신앙고백서 19-21장]
대91-97 / 소39-40	① 도덕률 [19장]
	② 양심의 자유 [20장]
대98-152 / 소41-85	③ 율법: 십계명
대요리 153-196문답 / 소요리 86-107문답	(2) 구원 유익의 방법 [신앙고백서 21-29장]
대 153-154 / 소 86-88	⓪ 서론
대155-160 / 소 89-90	① 말씀
대 161-177 / 소 91-97	② 성례: 세례와 성찬 [신앙고백서 27-29장]
대 178-196 / 소 98-107	③ 기도: 주기도문 [신앙고백서 21장]
	④ 맹세와 서원 [신앙고백서 22장]
	⑤ 위정자 [신앙고백서 23장]
	④ 결혼과 이혼 [신앙고백서 24장]

이렇게 제시하면 웨스트민스터 신앙고백서의 내용을 요리문답으로 작성한 대요리문답의 주제들이 선명하게 파악할 수 있다.

(2) 대요리문답과 소요리문답의 "목적" 차이

두번째 차이로 소요리문답은 쉽게 설명하고 비교적 간단하게 대답을 제시하는 데 비해, 대요리문답은 교인의 신앙 성장을 위해 교육하기에 적합하고 그들을 지도할 목회자들을 위해서도 작성되었기에 내용의 풍부함과 무게 있는 표현 및 설명을 사용함에 있다.

1) 소요리문답: 소요리문답 제36문은 아주 쉽게 그 내용을 설명하고 비교적 간단하게 답을 제시한다.

- 금생에서 의롭다 하심, 양자 삼으심, 거룩하게 하심에 동반되거나 흘러나오는 여러 은택은 무엇입니까? 금생에서 의롭다 하심, 양자 삼으심, 거룩하게 하심에 동반되거나 흘러나오는 여러 은택은 하나님 사랑에 대한 확신, 양심의 평안, 성령 안에서의 기쁨, 은혜의 증가 그리고 이 은택들 안에서 끝까지 이르는 견인(堅忍)입니다.[9]

실로 소요리문답은 더 작은 문답서(The Lesser Catechism)나 더 쉬운 문답서(The Eassier Catechism)라고 표현할 정도로, 신앙의 기본을 쉽게 정리하도록 내용을 풀어서 설명하였음을 보게 된다.

이렇게 전체를 묶어 구원 얻은 유익이 무엇인가를 묻고 답하는 쉬운 접근을 하고 있기 때문에, 소요리문답은 신앙의 초보를 배우는 어린이나 새로운 교인을 가르치기에 최적화되어 있다.[10] 이에 비해 대요리문답은 성인 신자들과 목회자들을 대상으로 하는 상당히 수준높은 설명을 제공한다.[11]

2) 대요리문답: 대요리문답의 예를 들면, 제77문에서 "어떤 점에서 칭의와 성화는 다릅니까?"라고 묻고는, 다음과 같이 답한다.

- 성화는 칭의와 분리할 수 없게 연결되어 있지만, 이 둘은 서로 다릅니다. 칭의에서는 하나님께서 그리스도의 의를 전가시켜 주시지만, 성화에서는 성령 하나님께서 은혜를 주입하시어 이를 실행할 수 있게 하십니다. 또한 칭의에서는 죄가 용서되고, 성화에서는 죄가 억제됩니다. 칭의는 보응하시는 하나님의 진노에서 모든 신자를 차별 없이 해방하고, 현세에서 온전히 이루어져 이들이 결코 정죄받지 않게 합니다. 그러나 성화는 모든 신자에게 있어 동일하지 않고, 현세에서는 어떤 사람에게도 결코 완전하지 않으며, 다만 완전을 향해 자라나게 합니다.[12]

보는 바와 같이 대요리문답은 내용이 풍부할 뿐 아니라 수사학인 대조법까지 사용하여 깊이 있는 설명을 제공하고 있다. 조금 더 구체적으로 설명하면 칭의에 대한 3가지의 충분한 설명이 제시되고 있으며, 그 안에 성화와의 구별된 설명이 제시된다. 칭의와 성화의 연속적 이해 위에 칭의와 성화 각각에 대한 이해를 함께 제공하고 있다는 점에서 상당한 성경 지식을 가진 자들을 대상으로 하며, 인문학적인 이해를 전제하고 있다.

(3) 대요리문답과 소요리문답의 "분량" 차이

세 번째 차이는 소요리문답과 대요리문답 전체의 분량에 있다. 이는 단순히 숫자의 의미가 아니라 신앙고백서의 내용을 충분히 교육하려는 의도와 목적이 그 분량과 내용을 통해 드러난다.

1) 소요리문답: 내용과 분량에서 비견(比肩)되는 소요리문답은 간략하게 전체 107문답으로 같은 내용에 대해 그 요점을 간단하면서도 명료하게 드러낸다. 마지막 문답인 제107문이다.

- **제107문.** 주님의 기도의 결론이 우리에게 가르치는 것은 무엇입니까? "나라와 권세와 영광이 아버지께 영원히 있사옵나이다 아멘"이라는 주님의 기도의 결론은 우리가 기도할 때 오직 하나님에게서만 용기를 얻을 것과, 나라와 권세와 영광을 하나님께 돌리며 하나님을 찬양할 것을 가르칩니다. 그리고 우리의 간구와 확신을 들어주실 것임을 증언하기 위하여 우리는 이렇게 말합니다. "아멘."[13]

소요리문답은 전반적으로 질문이 짧고 간단하며 또한 답변 역시 간략하고 선명하다. 물론 이것이 어린이들이나 초신자들에게는 명료한 내용이 되어 좋다.

2) **대요리문답:** 이에 비해 대요리문답은 전체 196문답으로 웨스트민스터 신앙고백서의 분량에 방불하게 충분한 설명과 교리 적용에 대한 실천적 교훈을 포함하고 있다. 예로 마지막 제196문을 보면 확연하게 파악된다.

- **제196문.** '주님의 기도'의 결론이 우리에게 가르치는 것은 무엇입니까? "나라와 권세와 영광이 아버지께 영원히 있사옵나이다"라는 '주님의 기도'의 결론은 우리는 우리 자신이나 다른 어떤 피조물 안에 있는 어떤 합당함에 근거하지 않고, 오직 하나님에게서만 나온 근거로 우리의 간구를 강화할 것을 가르칩니다. 또한 오직 하나님께만 영원한 주권과 전능과 영화로운 탁월성을 돌리는 찬양과 함께 드리는 기도로 우리의 간구를 강화할 것을 가르칩니다. 그리고 이런 가르침을 고려할 때, 하나님께서 우리를 도우실 수 있고, 또 돕고자 하시기 때문에, 우리는 우리의 요청을 이루어 주시기를 믿음으로 담대히 호소하며, 우리의 요청을 이루실 하나님을 잠잠히 신뢰할 수 있습니다. 이것이 우리의 원하는 바이며 확신임을 증언하기 위하여 우리는 이렇게 말합니다. "아멘."[14]

문답에 담긴 내용들은 그 자체로 한편의 설교와 같고 충분한 교훈들로 가득 차 있다. 이 얼마나 부요한 내용인지. 주께서 선물로 주신 내용들이다.

(4) 대요리문답과 소요리문답의 "문답" 차이

네 번째 차이는 소요리문답이 정말 평이하고 기초적인 대답을 제시하지만, 그에 비해 대요리문답은 그 내용의 대답이 풍성하고 깊이 또한 상당하다.

이러한 차이의 파악을 위해 십계명 중의 제9계명을 해설하는 대답을 일례로 비교해 보자.

1) **소요리문답:** 소요리문답 제77문과 제78문은 제9계명을 다루면서 아주 쉽게 설명하고 간단하게 답을 제시한다.

- **제77문.** 제9계명에서 요구하는 것은 무엇입니까? 제9계명에서 요구하는 것은 사람과 사람 사이의 진실과 우리 자신뿐만 아니라 우리 이웃의 명예를 유지하고 증진하라는 것인데, 특히 증언할 때 그렇습니다.[15]

- **제78문.** 제9계명에서 금지하는 것은 무엇입니까? 제9계명에서 금지하는 것은 진실을 해치는 모든 것과 우리 자신뿐만 아니라 우리 이웃의 명예를 해치는 모든 것입니다.[16]

소요리문답은 제9계명에 대하여 "요구"와 "금지"라는 질문의 내용을 제시하면서, 어린이들과 초보자들이 아주 간단하게 그 내용을 배우고 알도록 하는 데 집중한다. 그러니 단답형 요약이다. 물론 어린이들이나 초보자들은 이것이 유익하였으리라 싶다.

2) **대요리문답:** 이에 비해 대요리문답 제144문은 "제9계명에서 요구된 의무들은 무엇입니까?"라고 묻고, "의무"에 대해 풍성한 설명을 제시한다.

- 제9계명에서 요구하는 의무는 사람과 사람 사이의 진실과 우리 자신뿐만 아니라 우리 이웃의 명예를 보존하고 증진하는 것입니다. 또한 판결과 재판 문제에 있어서, 그리고 다른 모든 일에 있어서도 진실을 밝히기 위해 공중 앞에 나아가 진실 편에 서서, 마음으로부터 참되고 자유롭게, 그리고 분명하고도 온전하게 진실을 그리고 오직 진실만을 말하는 것입니다. 우리 이웃을 넉넉한 마음으로 평가하여 존중하는 것, 이들의 명예를 사랑하고 원하며 기뻐하고, 이들의 연약

함에 대해서는 슬퍼하고 덮어주며, 이들의 재능과 은사를 기쁘게 인정하고, 이들의 결백을 변호하며, 이들에 대한 좋은 말은 기꺼이 들으려 하고, 이들에 대한 나쁜 말은 잘 받아들이지 않으려고 하며, 남의 말 하기를 좋아하는 자나 아첨하는 자나 중상모략하는 자를 제지하고, 우리 자신의 명예를 사랑하고 돌보며, 필요한 때에는 그것을 변호하며, 합법적인 약속을 지키고, 참되고 경건하며 사랑받을 만하고 칭찬받을 만한 말을 찾고 실천하는 것입니다.[17]

이어서 "금지"를 다루는 제145문은 "제9계명에서 금지된 죄들은 무엇입니까?"라고 묻고 이에 대해 엄청난 답변을 제시한다.

- 제9계명에서 금지하는 죄는 진실을 해치는 모든 것과 우리 자신뿐만 아니라 우리 이웃의 명예를 해치는 것입니다. 특히 공적인 재판에서 그러합니다. 거짓 증거를 제시하는 것, 거짓 증언을 사주하는 것, 악한 소송을 위해 고의로 공중 앞에 나아가 증언하며 진실을 대적하고 짓누르는 것, 불의한 판결을 하여 선을 악하다고 하고 악한 것을 선하다고 하는 것, 악한 자에게 의로운 자의 보상을 주고, 의로운 자에게 악한 자의 벌을 내리는 것입니다. 또한 위조, 진실을 은폐하는 것과 의로운 소송 사건에서 침묵하는 것, 또한 불의로 인해 자신을 책망해야 하거나, 다른 사람에게 항의해야 하는 상황에서도 자신의 평안함을 추구하는 것, 적절하지 않은 때에 진실을 말하거나, 또는 잘못된 목적을 위해 사악한 의도로 진실을 말하거나, 잘못된 의미나 의심스럽거나 애매한 표현으로 왜곡하여, 진실과 공의를 손상시키는 것입니다. 그리고 진실이 아닌 것을 말하는 것, 거짓말, 중상모략, 뒷담화, 험담, 악한 소문을 퍼뜨리는 일, 수군수군하기, 비웃음, 욕하기, 조급하고 가혹하며 편파적인 비난, 다른 사람의 의도나 말이나 행동을 곡해하는 일, 아첨, 헛된 자랑입니다. 그리고 자신이나 다른 사람을 지나치게 높이거나 낮추어 생각하거나 말하는 일, 하나님께서 주신 재능과 은사를 부인하는

일, 사소한 잘못을 큰 잘못으로 만드는 일, 죄를 스스로 고백할 수 있는 상황에도 감추거나 핑계를 대고 모면하려 하거나 가볍게 여기는 일, 쓸데없이 남의 약점을 찾는 일, 거짓 소문을 만들어 내는 일, 나쁜 소문을 받아들이고 장려하는 일과 공정한 변호에 대해 우리의 귀를 막는 일, 사악한 의심, 다른 사람이 마땅히 받아야 할 존중을 시기하거나 배 아파하거나, 손상하고자 애쓰거나 바라는 일, 다른 사람의 수치와 불명예를 즐거워하는 일, 조롱에 찬 멸시, 다른 사람에 대한 어리석은 칭송입니다. 또한 합법적 약속을 어기는 일, 좋은 평판을 무시하는 것과 불명예를 초래하는 일을 스스로 행하거나 피하지 않는 것, 또는 다른 사람과 관련하여 불명예를 초래하는 것을 막을 수 있으나 막지 않는 것입니다.[18]

    대요리문답은 십계명 중의 제9계명에 대하여 "의무"와 "금지"라는 판단과 사고의 영역을 제시할 뿐 아니라, 각각의 대답에 있어서 상당히 설명이 풍부하고 일반적인 이해를 넘어서 참으로 깊이 있는 설명을 제공하고 있다.
    따라서 이러한 네 가지 차이들인 ① 구조와 ② 목적과 ③ 분량 그리고 ④ 대답의 차이가 두 요리문답에 각각 제시되어 있으므로, 우선해서 소요리문답을 배우고 자라면 다음 단계로 반드시 대요리문답을 당연히 배워서 더욱 성숙하게 진리 지식에 이르도록 했다. 배움이 더 깊어지면 기독교 진리의 전체적 정립인 신앙고백서를 이해함으로써, 참으로 기독교 진리의 그 풍성함과 그 부요함을 마음껏 누리게 되는 상향적 수준의 향상을 생각하게 된다.
    이를 위한 웨스트민스터 총회원들의 지혜와 명철은 작성된 지 400년이 되어가는 지금까지도 유효하다. 하나님 앞에서 신실한 자들에 대한 하나님의 은혜라 여겨진다.

2. 대요리문답의 신학 주제

대요리문답에는 더욱 풍성하고 부요하며, 강조되는 5가지의 핵심 주제들이 있다. 기독론, 율법론, 성령론 그리고 교회론 그리고 종말론에 대한 대요리문답의 풍부하고 심오한 해설은 참으로 귀중한 특징이다.

기독론, 율법론, 성령론, 교회론 그리고 종말론이라는 주제들이 대요리문답에 어떻게 잘 나타나고 있는지를 소요리문답과 대조를 통해 살펴보려고 한다. 이를 위해 다른 요리문답서들과 비교하여 대요리문답이 중점적으로 다루고 있는 주제들을 선명하게 보여주는 도표는 귀한 통찰을 제공한다.[19]

주제 \ 요리문답서	제네바 요리문답 (374문답)	하이델베르크 요리문답 (129문답)	소요리문답 (107문답)	대요리문답 (196문답)
그리스도와 그 사역 (On the person and work of Christ)	59 (15.8%)	31 (24%)	11 (10.3%)	27 (13.8%)
율법 (On the law)	102 (27.1%)	24 (18.6%)	43 (40%)	59 (30%)
기도 (On prayer)	64 (17%)	14 (10.9%)	10 (9.3%)	19 (9.6%)
성례 (On the sacraments)	78 (20.7%)	17 (13.2%)	7 (6.5%)	17 (8.7%)
성령에 대한 명백한 언급 (Making explicit reference to the Holy Spirit)	34 (9.1%)	30 (23.3%)	10 (9.3%)	36 (18.4%)
교회 (Using the word Church)	22 (5.9%)	6 (4.7%)	1 (0.9%)	26 (13.2%)

(1) 기독론

기독론에 대한 대요리문답의 강조는 소요리문답과 웨스트민스터 신앙고백서를 넘어설 정도로 그 가치가 풍성하다.[20] 즉 대요리문답에는 총 27문답에 이르는 그리스도에 대한 충분한 문답들이 있다. 물론 대요리문답과 소요리문답 모두 기독론을 다룸에 있어, 은혜 언약으로부터 시작하여 그리스도의 낮아지심과 높아지심까지 다룬다. 이러한 대요리문답의 내용상 풍성함에 대해 존 머레이(John Murray)는 대요리문답 제30-32문답이 다루는 "은혜 언약"은 심지어 웨스트민스터 신앙고백서 제7장 3항보다 더 뛰어나다고 칭찬하기를 주저하지 않는다.[21]

대요리문답 강해 - 요하네스 보스

- 대요리문답 제30문답. 하나님께서 모든 인류를 죄와 비참의 상태에서 멸망하도록 내버려두십니까?

  - 하나님께서 일반적으로 행위언약이라고 불리는 첫째 언약을 위반하여 떨어진 죄와 비참의 상태에서 모든 인류가 멸망하도록 내버려두지 않으십니다. 오히려 하나님께서 일반적으로 은혜언약이라고 불리는 둘째 언약에 의해 오직 그분의 사랑과 자비로 선택한 자들을 그 상태에서 건지셔서 이들을 구원의 상태로 이끄십니다.[22]

- 대요리문답 제31문답. 은혜언약은 누구와 맺으셨습니까?

  - 은혜언약은 둘째 아담인 그리스도와, 또한 그분 안에서 그분의 씨로 택하신

모든 자와 맺으신 것입니다.[23]

- 대요리문답 제35문답. 은혜언약은 신약 시대에 어떻게 시행됩니까?
  - 실체이신 그리스도께서 드러나신 신약 시대에는 동일한 은혜언약이 말씀 설교와 성례 곧 세례와 성찬으로 시행되었고, 또한 계속 시행됩니다. 이런 식으로 신약에서는 은혜와 구원이 더 충만하고 더 명백하며 더 효력 있게 모든 민족에게 제시됩니다.[24]

- 대요리문답 제36문답. 은혜언약의 중보자는 누구십니까?
  - 은혜언약의 유일한 중보자는 주 예수 그리스도이십니다. 그분께서는 성부 하나님과 한 본질이시고 동등하신 하나님의 영원한 아들로서, 때가 차매 사람이 되셨습니다. 그리하여 영원히 그분은 완전히 구별된 두 본성을 지닌 한 위격으로 계시는 하나님이시요 사람(God and man)이셨고 계속 그러하십니다.[25]

- 대요리문답 제37문답. 하나님의 아들이신 그리스도께서 어떻게 사람이 되셨습니까?
  - 하나님의 아들이신 그리스도께서 참된 몸과 이성적 영혼을 그분 자신에게 취하심으로 사람이 되셨습니다. 그분은 성령 하나님의 능력으로 동정녀 마리아의 태에 그녀의 체질로부터 잉태되셨고, 그녀에게서 나셨습니다. 그러나 죄는 없으십니다.[26]

- 대요리문답 제40문답. 중보자가 왜 '한 인격을 가진 하나님이시며 사람'이셔야 합니까?
  - 하나님과 사람을 화목시켜야 할 중보자는 반드시 하나님과 사람이어야 하며 한 인격을 가진 분으로 그러해야 합니다. 이것은 신성과 인성의 각기 고유한

사역들이 나뉘지 않은 한 인격의 사역으로 우리를 위해 하나님께 받아들여지고, 또한 이것을 우리가 의지하도록 하기 위함입니다.[27]

- **대요리문답 제42문답. 우리의 중보자는 왜 '그리스도'라고 불리셨습니까?**
  - 우리의 중보자께서 그리스도라고 불리신 이유는 성령으로 한량없이 기름부음 받아, 성별되어, 모든 권위와 능력이 온전히 부여되셨기 때문입니다. 이는 낮아짐과 높아짐의 상태에서 그분의 교회의 선지자, 제사장, 왕의 직분을 행하시기 위함입니다.[28]

- **대요리문답 제46문답. 그리스도의 낮아지신 지위는 무엇입니까?**
  - 그리스도의 낮아지신 지위는 그분의 잉태되심과 출생, 삶, 죽음, 그리고 죽음 이후 부활 전까지, 우리를 위하여, 스스로 자신의 영광을 비우시고 종의 형체를 취하여 계셨던 낮은 상태입니다.[29]

- **대요리문답 제51문답: 그리스도의 높아지신 지위는 무엇입니까?**
  - 그리스도의 높아지신 지위는 그분의 부활, 승천, 하나님 아버지의 우편에 앉으심, 그리고 세상을 심판하러 다시 오심입니다.[30]

- **대요리문답 제56문답: 세상을 심판하기 위해 다시 오심에서 그리스도께서 어떻게 높아지십니까?**
  - 그리스도께서 세상을 심판하기 위해 다시 오심에서 높아지심은 사악한 사람들에게 불의하게 재판받고 정죄되신 그분이 마지막 날에 큰 능력으로, 그분 자신의 영광과 성부의 영광을 충만히 나타내시면서, 그분의 모든 거룩한 천사들과 함께, 큰 외침과 천사장의 호령과 하나님의 나팔소리와 함께 다시 오셔서 공의로 세상을 심판하심입니다.[31]

이렇게 대요리문답은 총 27문답(제30문-제57문답)에 걸쳐 그리스도에 대한 교리를 구체적이면서 중요하게 다룬다.[32] 이를 통해 제90문까지 이어지는 언약의 참여자들에 대한 구속의 적용에 대해 대요리문답이 잘 설명하고 있다.

이를 통해 대요리문답을 힘써 작성했던 안소니 터크니가 얼마나 그리스도와의 연합과 교제를 중요하게 여기며 대요리문답의 중앙에 그 핵심 교리를 견고하게 두도록 했음을 알 수 있다.[33] 그래서 이에 대해 로버트 레담은 크게 칭찬한다.

- 대요리문답을 만들 때 주요한 역할을 맡았던 안토니 터크니는 오직 그리스도에 의한 이 세상의 구속은 "영원히 복되신 삼위일체에서의 삼위 모두의 지극히 거룩한 경륜들의 가장 행복한 산물이었다"고 기술했으며, 그는 그리스도 없이는 생명에 이를 수 없다는 것을 발견하였고, 감히 우리가 하나님보다 더 지혜로워서 그분의 경륜과 그리스도의 죽음을 있게 하지 말아야 했다고 할 수 있는지 물었다.[34]

특징적으로 대요리문답은 제35문에서 그리스도에 대해 "실체이신 그리스도"(Christ the substance)라는 표현을 사용한다. 이를 통해 구약 시대에 예시되어 있는 약속들과 예언들, 표상들, 그리고 신탁들과 대조하면서 그러한 구약의 표상들과 희생제사는 오직 그리스도를 지시하는 그림자일 뿐이었지만, 실체이시고 실재이신 그리스도가 드러나셨음을 말함으로 그리스도를 더욱 강조하고 있다.[35]

(2) 율법론

1) 율법에 대한 안내: 대요리문답은 율법에 관한 내용이 총 59문답으로 소요리문답에 비해 분량상 차이는 크지 않지만, 내용상으로는 비교가 안 될 정도로 아주 풍성하고 부요한 해설이 담겨 있다.[36] 특히 윌리엄 퍼킨스와 토마스 카트

라이트와 같은 청교도들의 요리문답과 신학 해설을 참조하여 율법을 소개하고 그것을 설명하면서, 이를 준수하기 위한 규칙들이 제시된다.[37]

- **대요리문답 제98문답. 도덕법은 어디에 전체적으로 요약되어 있습니까?**
  - 도덕법은 십계명에 전체적으로 요약되어 있습니다. 십계명은 시내 산에서 하나님께서 음성으로 말씀하시고 두 돌판에 친히 써 주신 것으로 출애굽기 20장에 기록되어 있습니다. 첫 네 계명은 하나님에 대한 우리의 의무를, 그리고 나머지 여섯 계명은 사람에 대한 우리의 의무를 담고 있습니다.[38]

- **대요리문답 제99문답. 십계명을 바로 이해하기 위하여 따라야 할 규칙들은 무엇입니까?**
  - 십계명을 바로 이해하기 위하여 다음의 규칙들을 따라야 합니다. 첫째, 율법은 완전하므로, 율법의 의와 온전한 순종에 이르도록 전인적으로 율법에 완전히 따를 의무를 각 사람에게 영원히 부과합니다. 그래서 모든 의무를 철저히 완수할 것을 요구하고 모든 죄를 조금이라도 범하는 것을 금합니다. 둘째, 율법은 영적이므로, 말과 행위와 태도뿐만 아니라 이해와 의지와 감정과 영혼의 다른 모든 능력에도 관련됩니다. 셋째, 율법은 하나의 동일한 것을 다양한 측면에서 여러 계명으로 요구하기도 하고 금하기도 합니다. 넷째, 율법은 의무를 명하는 곳에서 이와 반대되는 죄를 금하고, 죄를 금하는 곳에서는 이와 반대되는 의무를 명합니다. 마찬가지로 약속을 덧붙인 곳에서 이와 반대되는 경고를 포함하고, 경고를 덧붙인 곳에서는 이와 반대되는 약속을 포함합니다. 다섯째, 하나님께서 금하시는 것은 언제라도 행해서는 안 되며, 하나님께서 명하시는 것은 항상 우리의 의무입니다. 그러나 어떤 특정한 의무는 모든 시대에 걸쳐 행해야 할 것은 아닙니다. 여섯째, 율법은 한 가지 죄나 의무 아래 같은 종류의 죄나 의무를 모두 금하거나 명령합니다. 여기에는 이것들의 모든 원

인, 수단, 기회, 모양, 그리고 이것들을 부추기거나 격려하는 것도 모두 포함됩니다. 일곱째, 우리에게 금하거나 명령된 일이라면, 다른 사람들도 자기 위치의 의무에 따라서 이를 피하거나 행하도록, 우리의 위치에서 힘써야만 합니다. 여덟째, 다른 사람들에게 명령된 일이라면 이들이 그것을 행하도록 우리의 위치와 소명에 따라 도와야만 하며, 다른 사람들에게 금지된 일이라면 동참하지 않도록 조심해야만 합니다.[39]

- 대요리문답 제100문답. 십계명에서 우리가 깊이 생각할 특별한 것들은 무엇입니까?
  - 십계명에서 우리가 깊이 생각할 것은, 서문, 계명 자체, 그리고 계명의 효력이 더 강화되도록 일부 계명에 덧붙이신 몇 가지 이유입니다.[40]

- 대요리문답 제101문답. 십계명의 서문은 무엇입니까?
  - 십계명의 서문은 '나는 너를 애굽땅, 종되었던 집에서 인도하여 낸 네 하나님 여호와로라' 하신 말씀입니다. 여기서 하나님께서는 영원하시고, 불변하시며, 전능하신 하나님이신 여호와로 자기의 주권을 나타내십니다. 이 하나님께서는 자신으로부터 스스로 존재하시고, 그분의 모든 말씀과 하시는 일을 이루어지게 하십니다. 그리고 하나님께서는 옛 이스라엘과 언약을 맺으신 것과 같이 그분 자신의 모든 백성과 언약을 맺으시는 하나님이시며, 이스라엘은 애굽의 속박에서 건져내신 것과 같이 우리를 영적인 노예 상태에서 구원하십니다. 그러므로 우리는 오직 그분만을 우리의 하나님으로 모셔야 하며, 그분의 모든 계명을 지켜야만 합니다.[41]

- 대요리문답 제102문답. 하나님께 대한 우리의 의무를 포함하는 첫 네 계명의 요점은 무엇입니까?

- 하나님께 대한 우리의 의무를 포함하는 첫 네 계명의 요점은 우리의 마음을 다하며, 목숨을 다하며, 힘을 다하며, 뜻을 다하여 우리 주 하나님을 사랑하라는 것입니다.[42]

이렇게 설명을 시작하여 십계명의 제1계명부터 시작하여, 내용과 의무와 금지 그리고 부가 사항들이라는 네 개의 패턴을 따라 계속 율법을 설명한다. 이런 대조를 통해 파악할 수 있는 바와 같이 대요리문답에 나타난 율법에 대한 논의는 다른 곳에서 전혀 찾아볼 수 없는 정도로 내용에 있어 풍부하고 풍성하다. 탁월하다. 이런 대요리문답의 율법 강조에 대해 로버트 레담은 격찬(激讚)하기를 주저하지 않는다. "율법은 대요리문답에서 철저하고 상세하게 진술된다. 여기서 십계명은 반율법주의의 위협에도 아랑곳없이 상술된다(LC91-152). 각각의 계명은 그것이 가르치는 것과 그것이 금하는 것의 견지에서 설명되며, 당대의 맥락 … 에서 표현된다."[43]

2) 율법에 대한 해설: 다음 문답들은 대요리문답의 율법 이해가 얼마나 풍성한지를 보여준다.

- **대요리문답 제103문답. 제1계명은 무엇입니까?**
  - 제1계명은 "너는 나 외에는 다른 신들을 네게 두지 말라"입니다.[44]

- **대요리문답 제104문답. 제1계명에서 요구하는 의무는 무엇입니까?**
  - 제1계명에서 요구하는 의무는 하나님만이 유일하신 참 하나님이시며 우리의 하나님이심을 알고 인정하며, 그분만을 합당하게 예배하고 영화롭게 하라는 것입니다. 이를 위하여 그분만을 생각하고, 묵상하며, 기억하고, 높이며, 존경하고, 찬양하며, 택하고, 사랑하며, 사모하고, 경외하며, 하나님을 믿고, 그분

만을 의지하며, 바라고, 기뻐하며, 즐거워하고, 그분에 대한 열심을 품으며, 그분을 부르고, 모든 찬양과 감사를 드리라는 것입니다. 또한 전인으로 그분에게 완전히 순종하고, 복종하며, 그분을 기쁘시게 하기 위하여 범사에 조심하고, 만일 무슨 일에든지 그분을 노엽게 하였으면 슬퍼하며, 겸손하게 하나님과 함께 행하라는 것입니다."[45]

- **대요리문답 제105문답. 제1계명에서 금지하는 죄는 무엇입니까?**
  - 제1계명에서 금지하는 죄는 하나님을 부인하거나 모시지 않는 무신론, 참 하나님과 함께 혹은 그분 대신에 다른 신들을 섬기거나 예배하는 우상 숭배, 그분을 하나님으로 그리고 우리의 하나님으로 모셔 고백하지 않는 것, 제1계명이 하나님께 마땅히 드리도록 요구하는 것을 무엇이든지 행하지 않거나 소홀히 하는 것, 하나님께 대한 무지, 망각, 오해, 그릇된 의견들, 전혀 합당치 않고 사악한 생각들, 하나님의 신비들에 대한 강하고 호기심에 가득찬 추구, 모든 신성 모독, 하나님을 미워하는 것, 자기 사랑, 자아 추구, 우리 지성이나 의지나 정서를 과도히 무절제하게 다른 일들에 두며 전적으로 혹은 부분적으로 하나님에게서 떠나게 하는 것, 헛된 맹신, 불신앙, 이단, 그릇된 믿음, 신뢰하지 않음, 절망, 완악함, 심판에 대한 무감각, 돌같이 굳은 마음, 교만, 주제넘음, 육적인 안전감, 하나님을 시험하는 것, 불법적인 수단을 쓰는 것, 합법적 수단을 의존하는 것, 육적 기쁨과 즐거움, 부패하고 맹목적이며 무분별한 열심, 미지근함, 하나님의 일에 대한 무감각, 하나님에게서 멀어짐과 배교, 성인들이나 천사들 혹은 다른 피조물에게 기도하거나 종교적 예배를 드리는 것, 마귀와 계약하고 의논하는 모든 일, 마귀의 제안에 귀를 기울이는 것, 사람들을 우리의 신앙과 양심의 주인으로 삼는 것, 하나님과 그분의 명령을 경시하고 멸시하는 것, 성령 하나님을 거역하고 근심하시게 하는 것, 그분의 경륜에 대해서 불만을 가지고 인내하지 않는 것, 우리에게 임하는 재난들에 대하여 어리석게 하

나님을 비난하는 것, 우리의 선함과 우리가 소유하는 좋은 것이나 할 수 있는 선행에 대한 찬양을 운이나, 우상들이나, 우리 자신이나, 또는 어떤 다른 피조물에게 돌리는 것입니다." 46)

- 대요리문답 제108문답. 제2계명에서 요구하는 의무는 무엇입니까?
  - 제2계명에서 요구하는 의무는 하나님께서 그분의 말씀 안에 제정해 놓으신 모든 종교적 예배 방식과 규례를 받아, 준수하며, 순전하고 온전하게 유지하라는 것입니다. 특별히 그리스도의 이름으로 드리는 기도와 감사, 말씀을 읽고 선포하고 듣는 것, 성례를 시행하고 받는 것, 교회의 다스림과 권징, 목회 직분과 목회자의 생활 유지, 종교적 금식, 하나님의 이름으로 맹세하는 것과 그분에게 서원하는 것입니다. 또한 모든 거짓된 예배를 인정하지 않고, 미워하며, 반대하는 것과 각자의 지위와 소명에 따라 거짓된 예배와 모든 우상숭배의 기념물들을 제거하는 것입니다."47)

- 대요리문답 제109문답. 제2계명에서 금지하는 죄는 무엇입니까?
  - 제2계명에서 금지하는 죄는 하나님께서 친히 제정하지 않으신 어떤 종교적 예배 방식을 고안하고, 의논하며, 명령하고, 사용하며, 어떤 모양으로든지 인정하는 것입니다. 또한 거짓 종교를 용납하는 것과 하나님의 세 위격이나 그 중 어느 한 위격이라도 그 표상을 우리 마음에 내적으로 만들든지 또는 아무 피조물의 어떤 형상이나 모양으로 외적으로 만드는 것이며, 이런 형상 자체를 예배하거나 혹은 이 형상 안에서, 또는 이 형상을 통하여 하나님을 예배하는 모든 일, 거짓 신들의 어떤 표상을 만드는 것과 이에 대한 모든 예배와 섬김입니다. 또한 미신적인 고안들을 금하셨는데, 이것들은 우리 스스로 고안하여 받아들였든지 다른 사람들에게서 전통으로 받았든지, 고대성이나 관습이나 경건이나 선한 의도나 혹은 다른 어떤 구실을 명목으로 내세울지라도, 하나님의

예배를 부패케 하거나 예배에 더하거나 빼는 것입니다. 또한 성직 매매와 신성모독이며, 하나님께서 정하신 예배와 규례를 소홀히 하고, 경멸하며, 방해하고, 반대하는 모든 것입니다."[48]

이에 추가하면, 제9계명의 문답은 대요리문답의 율법 이해가 얼마나 풍성한지 그 절정을 보여준다.

- 대요리문답 제144문답. 제9계명에서 요구하는 의무는 무엇입니까?
  - 제9계명에서 요구하는 의무는 사람과 사람 사이의 진실과 우리 자신뿐만 아니라 우리 이웃의 명예를 보존하고 증진하는 것입니다. 또한 판결과 재판 문제에 있어서, 그리고 다른 모든 일에 있어서도 진실을 밝히기 위해 공중 앞에 나아가 진실 편에 서서, 마음으로부터 참되고 자유롭게, 그리고 분명하고도 온전하게 진실을 그리고 오직 진실만을 말하는 것입니다. 우리 이웃을 넉넉한 마음으로 평가하여 존중하는 것, 이들의 명예를 사랑하고 원하며 기뻐하고, 이들의 연약함에 대해서는 슬퍼하고 덮어주며, 이들의 재능과 은사를 기쁘게 인정하고, 이들의 결백을 변호하며, 이들에 대한 좋은 말은 기꺼이 들으려 하고, 이들에 대한 나쁜 말은 잘 받아들이지 않으려고 하며, 남의 말 하기를 좋아하는 자나 아첨하는 자나 중상모략하는 자를 제지하고, 우리 자신의 명예를 사랑하고 돌보며, 필요한 때에는 그것을 변호하며, 합법적인 약속을 지키고, 참되고 경건하며 사랑받을 만하고 칭찬받을 만한 말들을 찾고 실천하는 것입니다.[49]

- 대요리문답 제145문답. 제9계명에서 금지하는 죄는 무엇입니까?
  - 제9계명에서 금지하는 죄는 진실을 해치는 모든 것과 우리 자신 뿐만 아니라 우리 이웃의 명예를 해치는 것입니다. 특히 공적인 재판에서 그러합니다. 거짓

증거를 제시하는 것, 거짓 증언을 사주하는 것, 악한 소송을 위해 고의로 공중 앞에 나아가 증언하며 진실을 대적하고 짓누르는 것, 불의한 판결을 하여 선을 악하다고 하고 악한 것을 선하다고 하는 것, 악한 자에게 의로운 자의 보상을 주고, 의로운 자에게 악한 자의 벌을 내리는 것입니다. 또한 위조, 진실을 은폐하는 것과 의로운 소송 사건에서 침묵하는 것, 또한 불의로 인해 자신을 책망해야 하거나, 다른 사람에게 항의해야 하는 상황에서도 자신의 평안함을 추구하는 것, 적절하지 않은 때에 진실을 말하거나, 또는 잘못된 목적을 위해 사악한 의도로 진실을 말하거나, 잘못된 의미나 의심스럽거나 애매한 표현으로 왜곡하여, 진실과 공의를 손상시키는 것입니다. 그리고 진실이 아닌 것을 말하는 것, 거짓말, 중상모략, 뒷담화, 험담, 악한 소문을 퍼뜨리는 일, 수군수군 하기, 비웃음, 욕하기, 조급하고 가혹하며 편파적인 비난, 다른 사람의 의도나 말이나 행동을 곡해하는 일, 아첨, 헛된 자랑입니다. 그리고 자신이나 다른 사람을 지나치게 높이거나 낮추어 생각하거나 말하는 일, 하나님께서 주신 재능과 은사를 부인하는 일, 사소한 잘못을 큰 잘못으로 만드는 일 죄를 스스로 고백할 수 있는 상황에도 감추거나 핑계를 대고 모면하려 하거나 가볍게 여기는 일, 쓸데없이 남의 약점을 찾는 일, 거짓 소문을 만들어 내는 일, 나쁜 소문을 받아들이고 장려하는 일과 공정한 변호에 대해 우리의 귀를 막는 일, 사악한 의심, 다른 사람이 마땅히 받아야 할 존중을 시기하거나 배 아파하거나, 손상하고자 애쓰거나 바라는 일, 다른 사람의 수치와 불명예를 즐거워하는 일, 조롱에 찬 멸시, 다른 사람에 대한 어리석은 칭송입니다. 또한 합법적 약속을 어기는 일, 좋은 평판을 무시하는 것과 불명예를 초래하는 일을 스스로 행하거나 피하지 않는 것, 또는 다른 사람과 관련하여 불명예를 초래하는 것을 막을 수 있으나 막지 않는 것입니다.[50]

이렇듯 대요리문답에 나타난 율법에 대한 해설의 깊이와 넓이는 참으로 어디에서 찾아볼 수 없을 정도로 풍성하다. 따라서 성도들과 목회자들의 신학적 부요함과 신앙의 성숙을 위해 대요리문답은 반드시 애용되어야 한다. 왜냐하면 대요리문답은 목회자들과 성숙한 신자들을 생동감 있게 격려해 주면서 예리한 방식으로 생활의 미덕(편집자 주(註). 선행 혹은 윤리적 실천)을 더욱 견고히 하고 나아가 자라게 할 것을 요구하는 내용을 담고 있기 때문이다.[51]

이에 대해 데이비스 웰스는 과거의 위대한 신학에는 세 가지 본질적인 부분이 있는데, 그 첫 번째는 고백적 요소이고 다음은 그 고백에 대한 묵상 그리고 세 번째는 고백과 묵상에 근거한 미덕(美德)의 함양(涵養)이라고 강조한다.[52] 이러한 강조는 율법의 실천을 중요하게 여기고 그것을 구체적으로 제시하는 대요리문답에 대한 격찬이기도 하다. 이는 종교개혁자 칼빈이 신자가 행하는 적극적인 실천인 율법의 제3 용법을 강조한 것과 맥을 같이 한다. 종교개혁의 가르침이 대요리문답에 그대로 담겨 있는 증거라 하겠다.

- 율법의 세 번째 기능은 — 이는 율법의 가장 주된 기능이요 또한 율법의 고유한 목적에도 더 가까운 것이다 — 하나님의 성령께서 그 마음에 거하시고 다스리시는 신자들과 관련된 것이다. 이미 율법이 하나님의 손가락으로 그들의 마음에 기록되고 새겨져 있지만(렘 31:33; 히 10:16), 즉 성령의 인도하심을 통하여 감동받고 새로워져서 하나님께 순종하기를 사모하는 상태에 있지만, 율법은 그들에게 두 가지 방식으로 유익이 된다. 율법은 그들이 사모하는 바 주의 뜻의 본질을 날마다 더 철저하게 배우게 해주며 또한 그 뜻을 깨닫고 있음을 확증하게 해주는 최고의 도구가 된다. 이는 마치 마음을 다하여 주인을 섬길 자세를 갖춘 종이 주인의 뜻에 자기 자신을 온전히 맞추기 위해서 주인의 이모저모를 살피고 관찰하는 것과도 같다.[53]

그러므로 대요리문답의 율법에 대해 풍부하고 실천적인 해설을 담당했던 안소니 터크니가 개혁신학의 전통을 담아내려는 수고가 얼마나 귀한 것이었는가를 다시금 생각하게 된다.[54] 대요리문답에 주어진 풍부한 십계명의 이해가 전적인 하나님의 은혜를 받은 성도들이 성숙한 신앙의 모습을 감당하여 행할 수 있도록 인도해 주는 내용이기에 이를 더욱 널리 알리고 교육하여 전함으로 신앙의 성숙에 이르도록 양육해야 함을 마음에 새기게 된다.

(3) 성령론

대요리문답은 총 36문답에 걸쳐 성령의 사역과 그분이 행하시는 구원의 역사에 대한 교리를 다룬다.

1) 성령의 사역: 대요리문답은 총36문답에 걸쳐 성령의 사역과 그분이 행하시는 구원의 역사에 대해 풍성하게 다룬다.

- **대요리문답 제58문답. 우리는 어떻게 그리스도께서 획득하신 유익에 참여하게 됩니까?**
    - 그리스도께서 획득하신 유익이 우리에게 적용됨으로써 우리는 그리스도의 유익에 참여하게 되는데, 이것은 특히 성령 하나님의 사역입니다."[55]

- **대요리문답 제59문답. 누가 그리스도께서 이루신 구속에 참여하게 됩니까?**
    - 그리스도께서 구속의 값을 치르신 모든 신자가 구속에 참여합니다. 이 구속은 확실하게 적용되며, 효과 있게 전달됩니다. 이들은 때가 되면 성령님에 의해 복음을 따라 그리스도를 믿을 수 있게 됩니다."[56]

2) **구원의 역사:** 구원의 서정에 효과를 더하시는 성령 하나님: 대요리문답은 성령의 구원 역사에 대해 아주 풍성하게 다룬다.

- 대요리문답 제60문답. 복음을 들어본 적이 없어서 예수 그리스도를 알지도 못하고 믿지도 않는 사람들이 본성의 빛에 따라 삶으로 구원을 얻을 수 있습니까?
  - 복음을 들어본 적이 없어서 예수 그리스도를 알지도 못하고 믿지도 않는 사람들은 구원을 얻을 수 없습니다. 설령 이들이 본성의 빛이나 자기들이 고백하는 종교의 법에 맞추어 살기에 더없이 부지런하더라도 그렇습니다. 그리스도가 아닌 다른 어떤 것에도 구원은 없습니다. 그분은 그분 자신의 몸인 교회만을 위한 구원자이십니다."[57]

- 대요리문답 제68문답. 선택받은 자들만이 효과 있는 부르심을 받습니까?
  - 모든 선택받은 자, 오직 이들만이 효과 있는 부르심을 받습니다. 비록 선택받지 못한 사람들이 말씀 사역에 의해 외적으로 부르심을 받을 수도 있고, 가끔 실제로 받기도 하며, 성령 하나님의 일반적인 활동을 어느 정도 누릴 수 있을지라도, 이들은 자신들에게 제안된 은혜를 고의적으로 무시하고 경멸하기 때문에 당연히 불신 가운데 있게 되어 결코 예수 그리스도께로 참되게 나오지 못합니다.[58]

- 대요리문답 제72문답. 의롭다하심[칭의]을 받는 믿음은 무엇입니까?
  - 의롭다하심을 받는 믿음은 성령 하나님과 말씀이 죄인의 마음속에 일으키신 구원의 은혜입니다. 이 은혜로 죄인은 자신의 죄와 비참함을 확신하고, 또한 자신을 비롯하여 다른 아무 피조물도 자신을 타락한 상태에서 회복할 능력이 없음을 확신합니다. 그럼으로써 복음이 말하는 약속의 진리에 동의할 뿐만 아니라, 죄 용서를 받고, 하나님 보시기에 용납되고 의롭다 여김을 받아 구원

을 얻기 위해 복음에 제시된 그리스도와 그분의 의(義)를 받아들이고 의지합니다.[59]

- 대요리문답 제75문답. 거룩하게 하심[성화]은 무엇입니까?
  - 거룩하게 하심[성화]은 하나님의 은혜의 사역인데, 이로써 하나님께서 창세전에 거룩하게 하시려고 택하신 자들이 때가 되면, 그리스도의 죽음과 부활을 이들에게 적용하시는 성령 하나님의 강력한 활동으로 말미암아, 하나님의 형상을 따라 전인적으로 새롭게 됩니다. 이들의 마음속에 거하는 생명에 이르는 회개의 씨들과 다른 모든 구원하는 은혜들로 말미암아, 그리고 이 은혜들이 일으켜지고, 증가되며, 강화됨으로써 이들은 점점 더 죄에 대하여 죽고 새 생명으로 살아갑니다.[60]

- 대요리문답 제155문답. 말씀이 어떻게 구원을 얻는 데 효과 있게 됩니까?
  - 성령 하나님께서는 말씀을 읽는 것, 특별히 말씀의 선포를 효과 있는 수단으로 사용하셔서, 죄인들의 마음을 밝히시고 죄책을 드러내시며 겸손하게 하시고, 이들을 자신에게서 끌어내 그리스도에게로 나아가도록 하시고, 그리스도의 형상을 본받게 하시며 그분의 뜻에 복종하게 하시고, 이들이 유혹과 부패에 빠지지 않도록 강하게 하시며, 은혜 안에서 자라게 하시고 믿음을 통해 이들의 마음을 거룩함과 위로 가운데 굳게 세우셔서 구원에 이르게 하십니다.[61]

- 대요리문답 제159문답. 설교하도록 부름을 받은 사람은 하나님의 말씀을 어떻게 설교해야 합니까?
  - 말씀 사역에 수고하도록 부름을 받은 사람은 바른 교훈을 설교하되 때를 얻든지 못 얻든지 부지런히, 사람의 지혜의 권하는 말로 하지 아니하고 성령의 나타남과 능력으로 단순하게, 하나님의 모든 경륜을 알 수 있도록 충실하게, 듣

는 사람들의 필요와 이해 능력에 맞도록 지혜롭게, 하나님과 그분의 백성의 영혼에 대한 뜨거운 사랑을 품고 열정적으로, 하나님의 영광과 백성의 회심, 건덕, 구원을 목표로 삼아 진실하게 설교해야 합니다."[62]

- 대요리문답 제161문답. 성례는 어떻게 구원의 효과 있는 수단이 됩니까?
  - 성례가 구원의 효과 있는 수단이 되는 것은 성례 자체에 어떤 능력이 있어서라든지, 혹은 성례를 시행하는 사람의 경건이나 의향에서 나오는 어떤 덕 때문이 아니고, 오직 성령 하나님의 역사하심과 성례를 제정하신 그리스도의 복 주심 때문입니다."[63]

- 대요리문답 제178문답. 기도란 무엇입니까?
  - 기도는 그리스도의 이름으로 성령님의 도우심에 의해 우리의 소원들을 하나님께 올리는 것인데, 우리 죄를 자백하며 그분의 긍휼하심을 감사히 인정하면서 드리는 것입니다."[64]

- 대요리문답 제182문답. 성령 하나님께서는 어떻게 우리의 기도를 도우십니까?
  - 우리가 마땅히 기도할 바를 알지 못하기 때문에 성령 하나님께서는 우리가 누구를 위하여, 무엇을 위하여, 어떻게 기도해야 하는지를 깨닫게 하심으로 우리의 연약함을 도우십니다. 성령 하나님께서는 (비록 모든 사람에게 어느 때나 같은 분량으로는 아닐지라도) 우리 마음 가운데 역사하셔서, 기도의 의무를 바르게 이행하는 데 필요한 이해와 열정과 은혜를 일으키심으로써 우리를 도와주십니다.[65]

성도의 구원을 주관하실 뿐 아니라 성도에게 말씀과 성례를 통해 구원의 역사를 누리도록 하시는 분이 성령이시다. 성령의 사역으로 인해 그 효력이 성도들에게 적용된다. 이에 대해 김병훈은 대요리문답이 "믿음을 통해 이들의 마음을 거룩함과 위로 가운데 굳게 세우셔서 구원에 이르게" 하는 모든 과정이 성령 하나님의 사역임을 진술하고 있다고 칭찬한다.[66]

이렇듯 대요리문답에는 구원받은 믿음의 은혜를 견고하게 하시는 성령 하나님의 역사가 풍성하게 담겨 있다. 은혜의 방편인 설교와 성례를 통해 구원의 은혜를 더욱 감사히 누리기 위해서, 신자는 성령 하나님의 도우심을 구하며 온전히 그분을 의지하여야 함을 가르치려는 의도가 깊이 담겨 있는 것이다. 그러므로 신자는 더더욱 성령 하나님을 의지하면서 설교를 듣고 성례에 신실하게 참여할 뿐 아니라 기도하는 일을 기쁘게 감당해야 함이 대요리문답의 강조점이라 하겠다.

(4) 교회론

대요리문답은 총 26문답에서 "교회"를 사용하고 교회를 설명하는데, 특별히 신앙고백서의 전체적인 내용이 모이는 "교회"에 대한 신학적 설명과 그에 대한 공적인 성도의 모임인 교회에 대한 강조가 가장 중요한 특징이다.[67] 이러한 차이로 드러나는 대요리문답의 중요한 특징에 대해 로버트 W. 갓프리는 교회론을 중심으로 해서 설명한다.

- 소요리문답에서 교회론을 제거하고자 한 결정은, 이제 요리문답을 배우기 시작한 학습자들이 대요리문답의 더욱 풍성한 지도로 옮겨가게 하려는 의도였다고 이해될 수 있다. … 교회론이야말로 참된 칼빈주의에서 필요불가결한 요소이기 때문이다.[68]

대요리문답의 특징인 교회론에 대한 내용을 살펴보면 다음과 같다.

- 대요리문답 제62문. 보이는 교회란 무엇입니까?
    - 보이는 교회란 모든 시대와 모든 곳에서 참된 기독교 신앙을 고백하는 모든 사람과 이들의 자녀로 구성된 공동체입니다."[69]

- 대요리문답 제64문답. 보이지 않는 교회란 무엇입니까?
    - 보이지 않는 교회는 머리이신 그리스도 아래 하나로 모여져 왔거나 모여지고 있거나 모여질 모든 선택 받은 사람입니다."[70]

- 대요리문답 제69문답. 보이지 않는 교회의 지체들이 은혜 안에서 그리스도와 함께하는 교제는 무엇입니까?
    - 보이지 않는 교회의 지체들이 은혜 안에서 그리스도와 함께하는 교제는 칭의, 양자됨, 성화, 그리고 그밖에 이 세상에서 그리스도와의 연합을 나타내는 다른 모든 것 안에서 그리스도의 중보 사역의 효과에 참여함입니다."[71]

이렇게 제62문에서 시작하여 제69문에 이르기까지 "보이는 교회"(the visible church)인 유형교회와 "보이지 않는 교회"(the invisible church)인 무형교회에 관한 설명들이 아주 자세히 소개되어 있다. 물론 모든 교회에 대한 언급이 있는 것은 아니다. 예를 들면 교회 권징이나 교회재판 그리고 교회 직원들에 대한 언급들은 대요리문답에도 포함되어 있지 않다.[72]

로버트 W. 갓프리는 대요리문답의 교회론에 대한 특징을 이렇게 설명한다.

- 두 문답이 모두 구원의 외적 방편들에 대해 논하고 있지만, 대요리문답에서는 그 방편들은 교회와 명백하게 묶여있는 반면에 소요리문답의 방편들은 그렇지 않다. 예를 들면, 대요리문답에서는 목회 사역의 역할이 여러 차례 언급되는 데 반해서 소요리문답에서는 오직 설교에 대한 것만 임시로 언급되어 있을 뿐이다.

명확하게 대요리문답은 교회론과 구원의 외적 방편에 대하여 소요리문답에서 필요하고 중추적인 내용들을 제공한다.[73]

이에 대요리문답 제62문-제66문과 제69문과 함께, 교회에 관련된 목회 사역들인 설교와 성례 그리고 선교에 대한 설명까지 다루는 내용들을 찾아보면 그 설명이 분명하게 이해된다.

- 대요리문답 제108문답. 제2계명에서 요구하는 의무는 무엇입니까?
  - 제2계명에서 요구하는 의무는 하나님께서 그분의 말씀 안에 제정해 놓으신 모든 종교적 예배 방식과 규례를 받아, 준수하며, 순전하고 온전하게 유지하라는 것입니다. 특별히 그리스도의 이름으로 드리는 기도와 감사, 말씀을 읽고 선포하고 듣는 것, 성례를 시행하고 받는 것, 교회의 다스림과 권징, 목회 직분과 목회자의 생활 유지, 종교적 금식, 하나님의 이름으로 맹세하는 것과 그분에게 서원하는 것입니다. 또한 모든 거짓된 예배를 인정하지 않고, 미워하며, 반대하는 것과 각자의 지위와 소명에 따라 거짓된 예배와 모든 우상 숭배의 기념물들을 제거하는 것입니다.[74]

- 대요리문답 제158문답. 하나님의 말씀은 누가 설교할 수 있습니까?
  - 하나님의 말씀은 충분한 은사를 받았을 뿐만 아니라, 그 직무를 감당하도록 공식적으로 인허받고 부름을 받은 사람만이 설교할 수 있습니다.[75]

- 대요리문답 제176문답. 세례와 주의 만찬은 어떤 점에서 일치합니까?
  - 세례와 주의 만찬은 둘 다 창시자가 하나님이시라는 점에서, 이 둘의 영적 부분은 그리스도와 그분의 은택이라는 점에서, 둘 다 같은 언약의 인장이라는 점에서, 둘 다 복음의 사역자가 시행하고 그 밖의 누구에 의해서도 시행될 수

없다는 점에서, 그리고 주님께서 재림하실 때까지 그리스도의 교회에서 계속되어야 한다는 점에서 일치합니다.[76]

- **대요리문답 제191문답. 둘째 간구에서 우리는 무엇을 위해 기도합니까?**
    - "나라가 임하시오며"라는 둘째 간구에서 우리는 우리 자신과 모든 인류가 본질상 죄와 사탄의 지배 아래에 있음을 인정하면서, 죄와 사탄의 나라가 망하고, 복음이 온 세상에 전파되며, 유대인들이 부르심을 받고, 이방인의 충만한 수가 들어오며, 교회가 모든 복음 사역자와 규례들을 갖추고, 부패에서 정화되며, 국가 공직자의 칭찬과 지지를 받기 위해 기도합니다. 그리스도의 규례들이 순수하게 시행되고 효력 있게 되어 아직 죄 가운데 있는 자들이 회개하고, 이미 회심한 자들이 견고히 서며, 위로를 받고, 세워지기를 위해 기도합니다. 그리고 그리스도께서 지금 우리의 마음을 통치하시고, 속히 재림하셔서 우리가 그분과 더불어 영원히 왕 노릇할 수 있기를 위해 기도합니다. 아울러 이 목적들이 가장 잘 이루어지도록 그리스도께서 세상 모든 곳에서 그분의 권능의 왕국을 다스리시기를 기뻐하시기를 위해 기도합니다.[77]

따라서 소요리문답을 통해 구원에 대해서 그리고 그에 합당한 성도의 삶에 대해서 잘 배운 자들은, 그로부터 더 성장하고 확장하여 대요리문답에서 구원 얻은 자들이 모여 이룬 공동체인 교회에 대해 배우면서 교회를 통해 말씀과 성례 그리고 선교까지 감당할 만큼 성도들로 자라가도록 하는 상향적 단계요 내용이 잘 제시되고 있다.[78]

(5) 종말론

대요리문답에는 종말에 대한 교훈이 가득하다.

- 대요리문답 제82문답. 보이지 않는 교회의 지체들이 그리스도와 함께하는 영광의 교제는 무엇입니까?
    - 보이지 않는 교회의 지체들이 그리스도와 함께하는 영광의 교제는 현세에도 있고 죽음 후에도 바로 있으며, 부활과 심판 날에 마침내 완성됩니다.[79]

- 대요리문답 제83문답. 보이지 않는 교회의 지체들이 현세에서 누리는 그리스도와 함께하는 영광의 교제는 무엇입니까?
    - 보이지 않는 교회의 지체들은 이들의 머리이신 그리스도의 지체이므로 현세에서 그리스도와 함께하는 영광의 첫 열매들을 나누며 누립니다. 그래서 그리스도 안에서 그분이 온전히 소유하신 영광을 누릴 권리를 가지며, 그 보증으로 하나님의 사랑을 느끼고, 양심의 평화와 성령 안에서의 기쁨과 영광의 소망을 누립니다. 반면에 악인들은 복수하시는 하나님의 진노에 대한 지각, 양심의 공포, 다가오는 심판에 대한 두려움을 가집니다. 이것들은 악인들이 죽은 후에 당할 고통의 시작입니다.[80]

- 대요리문답 제86문답. 보이지 않는 교회의 지체들이 죽은 직후에 누리는 그리스도와 함께하는 영광의 교제는 무엇입니까?
    - 보이지 않는 교회의 지체들이 죽은 직후에 누리는 그리스도와 함께하는 영광의 교제는 이들의 영혼이 그때 완전히 거룩하게 되어, 지극히 높은 하늘에 영접받아 들어가고, 거기서 빛과 영광 중에 하나님의 얼굴을 뵈며 의의 완전한 구속을 기다리는 것입니다. 이들의 몸은 죽음의 상태에서도 그리스도와 계속 연합되어 있으며, 마지막 날에 자신들의 영혼과 다시 연합할 때까지 마치 잠자리에 있듯이 무덤 속에서 편히 쉬고 있습니다. 그러나 악인들의 영혼은 죽을 때 지옥에 던져지고, 거기서 고통과 깊은 흑암 중에 머물러 있으며, 이들의 몸은 부활과 심판의 큰 날까지 마치 감옥에 있듯이 무덤 속에 갇혀 있습니다.[81]

- **대요리문답 제87문답. 우리는 부활에 대하여 무엇을 믿어야 합니까?**
  - 우리는 마지막 날에 의인이나 불의한 자 모두의 일반 부활이 있음을 믿습니다. 이때 살아 있는 사람들은 순식간에 변화됩니다. 그리고 무덤 속에 있는 죽은 자들은 바로 그 몸이 이들의 영혼과 영원히 연합되어 그리스도의 권능으로 다시 살아납니다. 의인의 몸은 그리스도의 영(靈)에 의하여, 그리고 이들의 머리이신 그리스도의 부활에 힘입어 강하고 신령하며 썩지 않는 몸으로 다시 살아나서 그분의 영광스러운 몸과 같이 됩니다. 그러나 악인의 몸은 진노하신 심판주 그리스도에 의해 부활하여 수욕을 당합니다.[82]

- **대요리문답 제88문답. 부활 직후에는 어떤 일이 일어납니까?**
  - 부활 직후에는 천사들과 사람들 모두에 대한 최후 심판이 있습니다. 그러나 그날과 그때는 아무도 모릅니다. 그래서 모두 깨어 기도하며 주님의 오심을 항상 준비해야 합니다.[83]

- **대요리문답 제89문답. 심판 날에 악인에게는 어떤 일이 있습니까?**
  - 심판 날에 악인은 그리스도의 왼편에 놓입니다. 그리고 명백한 증거와 양심의 완전한 책망에 따라 이들에게 두려우면서도 공정한 정죄의 선고가 내려집니다. 그리하여 하나님의 사랑의 얼굴을 떠나, 그리고 그리스도와 성도들과 모든 거룩한 천사들과 더불어 누리는 영화로운 교제로부터 쫓겨나 지옥에 던져져서 마귀와 그 사자들과 함께 몸과 영혼 모두 말할 수 없는 고통의 형벌을 영원히 받습니다.[84]

- **대요리문답 제90문답. 심판 날에 의인에게는 어떤 일이 있습니까?**
  - 심판 날에 의인은 구름 속으로 그리스도에게 끌어올려져 그분의 오른편에 놓이며, 거기서 공적으로 인정받아 무죄선언을 받고, 타락한 천사들과 사람들을

그리스도와 함께 심판하며, 하늘에 영접 받아 들어갑니다. 거기서 이들은 모든 죄와 비참에서 온전히 그리고 영원히 해방되어 상상할 수도 없는 기쁨으로 충만해집니다. 그리고 몸과 영혼이 완전히 거룩하고 행복하게 되어 셀 수 없이 많은 성도와 거룩한 천사들과 함께 어울리고, 특별히 영원무궁토록 하나님 아버지와 우리 주 예수 그리스도와 성령님을 직접 대면하며 즐깁니다. 이것이 곧 보이지 않는 교회의 지체들이 부활과 심판 날에 영광 가운데 그리스도와 더불어 누릴 완전하고 충만한 교제입니다.[85]

이렇게 대요리문답은 총 9문(제82문-제90문)에 걸쳐 종말에 관한 내용을 다루되, 특별히 인용한 일곱 개의 문답에서 교회와 성도 그리고 종말에 대해 상세하게 다루고 있다. 존 페스코는 제88문답의 내용을 기초로 하여, 대요리문답이 오직 부활과 함께 마지막 심판이 즉시 이루어짐을 잘 설명해 주고 있다고 해석한다.[86] 이는 대요리문답이 가진 풍부한 종말에 대한 설명을 인정하기에 나올 수 있는 귀한 해설이다.

제6장. 웨스트민스터 대요리문답

1) https://archive.org/details/confessionoffait1658west/page/n3/mode/2up 대요리문답, 109-276.
2) John R. Bower, *The Larger Catechism*, 11. "Samuel Rutherford offered a similar appraisal, citing the Assembky's concern that neither they nor anyone else were satisfied "to dress up milk and meat both in one dish."
3) John R. Bower, *The Larger Catechism*. xi.
4) 홍인택,『웨스트민스터 총회의 율법과 성화』, 31.
5) 2025년 현재 국내에서 구할 수 있는 대요리문답 국내 저서 및 번역서들은 다음 4권이다. 김태희,『웨스트민스터 대요리문답 해설』(서울: 세움북스, 2021); 보스, 윌리암슨 공저,『웨스트민스터 대요리문답 강해』류근상,신호섭 공역 (서울: 크리스챤출판사, 2007); 박윤섭,『웨스트민스터 대요리문답』(서울: 예영커뮤니케이션, 2021); 정규철,『웨스트민스터 대요리문답 강해』(서울: 개혁주의신학사, 2025).
비교적으로 국내에서 구할 수 있는 소요리문답의 저서 및 번역서들은 무척 많다. 강원익,『웨스트민스터 소요리문답 해설』(서울:종려가지, 2022); 김재진,『웨스트민스터 소요리문답해설』(서울: 대한기독교서회, 2004); 김태희,『성경에서 나온 웨스트민스터 소요리 문답(상)(하)』2 Vols (서울: 더워드, 2020); 김홍만,『Q&A 웨스트민스터 소요리 문답』(서울: 생명의말씀사, 2022); 독립개신교회 교육위원회,『웨스트민스터 소요리문답 개역개정판』(서울: 성약, 2014); 세움북스 편집부,『웨스트민스터 소요리 문답 이해쓰기(한영대조)』김태희 해설 (서울: 세움북스, 2021); 알렉산더 화이트,『웨스트민스터 소요리문답 강해』박문재 역 (경기: CH북스, 2022); 토머스 왓슨,『웨스트민스터 소요리문답 해설』(고양: CH 북스, 2019); 이종인,『웨스트민스터 소요리문답해설 I & II』2 Vols. (서울:부크크, 2019); 정요석,『소요리문답, 삶을 읽다』2 Vols. (서울: 새물결플러스, 2016); 채명준,『웨스트민스터 소요리문답 짧은해설』(수원:영음사, 2021); 총회교육자원부,『웨스트민스터 소요리문답서』(대한예수교장로회총회, 2018); 최낙재,『웨스트민스터 소요리문답 강해 1-4』(서울:성약, 2014-2015); 황희상,『특강 소요리무답 상&하』전?권 (서울:흑곰북스,2020).
6) 황희상, "소요리문답을 넘어 대요리문답으로", 기독교개혁신보, 2014월 4월 15일자. "소요리문답과 대요리문답은 단순하게 '분량'과 '난이도'의 차이가 아니라, 그 목적부터 달랐던 문서입니다. 물어보는 질문 자체가 '그 질문을 해야만 하는 이유'가 있었고, 또 그 답변 역시 '그 질문에 그렇게 답해야만 하는 이유'가 있었습니다. 대요리문답은 어른 성도나 목회자 후보생들에게, 그 인생의 다양한 적용점을 두고 실천적 명제를 던지고 있습니다. 그리고 거기에서 발생하는 여러 의문점이나 논쟁거리를 가지고 성경에서 이끌어낸 성도들이 살아가는 삶의 실천 원리들을 구체적으로 제시한다는 점에서 소요리문답과 완전히 다른 문서입니다. 그래서 대요리문답 교육의 회복은 매우 중요합니다. 특별히 교회와 신학교의 교육 과정에 '필수적'이라고 생각합니다."; https://joyance.tistory.com/62 "소요리문답을 넘어 대요리문답으로" 2025년 8월 7일 열람.
7) Sinclair B. Ferguson, "The teaching of the CONFESSION" *THE WESTMINSTER CONFESSION* in the church today (Edinburgh: The Saint Andrews press, 1982), 28.

8) 조병수, 「웨스트민스터 신앙고백서와 박윤선 박사」 「웨스트민스터 신앙고백서와 한국 보수주의 뿌리」(서울:개혁주의 성경연구소,1999), 36-37. 각주 33의 내용을 정리한 내용이다.

9) 『웨스트민스터 표준문서』, 234. 소요리문답 Q. 36. What are the benefits which in this life do accompany or flow from justification, adoption, and sanctification? A. The benefits which in this life do accompany or flow from justification, adoption, and sanctification, are, assurance of God's love, peace of conscience, joy in the Holy Ghost, increase of grace, and perseverance therein to the end.

10) 『웨스트민스터 총회의 문서들』, 188. "소요리문답을 공인한 법령" "그 소요리문답이 의도된 일치의 일환으로서, 한층 더 연약한 능력을 지닌 사람들을 문답식으로 가르칠 목적에 맞는 지도서임을 승인한다." 각주 236. WCF 1764년 Glasgow판, 398.

11) 『웨스트민스터 총회의 문서들』, 114. "대요리문답을 공인한 법령" "...그 문답서가 세 왕국에 공통적인 요리문답서도 되고, 종교의 기초가 되는 지식을 어느 정도 능숙하게 지니게 된 사람들을 문답식으로 가르치기에 적합한 지도서도 된다."라는 것을 인정한다." 각주 134. WCF 1764년 Glasgow판, 326.

12) 『웨스트민스터 표준문서』, 145. 대요리문답 Q. 77. Wherein do justification and sanctification differ? A. Although sanctification be inseparably joined with justification, yet they differ, in that God in justification imputeth the righteousness of Christ; in sanctification his Spirit infuseth grace, and enableth to the exercise thereof; in the former, sin is pardoned; in the other, it is subdued; the one doth equally free all believers from the revenging wrath of God, and that perfectly in this life, that they never fall into condemnation; the other is neither equal in all, nor in this life perfect in any, but growing up to perfection.

13) 『웨스트민스터 표준문서』, 256. 소요리문답 Q. 107. What doth the conclusion of the Lord's Prayer teach us? A. The conclusion of the Lord's Prayer, which is, For thine is the kingdom, and the power, and the glory, for ever. Amen," teacheth us to take our encouragement in prayer from God only, and in our prayers to praise him, ascribing kingdom, power, and glory to him; and in testimony of our desire and assurance to be heard, we say, Amen.

14) 『웨스트민스터 표준문서』, 218-219. 대요리문답 Q. 196. What doth the conclusion of the Lord's Prayer teach us? A. The conclusion of the Lord's Prayer, (which is, For thine is the kingdom, and the power, and the glory, for ever. Amen.) teacheth us to enforce our petitions with arguments, which are to be taken, not from any worthiness in ourselves, or in any other creature, but from God: and with our prayers to join praises, ascribing to God alone eternal sovereignty, omnipotency, and glorious excellency; in regard whereof, as he is able and willing to help us, so we by faith are emboldened to plead with him that he would, and quietly to rely upon him, that he will fulfill our requests. And, to testify this our desire and assurance, we say, Amen.

15) 『웨스트민스터 표준문서』, 246. 소요리문답 Q. 77. What is required in the ninth commandment? A. The ninth commandment requireth the maintaining and promoting of truth between man and man, and of our own and our neighbor's good name, especially in witness bearing.

16) 『웨스트민스터 표준문서』, 246. 소요리문답 Q. 78. What is forbidden in the ninth commandment? A. The ninth commandment forbiddeth whatsoever is prejudicial to truth, or injurious to our own or our neighbor's good name.

17) 『웨스트민스터 표준문서』, 185-186. 대요리문답 Q. 144. What are the duties required in the ninth commandment? A. The duties required in the ninth commandment are, the preserving and promoting of truth between man and man, and the good name of our neighbor, as well as our

own; appearing and standing for the truth; and from the heart, sincerely, freely, clearly, and fully, speaking the truth, and only the truth, in matters of judgment and justice, and in all other things whatsoever; a charitable esteem of our neighbors; loving, desiring, and rejoicing in their good name; sorrowing for, and covering of their infirmities; freely acknowledging of their gifts and graces, defending their innocency; a ready receiving of good report, and unwillingness to admit of an evil report, concerning them; discouraging tale-bearers, flatterers, and slanderers; love and care of our own good name, and defending it when need requireth; keeping of lawful promises; study and practising of whatsoever things are true, honest, lovely, and of good report.

18) 『웨스트민스터 표준문서』, 186-188. 대요리문답 Q. 145. What are the sins forbidden in the ninth commandment? A. The sins forbidden in the ninth commandment are, all prejudicing the truth, and the good name of our neighbors, as well as our own, especially in public judicature; giving false evidence; suborning false witnesses; wittingly appearing and pleading for an evil cause; out-facing and overbearing the truth; passing unjust sentence; calling evil good, and good evil; rewarding the wicked according to the work of the righteous, and the righteous according to the work of the wicked; forgery; concealing the truth; undue silence in a just cause, and holding our peace when iniquity calleth for either a reproof from ourselves, or complaint to others; speaking the truth unseasonably, or maliciously to a wrong end, or perverting it to a wrong meaning, or in doubtful and equivocal expressions, to the prejudice of truth or justice; speaking untruth, lying, slandering, backbiting, detracting, tale-bearing, whispering, scoffing, reviling, rash, harsh, and partial censuring; misconstructing intentions, words, and actions; flattering, vain-glorious boasting, thinking or speaking too highly or too meanly of ourselves or others; denying the gifts and graces of God; aggravating smaller faults; hiding, excusing, or extenuating of sins, when called to a free confession; unnecessary discovering of infirmities; raising false rumours, receiving and countenancing evil reports, and stopping our ears against just defence; evil suspicion; envying or grieving at the deserved credit of any, endeavouring or desiring to impair it, rejoicing in their disgrace and infamy; scornful contempt; fond admiration; breach of lawful promises; neglecting such things as are of good report; and practicing or not avoiding ourselves, or not hindering what we can in others, such things as procure an ill name.

19) W. Robert Godfrey, "An Introduction to the Westminster Larger Catechism" *The Westminster Larger Catechism: A Commentary*. (New Jersey:P&R Publishing, 2002), xviii. "Table 1. The number of questions given to various subjects in four Reformed catechisms."

20) Chad B. Van Dixhoorn, "The Making Of The Westminster Larger Catechism", 109.

21) John Murray, "The Catechism of the Westminster Assembly" *Presbyterian Reformed Magazine 8* (spring 1993): 14.

22) 『웨스트민스터 표준문서』, 124. 대요리문답 Q.30. Doth God leave all mankind to perish in the estate of sin and misery? A. God doth not leave all men to perish in the estate of sin and misery, into which they fell by the breach of the first covenant, commonly called the Covenant of Works; but of his mere love and mercy delivereth his elect out of it, and bringeth them into an estate of salvation by the second covenant, commonly called the Covenant of Grace.

23) 『웨스트민스터 표준문서』, 124. 대요리문답 Q.31. With whom was the covenant of grace made? A. The covenant of grace was made with Christ as the second Adam, and in him with all the elect as his

seed.

24) 『웨스트민스터 표준문서』, 126. 대요리문답 Q.35. How is the covenant of grace administered under the New Testament? A. Under the New Testament, when Christ the substance was exhibited, the same covenant of grace was and still is to be administered in the preaching of the Word, and the administration of the sacraments of baptism and the Lord's supper; in which grace and salvation are held forth in more fullness, evidence, and efficacy, to all nations.

25) 『웨스트민스터 표준문서』, 126. 대요리문답 Q.36. Who is the Mediator of the covenant of grace? A. The only Mediator of the covenant of grace is the Lord Jesus Christ, who, being the eternal Son of God, of one substance and equal with the Father, in the fullness of time became man, and so was and continues to be God and man, in two entire distinct natures, and one person, forever.

26) 『웨스트민스터 표준문서』, 126-127. 대요리문답 Q.37. How did Christ, being the Son of God, become man? A. Christ the Son of God became man, by taking to himself a true body, and a reasonable soul, being conceived by the power of the Holy Ghost in the womb of the Virgin Mary, of her substance, and born of her, yet without sin.

27) 『웨스트민스터 표준문서』, 128. 대요리문답 Q.40. Why was it requisite that the Mediator should be God and man in one person? A. It was requisite that the Mediator, who was to reconcile God and man, should himself be both God and man, and this in one person, that the proper works of each nature might be accepted of God for us, and relied on by us, as the works of the whole person.

28) 『웨스트민스터 표준문서』, 128-129, 대요리문답 Q.42. Why was our Mediator called Christ? A. Our Mediator was called Christ, because he was anointed with the Holy Ghost above measure; and so set apart, and fully furnished with all authority and ability, to execute the offices of prophet, priest, and king of his Church, in the estate both of his humiliation and exaltation.

29) 『웨스트민스터 표준문서』, 130-131. 대요리문답 Q.46. What was the estate of Christ's humiliation? A. The estate of Christ's humiliation was that low condition, wherein he, for our sakes, emptying himself of his glory, took upon him the form of a servant, in his conception and birth, life, death, and after his death, until his resurrection.

30) 『웨스트민스터 표준문서』, 132. 대요리문답 Q.51. What was the estate of Christ's exaltation? A. The estate of Christ's exaltation comprehendeth his resurrection, ascension, sitting at the right hand of the Father, and his coming again to judge the world.

31) 『웨스트민스터 표준문서』, 135. 대요리문답 Q.56. How is Christ to be exalted in his coming again to judge the world? A. Christ is to be exalted in his coming again to judge the world, in that he, who was unjustly judged and condemned by wicked men, shall come again at the last day in great power, and in the full manifestation of his own glory and of his Father's, with all his holy angels, with a shout, with the voice of the archangel, and with the trumpet of God, to judge the world in righteousness.

32) Chad B. Van Dixhoorn "The Making Of The Westminster Larger Catechism" *Reformation and Revival Journal*, RAR 10:2 (Spring 2001), 108-109. "The Larger Catechism recognizes the importance of Christ's life because it takes a different approach altogether. Using another framework it speaks about the importance of Christ's birth in question forty-seven, his life in question forty-eight, and his death in question forty-nine, thus presenting a more balanced and biblical picture." 대요리문답 제47-49문답에 이 내용들이 잘 담겨 있다.

33) Youngchun Cho, *Anthony Tuckney* (1599-1670), 27.
34) Robert Letham, *The Westminster Assembly: Reading Its Theology in Historical Context*, 382. Anthony Tuckey, None but Christ, or a Sermon on Acts 4.12 preached at St. Maries in Cambridge, on the Commencement Sabbath, July 4, 1652 (London: John Rothwell and S. Gellibrand, 1654) [Wing(2nd ed. 1994) 3217], 19.
35) Johannes G. Vos. *Westminster Larger Catechism: A Commentary*. ed. G.I. Williamson, 82.
36) W. Robert Godfrey, *The Westminster Larger Catechism: A Commentary*. xii.
37) Alexander. F. Mitchell. *The Westminster Assembly: Its History and Standards.*, 227. "The explanation of the ten commandments, and of the duties required and the sins forbidden under each, is largely derived from Ussher's Body of Divinity, Newcomen's and Ball's catechisms, and perhaps also from Cartwright's Body of Divinity and some of the larger practical treatises of Perkins."
38) 『웨스트민스터 표준문서』, 155. 대요리문답 Q.98. Where is the moral law summarily comprehended? A. The moral law is summarily comprehended in the Ten Commandments, which were delivered by the voice of God upon mount Sinai, and written by him in two tables of stone; and are recorded in the twentieth chapter of Exodus; the four first commandments containing our duty to God, and the other six our duty to man.
39) 『웨스트민스터 표준문서』, 155-157. 대요리문답 Q.99. What rules are to be observed for the right understanding of the Ten Commandments? A. For the right understanding of the Ten Commandments, these rules are to be observed: 1. That the law is perfect, and bindeth every one to full conformity in the whole man unto the righteousness thereof, and unto entire obedience forever; so as to require the utmost perfection of every duty, and to forbid the least degree of every sin. 2. That it is spiritual, and so reacheth the understanding, will, affections, and all other powers of the soul; as well as words, works, and gestures. 3. That one and the same thing, in divers respects, is required or forbidden in several commandments. 4. That as, where a duty is commanded, the contrary sin is forbidden; and, where a sin is forbidden, the contrary duty is commanded: so, where a promise is annexed, the contrary threatening is included; and, where a threatening is annexed, the contrary promise is included. 5. That what God forbids, is at no time to be done; what he commands, is always our duty; and yet every particular duty is not to be done at all times. 6. That under one sin or duty, all of the same kind are forbidden or commanded; together with all the causes, means, occasions, and appearances thereof, and provocations thereunto. 7. That what is forbidden or commanded to ourselves, we are bound, according to our places, to endeavor that it may be avoided or performed by others, according to the duty of their places. 8. That in what is commanded to others, we are bound, according to our places and callings, to be helpful to them; and to take heed of partaking with others in what is forbidden them.
40) 『웨스트민스터 표준문서』, 157. 대요리문답 Q.100. What special things are we to consider in the Ten Commandments? A. We are to consider, in the Ten Commandments, the preface, the substance of the commandments themselves, and several reasons annexed to some of them, the more to enforce them.
41) 『웨스트민스터 표준문서』, 157-158. 대요리문답 Q.101. What is the preface to the Ten Commandments? A. The preface to the Ten Commandments is contained in these words, I

am the LORD thy God, which have brought thee out of the land of Egypt, out of the house of bondage. Wherein God manifesteth his sovereignty, as being JEHOVAH, the eternal, immutable, and almighty God; having his being in and of himself, and giving being to all his words and works: and that he is a God in covenant, as with Israel of old, so with all his people; who, as he brought them out of their bondage in Egypt, so he delivereth us from our spiritual thraldom; and that therefore we are bound to take him for our God alone, and to keep all his commandments.

42) 『웨스트민스터 표준문서』, 158. 대요리문답 Q.102. What is the sum of the four commandments which contain our duty to God? A. The sum of the four commandments containing our duty to God, is, to love the Lord our God with all our heart, and with all our soul, and with all our strength, and with all our mind.

43) Robert Letham, *The Westminster Assembly: Reading Its Theology in Historical Context* ; 『웨스트민스터 총회의 역사』, 508.

44) 『웨스트민스터 표준문서』, 158. 대요리문답 Q.103. Which is the first commandment? A. The first commandment is, Thou shalt have no other gods before me.

45) 『웨스트민스터 표준문서』, 159. 대요리문답 Q.104. What are the duties required in the first commandment? A. The duties required in the first commandment are, the knowing and acknowledging of God to be the only true God, and our God; and to worship and glorify him accordingly, by thinking, meditating, remembering, highly esteeming, honoring, adoring, choosing, loving, desiring, fearing of him; believing him; trusting, hoping, delighting, rejoicing in him; being zealous for him; calling upon him, giving all praise and thanks, and yielding all obedience and submission to him with the whole man; being careful in all things to please him, and sorrowful when in anything he is offended; and walking humbly with him.

46) 『웨스트민스터 표준문서』, 160-161. 대요리문답 Q.105. What are the sins forbidden in the first commandment? A. The sins forbidden in the first commandment, are, atheism, in denying or not having a God; idolatry, in having or worshiping more gods than one, or any with or instead of the true God; the not having and avouching him for God, and our God; the omission or neglect of anything due to him, required in this commandment; ignorance, forgetfulness, misapprehensions, false opinions, unworthy and wicked thoughts of him; bold and curious searching into his secrets; all profaneness, hatred of God; self-love, self-seeking, and all other inordinate and immoderate setting of our mind, will, or affections upon other things, and taking them off from him in whole or in part; vain credulity, unbelief, heresy, misbelief, distrust, despair, incorrigibleness, and insensibleness under judgments, hardness of heart, pride, presumption, carnal security, tempting of God; using unlawful means, and trusting in lawful means; carnal delights and joys; corrupt, blind, and indiscreet zeal; lukewarmness, and deadness in the things of God; estranging ourselves, and apostatizing from God; praying, or giving any religious worship, to saints, angels, or any other creatures; all compacts and consulting with the devil, and hearkening to his suggestions; making men the lords of our faith and conscience; slighting and despising God and his commands; resisting and grieving of his Spirit, discontent and impatience at his dispensations, charging him foolishly for the evils he inflicts on us; and ascribing the praise of any good we either are, have, or can do, to fortune, idols, ourselves, or any other creature.

47) 『웨스트민스터 표준문서』, 162-163. 대요리문답 Q.108. What are the duties required in the second

commandment? A. The duties required in the second commandment are, the receiving, observing, and keeping pure and entire, all such religious worship and ordinances as God hath instituted in his word; particularly prayer and thanksgiving in the name of Christ; the reading, preaching, and hearing of the word; the administration and receiving of the sacraments; church government and discipline; the ministry and maintenance thereof; religious fasting; swearing by the name of God, and vowing unto him: as also the disapproving, detesting, opposing, all false worship; and, according to each one's place and calling, removing it, and all monuments of idolatry.

48) 『웨스트민스터 표준문서』, 163-164. 대요리문답 Q.109. What sins are forbidden in the second commandment? A. The sins forbidden in the second commandment are, all devising, counseling, commanding, using, and any wise approving, any religious worship not instituted by God himself; the making any representation of God, of all or of any of the three persons, either inwardly in our mind, or outwardly in any kind of image or likeness of any creature whatsoever; all worshiping of it, or God in it or by it; the making of any representation of feigned deities, and all worship of them, or service belonging to them; all superstitious devices, corrupting the worship of God, adding to it, or taking from it, whether invented and taken up of ourselves, or received by tradition from others, though under the title of antiquity, custom, devotion, good intent, or any other pretense whatsoever; simony; sacrilege; all neglect, contempt, hindering, and opposing the worship and ordinances which God hath appointed.

49) 『웨스트민스터 표준문서』, 185-186. 대요리문답 Q.144. What are the duties required in the ninth commandment? A. The duties required in the ninth commandment are, the preserving and promoting of truth between man and man, and the good name of our neighbor, as well as our own; appearing and standing for the truth; and from the heart, sincerely, freely, clearly, and fully, speaking the truth, and only the truth, in matters of judgment and justice, and in all other things whatsoever; a charitable esteem of our neighbors; loving, desiring, and rejoicing in their good name; sorrowing for, and covering of their infirmities; freely acknowledging of their gifts and graces, defending their innocency; a ready receiving of good report, and unwillingness to admit of an evil report, concerning them; discouraging tale-bearers, flatterers, and slanderers; love and care of our own good name, and defending it when need requireth; keeping of lawful promises; study and practising of whatsoever things are true, honest, lovely, and of good report.

50) 『웨스트민스터 표준문서』, 186-188. 대요리문답 Q.145. What are the sins forbidden in the ninth commandment? A. The sins forbidden in the ninth commandment are, all prejudicing the truth, and the good name of our neighbors, as well as our own, especially in public judicature; giving false evidence, suborning false witnesses, wittingly appearing and pleading for an evil cause, outfacing and overbearing the truth; passing unjust sentence, calling evil good, and good evil; rewarding the wicked according to the work of the righteous, and the righteous according to the work of the wicked; forgery, concealing the truth, undue silence in a just cause, and holding our peace when iniquity calleth for either a reproof from ourselves, or complaint to others; speaking the truth unseasonably, or maliciously to a wrong end, or perverting it to a wrong meaning, or in doubtful or equivocal expressions, to the prejudice of the truth or justice; speaking untruth, lying, slandering, backbiting, detracting, talebearing, whispering, scoffing, reviling, rash, harsh, and partial censuring; misconstructing intentions, words, and actions; flattering, vainglorious

boasting, thinking or speaking too highly or too meanly of ourselves or others; denying the gifts and graces of God; aggravating smaller faults; hiding, excusing, or extenuating of sins, when called to a free confession; unnecessary discovering of infirmities; raising false rumors, receiving and countenancing evil reports, and stopping our ears against just defense; evil suspicion; envying or grieving at the deserved credit of any; endeavoring or desiring to impair it, rejoicing in their disgrace and infamy; scornful contempt, fond admiration; breach of lawful promises; neglecting such things as are of good report, and practicing, or not avoiding ourselves, or not hindering what we can in others, such things as procure an ill name.

51) W. Robert Godfrey, *The Westminster Larger Catechism: A Commentary*, xiii.
52) David Wells, *No Place for Truth* (Grand Rapids: Eerdmans,1993), 98.
53) John Calvin, *Institutes of the Christian Religions* (1559). Edited by John T. McNeill. tr. by F. L. Battles. Two vols (Philadelphia: Westminster, 1960). II.vii.12. 칼빈은 율법의 제3 용법을 율법의 용도 중에 가장 중요하게 여겼다.
54) W. Robert Godfrey, *The Westminster Larger Catechism: A Commentary.*, xii.
55) 『웨스트민스터 표준문서』, 136. 대요리문답 Q.58 How do we come to be made partakers of the benefits which Christ hath procured? A. We are made partakers of the benefits which Christ hath procured by the application of them unto us, which is the work especially of God the Holy Ghost.
56) 『웨스트민스터 표준문서』, 136. 대요리문답 Q.59. Who are made partakers of redemption through Christ? A. Redemption is certainly applied, and effectually communicated, to all those for whom Christ hath purchased it; who are in time by the Holy Ghost enabled to believe in Christ according to the gospel.
57) 『웨스트민스터 표준문서』, 136-137. 대요리문답 Q.60. Can they who have never heard of the gospel, and so know not Jesus Christ, nor believe in him, be saved by their living according to the light of nature? A. They who, having never heard the gospel, know not Jesus Christ, and believe not in him, cannot be saved, be they never so diligent to frame their lives according to the light of nature, or the laws of that religion which they profess; neither is there salvation in any other, but in Christ alone, who is the Saviour only of his body the Church.
58) 『웨스트민스터 표준문서』, 140. 대요리문답 Q.68. Are the elect only effectually called? A. All the elect, and they only, are effectually called; although others may be, and often are, outwardly called by the ministry of the Word, and have some common operations of the Spirit; who, for their willful neglect and contempt of the grace offered to them, being justly left in their unbelief, do never truly come to Jesus Christ.
59) 『웨스트민스터 표준문서』, 142. 대요리문답 Q.72. What is justifying faith? A. Justifying faith is a saving grace, wrought in the heart of a sinner, by the Spirit and Word of God, whereby he, being convinced of his sin and misery, and of the disability in himself and all other creatures to recover him out of his lost condition, not only assenteth to the truth of the promise of the gospel, but receiveth and resteth upon Christ and his righteousness therein held forth, for pardon of sin, and for the accepting and accounting of his person righteous in the sight of God for salvation.
60) 『웨스트민스터 표준문서』, 143. 대요리문답 Q.75. What is sanctification? A. Sanctification is a work of God's grace, whereby they whom God hath before the foundation of the world chosen to be holy, are in time through the powerful operation of his Spirit, applying the death and resurrection

of Christ unto them, renewed in their whole man after the image of God; having the seeds of repentance unto life, and all other saving graces, put into their hearts, and those graces so stirred up, increased, and strengthened, as that they more and more die unto sin and rise unto newness of life.

61) 『웨스트민스터 표준문서』, 194. 대요리문답 Q.155. How is the Word made effectual to salvation? A. The Spirit of God maketh the reading, but especially the preaching of the Word, an effectual means of enlightening, convincing, and humbling sinners; of driving them out of themselves, and drawing them unto Christ; of conforming them to his image, and subduing them to his will; of strengthening them against temptations and corruptions; of building them up in grace, and establishing their hearts in holiness and comfort through faith unto salvation.

62) 『웨스트민스터 표준문서』, 196. 대요리문답 Q.159. How is the Word of God to be preached by those that are called thereunto? A. They that are called to labor in the ministry of the Word are to preach sound doctrine, diligently, in season, and out of season; plainly, not in the enticing words of man's wisdom but in demonstration of the Spirit, and of power; faithfully, making known the whole counsel of God; wisely, applying themselves to the necessities and capacities of the hearers; zealously, with fervent love to God and the souls of his people; sincerely, aiming at his glory, and their conversion, edification, and salvation.

63) 『웨스트민스터 표준문서』, 197. 대요리문답 Q.161. How do the Sacraments become effectual means of salvation? A. The Sacraments become effectual means of salvation, not by any power in themselves, or any virtue derived from the piety or intention of him by whom they are administered; but only by the working of the Holy Ghost, and the blessing of Christ by whom they are instituted.

64) 『웨스트민스터 표준문서』, 207. 대요리문답 Q.178. What is prayer? A. Prayer is an offering up of our desires unto God, in the name of Christ, by the help of his Spirit; with confession of our sins, and thankful acknowledgment of his mercies.

65) 『웨스트민스터 표준문서』, 209. 대요리문답 Q.182. How doth the Spirit help us to pray? A. We not knowing what to pray for as we ought, the Spirit helpeth our infirmities, by enabling us to understand both for whom, and what, and how prayer is to be made; and by working and quickening in our hearts (although not in all persons, nor at all times, in the same measure) those apprehensions, affections, and graces, which are requisite for the right performance of that duty.

66) 김병훈, "은혜의 반편", 제12회 합신 장년 공과 출판기념 강좌(2023.8.28.) 미출판 강의안, 3.

67) Chad B. Van Dixhoorn, "*The Making Of The Westminster Larger Catechism*", 107. "This is extremely important. The Larger Catechism makes frequent mention of ministers of the gospel and carries on extensive discussions about the outward and ordinary means of grace, where the Shorter Catechism says almost nothing on the same matters. The Larger Catechism broadens its lens in order to focus on the corporate, public, gathered people of God."

68) W. Robert Godfrey, *The Westminster Larger Catechism: A Commentary.*, xiv–xv.

69) 웨스트민스터 표준문서』, 137. 대요리문답 Q.62. What is the visible church? A. The visible church is a society made up of all such as in all ages and places of the world do profess the true religion, and of their children.

70) 『웨스트민스터 표준문서』, 138. 대요리문답 Q.64. What is the invisible church? A. The invisible church

is the whole number of the elect, that have been, are, or shall be gathered into one under Christ the head."

71) 『웨스트민스터 표준문서』, 140. 대요리문답 Q.69. What is the communion in grace which the members of the invisible church have with Christ? A. The communion in grace which the members of the invisible church have with Christ, is their partaking of the virtue of his mediation, in their justification, adoption, sanctification, and whatever else, in this life, manifests their union with him.

72) Alexander. F. Mitchell, 233. "And while, as I have said, it is a thoroughly Calvinistic catechism, it has nothing of church censures, church courts, or church officers, as many similar productions have."

73) W. Robert Godfrey, *The Westminster Larger Catechism: A Commentary.*, xvii.

74) 『웨스트민스터 표준문서』, 162-163. 대요리문답 Q.108. What are the duties required in the second commandment? A. The duties required in the second commandment are, the receiving, observing, and keeping pure and entire, all such religious worship and ordinances as God hath instituted in his word; particularly prayer and thanksgiving in the name of Christ; the reading, preaching, and hearing of the word; the administration and receiving of the sacraments; church government and discipline; the ministry and maintenance thereof; religious fasting; swearing by the name of God, and vowing unto him: as also the disapproving, detesting, opposing, all false worship; and, according to each one's place and calling, removing it, and all monuments of idolatry.

75) 『웨스트민스터 표준문서』, 196. 대요리문답 Q.158. By whom is the Word of God to be preached? A. The Word of God is to be preached only by such as are sufficiently gifted, and also duly approved and called to that office.

76) 『웨스트민스터 표준문서』, 206. 대요리문답 Q.176. Wherein do the sacraments of baptism and the Lord's supper agree? A. The sacraments of baptism and the Lord's supper agree, in that the author of both is God; the spiritual part of both is Christ and his benefits; both are seals of the same covenant, are to be dispensed by ministers of the gospel, and by none other; and to be continued in the church of Christ until his second coming.

77) 『웨스트민스터 표준문서』, 213-214. 대요리문답 Q.191. What do we pray for in the second petition? A. In the second petition (which is, Thy kingdom come), acknowledging ourselves and all mankind to be by nature under the dominion of sin and Satan, we pray, that the kingdom of sin and Satan may be destroyed, the gospel propagated throughout the world, the Jews called, the fullness of the Gentiles brought in; the church furnished with all gospel officers and ordinances, purged from corruption, countenanced and maintained by the civil magistrate; that the ordinances of Christ may be purely dispensed, and made effectual to the converting of those that are yet in their sins, and the confirming, comforting, and building up of those that are already converted: that Christ would rule in our hearts here, and hasten the time of his second coming, and our reigning with him forever: and that he would be pleased so to exercise the kingdom of his power in all the world, as may best conduce to these ends.

78) 소요리문답은 제89문에서 설교사역을 간략하게 소개한다.

79) 『웨스트민스터 표준문서』, 147. 대요리문답 Q.82. What is the communion in glory which the members

of the invisible church have with Christ? A. The communion in glory which the members of the invisible church have with Christ, is in this life, immediately after death, and at last perfected at the resurrection and day of judgment.

80) 『웨스트민스터 표준문서』, 148. 대요리문답 Q.83. What is the communion in glory with Christ which the members of the invisible church enjoy in this life? A. The members of the invisible church have communicated to them in this life the firstfruits of glory with Christ, as they are members of him their head, and so in him are interested in that glory which he is fully possessed of; and, as an earnest thereof, enjoy the sense of God's love, peace of conscience, joy in the Holy Ghost, and hope of glory; as, on the contrary, sense of God's revenging wrath, horror of conscience, and a fearful expectation of judgment, are to the wicked the beginning of their torments which they shall endure after death.

81) 『웨스트민스터 표준문서』, 149. 대요리문답 Q.86. What is the communion in glory with Christ which the members of the invisible church enjoy immediately after death? A. The communion in glory with Christ which the members of the invisible church enjoy immediately after death, is, in that their souls are then made perfect in holiness, and received into the highest heavens, where they behold the face of God in light and glory, waiting for the full redemption of their bodies, which even in death continue united to Christ, and rest in their graves as in their beds, till at the last day they be again united to their souls. Whereas the souls of the wicked are at their death cast into hell, where they remain in torments and utter darkness, and their bodies kept in their graves, as in their prisons, till the resurrection and judgment of the great day.

82) 『웨스트민스터 표준문서』, 150. 대요리문답 Q.87. What are we to believe concerning the resurrection? A. We are to believe that at the last day there shall be a general resurrection of the dead, both of the just and unjust: when they that are then found alive shall in a moment be changed; and the selfsame bodies of the dead which were laid in the grave, being then again united to their souls forever, shall be raised up by the power of Christ. The bodies of the just, by the Spirit of Christ, and by virtue of his resurrection as their head, shall be raised in power, spiritual, incorruptible, and made like to his glorious body; and the bodies of the wicked shall be raised up in dishonor by him, as an offended judge.

83) 『웨스트민스터 표준문서』, 150. 대요리문답 Q.88. What shall immediately follow after the resurrection? A. Immediately after the resurrection shall follow the general and final judgment of angels and men; the day and hour whereof no man knoweth, that all may watch and pray, and be ever ready for the coming of the Lord.

84) 『웨스트민스터 표준문서』, 151. 대요리문답 Q.89. What shall be done to the wicked at the day of judgment? A. At the day of judgment, the wicked shall be set on Christ's left hand, and, upon clear evidence, and full conviction of their own consciences, shall have the fearful but just sentence of condemnation pronounced against them; and thereupon shall be cast out from the favorable presence of God, and the glorious fellowship with Christ, his saints, and all his holy angels, into hell, to be punished with unspeakable torments, both of body and soul, with the devil and his angels forever.

85) 『웨스트민스터 표준문서』, 151-152. 대요리문답 Q.90. What shall be done to the righteous at the day of judgment? A. At the day of judgment, the righteous, being caught up to Christ in the clouds,

shall be set on his right hand, and there openly acknowledged and acquitted, shall join with him in the judging of reprobate angels and men, and shall be received into heaven, where they shall be fully and forever freed from all sin and misery; filled with inconceivable joys, made perfectly holy and happy both in body and soul, in the company of innumerable saints and holy angels, but especially in the immediate vision and fruition of God the Father, of our Lord Jesus Christ, and of the Holy Spirit, to all eternity. And this is the perfect and full communion which the members of the invisible church shall enjoy with Christ in glory, at the resurrection and day of judgment.

86) Fesko, V. John. *The Theology of the Westminster Standards*., 391.

제7장.
웨스트민스터 소요리문답

Shorter catechism, 1647

웨스트민스터 총회는 개혁신학에 따른 성경적 신앙의 표준을 세우기 위하여 신앙고백서를 작성하면서, 이에 대한 교육적 필요로 인해 요리문답을 작성하였다. 왜냐하면 신앙고백서에 담아 놓은 성경의 진리를 풀어서 널리 국민들에게 가르칠 필요성이 참으로 절실하였기 때문이었다.

이렇게 해서 대요리문답의 내용을 쉽고 간략하게 작성한 소요리문답은 각기 하나의 질문들이 모두 완전한 한 문장으로 구성되는데,[1] 그 이유는 아이들이 격언과 같이 암송하기 편하도록 구성했기 때문이다.[2]

"웨스트민스터 표준문서"(Westminster Standards) 작성 일자

문서/작성일	작성 시작	초안 완성	잉글랜드의회 제출	스코틀랜드총회 승인
예배모범	1644년 11월 12일	1644년 12월 30일	1645년 3월 6일	1645년 2월 6일
교회정치	1644년 3월 25일	1645년 2월 6일	1645년 3월 5일	1645년 2월 10일

문서/작성일	작성 시작	초안 완성	잉글랜드의회 제출	스코틀랜드총회 승인
신앙고백서	1644년 8월 20일	1646년 12월 4일	1647년 4월 5일	1647년 8월 27일
대요리문답	1644년 12월 2일	1647년 10월 22일	1647년 11월 7일	1648년 7월 20일
소요리문답		1647년 11월 25일	1648년 4월 12일	1648년 7월 28일

앞 장들에서 상술한 것과 같이 처음에는 하나의 요리문답을 생각하였지만 진행하던 중에 성인들을 위한 대요리문답을 작성하고 그것을 자녀들을 교육하기 위해 소요리문답으로 작성하였다. 그랬기 때문에 사무엘 러더포드가 소요리문답과 대요리문답에 대해 아기를 위한 우유와 성인을 위한 고기(milk and meat)라고 그 차이를 비유했던 것과 같이,[3] 내용이 깊고 세밀한 대요리문답에 비해 상대적으로 내용이 쉽고 사용하기에 편리한 소요리문답은 많이 애용되고 넓리 퍼져서 수많은 교인에게 큰 유익을 끼쳤다.[4] 그 이유는 소요리문답을 작성하면서 신자들에게 구원의 도리를 설명하려던 일반적인 목적과 함께 신자들의 거룩한 삶을 촉진하기 위해 작성했던 목적이 적확했기 때문이다. 그뿐 아니라 신앙고백서에 담아 놓은 성경의 진리를 풀어서 널리 교인들에게 가르치고자 하는 노력이 열매를 맺었기 때문이다.[5]

이렇게 작성된 소요리문답은 총 107문으로 사도신경, 십계명, 성례, 주기도문 구조를 설명하면서 주로 신자 개인의 신앙에 초점을 맞춘다.[6]

이 장에서는 소요리문답이 가진 특징과 주제 그리고 그 신학적 강조점을 찾아보려고 한다.

1. 소요리문답의 구조와 강조

이제 우유(milk)와 같이 아이들과 초신자들을 위하여 부드러우면서도 영양가가 풍부한 소요리문답이 어떤 구조와 주제를 담고 있는지 살펴보자.

(1) 소요리문답의 구조와 특징

이해를 위해 소요리문답을 신앙고백서와 함께 그 내용을 제시하면 전체 내용을 파악하기에 유용하다. 즉 소요리문답은 웨스트민스터 신앙고백서와 많은 부분에서 일치하되, 특별히 구원에 대한 실제적인 교훈이 참으로 풍성하다는 사실을 발견하게 된다. 이를 달리 표현하면 이러하다.

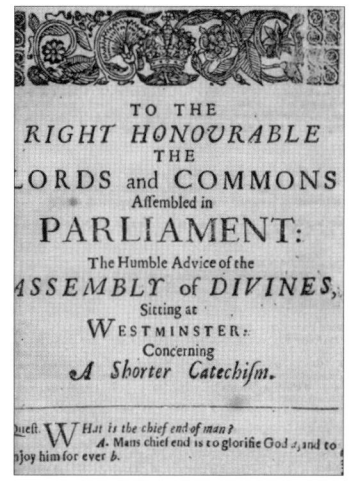

소요리문답

- "웨스트민스터 소교리문답이 개혁주의 신앙의 내용을 가르치는 일반적인 목적을 넘어서서 언약의 백성으로서의 거룩한 생활을 통해 성화를 이루어가는 것을 강조하고 촉진하기 위한 구체적인 목적을 염두에 두고 작성되었다."[7]

1) **소요리문답의 구조**: 소요리문답의 구조를 보면, 크게 두 부분으로 되어 있는데 먼저는 교리(제1-38문답)이고 다음은 실천(제39-107문답)으로 구성되어 있다.[8] 이에 대해 판 플리엣은 소요리문답은 하나님의 교리(제1-38문답)와 인간의 실천(제39-107문답)으로 구분되어 있는데, 이 방식은 청교도주의의 아버지 윌리엄 퍼킨스와 그 제자인 윌리엄 에임스의 교훈을 계승하고 있기 때문이라고 이중구조의 이유를 밝힌다.[9]

이러한 의견에 도움이 되는 의견을 들어보자.

- 웨스트민스터 소요리문답을 비롯하여 웨스트민스터 표준문서의 작성에는 그것에 참여한 청교도 신학자들과 목회자들의 영향력이 컸다. 웨스트민스터 총회에 영향을 미친 신학자로서 가장 먼저 윌리엄 퍼킨스를 들 수 있다. 퍼킨스는 베자와 웨스트민스터 총회 사이에 개혁신학의 사상을 연결한 신학자이다. 실제로 웨스트민스터 총회장이었던 트위스는 총회에서 퍼킨스의 예정론을 변호하였다 … 더욱이 퍼킨스의 주기도문에 대한 작품은 직접적으로 웨스트민스터 소요리문답과 웨스트민스터 대요리문답에 영향을 주었다. 웨스트민스터 소요리문답의 질문 29-35번의 신학적 배경이 되는 퍼킨스의 작품들은 Golden Chaine과 An Exposition of Symbole or Creede of the Apostles이다. 퍼킨스 다음으로 윌리엄 에임스를 들 수 있는데, 그의 작품들은 웨스트민스터 총회 당시 모든 신학자들에게 잘 알려져 있었다. 그의 Marrow of Sacred Divinity는 1638년에서 1643년 사이에 3판이 나왔으며, 마지막 판은 하원의 명령에 의해 출판되었다. 에임스의 작품들은 웨스트민스터 소요리문답과 웨스트민스터 대요리문답의 작성에 신학적 영향을 주었다.[10]

소요리문답		신앙고백서	
교리 (제1-38문)	제1문. 인생의 목적 제2-3문. 성경	제1장. 성경	하나님, 그분의 말씀, 존재, 활동
	제4-6문. 하나님의 존재 제7-8문. 하나님의 작정 제9-10문. 하나님의 창조 제11-12문. 하나님의 섭리	제2장. 하나님의 존재 제3장. 하나님의 작정 제4장. 하나님의 창조 제5장. 하나님의 섭리	
	제13-19문. 인간의 타락	제6장. 인간의 타락	인간의 죄와 그리스도를 통한 회복

	소요리문답		신앙고백서	
교리 (제1-38문)	제20문. 구원 계획 제21문. 그리스도 제23-26문. 그리스도의 직분 제27문. 그리스도의 낮아지심 제28문. 그리스도의 높여지심		제7장. 언약 제8장. 그리스도의 성육신 제8장. 그리스도의 직분 제8장. 낮아지심-비하 제8장. 높여지심-승귀	인간의 죄와 그리스도를 통한 회복
	제29-30문. 사역 제31-32문. 소명 제33문. 칭의 제34문. 양자 제35-36문. 성화 제37-38문. 죽음/부활		제9장. 자유의지 제10장. 소명 제11장. 칭의 제12장. 양자 제13장. 성화 제14장. 구원 신앙 제15장. 회개 제16장. 선행 제17-18장. 견인	
			제32장. 영화 제32장. 부활 제33장. 최후 심판	종말의 일들
실천 (제39-107문)	제39-40문. 도덕률 제41-85문. 십계명 제86-88문. 믿음 제89-90문. 설교 제91-97문. 성례 제98-107문. 주기도		제19장. 도덕률 제20장. 양심의 자유 제21장. 주기도문 제22장. 맹세와 서원 제23장. 위정자 제24장. 결혼과 이혼	하나님의 율법, 인간의 자유와 의무들
			제25-26장. 교회 제27-29장. 세례와 성찬 제30-31장. 교회/권징	교회, 그 교제와 규례들

그러므로 윌리암 퍼킨스와 윌리암 에임스의 영향에 의해 소요리문답은 제1-38문답의 "교리"(사람이 하나님에 대해 믿을 것)와 제39-107문답의 "의무"(하나님이 사람에게 요구하시는 의무)라는 이중구조로 작성되었다고 할 수 있다. 왜냐하면 "이것은 웨스트민스터 신학자들이 교리문답서들의 형식을 구성할 때 의도적으로 신앙의 내용을 앞부분에서 다루고 그것이 신앙인의 삶에서 어떻게 드러나게 되는지를 뒷부분에서 설명한 것으로 효과적인 결정이라고 할 수 있다. 신앙의 원리를 먼저 설명하고 그 후에 원리에 따른 적용과 실천을 담는 것이 자연스러운 일이기 때문이다."[11]

2) 소요리문답의 특징: 자세히 보면 소요리문답의 특별한 부분이 보인다. 제1문답이 그것인데, 대요리문답과 같은 내용으로 조금 축약되어 있다.

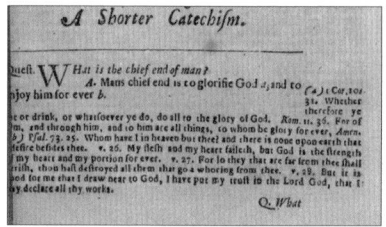

소요리문답 제1문답

- 사람에게 주어진 첫째가는 목적은 무엇입니까? 사람에게 주어진 첫째가는 목적은 영원토록 하나님을 영화롭게 함과 즐거워함입니다.[12]

사실 인생의 진정한 목적을 밝혀주는 제1문답이야말로 소요리문답의 가장 귀중한 특징이라 하겠다.[13] 소요리문답 제1문답은 인간 실존의 의미인 사람의 제일 되는 목적에 대해 묻고, 그것이 무엇인가에 대한 해답을 동시에 제시해주고 있는데, 즉 하나님을 영화롭게 하는 것이요 창조하신 분이신 하나님을 기억하라는 내용이다.[14]

- 17세기 웨스트민스터 신앙고백서와 대소요리문답서를 작성한 신학자들(The

Westminster Divines)은 혼란의 와중에 하나님께서 모든 것을 주관하신다, 하나님이 통치하신다는 확고한 신앙, 그리스도의 왕권과 언약(For Christ's Crown and Covenant)을 믿었다. 자신들의 말과 행동이 하나님의 주권과 돌보심 아래에 있다고 확신한 것이다. 자연의 인과응보 법칙에 따르지 않고, 모든 것이 하나님의 손 안에 있음을 천명한 노력은 하나님의 주권에 대한 칼빈주의적 확신을 반영하였다. 따라서 웨스트민스터 대소요리문답 제1문은 궁극적으로 하나님의 손에 붙잡혀, '하나님 앞에서 살아가는 신앙'(Coram Deo)과 '오직 믿음'(Sola Fide), 이 땅에 하나님의 나라를 건설하려는 일관된 신앙을 보여 준다.[15]

이 제1문답은 단순히 어떤 사안에 대한 질문과 해답의 수준이 아니다. 제1문답에서 신자가 가져야할 진정한 신앙고백의 핵심을 가장 우선되이 제시하고 있는 것이다. 따라서 소요리문답 제1문답은 인간으로 하여금 하나님과의 올바른 관계를 갖게 하는 것에 초점을 두고 있다. 다시 말하면 인간 자신의 구원에 첫 목적을 두지 않고, 하나님과 그분의 영광에 인생의 목적을 두면서 하나님에게서 인생 최고의 목적을 찾게 하려는 것이 그 의미이다.[16]

따라서 워필드는 이러한 소요리문답의 제1문답에 대해 이 문답이야말로 진정한 개혁신학의 반영이라고 격찬하면서, 소요리문답이 개혁신학의 요리문답서로서 아주 중요한 역할을 한다고 평가한다.[17]

소요리문답 제1문답은 어디서 연원(淵源)한 것인가에 대한 다음 설명은 유익하다.

- 이는 칼빈의 제네바 요리문답(1542년) 제1문 '사람의 제일 되는 목적이 하나님을 영화롭게 하는 것', 성 어거스틴의 고백록에 '하나님으로 만족하고 즐거워하는 것이 인생의 목적'이라고 기록된 표현을 교회 역사의 중요한 시점에서 적절히 사용하였다.[18]

즉 칼빈의 『제네바 요리문답』과[19] 『기독교강요』에 담겨 있는 동일한 정신이다.[20] 이는 아우구스티누스에게서 영향을 받은 것이다. 실로 칼빈은 한 번도 아우구스티누스를 떠난 적이 없을 뿐 아니라 아우구스티누스를 철저하게 의지했다. 그 절정이 칼빈의 고백이다, "아우구스티누스는 우리의 모든 것이다 (Augustinus...totus noster est)."[21] 여기서 개혁신학의 아름다운 계승과 연속을 본다.

이미 살핀 청교도 윌리암 퍼킨스와 윌리암 에임스의 영향 또한 그러하다. 역시나 『하이델베르크 요리문답』(1543)과도 연결된다. 즉 생(生)과 사(死)의 위로를 찾는 데서 시작하여, 자신의 상태와 자신의 불행이나 행복에 관해 관심을 가지되 이 모두 오직 하나님께서 허락하신 그리스도로부터 오는 위로인 것을 밝힌다.[22]

그러므로 소요리문답 제1문답은 인간의 중심과 인생의 목적에 하나님의 영광을 먼저 찾으면서 그것이야말로 인간의 구원과 기타 모든 성취에 있어서 당연한 목적이 된다.[23] 이 내용의 귀중한 가치를 강조하느라 토마스 왓슨은 "우리가 영원히 하나님을 즐거워할 때까지, 우리 자신을 전적으로 즐거워하지 않아야 한다."고 말한다.[24]

(2) 소요리문답의 강조

소요리문답은 주되게 신자들에게 구원의 도리를 설명하여 그들로 하여금 거룩한 삶을 살도록 하는데 초점을 가지고 있기에 구원에 대한 설명이 아주 풍성하다. 이는 다른 요리문답들과의 비교에서 더 선명히 구별된다. 이를 위해 소요리문답이 중점적으로 다루고 있는 주제들을 다른 요리문답서들과 비교하여 보여주는 도표는 귀한 통찰을 제공해 준다.[25]

주제 \ 요리문답서	소요리문답 (107문답)	대요리문답 (196문답)	제네바 요리문답 (374 문답)	하이델베르크 요리문답 (129문답)
율법 (On the law)	43 (40%)	59 (30%)	102 (27.1%)	24 (18.6%)
기도 (On prayer)	10 (9.3%)	19 (9.6%)	64 (17%)	14 (10.9%)
성령에 대한 명백한 언급 (Making explicit reference to the Holy Spirit)	10 (9.3%)	36 (18.4%)	34 (9.1%)	30 (23.3%)
그리스도와 그 사역 (On the person and work of Christ)	11 (10.3%)	27 (13.8%)	59 (15.8%)	31 (24%)
성례 (On the sacraments)	7 (6.5%)	17 (8.7%)	78 (20.7%)	17 (13.2%)
교회 (Using the word Church)	1 (0.9%)	26 (13.2%)	22 (5.9%)	6 (4.7%)

도표와 같이 소요리문답에서 율법 및 기도 강조를 통한 성화에의 진작 즉 구원론은 전체적으로 거의 절반(53문/총107문, 49.3%)을 사용하고 있다. 그리스도와 성령에 대한 언급 즉 기독론도 충분한 분량(21문/총107문, 19.6%)을 사용한다.

- 이와달리 성례니 교회에 대한 직접적인 언급인 교회론은 적은 분량(9문/총107문, 7.4%)만 포함한다. 그것도 직접적인 교회에 대한 언급은 아주 적은 분량(1문/총107문, 0.9%)이다. 또한 도표에는 없는 죽음과 부활 즉 종말에 대한 언급 역시 아주 적은 분량(2문/총107문, 1.8%)뿐이다.

이렇듯 소요리문답이 대요리문답과는 다른 강조점을 가지고 있음을 설명하는 다음 의견을 들어보자.

- 두 문답이 모두 구원의 외적 방편들에 대해 논하고 있지만, 대요리문답에서는 그 방편들은 교회와 명백하게 묶여있는 반면에 소요리문답의 방편들은 그렇지 않다. 예를 들면, 대요리문답에서는 목회 사역의 역할이 여러 차례 언급되는 데 반해서 소요리문답에서는 오직 설교에 대한 것만 임시로 언급되어 있을 뿐이다. 명확하게 대요리문답은 교회론과 구원의 외적 방편에 대하여 소요리문답에서 필요하고 중추적인 내용들을 제공한다.26)

이러한 소요리문답의 성향과 목표를 다음 내용이 잘 설명한다.

- '대교리문답'은 '신앙고백'의 내용을 문답식으로 풀어서 해설하는 특징이 두드러지는 반면에, '소교리문답'은 신자들의 믿음의 실제 생활에서의 가르침과 그에 따른 실천을 염두에 두었는데 그것은 바로 신자들이 성화의 삶을 살아가도록 가르치기 위함이다. 이것을 위하여 '소교리문답'은 위의 두 문서의 교리의 핵심을 요약하여 간결하게 진술하였는데 그것은 학습자가 그 내용을 암기하도록 돕기 위함이었다.27)

이에 대한 보충 의견을 들어보면 소요리문답의 강조점을 더욱 잘 파악할 수 있다.

- 이렇게 볼 때 '소교리문답'은 전체가 언약의 틀 안에서 하나님에 대한 믿음과 하나님의 법에 대한 요구와 그에 대한 신자의 순종 의무를 행함으로 첫 번째 질문에 대한 구체적인 실천의 방법으로 일관되게 제시하고 있음이 분명하다. 이렇게 '소교리문답'은 하나님이 성경에 주신 믿음의 원리를 토대로 하고 그 위에 믿음의 실제적인 면들을 설명하고 있다. 그리고 그 핵심은 바로 하나님의 요구인 율법에 순종하며, 그것을 지속해서 가능하게 하는 방편으로서의 외적인 은혜의

수단 활용을 통해 이루어지는 성화의 삶에 있다.[28]

따라서 소요리문답이 보여주는 다음 네 가지 신학 주제가 있다, 먼저 소요리문답에서 집중된 두 가지 주제는 구원론(율법 및 기도 강조를 통한 성화에의 진작)과 기독론(그리스도와 성령에 대한 언급)이고, 간략하게 다룬 두 가지 주제는 교회론(성례나 교회에 대한 직접적인 언급)과 종말론(죽음과 부활에 대한 언급)이다.

2. 소요리문답의 신학 주제

이제 소요리문답이 가진 중요성과 그 핵심 신학 주제들에 대해 살펴보려고 한다.

(1) 구원론

소요리문답은 구원받은 성도의 성화 진작을 위한 율법, 경건을 위한 기도에 대한 가르침 그리고 이를 통해 구원을 이루어가시는 성령의 역사를 강조한다. 이 내용을 소요리문답에서 찾아보자.

1) 성화를 위한 율법 강조: 소요리문답은 율법을 소개하며 이를 강조하기를 제41문답부터 제83문답까지 총 43문답에 걸쳐 "십계명"과 더불어 하나님의 법에 대해 다룬다.[29] 소요리문답 전체에서 가장 많은 분량(43문답/107문답, 40%)을 사용하며 그 중요성을 강조한다.

- 소요리문답 제41문답. 도덕법은 어디에 요약되어 있습니까?
  - 도덕법은 십계명에 요약되어 있습니다.[30]

> Q. Where is the Moral Law summarily comprehended?
> A. The Moral Law is summarily comprehended in the Ten Commandments &c.

소요리문답 제41문답: 도덕법은 어디에 요약되어 있습니까?

- 소요리문답 제42문답. 십계명의 강령(綱領)은 무엇입니까?
  - 십계명의 강령은 우리의 마음을 다하여, 목숨을 다하고, 힘을 다하며, 뜻을 다하여, 우리 주 하나님을 사랑하고, 또 우리의 이웃을 우리 자신처럼 사랑하는 것입니다.[31]

- 소요리문답 제43문답. 십계명의 서문은 무엇입니까?
  - 십계명의 서문은 "나는 너를 애굽 땅, 종 되었던 집에서 인도하여 낸 네 하나님 여호와니라" 하신 말씀입니다.[32]

- 소요리문답 제44문답. 십계명의 서문은 무엇을 우리에게 가르칩니까?
  - 십계명의 서문은 하나님께서는 주님이시고, 우리의 하나님과 구속자이시므로, 우리는 그분의 모든 계명을 지켜야만 한다는 것을 우리에게 가르칩니다.[33]

- 소요리문답 제45문답. 제1계명은 무엇입니까?
  - 제1계명은 "너는 나 외에는 다른 신들을 네게 두지 말라"입니다."[34]

- 소요리문답 제46문답. 제1계명에서 요구하는 것은 무엇입니까?
  - 제1계명에서 요구하는 의무는 하나님만이 유일하신 참 하나님이시며 우리의 하나님이심을 알고 인정하며, 그분만을 합당하게 예배하고 영화롭게 하라는 것입니다.[35]

- 소요리문답 제47문답. 제1계명에서 금지하는 것은 무엇입니까?
  - 제1계명에서 금지하는 것은 참된 하나님만이 하나님이시고 우리의 하나님이시라는 것을 부인하거나 그분을 예배하지 않고 영화롭게 하지 않으며, 오직 그분에게만 드려야 할 합당한 예배와 영광을 다른 것에 돌리는 것입니다.[36]

- 소요리문답 제48문답. 제1계명에 있는 "나 외에"라는 말씀이 특별히 가르치는 것은 무엇입니까?
  - 제1계명에 있는 "나 외에"라는 말씀은 모든 것을 보고 계신 하나님께서 어떤 다른 신을 섬기는 죄를 주목하시고 몹시 불쾌하게 여기신다는 것을 가르칩니다.[37]

- 소요리문답 제79문답. 제10계명은 무엇입니까?
  - 제10계명은 "네 이웃의 집을 탐내지 말라 네 이웃의 아내나 그의 남종이나 그의 여종이나 그의 소나 그의 나귀나 무릇 네 이웃의 소유를 탐내지 말라"입니다.[38]

- 소요리문답 제80문답. 제10계명에서 요구하는 것은 무엇입니까?
  - 제10계명에서 요구하는 것은 우리 자신의 형편에 대해 완전히 만족하는 것과 우리의 이웃과 그기 기진 모든 것에 대해서 자비로운 마음의 성향을 갖는 것입니다.[39]

> Q. Which is the tenth Commandment?
> A. The tenth Commandment is, [Thou shalt not covet thy neighbours house, thou shalt not covet thy neighbours wife, nor his man-servant, nor his maid-servant, nor his ox, nor his ass, nor any thing that is thy neighbours r.]

소요리문답 제80문답. 제10계명에서 요구하는 것은 무엇입니까?

- 소요리문답 제81문답. 제10계명에서 금지하는 것은 무엇입니까?
    - 제10계명에서 금지하는 것은 자신의 형편에 완전히 만족하지 않는 것, 이웃의 소유를 시기하거나 배 아파하는 일, 그리고 이웃에게 속한 것에 대한 적절치 않은 마음의 움직임과 애착을 가지는 것입니다.[40]

- 소요리문답 제82문답. 사람이 하나님의 계명을 완전히 지킬 수 있습니까?
    - 한낱 사람은 그 누구도 타락 이래로 이 생애에서는 하나님의 계명을 완전히 지킬 수 없습니다. 오히려 생각과 말과 행동으로 계명을 날마다 범합니다.[41]

- 소요리문답 제83문답. 법을 어긴 모든 범죄가 동등하게 흉악합니까?
    - 어떤 죄는 그 자체로 더 악하고, 또한 여러 가지로 더 악화되어 다른 죄보다 하나님 보시기에 더 흉악합니다.[42]

> Q. Are all transgressions of the Law equally hainous?
> A. Some sins in themselves, and by reason of several aggravations, are more hainous in the sight of God then others a.

소요리문답 제83문답. 법을 어긴 모든 범죄가 동등하게 흉악합니까?

2) 경건을 위한 기도 강조: 다음으로 소요리문답은 성도의 경건을 위한 기도에 대해 강조하기를, 총 10문답(총 107문답 중 9.3%)에 걸쳐 주님께서 가르쳐주신 기도의 모본인 "주기도"를 소개한다. 그것도 가장 마지막 결론인 제98문답부터 제107문답까지 배치함으로써 분량을 넘어서 중요성에 대한 강조를 제시한다.

- 소요리문답 제98문답. 기도란 무엇입니까?
    - 기도는 우리의 소원을 하나님께 아뢰는 것입니다. 하나님의 뜻에 맞는 것에 한

하여, 그리스도의 이름으로, 우리 죄들을 자백하면서, 그분의 긍휼을 감사함으로 인정함과 함께 올려드리는 것입니다.[43]

> Q. What is Prayer?
> A. Prayer is an offering up of our desires unto God m, for things agreeable to his will n, in the Name of Christ o, with confession of our sins p, and thankful acknowledgement of his mercies q.

소요리문답 제98문답. 기도란 무엇입니까?

- 소요리문답 제99문답. 하나님께서는 기도에서 우리를 지도하시기 위하여 어떤 규범을 주셨습니까?
  - 하나님의 말씀 전체가 기도를 가르치는 데 유용하지만, 기도에 대한 특별한 지침은 그리스도께서 제자들에게 가르치신 기도 형식인데, 보통 '주님의 기도'라 불립니다.[44]

- 소요리문답 제100문답. '주님의 기도'의 머리말은 무엇을 가르칩니까?
  - "하늘에 계신 우리 아버지여"라고 한 '주님의 기도'의 머리말이 가르치는 것은 자녀들이 아버지에게 가듯이, 우리가 모든 거룩한 경외와 확신으로 우리를 도우실 수 있고 기꺼이 도우시려는 하나님께 가까이 나아가야 할 것을 가르치고, 다른 사람들과 힘께 이들을 위하여 기도해야 한다는 것을 가르칩니다.[45]

> Q. What doth the Preface of the Lords Prayer teach us?
> A. The Preface of the Lords Prayer, which is, [Our Father which art in heaven t,] teacheth us, to draw near to God with all holy reverence and confidence, as children to a father ready to help us u, and that we should pray with and for others *.

소요리문답 제100문답. '주님의 기도'의 머리말은 무엇을 가르칩니까?

- 소요리문답 제101문답. 첫째 간구에서 우리가 기도하는 것은 무엇입니까?
  - "이름이 거룩히 여김을 받으시오며"라는 첫째 간구에서 우리는 하나님께서 자기를 알리시기를 하신 모든 것에서 우리와 다른 이들이 그분을 영화롭게 하도록 해주시기를 기도하고, 그분께서 모든 일을 그분 자신의 영광을 위하여 처리하시기를 기도합니다.[46]

- 소요리문답 제102문답. 둘째 간구에서 우리가 기도하는 것은 무엇입니까?
  - "나라가 임하시오며"라는 둘째 간구에서 우리는 사탄의 나라가 망하고, 은혜의 나라가 진전되며, 우리 자신과 다른 이들이 그곳에 이르고, 그 안에서 보존되며, 영광의 나라가 속히 임하기를 기도합니다.[47]

- 소요리문답 제103문답. 셋째 간구에서 우리가 기도하는 것은 무엇입니까?
  - "뜻이 하늘에서 이루어진 것같이 땅에서도 이루어지이다"라는 셋째 간구에서 우리는 하나님께서 은혜를 베푸셔서 우리로 하여금 하늘에서 천사들이 하는 것처럼 범사에 하나님의 뜻을 알고 행하며 복종하는 것을 즐거워할 수 있게 해주시기를 기도합니다.[48]

- 소요리문답 제104문답. 넷째 간구에서 우리는 무엇을 위해 기도합니까?
  - "오늘 우리에게 일용할 양식을 주시옵고"라는 넷째 간구에서 우리는 하나님께서 값없는 선물로 주신 이 세상의 좋은 것들의 합당한 몫을 받기를, 그리고 이것들과 함께 하나님의 복 주심을 누리기를 위해 기도합니다.[49]

- 소요리문답 제105문답: 다섯째 간구에서 우리는 무엇을 위해 기도합니까?
  - "우리가 우리에게 죄 지은 자를 사하여 준 것같이 우리 죄를 사하여 주시옵고"라는 다섯째 간구에서 우리는 하나님께서 그리스도로 인하여 우리의 모든 죄

를 값없이 용서해주시기를 기도합니다. 우리가 이렇게 더욱 용기 내어 구할 수 있는 것은 우리가 하나님의 은혜로 다른 사람들을 진심으로 용서할 수 있기 때문입니다.[50]

- 소요리문답 제106문답. 여섯째 간구에서 우리는 무엇을 위해 기도합니까?
  - "우리를 시험에 들게 하지 마시옵고 다만 악에서 구하시옵소서"라는 여섯째 간구에서 우리는 하나님께서 우리가 죄의 유혹에 빠지지 않도록 지켜주시고, 우리가 유혹을 받을 때는 우리를 도와주시고 구해주시기를 기도합니다.[51]

- 소요리문답 제107문답. 주님의 기도의 결론이 우리에게 가르치는 것은 무엇입니까?
  - "나라와 권세와 영광이 아버지께 영원히 있사옵나이다 아멘"이라는 주님의 기도의 결론은 우리가 기도할 때 오직 하나님에게서만 용기를 얻을 것과, 나라와 권세와 영광을 하나님께 돌리며 하나님을 찬양할 것을 가르칩니다. 그리고 우리의 간구와 확신을 들어주실 것임을 증언하기 위하여 우리는 이렇게 말합니다. "아멘."[52]

3) **성령의 사역과 그분이 행하시는 구원 그리고 성례에 대한 교훈:** 소요리문답은 인생의 목적, 성경, 하나님, 인간의 타락, 그리스도에 이어 제29-36문답에서 성령의 사역과 그분이 행하시는 구원의 단계(효과 있는 부르심 – 의롭다 하심 - 거룩하게 하심)에 대해 잘 설명한다.

이는 제89문답과 제91문답에서 성도가 구원의 부요함을 누리기 위하여 말씀에 붙들리고 성례를 통하여 주시는 성령의 은혜에 대해 강조한다. 이렇게 총 10문답(총 107문답 중 9.3%)에 걸쳐 성령의 역사를 강조하되 철저하게 성도의 구원에 집중되어 있다.

- 소요리문답 제29문답. 우리는 어떻게 그리스도께서 값 주고 사신 구속에 참여자가 됩니까?
  - 그리스도께서 값 주고 사신 구속을 그리스도의 성령께서 우리에게 효력 있게 적용하심으로써 우리는 구속에 참여자가 됩니다.[53]

> Q. How are we made partakers of the Redemption purchased by Christ?
> A. We are made partakers of the Redemption purchased by Christ, by the effectual application of it to us *p*; by his holy Spirit *q*.

소요리문답 제29문답. 우리는 어떻게 그리스도께서 값 주고 사신 구속에 참여자가 됩니까?

- 소요리문답 제30문답. 그리스도께서 값 주고 사신 구속을 성령께서 우리에게 어떻게 적용하십니까?
  - 성령께서 우리 안에서 믿음을 일으키심으로써, 그리고 이것에 의하여 우리를 효과 있게 부르셔서 우리를 그리스도와 연합시키심으로써 그리스도께서 값 주고 사신 구속을 적용하십니다.[54]

- 소요리문답 제31문답. 효과 있는 부르심은 무엇입니까?
  - 효과 있는 부르심은 성령 하나님의 사역입니다. 이것에 의하여 우리의 죄와 비참을 납득시키시고, 그리스도에 대한 지식으로 우리의 지성을 밝히시며, 우리의 의지를 새롭게 하심으로써, 복음이 우리에게 값없이 제안하는 예수 그리스도를 받아들이도록 우리를 설득하시어 받아들이게 하십니다.[55]

- 소요리문답 제33문답. 의롭다하심은 무엇입니까?
  - 의롭다하심은 하나님의 값없는 은혜의 행위입니다. 의롭다하심으로 하나님

께서는 우리의 모든 죄를 용서하시고, 하나님께서 보시기에 의로운 자로 우리를 받아주십니다. 우리에게 전가되고 믿음으로만 받아들여진 오직 그리스도의 의 때문에 그렇게 하십니다.[56]

- 소요리문답 제35문답. 거룩하게 하심은 무엇입니까?
  - 거룩하게 하심은 하나님께서 값없이 주시는 은혜의 사역입니다. 이로 말미암아 우리는 하나님의 형상을 따라 전인적으로 새롭게 되고 죄에 대하여 점점 더 죽을 수 있고, 의에 대하여 점점 더 살 수 있게 됩니다.[57]

- 소요리문답 제36문답. 금생에서 의롭다 하심, 양자 삼으심, 거룩하게 하심에 동반되거나 흘러나오는 여러 은택은 무엇입니까?
  - 금생에서 의롭다 하심, 양자 삼으심, 거룩하게 하심에 동반되거나 흘러나오는 여러 은택은 하나님 사랑에 대한 확신, 양심의 평안, 성령 안에서의 기쁨, 은혜의 증가, 그리고 이 은택들 안에서 끝까지 이르는 견인입니다.[58]

- 소요리문답 제89문답. 말씀이 어떻게 구원을 얻는 데 효과 있게 됩니까?
  - 성령 하나님께서는 말씀을 읽는 것, 특별히 말씀의 선포를 효과 있는 수단으로 사용하셔서, 죄책을 드러내시고 죄인을 회개시키시고, 믿음을 통해 거룩함과 위로 가운데 굳게 세우셔서 구원에 이르게 하십니다.[59]

- 소요리문답 제91문답. 성례는 어떻게 구원의 효과 있는 수단이 됩니까?
  - 성례가 구원의 효과 있는 수단이 되는 것은 성례 자체나 성례를 시행하는 사람에게 어떤 능력이 있어서가 아니라, 오직 그리스도의 복 주심과 성례를 믿음으로 받는 자들 안에 계시는 성령 하나님의 역사하심 때문입니다."[60]

소요리문답에서 살펴본 구원받은 성도의 성화 진작을 위하여 율법과 그에 대한 순종, 성도의 경건을 위한 기도 그리고 이를 도우시는 성령의 구원 역사에 대한 분량이 소요리문답 전체 107문답 중에 총 63문답이라 비율로 58.8%이라 전체의 절반을 넘는다. 소요리문답에서 이 부분이 가장 중요함을 알 수 있다.[61] 이를 통해 소요리문답이 지향하는 바가 무엇인지가 명약관화한데, 이에 대한 다음 의견은 정확하다.

- 웨스트민스터 신학자들은 '소교리문답'을 작성함에서 신자들에게 구원의 도리를 설명하고자 하는 일반적인 목적과 함께, 신자들의 거룩한 삶을 염두에 두고 그러한 삶을 촉진시키기 위한 특별한 목적으로 '소교리문답'을 작성했다.[62]

(2) 기독론

그리스도의 사역과 그분이 행하시는 구원에 대한 설명: 소요리문답은 총 9문(제20문-제28)에 걸쳐 그리스도에 대한 교리를 짧고 명료하게 다룬다.

- **소요리문답 제20문답.** 하나님께서 모든 인류를 죄와 비참의 상태에서 멸망하도록 내버려두셨습니까?

    - 오직 자신의 선한 기쁨으로 영원부터 어떤 자들을 영생으로 택하신1) 하나님께서 이들을 죄와 비참의 상태에서 건져내시고, 구속자에 의하여 구원의 상태로 이끄시기 위해 은혜언약을 맺으셨습니다.[63]

- **소요리문답 제21문답.** 하나님의 선택받은 자들의 구속자는 누구십니까?

    - 하나님의 선택받은 자들의 유일한 구속자는 주 예수 그리스도이십니다. 그분께서는 하나님의 영원한 아들로서, 사람이 되셨습니다. 그리하여 영원히 그분은 완전히 구별된 두 본성을 지닌 한 위격으로 계시는 하나님이시요 사람(God and man)이셨고 계속 그러하십니다."64)

> Q. Who is the Redeemer of Gods Elect?
> A. The only Redeemer of Gods Elect, is the Lord Jesus Christ m, who being the eternal Son of God, became man n, and so was, and continueth to be God and man in two distinct Natures, and one Person for ever o.

소요리문답 제21문답. 하나님의 선택받은 자들의 구속자는 누구십니까?

- 소요리문답 제22문답. 하나님의 아들이신 그리스도께서 어떻게 사람이 되셨습니까?
  - 하나님의 아들이신 그리스도께서 참된 몸과 이성적 영혼을 그분 자신에게 취하심으로 사람이 되셨습니다. 그분은 성령 하나님의 능력으로 동정녀 마리아의 태에 잉태되셨고, 그녀에게서 나셨습니다. 그러나 죄는 없으십니다.65)

- 소요리문답 제23문답. 그리스도께서 우리의 구속자로서 어떤 직분을 행하십니까?
  - 그리스도께서 우리의 구속자로서 낮아짐과 높아짐이라는 두 상태에서 선지자, 제사장 그리고 왕의 직분을 행하십니다.66)

- 소요리문답 제24문답. 그리스도께서 선지자 직분을 어떻게 행하십니까?
  - 그리스도께서 그분의 말씀과 성령으로 우리의 구원을 위한 하나님의 뜻을 우리에게 계시하심으로 선지자 직분을 행하십니다.67)

- 소요리문답 제25문답. 그리스도께서 제사장 직분을 어떻게 행하십니까?
  - 그리스도께서 하나님의 공의를 만족시키시고 우리를 하나님과 화해시키시기

위하여 자신을 희생제물로 단번에 드리심으로써, 그리고 우리를 위하여 계속해서 간구하심으로써 제사장 직분을 행하십니다.[68]

- 소요리문답 제26문답. 그리스도께서 왕의 직분을 어떻게 행하십니까?
  - 그리스도께서 우리를 자신에게 복종케 하심으로, 우리를 다스리시고 지키심으로, 자신과 우리의 모든 원수를 억제하시고 정복하심으로 왕의 직분을 행하십니다.[69]

- 소요리문답 제27문답. 그리스도의 낮아지심은 무엇입니까?
  - 그리스도의 낮아지심은 그분이 태어나신 것, 그것도 비천한 상태로 태어나신 것과 율법 아래 놓이신 것과 이생의 비참함과 하나님의 진노와 십자가의 저주 받은 죽음을 겪으신 것이고, 장사되신 것과 잠시 죽음의 권세 아래 있었던 것입니다.[70]

- 소요리문답 제28문답. 그리스도의 높아지심은 무엇입니까?
  - 그리스도의 높아지심은 그분께서 사흘 만에 죽은 자들 가운데서 다시 살아나시고, 하늘에 오르시며, 하나님 아버지의 우편에 앉으시고, 마지막 날에 세상을 심판하러 오시는 것입니다.[71]

(3) 교회론

소요리문답은 특징적으로 교회에 대해 단 하나의 문답(제95문답)만이 교회라는 단어를 직접적으로 사용하여 설명한다. 소요리문답은 구원에 대한 이해를 바르게 정립하도록 초점하고 있다.

따라서 교회론의 내용인 그리스도와의 연합과 성도의 교통(제37-38문답) 그리고 말씀과 성례 즉 성찬과 세례(제85문답, 제88-93문답 그리고 제96-97문답)에 대해서는 공통으로 다루되 "교회" 자체에 대한 직접적인 언급은 없을 뿐 아니라 교회에 대한 설명이 다루어지지 않는다. 달리 말하면, 교회에 대한 설명은 의도적으로 자제되어 있다.

- 소요리문답 제95문답. 세례는 누구에게 베풀어야 합니까?
    - 보이는 교회 밖에 있는 사람에게는 그리스도를 믿는 믿음과 그분에 대한 순종을 고백하기 전까지 세례를 베풀지 말아야 합니다. 그러나 보이는 교회에 속한 회원의 유아에게는 세례를 베풀어야 합니다.[72]

> Q. To whom is Baptisme to be administred?
> A. Baptisme is not to be administred to any that are out of the visible Church, till they profess their faith in Christ, and obedience to him c, but the infants of such as are members of the visible Church are to be baptized d.

소요리문답 제95문답. 세례는 누구에게 베풀어야 합니까?

(4) 종말론

소요리문답은 역사나 교회론처럼 종말에 대한 내용을 다루되, 아주 간략하게 두 번 소개한다.

이 역시 종말에 대한 설명이 의도적으로 억제되어 있다고 하겠다. 왜냐하면 웨스트민스터 신학자들은 소요리문답을 거친 어린 성도들이 어서 성숙하여 대요리문답의 수준으로 자라가기를 원하였기 때문이다.

이에 대한 갓프리 교수의 의견은 납득할 만하다. "대요리문답에서는 목회 사역의 역할이 여러 차례 언급되는 데 반해서 소요리문답에서는 오직 설교에 대한 것만 임시로 언급되어 있을 뿐이다. 명확하게 대요리문답은 교회론과 구원의 외적 방편에 대하여 소요리문답에서 필요하고 중추적인 내용들을 제공한다."[73]

- 소요리문답 제37문답. 신자는 죽음에서 그리스도로부터 어떤 은택을 받습니까?
  - 신자의 영혼은 죽을 때 완전히 거룩하게 되고, 즉시 영광에 들어갑니다. 그리고 몸은 여전히 그리스도와 연합되어 있고 부활할 때까지 무덤 속에서 편히 쉽니다.[74]

> Q. What benefits do believers receive from Chriſt at death?
> A. The ſouls of believers are at their death made perfect in holineſs q, and do immediately paſſe into glory r, and their bodies being ſtill united to Chriſt ſ, do reſt in their graves t, till the reſurrection u.

소요리문답 제37문답. 신자는 죽음에서 그리스도로부터 어떤 은택을 받습니까?

- 소요리문답 제38문답. 신자는 부활할 때 그리스도로부터 어떤 은택을 받습니까?
  - 부활할 때 영광스러움으로 다시 살아난 신자는 심판 날에 공적으로 인정받아 무죄선언을 받고, 완전히 복을 받아 하나님을 영원토록 충만히 즐거워합니다.[75]

> Q. What benefit do believers receive from Chriſt at the reſurrection?
> A. At the reſurrection, believers being raiſed up in glory *, ſhall be openly acknowledged, and acquitted in the day of judgement x, and made perfectly bleſſed in full enjoy-

소요리문답 제38문답: 신자는 부활할 때 그리스도로부터 어떤 은택을 받습니까?

이렇게 소요리문답에서 종말 교리에 대한 설명이 한정된 이유는 성숙하지 않은 자들이 대상이기 때문이고, 또한 그들에게는 구원의 소망을 우선 전하려는 의도라고 여겨진다.[76] 그러므로 제37-38문답 두 개의 문답에 걸쳐서 간단하게 종말에 대한 교리를 소개한다.

웨스트민스터 총회원들은 신앙의 성장을 생각하며, 초신자나 어린아이들을 위해 소요리문답에서는 종말론을 간단하게 소개하고, 이후에 신앙 지식과 이해가 더 자라나면 대요리문답을 통해 성숙하고 고급한 진리의 수준에 이르도록 간략하게 요약한 것 같다. 이는 참으로 초신자와 아이들을 위한 귀한 배려요 그들의 눈높이에서 교육하기 위한 귀한 시도였다.[77]

제7장. 웨스트민스터 소요리문답

1) https://archive.org/details/confessionoffait1658west/page/n3/mode/2up 소요리문답, 277-311.
2) 홍인택, 『웨스트민스터 총회의 율법과 성화』 (서울:개혁주의신학사 P&R, 2021), 31. 참조.Chad Van Dixhoorn, "The Making of the Westminster Larger Catechism" *Reformation & Revival* 10 (2001): 97-113.
3) John R. Bower, *The Larger Catechism*, 11. "Samuel Rutherford offered a similar appraisal, citing the Assembky's concern that neither they nor anyone else were satisfied "to dress up milk and meat both in one dish."
4) John R. Bower, *The Larger Catechism*, xi.
5) Douglas F. Kelly, "The Westminster Shorter Catechism" in *To Glorify and Enjoy God*, eds,. John L. Carson and David W, Hall (Edinburgh: The Banner of Truth Trust, 1994), 101-126. 웨스트민스터 총회 350주년을 기념하여 나온 출판물인 "To Glorify and Enjoy God"에서, 켈리는 『웨스트민스터 소요리문답』이라는 논문에서 소요리문답의 특징은 간결함과 명료함에 있고, 그 전체 내용이 하나님 중심적이면서 인간의 특성에 대한 따뜻한 관점을 보여준다고 격찬한다.
6) 2025년 현재 국내에서 구할 수 있는 소요리문답 국내 저서 및 번역서들은 다음과 같이 풍성하다. 강원익, 『웨스트민스터 소요리 문답 해설』 (서울: 종려가지, 2022); 김재진, 『웨스트민스터 소요리문답해설』 (서울: 대한기독교서회, 2004); 김태희, 『성경에서 나온 웨스트민스터 소요리 문답(상)(하)』 2 Vols (서울: 더워드, 2020); 김홍만, 『Q&A 웨스트민스터 소요리 문답』 (서울: 생명의말씀사, 2022); 독립개신교회 교육위원회, 『웨스트민스터 소요리문답 개역개정판』 (서울: 성약, 2014); 세움북스 편집부, 『웨스트민스터 소요리 문답 이해쓰기(한영대조)』 김태희 해설 (서울: 세움북스, 2021); 알렉산더 화이트, 『웨스트민스터 소교리문답 강해』 박문재 역 (경기: CH북스, 2022); 토머스 왓슨, 『웨스트민스터 소요리문답 해설』 (고양: CH 북스, 2019); 이종인, 『웨스트민스터 소요리문답해설 I & II』 2 Vols. (서울:부크크, 2019); 정요석, 『소요리문답, 삶을 읽다』 2 Vols. (서울: 새물결플러스, 2016); 채명준, 『웨스트민스터 소요리문답 짧은해설』 (수원:영음사, 2021); 총회교육자원부, 『웨스트민스터 소요리문답서』 (대한예수교장로회총회, 2018); 최낙재, 『웨스트민스터 소요리문답 강해 1-4』 (서울:성약, 2014-2015); 황희상, 『특강 소요리문답 상&하』 전2권 (서울:흑곰북스,2020).
7) 『웨스트민스터 총회의 율법과 성화』, 314.
8) 『웨스트민스터 총회의 율법과 성화』, 32. "2004년 반 플리트는…청교도 운동의 아버지라 불리는 윌리엄 퍼킨스(William Perkins, 1558-1602)의 제자인 윌리엄 에임스(William Ames, 1576-1633)의『하이델베르크 요리문답』에 대한 주석을 다루면서 에임스의『하이델베르크 요리문답』에 대한 교훈적이고 실천적인 면모들이 웨스트민스터 '대교리문답'과 '소교리문답'에 전달되었을 것이라고 추론했다."
9) Van Vliet, "Experiencing Our Only Comfort: A Post-Reformation Refocus in the Heidelberg Catechism," *Puritan Reformed Journal* (2014): 149-170.
10) 김홍만, 『하이델베르크 요리문답서와 웨스트민스터 소요리문답서의 비교』『한국개혁신학』 40 (2013: 8-39.),

22-23.
11) 『웨스트민스터 총회의 율법과 성화』, 42. "소교리문답이 두 부분으로 되어 있다는 것이 일반적으로 인정되어 왔다. 즉, 사람이 하나님에 대해 믿을 것과 하나님이 사람에게 요구하시는 의무에 대한 것으로, 이는 대교리문답과 소교리문답이 동일한 구조로 되어 있다는 것이다."
12) "웨스트민스터 표준문서", 223. 소요리문답 Q.1. What is the chief end of man? A. Man's chief end is to glorify God, and to enjoy him for ever.
13) Thomas Watson, *A Body of Divinity* (London: Billing and Sons Ltd. 1692. Banner of Truth Trust, reprinted 1890), 6-26.
14) 서요한, "웨스트민스터 대/소요리문답 소고: 성경과 신조의 관계, 웨스트민스터 대소요리문답 제1문을 중심으로", 「신학지남」제83권 2집 (통권 제327호, 2016.06), 222.
15) "웨스트민스터 대/소요리문답 소고: 성경과 신조의 관계, 웨스트민스터 대소요리문답 제1문을 중심으로", 223-224.
16) 이근삼, "웨스트민스터 소요리문답 제1문답의 유래와 정신(1)"「월간 개혁신앙」2권 4호(개혁신앙사,1978.4), 73.
17) Benjamin B Warfield, *The Westminster Assembly and its works*., 379. "The Shoter Catechism owes this elevated standpoint, of course, to the purity of its reflection of the Reformed consciousness."
18) "웨스트민스터 대/소요리문답 소고: 성경과 신조의 관계, 웨스트민스터 대소요리문답 제1문을 중심으로", 213.
19) John Calvin, *CATECHISM OF THE CHURCH OF GENEVA*. "Q.1. Master. What is the chief end of human life? Scholar. To know God by whom men were created."
https://apostles-creed.org/wp-content/uploads/2014/07/the-geneva-chatechism.pdf
20) 존 칼빈, 『기독교강요』신복윤 역(서울:생명의말씀사,1988),86. I.ii.2. "우리의 지식은 먼저 두려움과 경외를 가르치는데 이바지해야한다. 둘째로는 우리의 안내자요 교사가 되는 이 지식으로, 우리는 일체의 선을 하나님에게서 찾을 뿐만 아니라, 그것을 하나님으로부터 받았으므로 또한 그것을 하나님께 돌려드려야 한다는 것을 배워야 한다."
21) Anthony N.S Lane. "Calvin's use of the Fathers and the Medievals" in *JOHN CALVIN: Student of the church fathers* (Edinburgh: T&T Clark, 1999), 38. "Calvin had a great respect for the teaching of the fathers. He did not lightly depart from their teaching. He believes that their teaching largely supported his own. All of this applies a fortiori to Augustine. Calvin held Augustine in the highest regard. he was very reluctant to depart from Augustine in doctrinal matters, or at least to admit to it. He made sweeping claims to the support of Augustine. Augustinus...totus noster est."
22) "하이델베르크 요리문답서와 웨스트민스터 소요리문답서의 비교", 22-23.
23) "웨스트민스터 소요리문답 제1문답의 유래와 정신(1)" 73-74.
24) Thomas Watson, *A Body of Divinity*, 26. "We shall never enjoy ourselves fully till we enjoy God eternally."
25) W. Robert Godfrey, *The Westminster Larger Catechism: A Commentary*, xviii. "Table 1. The number of questions given to various subjects in four Reformed catechisms." 원래 이 표는 대요리문답에 대한 연구에 사용된 내용이지만 동일하게 소요리문답 연구에도 도움이 된다. 따라서 소요리문답 연구에 맞게 순서를 재편성하였다.
26) W. Robert Godfrey, *The Westminster Larger Catechism: A Commentary*, xvii.
27) 『웨스트민스터 총회의 율법과 성화』,189.

28) 『웨스트민스터 총회의 율법과 성화』, 43. 각주 23에서 Robert Godfrey가 제시한 도표인 Table 1. The number of questions given to various subjects in four Reformed catechisms를 근거로 제시한다.

29) 오덕교, "웨스트민스터 총회에서 안소니 터크니와 대소요리문답의 작성에 그의 미친 영향", 『신학정론』 5/2 (1987, 350-361), 356-357. "요리문답 위원회의 위원장으로서, 터크니가 십계명 해석에 미친 영향은 크다고 하겠다. 웨스트민스터 회의록에 의하면, 1647년 7월 2일부터 8월 13일까지 제4계명에 대하여 논의될 때에 터크니는 적어도 열 번에 걸쳐서 요리문답에 대해 총회에 보고했다. 7월 2일에는 "요리문답에 관하여", 5일에는 "요리문답에 재첨가해야할 것들에 관하여", 6일에는 "성례에 관한 요리문답의 첨가할 것들에 대하여", 13일에는 "죄의 심각성에 대하여", 16일에는 도덕법과 그 사용에 관하여", 19일에는 "도덕법에 관하여", 21일에는 "제1계명의 금지사항에 관하여", 22일에는 "십계명의 서론 부분에 관하여", "26일에는 "제2계명에 관하여", 8월6일에는 "제2계명을 강조해야하는 이유들에 관하여", 13일에는 "제4계명에 관하여" 등을 보고하였으며, 그의 보고들은 대체로 총회에 의하여 논의된 후에 채택되었다. 그후 터크니의 노력에 의하여 8월 18일에 제5계명에 대한 보고가 총회에 있었으며, 총회는 그것을 19일에 채택하였고, 제6계명은 20일에, 제7계명은 26일에, 제8계명은 9월1일에, 제9계명은 9월 2일에, 그리고 마지막 제10계명은 9월 3일에 채택하였다. 이처럼 터크니의 적극적인 활동으로 진부하게 토론되던 십계명의 요리문답이 완성되었다…대요리문답이 완성된 뒤, 곧 10월 19일에 총회는 터크니, 마샬, 워드에게 소요리문답을 초안하도록 명령하였다. 그 명령이 떨어지자마자 터크니는 곧 행동으로 옮겨 사흘 뒤인 10월 22일 소요리문답에 대한 보고서를 제출하였다. 총회는 11월 8일 드디어 터크니의 보고에 근거하여 소요리문답의 주요 내용을 십계명, 주기도문 그리고 사도신경으로 결정하였다. 터크니는 그의 소요리문답에 관한 최종 보고서를 1647년 11월 16일 총회에 보고하였고 총회는 그것을 받아들여 의회로 보내도록 하였다 의회는 약간의 수정을 가한 뒤 총회로 보내므로 소요리문답 역시 1647년에 영국 교회에 의하여 채택되었다…이처럼 안소니 터크니는 웨스트민스터 신앙고백서와 그 대소요리문답서를 작성하는 데 큰 역할을 하였다."

30) 『웨스트민스터 표준문서』, 236. 소요리문답 Q.41. Where is the moral law summarily comprehended? A. The moral law is summarily comprehended in the ten commandments.

31) 『웨스트민스터 표준문서』, 236. 소요리문답 Q.42. What is the sum of the ten commandments? A. The sum of the ten commandments is, to love the Lord our God, with all our heart, with all our soul, with all our strength, and with all our mind; and our neighbor as ourselves.

32) 『웨스트민스터 표준문서』, 236. 소요리문답 Q.43. What is the preface to the ten commandments? A. The preface to the ten commandments is in these words, I am the Lord thy God, which have brought thee out of the land of Egypt, out of the house of bondage.

33) 『웨스트민스터 표준문서』, 236. 소요리문답 Q.44. What doth the preface to the ten commandments teach us? A. The preface to the ten commandments teacheth us, that because God is the Lord, and our God, and Redeemer, therefore we are bound to keep all his commandments.

34) 『웨스트민스터 표준문서』, 237. 소요리문답 Q.45. Which is the first commandment? A. The first commandment is, Thou shalt have no other gods before me.

35) 『웨스트민스터 표준문서』, 237. 소요리문답 Q.46. What is required in the first commandment? A. The first commandment requireth us to know and acknowledge God to be the only true God, and our God, and to worship and glorify him accordingly.

36) 『웨스트민스터 표준문서』, 237. 소요리문답 Q.47. What is forbidden in the first commandment? A. The first commandment forbiddeth the denying, or not worshipping and glorifying, the true God as God, and our God; and the giving of that worship and glory to any other, which is due to him alone.

37) 『웨스트민스터 표준문서』, 238. 소요리문답 Q.48. What are we specially taught by these words, before me," in the first commandment? A. These words, before me," in the first commandment teach us,

that God, who seeth all things, taketh notice of, and is much displeased with, the sin of having any other God.

38) 『웨스트민스터 표준문서』, 247. 소요리문답 Q.79. Which is the tenth commandment? A. The tenth commandment is, Thou shalt not covet thy neighbor's house, thou shalt not covet thy neighbor's wife, nor his man-servant, nor his maid-servant, nor his ox, nor his ass, nor anything that is thy neighbor's.

39) 『웨스트민스터 표준문서』, 247. 소요리문답 Q.80. What is required in the tenth commandment? A. The tenth commandment requireth full contentment with our own condition, with a right and charitable frame of spirit toward our neighbor, and all that is his.

40) 『웨스트민스터 표준문서』, 247. 소요리문답 Q.81. What is forbidden in the tenth commandment? A. The tenth commandment forbiddeth all discontentment with our own estate, envying or grieving at the good of our neighbor, and all inordinate motions and affections to anything that is his.

41) 『웨스트민스터 표준문서』, 247. 소요리문답 Q.82. Is any man able perfectly to keep the commandments of God? A. No mere man since the fall is able in this life perfectly to keep the commandments of God, but doth daily break them in thought, word, and deed.

42) 『웨스트민스터 표준문서』, 248. 소요리문답 Q.83. Are all transgressions of the law equally heinous? A. Some sins in themselves, and by reason of several aggravations, are more heinous in the sight of God than others.

43) 『웨스트민스터 표준문서』, 253. 소요리문답 Q.98. What is prayer? A. Prayer is an offering up of our desires unto God, for things agreeable to his will, in the name of Christ, with confession of our sins, and thankful acknowledgment of his mercies.

44) 『웨스트민스터 표준문서』, 253. 소요리문답 Q.99. What rule hath God given for our direction in prayer? A. The whole Word of God is of use to direct us in prayer, but the special rule of direction is that form of prayer which Christ taught his disciples, commonly called, The Lord's Prayer.

45) 『웨스트민스터 표준문서』, 253. 소요리문답 Q.100. What doth the preface of the Lord's Prayer teach us? A. The preface of the Lord's Prayer, which is, Our Father which art in heaven," teacheth us to draw near to God with all holy reverence and confidence, as children to a father, able and ready to help us; and that we should pray with and for others.

46) 『웨스트민스터 표준문서』, 254. 소요리문답 Q.101. What do we pray for in the first petition? A. In the first petition, which is, Hallowed be thy name," we pray, that God would enable us, and others, to glorify him in all that whereby he maketh himself known, and that he would dispose all things to his own glory.

47) 『웨스트민스터 표준문서』, 254. 소요리문답 Q.102. What do we pray for in the second petition? A. In the second petition, which is, Thy kingdom come," we pray, that Satan's kingdom may be destroyed; and that the kingdom of grace may be advanced, ourselves and others brought into it, and kept in it; and that the kingdom of glory may be hastened.

48) 『웨스트민스터 표준문서』, 255. 소요리문답 Q.103. What do we pray for in the third petition? A. In the third petition, which is, Thy will be done in earth as it is in heaven," we pray, that God, by his grace, would make us able and willing to know, obey, and submit to his will in all things, as the angels do in heaven.

49) 『웨스트민스터 표준문서』, 255. 소요리문답 Q.104. What do we pray for in the fourth petition? A. In the

fourth petition, which is, Give us this day our daily bread," we pray, that of God's free gift we may receive a competent portion of the good things of this life, and enjoy his blessing with them.

50) 『웨스트민스터 표준문서』, 255. 소요리문답 Q.105. What do we pray for in the fifth petition? A. In the fifth petition, which is, And forgive us our debts, as we forgive our debtors," we pray, that God, for Christ's sake, would freely pardon all our sins; which we are the rather encouraged to ask, because by his grace we are enabled from the heart to forgive others.

51) 『웨스트민스터 표준문서』, 256. 소요리문답 Q.106. What do we pray for in the sixth petition? A. In the sixth petition, which is, And lead us not into temptation, but deliver us from evil," we pray, that God would either keep us from being tempted to sin, or support and deliver us when we are tempted.

52) 『웨스트민스터 표준문서』, 256. 소요리문답 Q.107. What doth the conclusion of the Lord's Prayer teach us? A. The conclusion of the Lord's Prayer, which is, For thine is the kingdom, and the power, and the glory, for ever. Amen," teacheth us to take our encouragement in prayer from God only, and in our prayers to praise him, ascribing kingdom, power, and glory to him; and in testimony of our desire and assurance to be heard, we say, Amen.

53) 『웨스트민스터 표준문서』, 231-232. 소요리문답 Q.29. How are we made partakers of the redemption purchased by Christ? A. We are made partakers of the redemption purchased by Christ, by the effectual application of it to us by his Holy Spirit.

54) 『웨스트민스터 표준문서』, 232. 소요리문답 Q.30. How doth the Spirit apply to us the redemption purchased by Christ? A. The Spirit applieth to us the redemption purchased by Christ, by working faith in us, and thereby uniting us to Christ in our effectual calling.

55) 『웨스트민스터 표준문서』, 233. 소요리문답 Q.31. What is effectual calling? A. Effectual calling is the work of God's Spirit, whereby convincing us of our sin and misery, enlightening our minds in the knowledge of Christ, and renewing our wills, he doth persuade and enable us to embrace Jesus Christ, freely offered to us in the gospel.

56) 『웨스트민스터 표준문서』, 233. 소요리문답 Q.33. What is justification? A. Justification is an act of God's free grace, wherein he pardoneth all our sins, and accepteth us as righteous in his sight, only for the righteousness of Christ imputed to us, and received by faith alone.

57) 『웨스트민스터 표준문서』, 234. 소요리문답 Q.35. What is sanctification? A. Sanctification is the work of God's free grace, whereby we are renewed in the whole man after the image of God, and are enabled more and more to die unto sin, and live unto righteousness.

58) 『웨스트민스터 표준문서』, 234. 소요리문답 Q.36. What are the benefits which in this life do accompany or flow from justification, adoption, and sanctification? A. The benefits which in this life do accompany or flow from justification, adoption, and sanctification, are, assurance of God's love, peace of conscience, joy in the Holy Ghost, increase of grace, and perseverance therein to the end.

59) 『웨스트민스터 표준문서』, 250. 소요리문답 Q.89. How is the Word made effectual to salvation? A. The Spirit of God maketh the reading, but especially the preaching, of the Word, an effectual means of convincing and converting sinners, and of building them up in holiness and comfort through faith unto salvation.

60) 『웨스트민스터 표준문서』, 250. 소요리문답 Q.91. How do the Sacraments become effectual means of

salvation? A. The Sacraments become effectual means of salvation, not from any virtue in them, or in him that doth administer them; but only by the blessing of Christ, and the working of his Spirit in them that by faith receive them.

61) Cho Youngchun, *Anthony Tuckney*, 9-33. 안소니 터크니가 웨스트민스터 총회에서 신앙고백서 작성을 위한 7인 위원으로 그 뼈대와 사상을 제시하는 역할을 하였다는 사실이 잘 소개된다. 더불어 대요리문답 작성위원장 겸 원래 소요리문답 작성위원장이었던 허버트 팔머가 갑작스럽게 별세한 후에 대신 소요리문답 작성위원장도 맡아서, 두 요리문답 작성에 최종적인 역할을 했다. 특별히 이 구원론과 관련된 부분에 대한 터크니의 영향은 지대했다.

참조, 28. "Turkey's contribution to the confession, especially to the majority of the soteriological sections and his influence on the two catechism, are so great that it would be a serious loss if he were not to receive due attention."

62) 『웨스트민스터 총회의 율법과 성화』, 177.

63) 『웨스트민스터 표준문서』, 228. 소요리문답 Q.20. Did God leave all mankind to perish in the estate of sin and misery? A. God having, out of his mere good pleasure, from all eternity, elected some to everlasting life, did enter into a covenant of grace, to deliver them out of the estate of sin and misery, and to bring them into an estate of salvation by a Redeemer.

64) 『웨스트민스터 표준문서』, 228. 소요리문답 Q.21. Who is the Redeemer of God's elect? A. The only Redeemer of God's elect is the Lord Jesus Christ, who, being the eternal Son of God, became man, and so was, and continueth to be, God and man in two distinct natures, and one person, for ever.

65) 『웨스트민스터 표준문서』, 229. 소요리문답 Q. 22. How did Christ, being the Son of God, become man? A. Christ, the Son of God, became man, by taking to himself a true body and a reasonable soul, being conceived by the power of the Holy Ghost, in the womb of the Virgin Mary, and born of her, yet without sin.

66) 『웨스트민스터 표준문서』, 229. 소요리문답 Q.23. What offices doth Christ execute as our Redeemer? A. Christ, as our Redeemer, executeth the offices of a prophet, of a priest, and of a king, both in his estate of humiliation and exaltation.

67) 『웨스트민스터 표준문서』, 230. 소요리문답 Q. 24. How doth Christ execute the office of a prophet? A. Christ executeth the office of a prophet, in revealing to us, by his Word and Spirit, the will of God for our salvation.

68) 『웨스트민스터 표준문서』, 230. 소요리문답 Q. 25. How doth Christ execute the office of a priest? A. Christ executeth the office of a priest, in his once offering up of himself a sacrifice to satisfy divine justice and reconcile us to God, and in making continual intercession for us.

69) 『웨스트민스터 표준문서』, 230. 소요리문답 Q. 26. How doth Christ execute the office of a king? A. Christ executeth the office of a king, in subduing us to himself, in ruling and defending us, and in restraining and conquering all his and our enemies.

70) 『웨스트민스터 표준문서』, 231. 소요리문답 Q.27. Wherein did Christ's humiliation consist? A. Christ's humiliation consisted in his being born, and that in a low condition, made under the law, undergoing the miseries of this life, the wrath of God, and the cursed death of the cross; in being buried, and continuing under the power of death for a time.

71) 『웨스트민스터 표준문서』, 231.소요리문답 Q.28. Wherein consisteth Christ's exaltation? A. Christ's exaltation consisteth in his rising again from the dead on the third day, in ascending up into

	heaven, in sitting at the right hand of God the Father, and in coming to judge the world at the last day.
72)	『웨스트민스터 표준문서』, 251. 소요리문답 Q.95. To whom is Baptism to be administered? A. Baptism is not to be administered to any that are out of the visible Church, till they profess their faith in Christ, and obedience to him; but the infants of such as are members of the visible Church are to be baptized.
73)	W. Robert Godfrey, *The Westminster Larger Catechism: A Commentary*, xvii.
74)	『웨스트민스터 표준문서』, 234. 소요리문답 Q.37. What benefits do believers receive from Christ at death? A. The souls of believers are, at their death, made perfect in holiness, and do immediately pass into glory; and their bodies, being still united to Christ, do rest in their graves until the resurrection.
75)	『웨스트민스터 표준문서』, 235. 소요리문답 Q.38. What benefits do believers receive from Christ at the resurrection? A. At the resurrection, believers, being raised up to glory, shall be openly acknowledged and acquitted in the day of judgment, and made perfectly blessed in the full enjoying of God to all eternity.
76)	W. Robert Godfrey, *The Westminster Larger Catechism: A Commentary*, xi.
77)	W. Robert Godfrey, *The Westminster Larger Catechism: A Commentary*, xiv. 대요리문답은 소요리문답에서 너무 어려워 다루지 않은 주제들을 상세하게 설명하면서 소요리문답의 가르침을 상향 보완하려는 의도를 가지고 있다.

제8장.
결론

"여호와께서 이같이 말씀하시되 너희는 길에 서서 보며 옛적 길 곧 선한 길이 어디인지 알아보고 그리로 행하라 너희 심령이 평강을 얻으리라 하나 그들의 대답이 우리는 그리로 행치 않겠노라 하였으며. 내가 또 너희 위에 파숫군을 세웠으니 나팔소리를 들으라 하나 그들의 대답이 우리는 듣지 않겠노라 하였도다"(렘 6:16-17).

이 말씀으로 결론을 시작한 것은 예레미야 시대의 상황이 오늘날과 다르지 않기 때문이다. 아니, 어느 시대건 옛적 길 곧 선한 길을 찾고 그리로 가려는 사람보다는 그 길을 외면하는 사람들의 모습이 반복되었다. 따라서 "너희는 옛적 길, 곧 선한 길이 어디인지 알아보고 그리로 행하라"는 하나님의 음성은, 교회 역사를 통해 주어진 거룩한 신앙의 전통에 관심을 두지 않는 오늘의 교회 현실에도 똑같이 울려 퍼지고 있다.

이 말씀을 가슴에 깊이 새긴 명설교자 마틴 로이드 존스 박사는 좋은 설교자가 되려거든 성경 진리에 대한 이해와 더불어 신앙고백에 담긴 신학적 견고함을 가질 것을 권면했다.

- 저는 '설교는 언제 신학적이어야 하며 신학에 토대를 두어야한다'는 것을 일반명제로 제시하고자 합니다. … 설교자는 하나의 통일체를 이루고 있는 성경 전체의 메시지를 잘 파악하고 있어 합니다. 다시 말해서 조직신학의 기초를 이루는 성경신학에 매우 정통해야 한다는 것입니다. 제가 볼 때 조직신학을 잘 이해하는 것보다 더 중요한 일은 없습니다. 설교자는 그것을 알아야 하며 그 토대를 잘 다녀두어야 합니다. 성경에서 끌어낸 진리의 총체인 조직신학이 언제나 설교의 배경을 이루면서 중심적인 영향력을 행사해야 합니다.[1]

그리고 힘주어 청교도들의 저술, 신학 서적, 교회사, 변증학 서적들을 폭넓게 읽을 것을 권면했다. "설교자는 살아 있는 한 계속해서 신학 서적을 읽어야 합니다. 많이 읽을수록 좋습니다. … 교회사 책도 읽고, 전기(傳記)도 읽고, 경건 서적에 가까운 책들도 읽으십시오."[2] 그의 권면은 단순히 독서에 대한 조언이 아니라, 목사가 교회를 섬기기 위해 반드시 갖추어야 할 영적·신학적 준비를 말한 것이다. 이는 설교자 뿐 아니라 교회의 모든 직분자들에게 공통으로 요구되는 권면이다.

이 책 『웨스트민스터 표준문서 해설』은 그러한 정신을 계승하여, 작년에 개정번역된 "웨스트민스터 표준문서"(Westminster Standards)의 교훈을 한국교회에 더 잘 소개하고 더 잘 알게 하며, 나아가 이러한 신앙원리가 교회들마다 가득하게 하려는 시도이다. 곧 교회와 성도가 "하나님의 사람"으로서 성경의 풍성한 진리 위에 신앙과 삶을 세우도록 돕는 것을 목표로 한다고 말씀드릴 수 있다.

특히 교회 직분자들이 임직 서약의 참된 의미를 바르게 이해하고, 신앙과 실천이 일치하는 삶을 살도록 인도하는 데 초점을 두었다. 왜냐하면 교회의 직원이란 단순히 교회 내의 직위나 역할을 맡은 어떤 자가 아니라, 하나님의 나라인 우주적 교회에서 영원을 향해 사는 자이기 때문이다.

앞에서 충분히 살펴본 『웨스트민스터 표준문서 해설』의 내용을 되돌아보면, 380년 전에 웨스트민스터 총회원들이 얼마나 진심으로 하나님의 교회를 위해 수고했는지가 생생하게 다가온다.

제1장에서 살핀 웨스트민스터 총회에서 중요한 역할을 했던 다섯 인물을 생각할 때, 하나님께서는 당신의 역사를 감당할 하나님의 사람들을 늘 준비시켜 놓으실 뿐만 아니라 그런 신실한 분들을 통해 세상이 감당치 못할 일들을 이루어가신다는 확신을 더욱 굳게 한다.

먼저 총회 의장이었던 윌리엄 트위스는 청교도로서 칼빈주의 신학을 분명하게 정립한 분이었고, 신학적 박식함과 더불어 온화한 인격을 갖추어서 모든 총회원에게 존경과 신망의 대상이었다. 그로 인해 총회 의장(Prolocutor of the Assembly)으로 임명되었다. 역시나 스코틀랜드교회 총회 의장이었고, 스코틀랜드 특사로 웨스트민스터 총회에 참가했던 알렉산더 헨더슨도 마찬가지였다. 헨더슨은 하나님의 말씀인 성경과 성경 원리인 개혁신학에 대한 견해가 분명하여서 아무리 왕과 그 하수인들이 위협을 하여도 흔들림 없이 개혁을 감당했고 그것은 "국가언약"(National Covenant, 1638)으로 열매를 맺었다.

이 두 총회 의장뿐 아니라, 예배모범과 대소요리문답의 작성을 위하여 위원장직을 맡았던 스티븐 마샬과 안소니 터크니 역시나 신학적 견해가 뛰어났을 뿐 아니라 현실의 어려움이나 압박을 두려워하지 않는 진리의 사람들이었다. 어쩌면 반대자들에게는 미움의 대상이었을 터이지만, 이들은 흔들림 없이 하나님께서 자신들에게 맡기신 길을 걸었고 삶을 바쳐 감당했다. 그 결과 이들의 삶이 주는 교훈은 쉽게 변질되어 이익을 좇는 이 시대에 큰 울림을 준다.

제2장에서는 "웨스트민스터 표준문서"(Westminster Standards) 다섯 개의 문서를 작성 순서에 따라 간략히 개관했다. 물론 제3장부터 제7장까지 구체적으로 다룰 터였지만, 의도적으로 제2장에서 이렇게 간략한 전체 조망을 제시한 이유가 있다. 많은 이들이 웨스트민스터 신앙고백은 알아도 웨스트민스터 표준문서는 잘 모르고, 심지어 표준문서에 예배모범과 교회정치가 포함되는 것도 잘 알지 못하기 때문이다.

그만큼 교회 직분자들이 신앙 전통에 관한 관심보다는, 실용적이고 현실적인 내용들에 더 관심한다. 일부이겠지만, 그런 단기적 관심은 나중에 기초가 없는 사상누각의 신앙이 되고 만다는 사실을 알아야 한다. 따라서 교회 직분자들은 당장은 배우기 어려워도 이론적 기초를 든든히 해야 나중에 더 성숙한 신앙을 갖게 된다. 지금의 땀 한 방울이 나중의 피 한 방울이 되는 것처럼, 지금의 진리에 관한 관심과 훈련이 나중의 신학적 사고와 언행 그리고 믿음의 성숙이 된다.

제3장부터 제7장까지는 "웨스트민스터 표준문서"(Westminster Standards)에 속한 다섯 문서의 작성 배경과 신학 주제를 다섯 장에 걸쳐 심층적으로 다루었다.

제3장에서는 가장 먼저 작성된 예배모범의 편찬 과정과 내용, 예배의 요소와 그 신학적 주제를 다루었는데, 순서상으로만 우선이 아니라 교회가 가장 우선해야 할 일이 무엇인지를 선명하게 드러내었다. 이를 통해 교회가 가장 중요하게 다루어야 할 일이 무엇이고 또한 교회가 가장 집중해야 할 일이 무엇인가를 생각하게 되었다. 바로 예배가 그것인데, 더욱 설교가 중심이 된 예배이다. 따라서 종교개혁자들, 청교도들인 웨스트민스터 총회원들도 모두 옛적 길 곧 선한 길인 하나님의 말씀 중심의 예배를 지향했다.

제4장에서는 웨스트민스터 총회가 모이게 된 연유인 장로교 교회정치를 지향한 청교도들의 갈망을 보여준다. 이들은 종교개혁자들의 전통을 따라 교회를 질서 있게 하는데, 가장 중요한 것이 교회직원에 대한 이해와 함께 교회 치리

회 즉 교회가 개인이 아닌 회의를 거쳐 다스려지는 곳임을 잘 밝혀주고 있다. 이를 위해 교회의 영적 순결을 지키는 권징의 중요성 또한 강조한다. 더불어 교회직원을 어떻게 세울 것인가 하는 임직에 대한 구체적이고 상세한 사항을 다루었다. 이 내용은 성경적 교훈에 기초하여 교회가 오직 그리스도께서 머리이신 공동체임을 드러내었다.

제5장에서는 표준문서의 중심이라 할 웨스트민스터 신앙고백서를 살피었다. 대하면 대할수록 신앙고백서의 풍성함과 부요함은 그 시작점인 "제1장 성경"의 진리가 마치 샘물처럼 솟아나고 폭포처럼 근원에서 흘러내리는 느낌이다. 물론 이 책『웨스트민스터 표준문서 해설』이 웨스트민스터 신앙고백서에 대한 상세한 해설을 제공하지 않고 전체를 조망하려는 의도인 연고라, 전체 33장의 내용을 일곱 가지 주제인 성경론, 삼위일체 하나님, 인간의 죄와 그리스도에 의한 구속, 구원의 순서와 적용, 율법과 자유, 교회와 성례 그리고 죽음과 부활과 심판으로 나누어 웨스트민스터 신앙고백서의 내용을 다루었다. 그리고 장들과 주제들 사이에 견고하게 세워진 예정 교리와 언약신학을 찾아보았다.

이에 대한 김병훈의 다음 평가는 적절하다.

- 웨스트민스터 신앙고백서의 언약신학은 하나님의 주권적 은혜와 사람의 책임의 문제를 성경신학의 흐름을 따르면서도 하나님의 작성이라는 교리적 진술을 풀어가는 조직신학의 결과를 반영하고 있다. 개혁신학의 조직신학은 언약신학의 전통 덕분에 구속사 주제를 통합할 수가 있었다.[3]

이어서 제6장은 웨스트민스터 표준문서 중에 또 다른 역작인 대요리문답을 살피었는데 이를 이미 익숙한 소요리문답과 비교하여 분석하였다. 비교하는 일은 장점을 부각하게 하는 방법이라, 여기서 유용하게 사용되었다. 이를 통해 잘 읽히지 않는 대요리문답이 깊이나 넓이에 있어서 얼마나 풍성한지를 알 수 있는 기회였다. 할 수만 있으면 더 널리 읽혀서, 한국 교회 직분자들의 영적 깊이와 넓이와 높이 그리고 크기가 웨스트민스터 총회원들처럼 자라가기를 바란다.

마지막 제7장은 사무엘 러더포드의 표현대로 아이들을 위해서 필수적인 자양분을 제공하는 우유와 같은 소요리문답을 살피었다. 소요리문답은 명료한 요약처럼 간결한 단문으로 개혁신학의 정수를 제시한다. 그러니 어린 시절에 소요리문답을 통해 건강하게 자라서, 성인이 되어서는 대요리문답이라는 성숙한 다음 단계로 올라가야 함을 잊지 않아야 할 것이다.

최종적으로 말씀드리면 교회 직분자가 되는 일은 그저 자기 영혼의 평안과 만족만을 구하는 수준이 아니다. 하나님께서 당신을 대신하여 이 땅에서 하나님 나라를 드러내는 사람으로서 부르신 중차대한 사명을 감당하는 일이다. 그러기 위해 우리는 380여 년 전에 전심으로 헌신하여 "웨스트민스터 표준문서"(Westminster Standards)를 작성한 웨스트민스터 총회원들을 따라 옛적 길 곧 선한 길을 따라 걷기를 절대로 주저하지 말아야 한다. 아니 더욱 힘써 걸어야 한다. 할 수 있는 대로 믿음의 선한 경주(히 12:1)를 힘껏 감당해야 한다.

그 길 위에서만, 신앙의 선배들이 자녀들에게 전하고자 했던 고백이 오늘 우리의 입술에서도 울려 퍼질 수 있다.

- "사람에게 주어진 첫째가는 목적은 무엇입니까? 사람에게 주어진 첫째가는 목적은 영원토록 하나님을 영화롭게 함과 즐거워함입니다."[4]

이 고백이 세대와 세대를 넘어, 천상의 합창으로 울려 퍼지는 날까지, 옛적 길 곧 선한 길을 이미 걸은 신앙의 선배들을 따라서 함께 걸어가기를 권하고 있다. 왜냐하면 그 옛적 길 곧 선한 길 끝에서 그들과 함께 주님께서 친히 우리를 맞아주실 것이기 때문이다. 할렐루야!

제8장. 결론

1) 마틴 로이드 존스, 『설교와 설교자』, 정근두 역(서울: 복있는사람, 2012), 109, 111.
2) 마틴 로이드 존스, 『설교와 설교자』, 288-291.
3) "웨스트민스터 신앙고백서와 언약신학", 404.
4) 『웨스트민스터 표준문서』, 223. 소요리문답 "Q. 1. What is the chief end of man? A. Man's chief end is to glorify God, and to enjoy him for ever."

참고문헌

웨스트민스터 예배모범(Directory of Public Worship, 1645)

https://issuu.com/nashotahlibrary/docs/directory_for_publique_worship_1644_complete_opti https://thewestminsterstandard.org/directory-for-the-publick-worship-of-god/

웨스트민스터 교회정치(Propositions concerning church government, 1645)

(1) *Propositions concerning church government*, 1647년(에딘버러1판) - https://books.google.co.kr/books?id=ERxlAAAAcAAJ&newbks=0&printsec=frontcover&dq=&hl=en&redir_es c=y#v=onepage&q&f=false

(2) *A Directory for church-government*, 1647년(에딘버러2판) - https://commons.ptsem.edu/id/directoryforchur00west

(3) *The Form of Church Government to be used in the Church and Ireland*, 1648년 (런던3판) - https://books.google.co.kr/books?id=3CdBAAAAcAAJ&printsec=frontcover&hl=ko&source=gbs_ge_summary_r&cad=0#v=onepage&q&f=false

웨스트민스터 신앙고백(Westminster Confession of Faith, 1647)

(1) *The Humble Advice of the Assembly of Divines*, 1647년 초판 -

https://archive.org/details/humbleadviceofas00west/page/n7/mode/2up

(2) *The Confession of Faith, Together with the Larger and Lesser catechismes. composed by the Reverend Assembly of Divines, sitting at Westminster, presented to both houses of Parliament*, 1658년 재판
https://archive.org/details/confessionoffait1658west/page/n3/mode/2up

(3) 현대영어 https://thewestminsterstandard.org/the-westminster-confession/

웨스트민스터 대·소요리문답(Larger catechism&Shorter catechism, 1647)
https://archive.org/details/confessionoffait1658west/page/n3/mode/2up

엄숙동맹과 언약(The Solemn League and Covenant, 1643)
https://thewestminsterstandard.org/the-solemn-league-and-covenant/

미국 장로교 교회헌법(Presbyterian Church in the U.S.A. Church Constitution, 1789)
https://archive.org/details/const00pres/page/130/mode/2up. The Constitution of the Presbyterian Church in the United States of America .

Beveridge, William. *A Short history of the Westminster Assembly*. Greenville: Reformed Academic Press, 1993.

Bower, R. John. *The Larger Catechism: A Critical text and introduction*. Grand Rapids, Michigan : RHB, 2010.

Casselli, Stephen. *Divine Rule Maintained: Anthony Burgess, Covenant Theology, and the Place of the Law in Reformed Scholasticism* (Studies on the Westminster Assembly). Grand Rapids: Reformation Heritage Books, 2017. 『웨스트민스터 총회의 율법과 복음』 황의무 역, 서울: 기독교문서선교회, 2018.

Cho, Youngchun. *Anthony Tuckney(1599-1670): Theologian of the Westminster Assembly*. Grand Rapids: Reformation Heritage Books, 2017.

Clifford, Alan C. *THE WESTMINSTER DIRECTORY OF PUBLIC WORSHIP(1645)*, Westminster Conference in London, 1989.

Clowney, Edmund P. *THE CHURCH*. Illinois: IVP,1995. 『교회(Church)』, 황영철 옮김, 서울: IVP, 1998.

Davies. Horton, *Worship and Theology in England*. 6 Vols. Princeton & Grand Rapids: Princeton University Press. 1961-1996.

de Witt, John R. *Jus Divinum: The Westminster Assembly & the Divine Right of Church Government*. KAMPEN, H.H. KOK N.V., 1969.

Ferguson, Sinclair B. "The teaching of the CONFESSION" THE WESTMINSTER CONFESSION in the church today. Edinburgh: The Saint Andrew press, 1982.

Fesko, V. John. *The Theology of the Westminster Standards*. Wheaton: Crossway, 2014. 『역사적, 신학적 맥락으로 읽는 웨스트민스터 신앙고백서』, 신윤수 옮김, 서울: 부흥과개혁사, 2018.

Gamble, G. Whitney. *Christ and the Law: Antinomianism at the Westminster Assembly*. Grand Rapids: Reformation Heritage Books, 2018. 『웨스트민스터 총회의 반율법주의 논쟁(그리스도와 율법)』, 류길선 옮김, 서울: 기독교문서선교회, 2021.

Gibson, Jonathan & Mark Earngey. ed. *Reformation Worship: Liturgies from the Past and Present*. New Growth Press. 2018.

Gillespie, George. *CXI propositions concerning the ministerie and government of the Church*. (Edinburgh: Printed by Evan Tyler, 1647. 『교회정치와 사역에 관한 111가지 명제들』, 서학량 옮김, 고양: 젠틀레인, 2021 - https://quod.lib.umich.edu/e/eebo/A42763.0001.001?view=toc

Henderson, Alexander. *The Government and Order of the Church of Scotland*. Edinburgh, 1641.

Hodge, Alexander A. *The Confession of Faith: A handbook of Christian Doctrine Expounding The Westminster Confession*. 『웨스트민스터 신앙고백서 해설』, 김종흠 옮김, 고양: 크리스챤다이제스트, 2001.

Hodge, Charles. *Discussion in Church Polity*. NewYork: Westminster Publishun House, 2001.

Horton, Davies, *Worship and Theology in England*. 6 Vols. Princeton & Grand Rapids: Princeton University Press. 1961-1996.

Hwang, Jae-Buhm. "*The first Asian ecumenical confession of faith: the so-called twelve articles of faith of many Asian protestant churches.*" The

Ecumenical Review (Blackwell Publishers Ltd. Vol. 63, Issue 2)

Jus divinum regiminis ecclesiastici, or, The divine right of church-government. London: J.T. Joseph Hunscot and George Calvert, 1646; 『유스 디비눔』, 정종원 옮김, 서울: 고백과문답. 2018.

Kim, Joon Won. "Rethinking the Religious Aspects of the Scottish Prayer Book Riots: A Comparative Textual Study of the Scottish Book of Common Prayer and the Book of Common Order." Ph.D. dissertation. University of Toronto, 2025.

Kim, Joong-Lak. *The Debate on the relations between the churches of Scotland and England during the British Revolution(1633-1647)*. Ph.D. Dissertation, the University of Cambridge, 1997.

Lane, Anthony N. S. "Calvin's use of the Fathers and the Medievals" in *JOHN CALVIN: Student of the church fathers.* Edinburgh: T&T Clark, 1999.

Leishman, Thomas. 『웨스트민스터 예배 모범』, 정장복 옮김, 서울: 예배와 설교 아카데미, 2002.

Leith, H. John. *Assembly at Westminster: Reformed Theology in the Making.* Atlant, GA: John Knox Press, 1973.

Letham, Robert. *The Westminster Assembly: Reading Its Theology in Historical Context.* New Jersey: P&R Publishing, 2009. 『웨스터민스터 총회의 역사』, 권태경 옮김, 서울: 개혁주의신학사, 2014.

Maxwell, William D. *An Outline of Christian Worship: its development and Forms.* London: Oxford University Press, 1937. 『예배의 발전과 그 형태: 기독교 예배의 역사 개관』, 정장복 옮김. 서울: 쿰란출판사, 1996.

Mentzer, Raymond A. 이성숙 역 "이론을 실천으로: 프랑스 교회에 나타난 칼빈의 교회론" 『칼빈 연구』 제5권. 서울: 한국장로교출판사, 2008.

Mitchell, Alexander F. *The Westminster Assembly: Its History and Standards.* Fl: Puritan Publications, 2012. (1st Edition, London, 1883, 2nd Edition, Edmonton, 1992)

Muller, Richard A. & Rowland S. Ward. *Scripture and Worship: Biblical Interpretation and the Directory for Worship.* Phillipsburg: P&R Publishing, 2007. 『웨스트민스터 총회의 실천』, 곽계일 옮김, 서울: 개혁주의신학사, 2014.

Murray, John. "The Catechism of the Westminster Assembly" in *Presbyterian Reformed Magazine 8*. spring 1993.

_____. "The Theology of the Westminster Confession of Faith," in *Collected Writings of John Murray, 4: Studies in Theology*. Edinburgh: Banner of Truth, 1982.

Nagel, William. *Geschichte des christlichen Gottesdienstes*. Berlin: De Gruyter, 2006.

Richard, J. W. "The Beginnings of Protestant Worship in Germany and Switzerland" *The American Journal of Theology*, Apr., 1901, Vol. 5, No. 2. Apr., 1901: 240-253.

Selvaggio, T. Anthon. *The Faith Once Delivered*. Essays in Honor of Dr. Wayne R. Spear (Westminster Assembly and the Reformed Faith) Phillipsburg: P&R Publishing, 2007.『웨스트민스터 총회의 유산』, 김은득 옮김, 서울: 개혁주의신학사, 2014.

Van Dixhoorn, Chad. "The Making Of The Westminster Larger Catechism" *Reformation and Revival Journal*. RAR 10:2 (Spring 2001) 97-114.

_____. ed. *The Minutes and Papers of the Westminster Assembly, 1643-1653*. (5 Volume Set), Oxford: Oxford University Press, 2012.

_____. *God's Ambassadors: The Westminster Assembly and the Reformation of the English Pulpit, 1643-1653*. Grand Rapids: Reformation Heritage Books, 2017.

Vos, Johannes G. *Westminster Larger Catechism: A Commentary*. ed. G.I. Williamson. New Jersey: P&R Publishing, 2002.『웨스터민스터 대요리문답 강해』, 류근상 옮김, 서울: 크리스챤출판사, 2007.

Ward, S. Rowland. "Covenant Theology and The Westminster Confession" *Vox Reforrnata*, 2004:1-26.

Warfield, Benjamin B. *The Westminster Assembly and its works*. New York: Oxford Press, 1932. rep. Grand Rapids: Baker Book House, 2000.

Webber, Robert E. *Worship Old & New*. Grand Rapids: Zondervan, 1982.

Wells, David. *No Place for Truth*. Grand Rapids: Eerdmans, 1993.『신학실종』, 김재영 옮김, 서울: 부흥과개혁사, 2006.- William Beveridge, A Short history

of the Westminster Assembly. Greenville: Reformed Academic Press, 1993.
White, James F. *Protestant Worship: Traditions in Transition*. Louisville: Westminster John Knox Press, 1989.

강원익, 『웨스트민스터 신앙고백 해설』. 서울: 종려가지, 2019.
강원익, 『웨스트민스터 소요리 문답 해설』. 서울: 종려가지, 2022.
고신총회 헌법해설집 발간위원회, 『헌법해설』. 서울: 대한예수교장로회 고신총회 출판국, 2013.
그책의사람들 역. 『웨스트민스터 신앙고백 노트』. 수원: 그책의 사람들, 2018.
김상구, "츠빙글리의 예배 개혁과 그 특징에 관한 고찰"(*Uberlegungen zur liturgischen Reformation Zwinglis und diesen Charakteristika*) 「성경과 신학」 제58권. 2011.(97-128)
김세광, "한국교회 예배 변화의 흐름에서 본 한국 장로교회 예배원리의 오늘과 내일" 「신학과실천」. 제13호. 2007. 9.
김병훈 편, 『노르마 노르마타』. 수원: 합신대학원 출판부, 2015.
김병훈, 『날마다 양식으로 읽는 웨스트민스터 표준교리』. 6 Vols. 수원: 영음사, 2025.
김석환, 『웨스트민스터 신앙고백 해설』 서울: 킹덤북스, 2011.
김성욱, "벨직신앙고백서의 설교적 적용". 「한국개혁신학」. 2009, 통권 26호. (64-86)
김세광, "한국교회 예배 변화의 흐름에서 본 한국 장로교회 예배원리의 오늘과 내일" 「신학과실천」. 제13호. 2007. 9.
김영산, 『웨스트민스터 신앙고백서 해설 강론』. 서울: 영문, 1996.
김영재, 『기독교 신앙고백』. 수원: 영음사, 2011
김영재, 『교회와 예배』. 수원: 합동신학대학원출판부, 2016.
김요섭, "'제네바 예배모범'에 나타난 칼빈의 예배 개혁 신학과 실천적 의미 연구" 「한국개혁신학」 제33호. 2012. (72-101)
김요섭, "스코틀랜드 신앙고백 교회론의 구조적 특징과 신학적 의미 연구" 「성경과 신학」. 68호. 2013. (181-216)
김요섭, "도르트신조의 역사적 배경과 개혁주의적 교회론 연구" 「개혁논총」. 2014. vol.30. (359-395)
김요섭, "'오직 그리스도'(Solus Christus) 원리의 실천: 제1 스위스 신앙고백의 개혁 교회론 연구" 「한국개혁신학」. 63. 2019. (32-66)

김요섭, "그리스도의 주권적 통치에 대한 고백과 헌신: 제2스위스신앙고백(1566)의 교회론 연구"「역사신학논총」. 39권 2. 2022. (51-91)

김은수, "개혁교회의 직분제도와 정치질서 발전에 대한 역사적 고찰"「갱신과부흥」. 24호. 부산: 고신학술원, 2019.

김재윤, "개혁 교회법이 한국교회에 가지는 의의: 엠덴 총회(1571)에서 아브라함 카이퍼까지, 지역교회의 보편성을 중심으로"「한국개혁신학」. 제35호, 2012. (8-46).

김재진, 『웨스트민스터 소요리문답 해설』 서울: 대한기독교서회, 2004.

김준원, "17세기『스코틀랜드 공동기도서』(1637)와『공동예배서』의 결혼예식 비교연구" 한국교회사학회·한국복음주의역사신학회 공동학술대회 자료집(2025.3.22, 113-131)

김중락, 『스코틀랜드 종교개혁사』. 서울: 흑곰북스, 2017.

김진국, "웨스트민스터 총회의 배경과 장로교 교회정치: 스코틀랜드 총대인 조지길레스피의 저작들을 중심으로 재구성한 웨스트민스터 총회와 교회정치에 대하여"「장로교회와 신학」제10권, 2013. (202-220)

김태희, 『웨스트민스터 대요리문답 해설』. 서울: 세움북스, 2021

김태희, 『성경에서 나온 웨스트민스터 소요리 문답(상)(하)』. 2 Vols. 서울: 더워드, 2020.

김학모 편역, 『개혁주의 신앙고백』. 개정판. 서울: UBF, 2019.

김혜성 외, 『웨스트민스터 신앙고백』. 서울: 생명의말씀, 2002.

김홍만, 『Q&A 웨스트민스터 소요리 문답』. 서울:생명의말씀사, 2022.

김홍만, "하이델베르크 요리문답서와 웨스트민스터 소요리문답서의 비교"「한국개혁신학」 40호. 2013.(8-39)

나용화 역, 『웨스트민스터 신앙고백서』. 서울: 기독교문서선교회, 2017.

독립개신교회 교육위원회. 『웨스트민스터 소요리문답 개역개정판』. 서울: 성약, 2014.

레슬리 뉴비긴, 『교회란 무엇인가(The Household of God)』. 홍병룡 역, 서울: IVP, 2010.

로버트 쇼, 『웨스트민스터 신앙고백』. 조계광 역, 서울: 생명의말씀사, 2014.

박경수, 『스코틀랜드 교회치리서』. 서울: 장로회신학대학교출판부, 2020.

박용규, "개혁주의 역사신학적 입장에서 본 12신조"「신학지남」 76권 1호, 2009: (81-139).

박운섭, 『웨스트민스터 대요리문답』. 서울: 예영커뮤니케이션, 2021.

박윤선, 『웨스트민스터 신앙고백서』. 수원: 영음사, 1989. 개정판 2017.

박윤선, 『헌법 주석: 정치·예배모범』. 수원: 영음사, 1997. 개정판 2025.

박태현, "웨스트민스터 '예배 지침'에 나타난 청교도 예배와 설교" 「갱신과 부흥」 14호, 2014.

박희석, "칼빈과 웨스트민스터 신앙고백서에 나타난 언약신학" 「총신대 논총」 23. 2002. (61-90)

배광식, 『장로교 정치사상사』 서울: 이레서원, 2009.

G. C. 베르까우어, 『개혁주의 교회론』. 나용화, 이승구 역, 서울: CLC, 2016.

빌렘 판 엇 스페이커르, 『칼빈의 생애와 신학』. 박태현 옮김. 서울: 부흥과개혁사, 2009.

성희찬, 『한국장로교회 헌법 개정 역사』. 서울: 생명의양식, 2021.

성희찬, "돌트교회질서(1619년)와 한국장로교회" 인터넷 개혁정론 2019년 8월 4일자.

세움북스 편집부, 『웨스트민스터 소요리 문답 이해쓰기(한영대조)』. 서울: 세움북스, 2022.

손달익, 조용석, 편역. 『웨스트민스터 신앙고백 1647년: 라틴어 한글 대역』. 서울: 한들, 2010.

손재익, 『특강 예배 모범』. 서울: 흑곰북스, 2018.

송종섭 외 공역. 『웨스트민스터 신앙고백: 영한대조』. 서울: 소망사, 1984.

R. C. 스프롤, 『웨스트민스터 신앙고백 해설 1, 2, 3』 3vols. 이상웅, 김찬영 옮김, 서울: 부흥과개혁사, 2011.

신원균, 『웨스트민스터 다섯가지 표준문서』. 서울: 디다스코, 2019.

알렉산더 화이트, 『웨스트민스터 소교리문답 강해』. 박문재 옮김, 경기: CH북스, 2022.

안인섭, "벨직신앙고백서의 국가론과 네덜란드 독립과정의 상호관계에 대한 연구" 「성경과 신학」 82. 2017. (179-214)

안재경, "미국 장로교(PCUSA)의 교회법" 인터넷 개혁정론 2022년 3월 3일자

에릭 드 부어(E. A. de Boer,) "네덜란드 개혁교회 예식서에 있어서 1586년 헤이그 총회의 중요성" 인터넷 개혁정본 2023년 2월 14일자.

오덕교, "웨스트민스터 총회에서 안소니 터크니와 대소요리문답의 작성에 그의 미친 영향" 「신학정론」 5/2. 1987. (350-361)

오덕교, "청교도의 관점에서 본 교회 정치의 원리" 1994년 정암신학강좌 발표문 III.

와타나베 노부오, 『칼빈의 교회론』. 김산덕 역 서울: 도서출판 깔뱅, 2010.

웨스트민스터 총회원, 『웨스트민스터 총회의 문서들』. 정성호 옮김 서울: 개혁주의성경연구소, 2018.

웨스트민스터 총회원, 『웨스트민스터 표준문서Westminster Standard』. 총회 신학연구위원회 옮김. 서울:영음사, 2024.

이광호, 『웨스트민스터 신앙고백』. 서울: 교회와성경, 2018.

이남규, 『개혁교회 신조학』. 수원: 합신대학원출판부, 2020.

이상은, "고난 속에 맺힌 열매: 갈리칸 신조(1559)의 확신의 신학", 「한국개혁신학」 2014, vol. 44, (72-95)

이성호, "웨스트민스터 교회정치 규범 (The Form of Presbyterial Church-Government, 1645)" 인터넷 신문 개혁정론. 2021년 8월 24일자.

이성호, 『비록에서 아멘까지』. 안성: 그책의 사람들, 2022.

이승구, "스코틀란드 교회 <제2치리서>(1578)에 나타난 장로교회의 모습", 「신학정론」 31권 2호. 2013.11. (188-224)

이승구, "장로교회의 예배 이해와 장로교 예배 모범의 전통" 「장로교회와 신학」 2. 2005. (107-142)

이은선, "한국장로교단들의 웨스트민스터 신앙고백서와 대소요리문답의 수용," 「한국개혁신학」 51. 2016. (174-213)

이정현, 『웨스트민스터 신앙고백 강해』. 시흥: 지민, 2016.

이종성 편역, 『웨스트민스터 신앙고백』. 서울: 대한기독교서회, 1961.

이종인, 『웨스트민스터 소요리문답해설 I & II』. 2 Vols. 서울: 부크크, 2019.

이현웅, "한국 장로교 예배모범(禮拜模範) 비교연구" 「신학과 실천」 제36호. 2013.09. (65-95)

장대선, 『프랑스 신앙고백 해설』 서울: 세움북스, 2017.

장대선 편역, 『개혁교회의 질서들』(개정판 2023), 『장로교의 치리서들』. 서울: 고백과문답, 2020.

전재홍, 『초기 한국장로교회에 있어서 헌법의 형성과정 및 내용에 관한 연구: 곽안련 선교사(Rev.Dr.Charles Allen Clark)의 역할을 중심으로』 박사학위청구논문. 대구:계명대학교, 2008.

정규철, 『웨스트민스터 대요리문답 강해』. 서울: 개혁주의신학사, 2025.

정도열, 『언약의 통일성과 다양성: 개혁주의 언약신학과 웨스트민스터 언약사상연구』, 국제신학대학원 Ph.D.논문, 2014.

정요석, 『소요리문답, 삶을 읽다』. 2 Vols. 서울: 새물결플러스, 2016.

정장복, "웨스트민스터 예배모범의 형성 과정과 그 내용에 관한 분석"「장로교회와 신학」 제2호. 2005. (199-238)

조병수, "프랑스 신앙고백서", 프랑스위그노연구소정례회 주제강연인쇄물, 2022년 4월 8일.

조병수, "동일한 권위와 동등한 권세" 프랑스 위그노의 교회 정치 구조: 1559년 제1차 총회의 치리서를 중심으로, 프랑스위그노연구소정례회 주제강연인쇄물, 2024년 2월 15일.

조병수, "웨스트민스터 신앙고백서와 박윤선 박사"『웨스트민스터 신앙고백서와 한국 보수주의 뿌리』. 서울: 개혁주의 성경연구소, 1999.

존 칼빈,『기독교강요(Institutes of the Christian Religion) IV』. 신복윤 외 옮김. 서울: 생명의말씀사, 1988.

존 칼빈,『깔뱅작품선집 III』. 박건택 옮김, 서울: 총신대학교출판부, 2009

존 헤세링크,『개혁주의 전통』. 최덕성 옮김, 서울: 본문과현장사이, 1997.

주승중, "개혁교회 예배의 선구자들: 제네바에서의 칼빈의 예배의식", https://www.kirs.kr

찰스 핫지,『장로교란 무엇인가』. 양남식 옮김. 고양: 젠틀레인, 2021

채드 & 에밀리 반 딕스훈,『믿음의 고백1: 웨스트민스터 신앙고백서 입문(1)』. 양태진 옮김. 서울: 성약, 2021.

채드 & 에밀리 반 딕스훈,『믿음의 고백2: 웨스트민스터 신앙고백서 입문(2)』. 양태진 옮김. 서울: 성약, 2023.

채명준,『웨스트민스터 소요리문답 짧은해설』. 수원: 영음사, 2021.

J. A. 하지,『교회정치 문답조례』. 배광식 옮김, 서울: 대한예수장로회총회, 2011.

총회 교육자원부.『웨스트민스터 소요리문답서』. 서울: 대한예수교장로회총회, 2018.

총회 헌법해설집 발간위원회,『헌법해설』. 서울: 대한예수교장로회 고신총회출판국, 2013.

최낙재,『웨스트민스터 소요리문답 강해 1-4』. 서울: 성약, 2014-2015.

최용준, "칼빈주의가 제네바의 변혁에 미친 영향에 관한 고찰"「신앙과 학문」23. (323-351)

최윤배, "프랑스 개혁교회의 예배와 직제에 관한 연구",「조직신학연구」제14호. 서울: 한국복음주의조직신학회, 2011. (154-169)

최진봉, "성화의 공동체적 수행으로서 개혁교회 예배에 관한 연구–『스트라스부르그 예배(The Form of Church Prayers, 1545년)』를 중심으로"「장신논단」Vol.54. No.5. 2022. 12, (211-233).

클라렌스 바우만,『벨직 신앙고백서 해설』. 손정원 옮김. 서울: 솔로몬, 2016.

토머스 왓슨,『웨스트민스터 소요리문답 해설』. 고양: CH 북스, 2019.

한스 마리스, 『우리의 어머니, 교회: 교회의 정체성과 사명』. 김헌수 옮김. 서울: 성약출판사, 2013.

황재범, "대한장로교회신경" 혹은 "12 신조"의 작성 및 수용 과정에 대한 연구". 『기독교사상』 서울: 대한기독교서회, 2006. 통권 제573호. (200-224)

황희상, 『특강 종교개혁사』. 서울: 흑곰북스, 2016.

황희상, 『특강 소요리문답 상&하』. 2권, 서울: 흑곰북스, 2020.

허순길, 『개혁교회 질서 해설』. 광주: 셈페르 레포르만다, 2017.

헤르만 바빙크, 『개혁교의학 IV』. 박태현 역. 서울: 부흥과개혁사. 2011.

헤르만 셀더하위스, 『도르트신경 은혜의 신학 그리고 목회』. 수원: 합신대학원출판부, 2019.

홍인택, 『웨스트민스터 총회의 율법과 성화』. 서울: 개혁주의신학사 P&R, 2021.

부록 1.
웨스트민스터 표준문서 국내출판 서지자료

예배모범

2025년 현재 국내에 번역소개된 웨스트민스터 예배모범과 관련된 책은 박윤선,『헌법 주석: 정치·예배모범』(서울: 영음사, 1997. 개정판 2025); 토마스 레쉬만『웨스트민스터 예배 모범』정장복 역 (서울: 예배와 설교 아카데미, 2002); 리차드 R 멀러, 로우랜드 S. 와드『웨스트민스터 총회의 실천』곽계일 역 (서울: 개혁주의신학사, 2014); 손재익,『특강 예배모범』(서울: 흑곰북스, 2018) 등과 각 교단에서 발간한 예식서들이 있다.

교회정치

2025년 현재 국내에 번역 소개된 교회정치 관련된 책은 박경수,『스코틀랜드 교회지리서』(서울: 장로회신학대학교출판부, 2020); 존 칼빈,『깔뱅작품선집 III』박건택 역. (서울: 총신대학교출판부, 2009); 배광식,『장로교정치사상사』(서울: 이레서원, 2009); J.A. 하지『교회정치 문답조례』배광식 역. (서울: 대한예수교장로회총회, 2011); 고신총회 헌법해설집 발간위원회,『헌법해설』(서울: 대한예수교장로회 고신총회 출판국, 2013); 허순길,『개혁교회 질서 해설』(광주: 셈페르 레포르만다, 2017);『유스 디비눔』정종원 역. (서울:고백과문답. 2018); 장대선 편역,『장로교의 치리서들』(서울: 고백과문답, 2020)『개혁교회의 질서들』(개정판 2023) 등 이다.

신앙고백서

2025년 현재 국내에 소개된 웨스트민스터 신앙고백서의 국내 저서 및 번역서들은 다음과 같다. 채드 & 에밀리 반 딕스훈, 『믿음의 고백1: 웨스트민스터 신앙고백서 입문(1)』 양태진 역 (서울: 성약, 2021); 『믿음의 고백 2: 웨스트민스터 신앙고백서 입문(2)』 양태진 역. (서울: 성약, 2023), R.C.스프롤, 『웨스트민스터 신앙고백 해설 1,2,3』 3 vols. 이상웅, 김찬영 역. (서울: 부흥과 개혁사, 2011); 강원인, 『웨스트민스터 신앙고백 해설』 (서울: 종려가지, 2019); 그책의사람들 역. 『웨스트민스터 신앙고백 노트』 (수원: 그책의 사람들, 2018); 김병훈, 『날마다 양식으로 읽는 웨스트민스터 표준교리』 6 Vols. (수원:영음사, 2025); 김석환. 『웨스트민스터 신앙고백 해설』 (서울: 킹덤북스, 2011); 김영산, 『웨스트민스터 신앙고백서 해설 강론』 (서울: 영문, 1996); 김학모 편역, 『개혁주의 신앙고백』 개정판 (서울: UBF, 2019); 김혜성 외, 『웨스트민스터 신앙고백』 (서울: 생명의말씀사, 2002); 나용화 역, 『웨스트민스터 신앙고백서』 (서울: 기독교문서선교회, 2017); 박윤선 편저, 『웨스트민스터 신앙고백서』 (수원: 영음사, 1989 [개정판 2017]); 손달익, 조용석 편역, 『웨스트민스터 신앙고백 1647년: 라틴어 한글 대역』 (서울: 한들, 2010); 송종섭 외 공역, 『웨스트민스터 신앙고백: 영한대조』 (서울: 소망사, 1984); 신원균. 『웨스트민스터 다섯가지 표준문서』 (서울: 디다스코, 2019); 정성호 옮김, 『웨스트민스터 총회의 문서들』 (서울:개혁주의성경연구소, 2018); 이광호, 『웨스트민스터 신앙고백』 (서울:교회와성경, 2018); 이성호, 『비록에서 아멘까지』 (안성: 그책의 사람들, 2022); 이정현, 『웨스트민스터 신앙고백 강해』 (시흥: 지민, 2016); 이종성 편역, 『웨스트민스터 신앙고백』 (서울: 대한기독교서회, 1961); 합신 총회신학연구위원회 역. 『웨스트민스터 표준문서』 (서울: 영음사, 2024).

대요리문답

2025년 현재 국내에서 구할 수 있는 대요리문답 국내 저서 및 번역서들은 다음 4권이다. 김태희, 『웨스트민스터 대요리문답 해설』 (서울: 세움북스, 2021); 보스, 윌리암슨 공저, 『웨스트민스터 대요리문답 강해』 류근상,신호섭 공역 (서울: 크리스챤출판사, 2007); 박윤섭, 『웨스트민스터 대요리문답』 (서울: 예영커뮤니케이션, 2021); 정규철, 『웨스트민스터 대요리문답 강해』 (서울: 개혁주의신학사, 2025).

소요리문답

2025년 현재 국내에서 구할 수 있는 소요리문답 국내 저서 및 번역서들은 다음과 같다. 강원익,『웨스트민스터 소요리 문답 해설』(서울:종려가지, 2022); 김재진,『웨스트민스터 소요리문답해설』(서울: 대한기독교서회, 2004); 김태희,『성경에서 나온 웨스트민스터 소요리 문답(상)(하)』 2 Vols (서울: 더워드, 2020); 김홍만,『Q&A 웨스트민스터 소요리 문답』(서울: 생명의말씀사, 2022); 독립개신교회 교육위원회,『웨스트민스터 소요리문답 개역개정판』(서울: 성약, 2014); 세움북스 편집부,『웨스트민스터 소요리 문답 이해쓰기(한영대조)』김태희 해설 (서울: 세움북스, 2021); 알렉산더 화이트,『웨스트민스터 소교리문답 강해』박문재 역 (경기: CH북스, 2022); 토머스 왓슨,『웨스트민스터 소요리문답 해설』(고양: CH 북스, 2019); 이종인,『웨스트민스터 소요리문답해설 I & II』 2 Vols. (서울:부크크, 2019); 정요석;『소요리문답, 삶을 읽다』 2 Vols. (서울: 새물결플러스, 2016); 채명준,『웨스트민스터 소요리문답 짧은해설』(수원:영음사, 2021); 총회교육자원부,『웨스트민스터 소요리문답서』(대한예수교장로회총회, 2018); 최낙재,『웨스트민스터 소요리문답 강해 1-4』(서울:성약, 2014-2015); 황희상,『특강 소요리문답 상&하』 전2권 (서울:흑곰북스,2020).

부록 2.

웨스트민스터 신앙고백서
(2024년 개정번역판)의 가치와 중요성

- 1989년 번역본과 2024년 개정번역본을 통한 입증-

서론.

본론 I. 1989년 판 신앙고백서의 특징 : 길표 제시
  (1) 개인 번역(私譯) (2) 번역 의도(意圖) (3) 번역 방식(方式)
 II. 2024년 판 신앙고백서의 특징 : 계승과 발전 그리고 미래 세대를 위한 수고
  (1) 공동 번역(公譯) (2) 번역 원칙(原則) (3) 번역 방식(方式)
 III. 1647년 초판과 1989년 판과 2024년 판 비교를 통한 신앙고백서의 부요함 확인
  (1) 제1장1항, (2) 제2장1항,(3) 제3장1항 … (31) 제31장 1항, (32) 제32장 1항, (33) 제33장1항
 IV. 1989년 판과 2024년 판의 간략한 차이 확인 그리고 그 계승과 발전
  (1) 영문 판본 선택의 차이 (2) 용어 채택의 계승 (3) 단락 구분의 발전

결론. 2024년 판 신앙고백서의 참된 의미
  (1) 웨스트민스터 신앙고백서의 중요성 인식(認識)
  (2) 웨스트민스터 신앙고백서의 귀중함 확인(確認)
  (3) 웨스트민스터 신앙고백서의 절실성 회복(回復)

서론

2017년 100회 총회의 결의에 따라 2024년 109회 총회 보고까지 만 7년에 걸친 신앙고백서를 포함한 표준문서 번역 작업은 고되고 힘겨웠으나 하나님의 섬세한 인도하심 가운데 총회원들과 교회들의 기도를 통해 감당할 수 있었던 귀중한 시간이었다. 이를 인하여 진리의 원천되신 하나님께 찬양과 감사를 드린다.

기존의 1989년판을 통해 개혁신학을 배우고 익힌 후학 목회자들 및 직분자들이 2024년판 신앙고백서를 개정 번역해 내면서, 기존의 1989년 판과의 사이에 어떠한 차이와 계승과 발전이 있는지에 대한 설명을 요청했다. 이에 응답하기 위해 1989년 판과 2024년 판 두 판본을 비교해 보았는데, 그 내용은 간략하게 다음과 같다.

먼저 1989년 판의 특징을 설명하고, 다음은 개정번역 2024년 판의 특징을 설명한 후, 1989년 판과 2024년 판의 내용 중에 일부를 비교하여 그 차이와 계승 그리고 발전이 무엇인가를 제시하려고 한다. 결론으로 신앙고백서 2024년 판의 의미와 그에 대한 평가를 제시하고자 한다.

많은 성도들의 궁금증을 해갈하고자 아래와 같이 그 차이에 대한 비교를 세시한다. 주께서 은혜 주셔서 고 박윤선 박사가 그러했던 것처럼, 싱도들의 심령에 하나님의 섭리로 신앙고백서를 역사 가운데 허락해주신 것에 대한 감사와 더불어 한국 장로교회들이 이 진리 위에 견고히 서는 역사가 있기를 간절히 기도한다.

본론 I. 1989년 판 신앙고백서의 특징: 길표제시

(1) 개인 번역(私譯): 1989년 판 신앙고백서는 고 박윤선 박사께서 신앙고백서의 중요성과 기준 됨을 제시하고자 사명감을 가지고 개인이 손수 번역하셨다. 이를 통해 한국교회에 개혁신학의 길표가 제시된 아주 중요한 번역본이었다고 평가할 수 있다.

이 지점에서 개인적인 신학과 경건의 역량은 출중하지만, 교회의 신앙고백인 신앙고백서의 경우는 작성될 때 151명의 총회원과 8인의 스코틀랜드 특사의 수고가 함께 있었던 것처럼, 참여 가능한 신학자들과 목사들의 공적 번역의 필요성을 생각하게 된다.

- 웨스트민스터 회의 소산물은 박윤선 박사의 신학과 경건의 길표이며 표목이었던 것이다. 그는 웨스트민스터 신앙고백서에 근거를 둔 신앙이야말로 진정한 성경적 개혁주의적인 신앙으로 귀하게 생각하였다.[1]

그럼에도 1989년 판 신앙고백서는 지난 40년 가까이 한국교회에 귀중한 개혁신학적 길표를 제시해준 교과서와 같았음을 부정할 수 없다. 아니 그렇게 중심을 굳게 잡고 바른 신학 바른 교회 바른 생활의 근본을 제시한 1989년 판의 노고는 그 존재 자체로 감사할 대상이다.

(2) 번역 의도(意圖): 1989년 판 신앙고백서는 한국교회가 개혁주의와 장로교 전통의 연장선상에 있음을 알게 하고 이를 성도들이 깨달아 알게 하고자 그 표준인 신앙고백서를 한국교회에 소개하여 성도들이 널리 익히도록 하려는 의도를 분명히 가지고 있었다.

- 이 신앙고백서가 교회의 직분자들은 물론 모든 평신도들에게까지 널리 읽혀질 수 있도록 하기 위하여 역자는 그 본문을 간결하게 번역하려고 힘썼다. … 이 고백서를 읽는 이마다 성경을 더욱 확신하게 되고 그 믿음이 견고하여지기를 바라 마지않는다.[2)]

사실 한국교회는 복음 전파 140년을 말하면서도, 그간 일제 강점기와 한국전쟁 그리고 경제적 낙후기 및 군사독재 시대를 거쳐오는 한국 근현대사의 터널 속에서, 교회의 생명을 유지하고 외적인 성장을 이루는 데 집중했다. 하지만 교회의 근본인 신앙고백서를 존중하고 그것을 따라 교회를 세워오는 데는 여력이 없었다. 그러기에 소수의 신학자들과 목사들 그리고 그들을 지원하는 교단의 노력 속에 웨스트민스터 신앙고백서와 대·소요리문답이 소개되었을 뿐이다.

그래서 기독교의 근본인 교리와 원리의 내용을 잘 모른 채 번영신학과 교회성장의 주도하에 외적 성과에 치중하였던 것이다. 그럼에도 주의 은혜로 교회가 세워진 이후에 지금까지 지속되어서 소수의 선각자들이 이를 소개하고 중요하다고 강조하였는데, 그중에 가장 선두에 서서 솔선수범하여 이를 지켜내려했던 분이 바로 정암 박윤선 박사였다. 그는 1930년대 미국 웨스트민스터신학교와 화란 자유대학의 유학을 통하여 신학의 견고함만이 교회를 지켜낸다는 사실을 가슴에 새겼던 것이다.

이를 인해 그는 생애 마지막에 신앙고백서를 번역하기에 힘썼고, 그 결과 그 사후에 1989년 판으로 열매맺게 되었다.

(3) **번역 방식**(方式): 1989년 판 신앙고백서는 총 33장 전체를 구체적이고 실제적으로 번역하면서 한국교회에 그 내용을 바르게 소개하기 위한 의도를 분명히 가지고 있었다. 따라서 그 내용을 교인들의 이해를 돕고자 문장들을 원문의 양식이 아닌 의미를 따라 단락마다 나누고 전체적인 의미에 맞추어 친절하게 번

역하였다. 또한 익히는 독자들에게 신앙고백서의 이해를 위해 간략한 해설을 포함하고 있다.

- 매장 끝마다 간단한 해설을 붙여서 본문 이해에 도움이 되도록 하였으며, 특히 필요할 때마다 하이델베르크 요리문답이나 벨기에 신앙고백서를 인용하여 이 교리의 명백성을 기하였다.[3]

따라서 1989년 판 신앙고백서는 지난 40년 가까이 한국교회에 참으로 많은 유익을 주었고 중요한 가르침들을 주었다. 그리하여 대한예수교장로회(합신)의 『헌법』의 교리에 반영되어, 공교회의 신앙고백 내용으로 이어져오고 있다. 그럼에도 그 책자가 발간된 시대의 흔적을 담고 있다는 언급을 빠뜨릴 수 없다.

II. 2024년 판 신앙고백서의 특징: 계승과 발전 그리고 미래 세대를 위한 수고

(1) **공동 번역**(公譯): 2017년 100회 합신 총회의 결의에 따라, 총회 신학연구위원회는 위임된 신앙고백서와 대·소요리문답 개정번역을 만 7년 동안 함께 진행하였다. 특히 개혁신학에 대하여 탁월한 신학자들과 현장 목회자들 그리고 출판 전문가들의 주도하에 내용에 대해 세밀하게 검토한 것은 큰 유익이었다.

- 신학연구위원회의 전체 위원들이 초벌 번역본에 근거하여 각 장의 각 절과 각 문답의 문장들을 하나씩 번역했다. 전체 위원들이 번역한 내용에 동의하면 다음 문장으로 넘어갔다. 조직신학과 역사신학과 구약 및 신약 전공 신학자들, 출판과 편집의 전문가들, 지교회에서 교리를 가르쳐 온 목사들이 신학연구위원으로 참여하여 각 위원의 장점들이 조화를 이루었다.[4]

(2) **번역 원칙**(原則): 1647년 초판본인 신앙고백서를 중심으로 번역하되 1651년 판과 1658년 판 그리고 다른 판본들(독일어, 프랑스어, 라틴어) 내용, 문체, 표현 등을 일일이 비교하면서 신앙고백서 원문의 내용을 전달하기 위해 세밀하고 구체적으로 번역하였다.

- 신앙고백서와 『대·소요리문답』은 1647년 판을 기본으로 하고, 1651년 판과 1658년 판을 참고했다. 특히 성경 각주에 있어서 1647년 판이 흐릿하여 분별이 안 될 때 1651년 판과 1658년 판이 도움이 됐다. 『대·소요리문답』은 1647년 판에 성경 각주가 없어서 1651년 판과 1658년 판을 기본으로 했다. 쉼표와 세미콜론까지 면밀하게 확인하며 번역했다. 성경 각주들도 원판들과 일일이 확인함으로써 한국에서 잘못 전해져 내려오는 성경 각주들을 바로 잡는 효과가 있었다.[5]

- 영어 원문이 명확하게 해석이 안 될 때 라틴어와 독일어와 불어 번역본과 현대 영어 번역본 등을 참고했다. 특히 라틴어본을 자주 사용하였는데 정밀한 번역에 크게 도움이 됐다. 영어나 라틴어 본에서 관계대명사가 가리키는 선행사가 무엇인지 명확하지 않을 때 독일어 본의 관계대명사 성을 통하여 선행사를 규명했다.[6]

(3) **번역 방식**(方式): 총회 헌법([영음사]판 삽입, 1989)을 통해 알려진 신앙고백서의 내용을 이해하고, 1647년 초판의 신앙고백서 원문(原文)을 충실하게 따라서 그 정신과 사상을 잘 드러내어 더욱 깊이 있고 충실하게 교회정치에 구현하고자 하기 위한 작업이었다.

- 신앙고백서와 『대·소요리문답』에서 같은 단어들은 번역도 같은 단어로 했다. 신앙고백서와 『대·소요리문답』의 제1차 번역을 마친 후 출판과 편집의 전문가들이 윤문 작업을 했다. 그 내용을 가지고 신앙고백서와 『대·소요리문답』의 최종 번역

을 마친 후 전체 위원이 함께 수정과 윤문 작업을 했다.

- 소요리문답의 대상자는 어린아이와 일반 성도이므로 소요리문답 제27문의 "humiliation"과 제28문의 "exaltation"을 "비하와 승귀"라는 한자어 대신에 "낮아지심과 높아지심"으로 번역했다. 소요리문답의 번역은 전반적으로 쉬운 단어들을 사용하려고 했다. 신앙고백서와 대요리문답도 "칭의, 성화, 양자" 대신 "의롭다 하심, 거룩하게 하심, 양자 삼으심"의 용어를 사용함으로써 독자가 보다 쉽게 의미를 알도록 했다.[7]

그러므로 이러한 의미들까지 살피면서 번역작업을 수행한 것은 종교개혁자들과 웨스트민스터 총회원들 그리고 고 박윤선 박사의 정신을 충실하게 계승하되, 나아가 개혁신학의 정신을 현실 속에서 더욱 견고하게 드러내어 교회들과 노회들에 이를 더욱 굳게 하고자 하는 의지를 담고 있다.

이를 통해 앞선 신앙 선배들의 정신을 충실하게 계승할 뿐 아니라 우리가 감당해야 하는 이 시대에 맞게 더욱 부요하고 풍성하게 펼쳐내는 결과로 나타나리라 확신한다.

III. 1647년 초판과 1989년 판과 2024년 판 비교를 통한 신앙고백서의 부요함 확인

번역의 차이와 계승 그리고 발전을 확인하기 위해, 신앙고백서 1647년 초판과 1989년 판 및 2024년 판의 1-3장의 각 1항과 마지막 부분인 31-33장 1항을 다음과 같이 비교한다.

제1장 성경		
영문(英文, 1647년)판		I. Although the light of nature, and the works of creation and providence, do so far manifest the goodness, wisdom, and power of God, as to leave men inexcusable; yet are they not sufficient to give that knowledge of God, and of his will, which is necessary unto salvation; therefore it pleased the Lord, at sundry times, and in divers manners, to reveal himself, and to declare that his will unto his Church; and afterwards, for the better preserving and propagating of the truth, and for the more sure establishment and comfort of the Church against the corruption of the flesh, and the malice of Satan and of the world, to commit the same wholly unto writing; which maketh the holy Scripture to be most necessary; those former ways of God's revealing his will unto his people being now ceased.
1989년 판		1. 자연계에서 오는 지식과 창조와 섭리의 역사가 하나님에게 대하여 보여 주는 바 있다. 그것은 하나님의 선과 지혜와 능력에 대한 것이다. 이 점에서 인류는 도피할 수 없다. 그러나 그것이 구원에 이르게 할 정도로 하나님과 그의 뜻을 알게 하는 데 충족하지 못하다. 그러므로 하나님은 과거 여러 시대에 여러 모양으로 그의 교회에 자기 자신과 그의 뜻을 계시하여 주시기를 기뻐하셨다. 그 후에는 그 계시된 진리를 전체적으로 기록하도록 하심이 또한 그의 기뻐하시는 뜻이었다. 이 기록된 책이 "성경"이다. 성경의 필요성은 그 진리를 보다 잘 보존시키며, 전파케 하며 더 확실하게 세워서 진리 반대 운동을 막아 교회에 구원의 위안을 주시려는 것이다("진리 반대 운동"이란 것은 진리를 거스리는 육체의 부패성과 진리를 항거하는 사단과 세상의 악한 공작 등이다). 이 성경이 절대로 필요한 이유는, 옛날에 하나님께서 그의 백성에게 그의 뜻을 계시해 주시던 그 방법을 이제 (성경이 완성된 후에)는 정지하셨기 때문이다.
2024년 개정번역판		1. 본성의 빛과 창조와 섭리의 일들은 사람이 핑계할 수 없을 정도로 하나님의 선하심과 지혜와 능력을 너무나도 명백하게 나타내고 있다. 그럼에도 이것들은 하나님과 그분의 뜻에 관하여 구원에 필요한 지식을 줄 정도로 충분하지는 않다. 그래서 주님께서 여러 시대에 여러 모양으로 자신의 교회에 자신을 계시하고 자신의 뜻을 선포하기를 기뻐하셨다. 그리고 후에는 진리를 더 잘 보존하고 전파하며, 육신의 부패 및 사탄과 세상의 악의에 맞서 교회를 더욱 견고하게 세우고 위로하기 위하여 바로 그 모든 것을 기록하기를 기뻐하셨다. 이로 인하여 성경은 반드시 필요하게 되었다. 그리고 하나님께서 자신의 뜻을 자기 백성에게 계시하시던 이전 방식들은 이제 중지되었다.

제2장 하나님과 삼위일체	
영문(英文, 1647년)판	I. There is but one only living and true God, who is infinite in being and perfection, a most pure spirit, invisible, without body, parts, or passions, immutable, immense, eternal, incomprehensible, almighty, most wise, most holy, most free, most absolute, working all things according to the counsel of his own immutable and most righteous will, for his own glory; most loving, gracious, merciful, long-suffering, abundant in goodness and truth, forgiving iniquity, transgression, and sin; the rewarder of them that diligently seek him; and withal most just and terrible in his judgments; hating all sin and who will by no means clear the guilty.
1989년 판	1. 하나님은 오직 한 분이신데, 살아 계시고 참되신 하나님이시다. 그는 그 존재와 속성에 무한하시고, 지극히 순결하신 영으로서 보이지 아니하시며, 몸이나 지체나 성정이 없으시다. 그는 변치 아니하시며, 무궁하시고, 영원하시어 인간이 측량하지 못한다. 그는 전능하시고, 지극히 지혜로우시고, 지극히 거룩하시고, 지극히 자유로우시고, 지극히 절대적이시어서 그 변치 않는 의로운 뜻의 계획대로 모든 일들을 행하시되 자기의 영광을 위하여 행하신다. 그는 사랑이 지극하시며, 은혜로우시며, 자비로우시며, 오래 참으시며, 인자하심과 진실하심이 풍부하셔서 사람들의 불의와 범행과 죄를 용서하시며, 부지런히 그를 찾는 자에게 갚아 주신다. 동시에 그의 심판은 지극히 공의롭고 무서우며, 그는 모든 죄를 미워하시므로 죄를 회개치 않고 스스로 고집하여 죄 짐을 지고 있는 자들을 결단코 면죄(용서)하지 않으신다.
2024년 개정번역판	1. 오직 한 분뿐이시며 살아계시고 참되신 하나님이 계신다. 하나님께서는 존재와 완전함에 있어 무한하시고, 지극히 순수한 영이시며, 눈에 보이지 않으시고, 몸도 부분들도 (우리와 같은) 성정(性情, passions)도 없으시며, 불변하시고, 광대하시며, 영원하시고, 불가해하시며, 전능하시고, 지극히 지혜로우시며, 지극히 거룩하시고, 지극히 자유로우시며, 지극히 절대적이시다. 그분 자신의 변치 않으며 지극히 의로운 의지의 경륜에 따라 모든 일을 자신의 영광을 위하여 행하신다. 지극히 사랑하시고, 은혜로우시며, 긍휼이 많으시고, 오래 참으시며, 선과 진실함이 풍성하시고, 불의와 범죄와 죄를 용서하신다. 그리고 그분 자신을 부지런히 찾는 자에게 상을 주신다. 그러면서도 그분의 심판에 있어서 지극히 공의로우시며 지극히 무서우시다. 모든 죄를 미워하시며 죄를 범한 자를 결단코 면죄하지 않으신다.

제3장 하나님의 영원한 작정	
영문(英文, 1647년)판	I. God from all eternity did, by the most wise and holy counsel of his own will, freely and unchangeably ordain whatsoever comes to pass; yet so as thereby neither is God the author of sin, nor is violence offered to the will of the creatures, nor is the liberty or contingency of second causes taken away, but rather established.
1989년 판	1. 하나님께서는 영원 전부터 장차 될 모든 일들을 작정하셨는데, 이는 그의 뜻에 가장 지혜롭고 거룩한 계획대로 하신 것이며, 자유로이 또는 변동 없이 하신 것이다. 그러나 그가 죄를 내시지는 않았으며, 피조물들(사람들)의 의지를 억압하지 않으셨고, 자연 법칙의 자유나 우연성을 빼앗지 않으시고 도리어 성립시키신다.
2024년 개정번역판	1. 하나님께서 영원부터, 자신의 의지의 지극히 지혜로우며 거룩한 경륜에 의하여, 일어나게 될 어떤 일이든지 자유롭게 그리고 변치 않게 작정하셨다. 그로 인하여 하나님께서 죄의 조성자가 되시거나 피조물의 의지를 침해하시는 것도 아니다. 또한 제2원인들의 자유나 우발성(contingency)이 제거되는 것이 아니라, 오히려 확립된다.

제31장 대회와 공의회	
영문(英文, 1647년)판	I. For the better government and further edification of the Church, there ought to be such assemblies as are commonly called synods or councils.
1989년 판	1. 교회의 효율적인 치리와 건덕을 위하여 공의회와 협의회가 필요하다.
2024년 개정번역판	1. 더 나은 교회 정치와 건덕을 위하여, 일반적으로 대회 또는 공의회라고 불리는 교회 회의가 있어야 한다.

제32장 사람의 사후 상태와 죽은 자의 부활	
영문(英文, 1647년)판	I. The bodies of men, after death, return to dust, and see corruption; but their souls (which neither die nor sleep), having an immortal subsistence, immediately return to God who gave them. The souls of the righteous, being then made perfect in holiness, are received into the highest heavens, where they behold the face of God in light and glory, waiting for the full redemption of their bodies: and the souls of the wicked are cast into hell, where they remain in torments and utter darkness, reserved to the judgment of the great day. Besides these two places for souls separated from their bodies, the Scripture acknowledgeth

제32장 사람의 사후 상태와 죽은 자의 부활	
1989년 판	1. 인간의 몸은 죽은 후에 티끌로 돌아가고 썩게 된다. 그러나 그 영혼은 죽지도 않고 잠자는 것도 아니고 불멸의 실체로서 곧바로 그 창조자이신 하나님께로 돌아간다. 1) 의인들의 영혼은 별세하는 즉시 완전히 거룩해지고, 지극히 높은 하늘에 영접되어 영광 중에 계시는 하나님의 얼굴을 뵈옵게 된다. 그들은 그곳에서 몸의 완전한 구속(救贖)을 기다린다. 2) 악인들의 영혼은 별세 후에 지옥에 던지우고 그곳에서 고통을 받으며, 아주 어두운 데 머물러 큰 날의 심판을 기다린다. 몸에서 떠난 영혼들의 가는 곳에 대하여 성경은 위의 두 가지 밖에 말하지 않는다.
2024년 개정번역판	1. 사람의 몸은 죽은 후에 흙으로 돌아가 썩음을 당한다. 그러나 (죽지도 않으며 잠자지도 않는) 영혼은 불멸성을 가지므로 영혼을 주신 하나님께로 즉시 돌아간다. 의인의 영혼은, 이때 완전히 거룩하게 되어, 가장 높은 하늘에 받아들여진다. 이곳에서 이들은 자신들의 몸의 완전한 구속을 기다리면서 빛과 영광 가운데 하나님의 얼굴을 뵙는다. 그러나 악인의 영혼은 지옥에 던져져 큰 날의 심판을 받기까지 그곳에서 고통과 칠흑 같은 어둠 가운데 거한다. 몸에서 분리된 영혼들의 장소로 이 두 곳 외에 성경은 어떤 곳도 인정하지 않는다.
제33장 최후의 심판	
영문(英文, 1647년)판	I. God hath appointed a day wherein he will judge the world in righteousness by Jesus Christ, to whom all power and judgment is given of the Father. In which day, not only the apostate angels shall be judged, but likewise all persons, that have lived upon earth, shall appear before the tribunal of Christ, to give an account of their thoughts, words, and deeds; and to receive according to what they have done in the body, whether good or evil.
1989년 판	1. 성부 하나님께서는 성자 예수 그리스도로 말미암아 공의대로 세상을 심판하실 한 날을 정하시고, 그리스도에게 모든 심판의 권세를 주셨다. 그날에는 타락한 천사들이 심판을 받을 뿐 아니라, 땅 위에 살고 있는 모든 사람들도 마찬가지로 그리스도의 심판대 앞에 나타나 그들의 사상과 말과 행위를 고백하고, 그 몸으로 행한 대로 선악 간에 보응을 받게 된다.

제33장 최후의 심판	
2024년 개정번역판	1. 하나님께서 예수 그리스도를 통하여 세상을 공의로 심판하실 한 날을 정하셨다. 성부 하나님께서는 예수 그리스도께 모든 권세와 심판하는 권한을 주셨다. 그날에, 타락한 천사들이 심판받을 뿐만 아니라, 지상에서 살았던 모든 사람도 또한 그리스도의 심판대 앞에 나타나, 자신들의 생각과 말과 행위를 고하고, 선악 간에 자신의 몸으로 행한 것을 따라 받을 것이다.

IV. 1989년 판과 2024년 판의 간략한 차이 확인 그리고 그 계승과 발전

1) 영문 판본 선택의 차이: 번역의 원문에 대해 1989년 판은 정확하게 신앙고백서의 어느 판본을 원문으로 하였는지가 밝혀져 있지는 않다. 그에 비교하여 2024년 판은 분명하게 신앙고백서 1647년 초판을 중심으로 하여 1651년 판과 1658년 판을 참조하면서 번역하였다.

- "신앙고백서와 『대·소요리문답』은 1647년 판을 기본으로 하고, 1651년 판과 1658년 판을 참고했다. 특히 성경 각주에 있어서 1647년 판이 흐릿하여 분별이 안 될 때 1651년 판과 1658년 판이 도움이 됐다."[8]

2) 용어 채택의 계승: 1989년 판은 기존의 신학용어를 차용하여 번역하였다. 그를 따라 2024년 판은 그 의미를 더욱 살려서 번역 개정을 하였다. 각 장의 제목에 약간의 차이와 구체적인 표현이 있는데, 제2장, 7장, 9장, 10장, 11장, 13장, 14장, 17장, 20장, 21장, 23장, 24장, 26장, 29장, 30장, 31장, 32장, 33장이 그것들이다. 그 외에는 1989년 판과 2024년 개정번역판의 각 장 제목이 같다. 이를 통해 두 번역판이 용어를 계승하고 있음을 볼 수 있다. 이는 역시나 대·소요리문답에서도 동일하게 적용된다.

장	1989년 번역판	2024년 개정번역판
제1장	성경	성경
제2장	하나님과 삼위일체	거룩하신 삼위일체 하나님
제3장	하나님의 영원한 작정	하나님의 영원한 작정
제4장	창조	창조
제5장	섭리	섭리
제6장	인간의 타락, 범죄, 형벌	사람의 타락, 죄 그리고 형벌
제7장	인간에게 대한 하나님의 언약	사람과 맺으신 하나님의 언약
제8장	중보자 그리스도	중보자 그리스도
제9장	인간의 자유의지	자유의지
제10장	효과적인 부르심	효과 있는 부르심
제11장	칭의(稱義)	의롭다 하심(칭의)
제12장	양자(養子)됨	양자 삼으심
제13장	성화	거룩하게 하심(성화)
제14장	구원에 이르는 믿음	구원하는 믿음
제15장	생명에 이르는 회개	생명에 이르는 회개
제16장	선행	선행
제17장	성도의 궁극적 구원	성도의 견인(堅忍, Perseverance)
제18장	은혜와 구원의 확신	은혜와 구원의 확신
제19장	하나님의 율법	하나님의 율법
제20장	기독 신자의 자유와 양심의 자유	그리스도인의 자유와 양심의 자유
제21장	예배와 안식일	경건한 예배와 안식일
제22장	합법적인 맹세와 서원	합법적 맹세와 서원
제23장	국가의 위정자	국가 통치자
제24장	결혼과 이혼	혼인과 이혼
제25장	교회	교회
제26장	성도들의 교통	성도의 교제
제27장	성례	성례

장	1989년 번역판	2024년 개정번역판
제28장	세례	세례
제29장	성찬	주의 만찬(성찬)
제30장	교회의 권징	교회 권징
제31장	공의회와 협의회	대회와 공의회
제32장	인간의 사후 상태와 죽은 자의 부활	사람의 사후 상태와 죽은 자의 부활
제33장	마지막 심판	최후의 심판

그러므로 신앙고백서와 대·소요리문답에서 같은 단어들은 번역도 같은 단어로 했다. 번역을 모두 마친 후 출판과 편집의 전문가들이 윤문 작업을 했다.[9]

3) 단락 구분의 발전: 1989년 판은 문장이 길어서 한국어로 번역하기 어려운 부분에서는 독자들의 편의를 위해 1), 2), 3)과 같은 단락 구분을 제시한다. 그에 비해 2024년 개정번역판은 단락을 숫자로는 구분하지 않지만, 문장을 필요한 부분에서 끊어서 번역하는 방식을 취했다. 물론 가능하면 영문을 그대로 담아내되 새로운 세대들이 내용을 더 잘 이해하도록 노력한 결과라 할 수 있다.

결론. 2024년 판 개정번역 신앙고백서의 참된 의미

(1) 웨스트민스터 신앙고백서의 중요성 인식(認識)

고 박윤선 박사께서 교수사역을 시작하시면서 신앙고백서를 중요하게 소개했고,[10] 심지어 소천하기 한달 전까지 번역하는 일에 정진하실 만큼 신앙고백서를 소중히 여기시면서 그 중요성을 보여주셨다.

하지만 교계의 현실적이고 실용적인 분위기 속에서 거의 잊혀지다시피 하였는데 신앙고백서의 중요성에 대한 인식이 개정번역판(2024)을 통하여 다시 제시되었다는 점에서 아주 고무적인 일이다.

- 박윤선 박사가 일생동안 웨스트민스터 신앙고백에 신학의 중심을 걸었다는 사실은 그가 집필한 최후의 책이 무엇인가를 알게 될 때 아주 분명해진다. 그것은 그가 하나님의 부르심을 받기 직전에 저술한 "웨스트민스터 신앙고백서"이다.[11]

(2) 웨스트민스터 신앙고백서의 귀중함 확인(確認)

신앙고백서에 대해 이러한 번역작업과 계속되는 소개 그리고 관심에 대한 촉발을 통해, 이전에는 교리(敎理)라고만 생각하고 딱딱하고 어렵게 받아들였던 내용들을 더욱 잘 드러내어 알게 되는 기회가 되었다. 이는 단순히 개정번역에 그치는 일이 아니라 앞서서 고 박윤선 박사께서 행하셨던 복음사역의 참된 의미와 신앙고백서에 담긴 신학적 부요함을 확인하는 시간이었다.

- 개혁주의 교회라고 한다면 신앙고백의 가르침을 근거로 한 성경 교재를 만들어 교회에서 가르치므로 교훈의 진보를 이룩하는 것이 합당하다. 현재는 총회나 노회 그리고 지교회 안에 제한적으로 헌법이 존재하긴 하지만, 개혁주의 신학 교리와 신앙고백을 따라 교회가 운영되는 일은 매우 희귀하다. 신앙고백서를 존중히 여기고 신앙고백서를 익히며 동시에 성경에 따라 운영되는 교회가 참된 진보를 이룩할 수 있다.[12]

(3) 웨스트민스터 신앙고백서의 절실성 회복(回復)

고 박윤선 박사의 개혁사상과 그것을 통해 교회개혁을 이루고자 했던 정신을 배워서 이 시대 가운데 이어가는 한국 장로교회라고 할 때, 신앙고백서의 개정번역과 그 결과물을 통해 그 정신을 얼마나 잘 이어오고 있는가를 재점검하고 확인하는 기회가 되었다. 뿐만 아니라 이렇게 고귀한 사상을 남기기 위해 수고한 고 박윤선 박사를 다시금 기억하는 귀중한 시간이 되었다.

- 박윤선 박사는 그의 학문을 웨스트민스터 신앙고백서와 함께 시작해서, 그의 인생을 웨스트민스터 신앙고백서와 함께 마쳤다고 해도 과언이 아니다. 그의 주석과 논문과 설교는 언제나 웨스트민스터 신앙고백서에 뿌리를 박고 있다. … 박윤선 박사가 후기에 그처럼 관심했던 교회정치의 근간도 역시 웨스트민스터 신앙고백과 정치조례였다. 박윤선 박사는 이전에 웨스트민스터 신학자들이 갔던 대로(大路)에 착념하였다(렘 31:21). 한마디로 말해서 웨스트민스터 회의 소산물은 박윤선 박사의 신학과 경건의 길표이며 표목이었던 것이다. 그는 웨스트민스터 신앙고백서에 근거를 둔 신앙이야말로 진정한 성경적 개혁주의적인 신앙으로 귀하게 생각하였다. 그러므로 박윤선 박사는 그의 마지막 저술인 웨스트민스터 신앙고백서에서 한 단락을 해설하면서 이렇게 갈파했다. "성경적 신앙, 오로지 성경적 신앙이 얼마나 귀한가!"[13]

총회가 이렇게 귀중한 개정번역 작업을 위해 기도하고 격려해주었던 일이, 한국 장로교회의 모든 교회에서 오직 진리로 격려하고 돌아보며 함께 세워가는 일로 아름답게 열매 맺기를 소망한다. 생(生)의 마지막에서 **"이 고백서를 읽는 이마다 성경을 더욱 확신하게 되고 그 믿음이 견고해지기를 바라마지 않는다"**[14]라고 하셨던 고 박윤선 박사의 소망과 기도가, 그가 주의 품에 안긴 지 30여 년이 지난 이때에 주의 은혜로 한국교회 속에서 어서 응답되기를 더욱 간절히 기도한다.

이 모든 영광을 주께 돌리며…

부록

1) 조병수, "웨스트민스터 신앙고백서와 박윤선 박사" 『웨스트민스터 신앙고백서와 한국 보수주의의 뿌리』, 58.
2) 박윤선, 『웨스트민스터 신앙고백서』 (수원:영음사,1989), "머리말"
3) 박윤선, 『웨스트민스터 신앙고백서』, "머리말"
4) 『웨스트민스터 표준문서 Westminster Standard』, 10, "번역원칙" 3.
5) 『웨스트민스터 표준문서』, 10, "번역원칙" 1.
6) 『웨스트민스터 표준문서』, 10, "번역원칙" 2.
7) 『웨스트민스터 표준문서』, 10, "번역원칙" 5.
8) 『웨스트민스터 표준문서』, 10, "번역원칙" 1.
9) 『웨스트민스터 표준문서』, 10, "번역원칙" 4.
10) "웨스트민스터 신앙고백서와 박윤선 박사" 『웨스트민스터 신앙고백서와 한국 보수주의의 뿌리』, 23. "...박윤선 박사는 한국전쟁 당시 부산 고려신학교 교장 시절에 把守軍(파수꾼)이라는 월보를 발행하였다. 박윤선 박사는 이 시절에 처음으로 웨스트민스터 신앙고백서에 대한 관심을 보여주기 시작하였다. 박윤선 박사는 把守軍의 발행 초기에 삼회에 걸쳐 '칼빈주의 오대교리'를 연재하였다. 이때 박윤선 박사는 웨스트민스터 신앙고백서를 중심으로 칼빈주의에 대한 설명을 펼쳐나갔다. 이로부터 반년이 지나서 박윤선 박사는 웨스트민스터 신앙고백서에 대하여 직접적인 관심을 보여주었다..."
11) "웨스트민스터 신앙고백서와 박윤선 박사" 『웨스트민스터 신앙고백서와 한국 보수주의의 뿌리』, 25.
12) 『웨스트민스터 표준문서 및 헌법연구위원회 보고자료 4』 (대한예수교장로회(합신)중서울노회,2021), I.2.5. "신앙고백서의 중요한 가치"
13) "웨스트민스터 신앙고백서와 박윤선 박사" 『웨스트민스터 신앙고백서와 한국 보수주의의 뿌리』, 57-58.
14) 박윤선 편저, 『웨스트민스터 신앙고백서』, "머리말"